应用型本科金融学专业精品系列教材

# 金融学

| 主　编 | 葛联迎 | 申雅琛 |
|---|---|---|
| 副主编 | 刘　月 | 李俞萱 |
| 参　编 | 吴　田 | 刘　樱 |
|  | 辛庆生 | 范　琳 |

北京理工大学出版社
BEIJING INSTITUTE OF TECHNOLOGY PRESS

## 内容简介

金融学是经济管理类课程的基础课。随着社会的发展，金融在各行业领域的作用越来越重要，为了提升学生对未来社会的适应能力，目前许多高校的非经管类专业也将金融学作为选修课程。本教材分为导论（主要讲金融学定义的范畴与发展趋势），货币，信用、利率与金融资产，股票市场，债券市场，货币市场，金融机构及金融运行，金融宏观调控与货币政策，国际金融，行为金融学与大数据金融十章。从金融的基础要素入门，以金融市场与产品、金融机构业务为主体，以国际金融为空间延展，将宏观金融与微观金融结合、国际与国内金融现象进行对比分析，让学生既能理解宏观金融政策，也能通过学习微观金融原理解决身边现实的金融问题，突出金融基础素养和应用型人才培养。

**版权专有　侵权必究**

**图书在版编目（CIP）数据**

金融学／葛联迎，申雅琛主编. —北京：北京理工大学出版社，2020.1（2020.2 重印）
ISBN 978-7-5682-8073-0

Ⅰ.①金… Ⅱ.①葛… ②申… Ⅲ.①金融学-高等学校-教材 Ⅳ.①F830

中国版本图书馆 CIP 数据核字（2020）第 017929 号

| | |
|---|---|
| 出版发行 / | 北京理工大学出版社有限责任公司 |
| 社　　址 / | 北京市海淀区中关村南大街 5 号 |
| 邮　　编 / | 100081 |
| 电　　话 / | （010）68914775（总编室） |
| | （010）82562903（教材售后服务热线） |
| | （010）68948351（其他图书服务热线） |
| 网　　址 / | http://www.bitpress.com.cn |
| 经　　销 / | 全国各地新华书店 |
| 印　　刷 / | 河北盛世彩捷印刷有限公司 |
| 开　　本 / | 787 毫米×1092 毫米　1/16 |
| 印　　张 / | 22 |
| 字　　数 / | 518 千字 |
| 版　　次 / | 2020 年 1 月第 1 版　2020 年 2 月第 2 次印刷 |
| 定　　价 / | 55.00 元 |

责任编辑／时京京
文案编辑／时京京
责任校对／周瑞红
责任印制／李志强

图书出现印装质量问题，请拨打售后服务热线，本社负责调换

# 前　言

金融是现代经济的核心，金融学是应用经济学科的一个分支。19世纪以后不断发展的金融学形成了两大领域：宏观金融学与微观金融学。宏观金融学主要研究货币和宏观意义上的金融系统运转，着重于建立货币经济模型研究，以期通过研究来实现高就业、低通货膨胀与低通货紧缩等。微观金融则以金融资产定价和公司金融等问题为主要研究对象，对金融市场和金融机构以及个人投资、企业投融资等进行研究，包括金融市场、金融机构、公司财务、投资组合理论等。

本教材的编写特点有几个方面。

第一，案例教学。在每个模块前有综合性案例导入，以案例中设计的问题导入本模块内容，并以本模块内容的学习结果解决案例中的实际问题。

第二，突出应用性。针对每个重点难点知识，第一步，给出该理论在实际中的经济现象；第二步，解释此经济现象所需要的理论；第三步，分析该理论在现实经济金融中如何应用；第四步，激发学生对该理论在现实应用中的思考。

第三，突出中外对比，全面阐述金融学本质。金融学是一门国际化的课程，但是因国情不同，以往教材在编写上有两种类型：以国内经济金融为基础的体系和以美国经济金融为基础的体系；而国内外在货币、信用、金融机构、金融市场和金融监管方面有很大的差异。本教材从货币、信用、金融机构、金融市场、国际金融几个主要模块对国内和国外发达金融国家进行对比介绍，让学生学会全面思考，对比分析经济金融问题。

通过本教材的学习，学生对金融学的基本理论会有较全面的理解和深刻的认识，掌握观察和分析金融问题的正确方法，能独立辨析金融理论和解决实际金融问题，为进一步学习其他专业课程和多元发展奠定坚实基础。

本教材由葛联迎设计全书框架，拟定编写大纲，并负责全书的统稿工作。具体编写分工为：第一章、第二章、第三章（第一节）、第五章（第四节）由葛联迎编写，范琳参与第一章材料的搜集；第四章由刘樱编写；第三章（第二、三、四节）、第五章（第三节）、第六章由李俞萱编写；第五章（第二节）、第七章由刘月编写；第八章由吴田编写；第五章（第一节)、第九章由申雅琛编写;第十章由辛庆生编写。本书在编写过程中得到西北大学王满仓教授的指导,在此感谢。

由于编者水平有限,顾此失彼之处在所难免,望专家与读者不吝赐教。

编 者
2019 年 8 月

# 目 录

**第一章 导 论** (1)
  一、引言 (1)
  二、金融学定义与范畴 (5)
  三、金融发展趋势 (10)

**第二章 货 币** (13)
  第一节 货币的产生 (14)
    一、支付体系的演进 (14)
    二、货币的现象与本质 (17)
    三、货币的职能 (19)
    四、国家主权货币与非主权货币 (21)
  第二节 货币流通 (24)
    一、货币存量 (24)
    二、货币流通速度 (25)
    三、货币计量 (27)
  第三节 货币制度 (30)
    一、货币制度的演进 (30)
    二、国际货币制度（体系） (32)
    三、货币制度的构成要素 (34)
    四、我国人民币制度 (34)

**第三章 信用、利率与金融资产** (37)
  第一节 信 用 (38)
    一、信用的含义与特征 (38)
    二、信用的产生和发展 (39)
    三、信用的功能和风险 (39)
    四、现代信用的形式 (41)

第二节　利　息 ································································· (47)
　　　　一、利息的含义及本质 ··················································· (47)
　　　　二、利息的计算及其应用 ··············································· (48)
　　第三节　利　率 ································································· (51)
　　　　一、利率的含义及种类 ··················································· (51)
　　　　二、利率决定理论 ························································· (53)
　　　　三、利率的风险结构 ······················································ (59)
　　　　四、利率的期限结构 ······················································ (61)
　　　　五、我国利率市场化改革 ··············································· (63)
　　第四节　金融工具与金融资产 ············································· (66)
　　　　一、金融工具的含义与特征 ··········································· (66)
　　　　二、金融工具的类型 ······················································ (68)
　　　　三、金融资产的含义及分类 ··········································· (70)

## 第四章　股票市场 ································································· (73)

　　第一节　股票概述 ······························································· (74)
　　　　一、股票的基本特征 ······················································ (74)
　　　　二、股票种类 ································································ (75)
　　　　三、股票市场 ································································ (80)
　　第二节　股票的市场价格 ····················································· (85)
　　　　一、股票的价值与价格 ··················································· (85)
　　　　二、股票估值 ································································ (87)
　　　　三、股票价格变动的影响因素 ········································ (89)
　　　　四、股票市场效率 ························································· (93)
　　　　五、股票价格指数 ························································· (95)
　　第三节　股票的发行 ··························································· (97)
　　　　一、股票发行条件 ························································· (97)
　　　　二、股票发行的基本原则 ··············································· (99)
　　　　三、股票发行的基本方式 ··············································· (100)
　　　　四、股票发行的程序 ······················································ (101)
　　第四节　股票交易 ······························································· (102)
　　　　一、证券交易所 ···························································· (103)
　　　　二、股票交易方式 ························································· (103)
　　　　三、股票交易程序 ························································· (104)
　　　　四、场外交易 ································································ (106)

## 第五章　债券市场 ································································· (109)

　　第一节　债券的性质和种类 ················································ (110)
　　　　一、债券的要素与性质 ··················································· (110)

  二、债券的特点 …………………………………………………… (111)
  三、债券的分类 …………………………………………………… (111)
 第二节　债券发行 …………………………………………………… (117)
  一、债券发行的目的 ……………………………………………… (117)
  二、债券发行的条件 ……………………………………………… (117)
  三、债券发行方式 ………………………………………………… (118)
  四、债券发行程序 ………………………………………………… (120)
  五、债券发行的成本与价格 ……………………………………… (121)
 第三节　债券的市场价及收益率 …………………………………… (123)
  一、债券内在价值分析 …………………………………………… (123)
  二、债券的到期收益率 …………………………………………… (124)
  三、影响债券价值的因素 ………………………………………… (125)
  四、债券定价原理 ………………………………………………… (128)
 第四节　债券市场 …………………………………………………… (130)
  一、债券上市 ……………………………………………………… (130)
  二、债券交易品种与方式 ………………………………………… (131)
  三、国债市场 ……………………………………………………… (133)
  四、企业债券市场 ………………………………………………… (135)

## 第六章　货币市场 …………………………………………………… (138)

 第一节　同业拆借市场 ……………………………………………… (139)
  一、同业拆借市场的形成与发展 ………………………………… (139)
  二、同业拆借市场的参与者、交易对象及交易方式 …………… (140)
  三、同业拆借市场的拆借期限与拆借利率 ……………………… (141)
  四、我国的同业拆借市场 ………………………………………… (143)
 第二节　票据市场 …………………………………………………… (145)
  一、票据概论 ……………………………………………………… (145)
  二、商业票据市场 ………………………………………………… (147)
  三、银行承兑汇票市场 …………………………………………… (150)
 第三节　可转让大额定期存单市场 ………………………………… (153)
  一、可转让大额定期存单概述 …………………………………… (153)
  二、可转让大额定期存单的由来及发展 ………………………… (155)
  三、可转让大额定期存单的发行与流通 ………………………… (155)
  四、我国的可转让大额定期存单市场 …………………………… (156)
 第四节　短期政府债券市场 ………………………………………… (157)
  一、短期政府债券概述 …………………………………………… (157)
  二、短期政府债券市场的运行 …………………………………… (158)
  三、短期政府债券的价格与收益率计算 ………………………… (160)
  四、我国的短期政府债券市场 …………………………………… (161)

### 第五节　回购协议市场 …………………………………………… (161)
  一、回购协议概述 ………………………………………………… (161)
  二、回购协议市场的运行 ………………………………………… (163)
  三、我国国债回购协议市场的发展 ……………………………… (165)

## 第七章　金融机构及金融运行 …………………………………… (169)
### 第一节　金融机构体系 …………………………………………… (170)
  一、金融机构的一般体系 ………………………………………… (170)
  二、国内金融机构体系 …………………………………………… (171)
  三、西方国家金融机构体系 ……………………………………… (179)
### 第二节　我国银行金融机构体系 ………………………………… (182)
  一、中央银行 ……………………………………………………… (182)
  二、国有股份制商业银行 ………………………………………… (183)
  三、城市股份制商业银行 ………………………………………… (184)
  四、村镇银行 ……………………………………………………… (184)
  五、政策性银行 …………………………………………………… (185)
### 第三节　主要非银行金融机构 …………………………………… (185)
  一、保险公司 ……………………………………………………… (185)
  二、信托公司和金融租赁公司 …………………………………… (186)
  三、证券机构 ……………………………………………………… (186)
  四、投资基金管理公司 …………………………………………… (187)
  五、财务公司 ……………………………………………………… (188)
  六、投资银行 ……………………………………………………… (188)
  七、期货公司 ……………………………………………………… (189)
### 第四节　商业银行与货币运行 …………………………………… (190)
  一、金融结构的经济分析 ………………………………………… (190)
  二、商业银行业务 ………………………………………………… (190)
  三、商业银行与货币创造过程 …………………………………… (192)
### 第五节　中央银行与货币运行 …………………………………… (194)
  一、中央银行的职能 ……………………………………………… (194)
  二、中央银行的政策工具及其操作 ……………………………… (196)
### 第六节　财政收支与货币供给 …………………………………… (199)
  一、财政收支状况与货币流通 …………………………………… (199)
  二、举借国债与货币供给 ………………………………………… (200)

## 第八章　金融宏观调控与货币政策 ……………………………… (204)
### 第一节　货币需求 ………………………………………………… (205)
  一、货币需求的含义和研究内容 ………………………………… (205)
  二、货币需求的分类 ……………………………………………… (206)

三、货币需求和资金需求 …………………………………………………………（207）
　　四、货币需求理论 …………………………………………………………………（208）
第二节　通货膨胀与通货紧缩 …………………………………………………………（214）
　　一、通货膨胀的含义 ………………………………………………………………（214）
　　二、通货膨胀的类型 ………………………………………………………………（215）
　　三、通货膨胀的度量 ………………………………………………………………（216）
　　四、通货膨胀的效应 ………………………………………………………………（217）
　　五、通货膨胀的成因 ………………………………………………………………（221）
　　六、通货膨胀的治理 ………………………………………………………………（222）
　　七、通货紧缩及其理论 ……………………………………………………………（226）
第三节　货币政策 ………………………………………………………………………（231）
　　一、货币政策的含义及其构成要素 ………………………………………………（231）
　　二、货币政策最终目标 ……………………………………………………………（231）
　　三、货币政策中介目标 ……………………………………………………………（233）
　　四、货币政策工具 …………………………………………………………………（235）
　　五、货币政策的传导机制 …………………………………………………………（243）
　　六、货币政策中介指标的选择 ……………………………………………………（246）
　　七、货币政策时滞 …………………………………………………………………（248）
　　八、货币政策效应的衡量 …………………………………………………………（249）

## 第九章　国际金融 ……………………………………………………………………（253）
第一节　外汇与汇率 ……………………………………………………………………（254）
　　一、外汇与汇率 ……………………………………………………………………（254）
　　二、影响汇率变动的因素 …………………………………………………………（261）
　　三、汇率变动的经济影响 …………………………………………………………（263）
第二节　汇率决定理论 …………………………………………………………………（266）
　　一、金本位制下的汇率理论 ………………………………………………………（266）
　　二、购买力平价原理 ………………………………………………………………（268）
　　三、利率平价理论 …………………………………………………………………（271）
　　四、货币主义汇率理论 ……………………………………………………………（273）
第三节　外汇市场与外汇交易 …………………………………………………………（275）
　　一、外汇市场概述 …………………………………………………………………（275）
　　二、即期外汇交易 …………………………………………………………………（278）
　　三、远期外汇交易 …………………………………………………………………（280）
　　四、外汇掉期交易 …………………………………………………………………（282）
　　五、外汇期货交易 …………………………………………………………………（284）
　　六、外汇期权交易 …………………………………………………………………（288）
　　七、外汇风险 ………………………………………………………………………（290）
第四节　国际收支 ………………………………………………………………………（293）

一、国际收支与国际收支平衡表 …………………………………… (293)
　　二、国际收支不平衡及其调节 …………………………………… (300)
　第五节　国际储备 ……………………………………………………… (307)
　　一、国际储备概述 ………………………………………………… (307)
　　二、国际储备的构成 ……………………………………………… (310)
　　三、我国的国际储备管理 ………………………………………… (312)
　第六节　国际资本流动 ………………………………………………… (315)
　　一、国际资本流动概述 …………………………………………… (315)
　　二、国际资本流动的原因与影响 ………………………………… (319)

# 第十章　行为金融学与大数据金融 ……………………………………… (325)
　第一节　有效市场理论的局限 ………………………………………… (325)
　　一、非理性的人 …………………………………………………… (327)
　　二、套利限制 ……………………………………………………… (328)
　第二节　行为金融学的主要理论与应用 ……………………………… (330)
　　一、行为金融学起源 ……………………………………………… (330)
　　二、信仰理论 ……………………………………………………… (330)
　　三、前景理论 ……………………………………………………… (331)
　　四、经验决策 ……………………………………………………… (333)
　　五、羊群效应 ……………………………………………………… (334)
　第三节　大数据视角下的金融行为 …………………………………… (335)
　　一、金融大数据 …………………………………………………… (335)
　　二、大数据与普惠金融 …………………………………………… (336)

# 参考文献 ………………………………………………………………………… (339)

# 第一章

# 导 论

## 学习路径

现实中的金融决策—金融学学习内容与范畴—国内外金融原理对比—反思与总结

## 学习目标

- 了解金融学定义
- 掌握金融学范畴与发展
- 对比国内外对金融学定义的界定

## 核心概念

金融决策、金融学、宏观金融、微观金融、金融发展趋势

## 学习要求

- 阅读金融发展历史方面的相关材料
- 联系身边的金融现象与金融行为,分析这些现象属于宏观金融范畴还是微观金融范畴
- 思考宏观金融与微观金融的重要性与意义

 金融现象1-1 实际中的金融决策

## 一、引言

随着经济的不断发展,居民、企业、政府这三类社会主体参与经济活动的程度在不断加

深,而经济活动中金融决策是这三个主体在资源配置中遇到的核心问题。

### (一) 居民金融决策

金融决策是居民在参与日常生活和经济活动过程中最常遇见的问题。居民的金融决策是指居民在资产配置过程中必须面临的取舍问题。居民通常至少会遇到四大类金融决策问题。

第一类,消费与储蓄的决策。现有的财富中多少用来消费,多少用于储蓄?消费能够带来当期的效用(满足感),但是放弃暂时的消费并将资金储蓄起来,所获得的利息则可以在未来拥有更多的财富,进而获得更高的效用。如何在当期消费与未来储蓄之间进行取舍,几乎成为每一位居民不得不面对的金融决策问题。

第二类,投资决策。如何安排节省下来的资金,使这些资金未来能够产生更多的财富,成为居民面临的另一个十分重要的金融决策问题。随着金融的不断发展,金融创新工具不断涌现,使投资者的投资决策变得越来越复杂。

第三类,融资决策。居民为了实施自己的消费和投资计划,必须在什么时间、以什么样的方式获得和使用别人的资金,如何才能够让自己支付的代价最小。

第四类,风险管理决策。金融活动最大的特点就是不确定性,即风险。例如,当你把资金借给别人时,便存在着无法如期收回本金和利息的可能性;当你投资股票或者基金时,未来你的现金流完全是不确定的,你可能获得收益也同样可能面对损失。为了降低资产配置过程中的不确定性,居民必须在收益与风险之间进行权衡。

居民所面临的金融决策,主要集中在资产的配置过程中。这里的资产是指拥有经济价值的任何东西。作为将收入储蓄起来以保证未来消费的资产配置方式,居民能够以不同的形式和数量持有一个财富集合。一种是固定收益证券账户,包括银行储蓄、各种债券等未来具有确定现金流的资产形式;一种是风险资产账户,包括股票、基金、房地产投资、黄金投资、外汇投资等未来现金流不确定的资产形式。针对不同资产的收益与风险特征,投资者具有不同的偏好,并基于此形成自己的资产配置组合。必须说明的是,在居民的所有资产中,还有另外一项最为重要的资产形式——人力资本。人力资本是指劳动者受到教育、培训等方面的投资而获得的知识和技能的积累,亦称"非物力资本"。由于这种知识和技能可以在未来为其所有者带来工资等收益,因而形成了一种特殊的资本形式。

事实上,居民的资产配置形式主要集中在金融资产(股票、债券等)和实物资产(房地产、黄金珠宝等)两大类。虽然金融资产越来越深刻地影响着居民的生活,甚至金融活动已经开始主导整个经济的运行,但它们的实际数量和规模并没有想象中的大。另外,当居民借贷购入一项资产时,就形成了他的一笔负债。居民的财富是由居民的总资产减去负债来计算的。假设你拥有价值100万元人民币的房产和80万元的股票市值;同时,以房屋抵押贷款的形式欠银行70万元,并且还有当月未偿付的信用卡账单3万元。这时你的财富净值是107万元,具体计算为(100+80)-(70+3)=107(万元)。

从根本上讲,全部的社会资源都归属居民。因为他们拥有企业(或者直接拥有企业,或者通过股票间接拥有企业,又或者通过退休基金和保险基金拥有企业),并向政府缴纳税金。

### (二) 企业金融决策

金融学的一个基本信条是:金融体系的终极功能在于满足人们的消费偏好,包括食物、衣服和住所等全部基本生活必需品。为了便于这种终极功能的实现，产生了企业经济组织。

企业或称为厂商，是具有生产产品和提供服务功能的经济实体。与居民一样，企业同样存在不同的类型与规模。有的如小作坊、零售店以及个人或家庭拥有的餐馆，也有的如中国华为公司和美国通用公司，拥有数十万劳动力。研究企业金融决策的金融学分支称为公司金融。

为了生产产品和提供服务，所有企业无论大小都需要资本。厂房、机器设备以及再生产过程中使用的其他中间投入品称为物质资本；股票、债券以及用来为获取物质资本提供融资的贷款称为金融资本。

任何企业必须做出的第一项决策是要进入那个行业，这被称为战略规划。因为战略规划涉及对分布在不同时期的成本和收益进行评估，所以在很大程度上是一项金融决策过程。企业经常拥有由其主要产品生产线界定的核心业务，而且这种核心业务可以延伸到相关行业。例如，生产计算机硬件的企业可以选择生产软件，同样也可能选择为计算机提供服务。企业的战略目标可能随时间推移发生变化，这种变化有时候是极其剧烈的。一些公司进入看上去并不相关的行业，甚至可能完全放弃原有的核心业务，导致公司名称不再与原有业务存在任何关联。

一旦企业的管理者已经决定进入某个行业，为了获取厂房、机器设备、研究实验室、商品陈列厅、仓库以及其他诸如此类长期存在的资产，同时为了培训运营所有这些资产的人员，企业的管理者必须准备一项规划，这就是资本预算过程。资本预算过程中的基本分析单位是投资项目。资本预算过程包括鉴定新投资项目的构思，对其进行评估，决定哪些可以实施。

当企业已经决定要实施的项目，就必须清楚怎样为其融资。与资本预算决策不同，资本结构决策的分析单位并不是个别的投资项目，而是整个企业。进行资本结构决策的出发点是为该企业确定可行的融资计划。一旦通过努力得到一项可行的融资计划，就可以设法解决最优融资组合的问题。企业可以发行一系列广泛的金融工具和索取权（Claims）。在这些金融工具和索取权中，一些是可以在有组织的市场中进行交易的标准化证券，例如，普通股、优先股、债券和可转换证券；另一些则是无法在市场上交易的索取权，例如，银行贷款、雇员的股票期权、租赁合约以及退休金债务。公司的资本结构决定了谁将如何得到公司未来的现金流。例如，债券承诺固定的现金偿付，与此同时，股票支付剩余的残值，这些残余价值是所有其他拥有索取权的人已经得到偿付后剩余的价值。同时，资本结构部分地决定谁将有机会控制该公司。一般而言，股东通过选举董事会对公司进行控制。但是，债券和其他贷款经常包含约束公司管理活动的合同条款，这些合同条款称为承诺。这些承诺性约束给予债权人对该公司事务的某些控制力量。

营运资本管理对企业的成功是极其重要的。如果公司管理层不参与企业的日常金融事务，最好的长期计划也可能失败。即使在一家具有明显成长性的企业里，现金的流入与流出也可能在时间上并不完全匹配。为了保证能够为运营过程中出现的现金流赤字提供融资，同时使运营现金流的盈余得到有效投资从而获得良好收益，管理者必须关注向客户的收款以及到期需要支付的账单。

企业在所有金融决策领域——投资、融资和营运资本管理中的选择，都依赖于它的生产技术以及特定的规制、税收和企业运营的竞争环境。

**（三）政府的金融决策**

实际上，政府作为公共利益的代表更应该讲求金融决策的质量，确保财政资源的优化配置。政府的金融决策即政府理财，政府的理财水平和理财质量直接反映一个政府的行政能力和执政水平。高质量的政府理财是公共财政的社会效益和经济效益有机协调，是宏观稳定和可持续发展的重要保证。政府的金融决策包括了政府融资和政府投资两部分。

1. 政府融资

政府融资主要有直接融资与间接融资、项目融资与非项目融资。

（1）直接融资。这类融资是主要以地方政府为融资主体而获得的用于城市基础设施建设的资金。主要形式有以下几点。①财政资本金投入而获得的股权收益。②由财政投入一些城市基础设施项目而带动外资和民营资本的投入。③获得中央转贷的由中央政府发行的国内外政府债券。④向世界银行、亚洲开发银行、亚洲基础设施投资银行等国际和地区金融机构贷款。⑤获得中央转贷的由中央政府向外国政府的贷款。⑥外国政府援助赠款。

（2）间接融资。这类融资是主要通过银行、保险公司和投资公司等中介机构而获得的用于城市基础设施建设和改造的资金。目前地方政府主要采取此种方式进行大规模融资。主要形式有以下几点。①政府授权一些从事城市基础设施建设的国有投资公司，向银行贷款，财政实施担保并进行贴息。②政府授权企业发行企业债券，用于地方基础设施建设，财政实施担保并承担债券利息。

（3）项目融资。这类融资是主要利用政府各种特定资源，为达到政府特定目的，采用各种市场手段而获得的用于城市基础设施建设和改造的资金。具体形式有以下几点。①利用土地级差效应，获得土地出让金。②由企业建设经营政府授权的特别项目，到期转让给政府的 BOT 方式。③政府将业已建成的大型基础设施项目转让给企业，经过一段时间运营后，企业再无偿转让给政府的 TOT 方式。④由企业建设经由政府授予的特别项目，财政给予补贴，到期转让给政府的 BOST 方式。⑤政府把具有商机的盈利项目和公益性非营利性项目"捆绑"在一起，企业通过比较利益，进行自行开发和还款的项目。⑥由政府授权一些大型国有公司，对特别项目实施融资租赁。

（4）非项目融资。这类融资是主要运用资产运作手段吸引社会各类资金的融资方式。具体形式有以下几点。①通过有关投资信托公司，采用集合信托方式向社会投资者筹资，获得的资金用于城市基础设施建设。②将一些公用事业企业进行上市，由这些企业从资本市场筹资。③政府出让部分公用事业股权而获得用于该项目或其他项目的建设和改造资金。

2. 政府投资

政府投资是政府作为投资主体的投资。政府运用税收方式筹集资金，主要从事公共事业、基础设施等方面的投资。与政府投资相对应的非政府投资则是指由具有独立经济利益的独立经济主体进行的投资。

政府投资职能一般表现在以下几个方面。

（1）政府发挥宏观调控作用，均衡社会投资。在市场经济条件下，尽管政府投资量不占据主要地位，但对社会投资总量的均衡能起到调节作用。当社会投资量呈扩张势头、通货膨胀趋势严重时，政府投资主体通过减少投资量，缓解投资膨胀；当经济不景气、社会投资低迷时，政府投资主体采取增加投资量的途径，扩大社会需求，推动经济发展。

（2）政府投资对调节投资结构、引导社会投资方向起着重要作用。国家在经济发展的不同时期需要制定不同的产业政策，确定产业发展次序，投资的基本方向是国家产业政策优先发展的产业，特别是国民经济薄弱环节、对社会效益大而经济效益并不显著的产业予以重点扶持，这有利于优化产业结构。在市场经济条件下，政府已不是唯一的投资主体，国家需要重点扶持的基础设施及其他重要产业也需要鼓励社会投资的介入，但政府投资起到先导和示范作用，它通过运用直接投资和间接投资手段（如投资补贴、投资抵免、投资贷款贴息等），引导社会投资更多地投入国家鼓励发展的产业和领域。

（3）为社会投资创造良好的投资环境。投资的环境好坏，很重要的一个方面是公用设施、社会基础设施完善与否。公用设施、社会基础设施及软环境建设，有相当部分无法实现商品化经营或商品化程度很低，是政府投资的重点领域。

3. 政府投资规范

从 2019 年 7 月 1 日开始实施的《政府投资条例》可看出，政府投资方式以直接投资方式为主，对确需支持的经营性项目，主要采取资本金注入方式，也可以适当采取投资补助、贷款贴息等方式。安排政府投资资金，应当符合推进中央与地方财政事权和支出责任划分改革的有关要求，并平等对待各类投资主体，不得设置歧视性条件。国家通过建立项目库等方式，加强对使用政府投资资金项目的储备。

## 二、金融学定义与范畴

### （一）金融学定义

金融是一个经济学的概念和范畴。现代经济生活中，人们每天都离不开金融，并频繁地使用"金融"这个词。但是，目前理论界对于金融的含义却存在较大的分歧，没有统一的定义。简单地说，金融就是资金的融通，即由资金融通的工具、机构、市场和制度构成的有机系统，是经济系统的重要组成部分。根据金融系统中个体与整体的差异，可以把金融划分为微观金融和宏观金融两部分。微观金融是指金融市场主体（投资者、融资者，政府、机构和个人）个体的投融资行为及其金融资产的价格决定等微观层次的金融活动；宏观金融则是指金融系统各构成部分作为整体的行为及其相互影响以及金融与经济的相互作用。金融作为资金融通活动的一个系统，是以各个微观主体个体的投融资行为为基础，工具、机构、市场和制度等构成要素相互作用并与经济系统的其他子系统相互作用的一个有机系统。

微观金融分析从个体角度研究金融运行规律，即金融决策分析，主要研究金融主体投融资决策行为及其规律。该领域的分支学科包括金融市场学、证券投资学、公司财务学、金融工程学、金融风险管理、金融资产定价等。近几十年该领域的研究得到十分迅速的发展，并取得了许多优异的成绩，有相关学者获得了诺贝尔经济学奖。例如，1990 年获得诺贝尔经济学奖的马柯维兹的资产组合理论、W. 夏普的资本资产定价模型、莫迪利尼亚—米勒定理（Modigliani-Miller Theory，MM 定理），1997 年获得诺贝尔经济学奖的布莱克—斯科尔斯公式等，这些成果为推动金融理论研究和金融市场发展做出了重要的贡献。

金融中介分析主要研究金融中介机构的组织、管理和经营，包括对金融机构的职能和作用及其存在形态的演进趋势的分析，对金融机构的组织形式、经济效率、混业与分业、金融机构的脆弱性、风险转移和控制的分析等。主要的分支学科包括商业银行学、投资银行学、保险学、微观银行学等。该领域的研究历史悠久，并且在19世纪到20世纪初金融理论和实践的发展中占有重要的地位。但是，20世纪中叶以来，与迅速发展的金融决策学相比，该领域的发展则相对滞后，远不能适应世界金融业飞速发展的需要。21世纪该领域的研究具有巨大的发展空间。

宏观金融分析从整体角度讨论金融系统的运行规律，重点讨论货币供求均衡、金融经济关系、通货膨胀与通货紧缩、金融危机、金融体系与金融制度、货币政策与金融宏观调控、国际金融体系等问题。主要的分支学科有中央银行学、货币政策分析、金融监管学、国际金融学等。

### (二) 金融学范畴及发展

我们可以从资金的融通角度简单直接地理解金融，金融就是资金的融通，或称融资。由于收入增加、消费延迟或预防性准备等原因，一些人手中拥有暂时没有明确使用意愿的盈余货币，这些拥有盈余货币的人可以称为盈余单位。而与之相对应，因收入减少、提前消费或意外发生，一些人存在消费意愿但手中没有所需要的货币，则称为赤字单位。盈余单位和赤字单位的同时存在，使社会体系中的货币出现了流动倾向。但是要想让货币真正流动起来并不是一件简单的事情。人们由于与生俱来的流动性偏好倾向，即使在货币没有明确使用用途的情况下仍然愿意持有货币，也就是说，人们更愿意持有货币而不是借出货币，除非有利可图。而且当盈余单位将货币借出后，还将不得不面临一种不确定性，即无法收回的风险。于是有人开始以在归还本金的同时支付利息作为利诱，使货币在盈余单位和赤字单位之间开始流通，这就形成了最初的融资活动。而这种能够带来收益的货币，就被称为资本。

开始的资本流动主要是盈余单位和赤字单位之间的直接流动，但是这种流动方式的缺点很快就暴露出来，即资本之间总是在时机和数量的匹配方面遇到问题。于是，出现了一种专门帮助资本流动并从中赢利的职业——掮客。掮客们可以在任何时间从盈余单位手中接受任何数量的资本，同时可以在任何时间向赤字单位提供任何数量的资本。显然，"天下没有免费的午餐"，掮客们解决了资本流通的时机和数量问题，同时也会从中获得利息差价的收入，即他们在降低了资本流动摩擦的同时，又增加了新的摩擦——资本出现了漏出。

17世纪初，公司作为一种全新的经济组织形式出现在欧洲，改变了过去资本的流通主要以储蓄—贷款形式存在的局面。股票作为一种新的融资方式出现在当时欧洲最发达的国家荷兰。这时掮客们的业务已经不仅仅是简单地吸收储蓄和发放贷款了，他们同时还可以通过买卖公司的股票来帮助融通资金。因此，这时的融资活动主要有两种形式：一种是掮客以储蓄的形式接受资本，同时以贷款的形式借出资本，掮客作为融资的中介；另一种则是掮客帮助资本的供求双方沟通信息，从而获得佣金，而掮客本身并不参与到融资活动中。第一种融资形式称为间接融资，掮客作为融资中介；而第二种融资形式称为直接融资，掮客表现为经纪人。事实上，金融就是货币资金的持有者与需求者之间，直接或间接地进行资金融通的活动。而融资和投资其实是金融活动的两个方面，对于资本的需求者而言，金融是一种融资活动，目的是获得所需要的资本，利息则是他们使用资金的代价；而对于资本的供给者而言，金融则是一种投资活动，目的是获得资本的增值部分，即他们暂时放弃资本的使用权所获得的补偿。17世纪以来，随着航海业的迅猛发展，融资活动越来越重要，掮客们也在金融活动中起到了越来越重要的作用，并且数量和业务规模迅速增加。当掮客们聚集在一些固定的场所从事金融活动时，就形成了金融市场。1602 年荷兰人开始在阿姆斯特河桥上买卖东印度公司的股票，这是世界上第一只公开交易的股票，而阿姆斯特河大桥则成了世界上最早的股票交易所。随后，1688 年的"光荣革命"使英国迅速崛起，取代荷兰成为欧洲强国，伦敦也随之成为世界的金融中心。20 世纪美国经济腾飞，使华尔街成为世界瞩目的"金融中心"。随着金融在社会发展进程中起到的作用越来越大，金融学的研究也日趋鼎盛。

金融是信用货币出现以后形成的一个经济范畴，它与信用是两个不同的概念：金融不包括实物借贷而专指货币资金的融通，人们除了通过借贷货币融通资金外，还可以通过发行股票的方式来融通资金；信用则是指一切借贷活动，包括货币资金的融通，也包括实物资产的借贷活动。随着信用货币融通在经济运行中的作用越来越重要，人们在"信用"之外创造一个新的概念——金融，来专指信用货币的融通。

广义上讲，金融学（Finance）就是研究金融活动的学科领域。但由于各种原因，关于金融学的具体定义，国内与国外存在着巨大差异，金融学的具体研究内涵和研究范围在国内外也存在着巨大差异。国内学术界普遍认为，金融学是从经济学中分化出来的应用经济学科，是以融通货币和货币资金的经济活动为研究对象，具体研究个人、机构和政府如何获取、支出及管理资金和其他金融资产的学科。就金融学理论的内涵而言，在国内具有明显转轨经济背景下的典型特征，通常包括基于货币、信用、银行、货币供求、货币政策、国际收支、汇率等专题的传统式金融学研究内容。对于金融一词国内的代表性定义是"货币流通和信用活动以及与之相联系的经济活动的总称"（刘鸿儒，1995）。显然，国内关于金融学内涵的理解并不突出反映资本市场的地位，而是主要以货币银行学和国际金融两大代表性科目为主线。这种范式的形成主要是在政府的主导下，商业银行作为金融中介的间接融资是当时金融实践的核心内容。因此，针对银行体系的货币金融研究成为金融学的绝对主导。20 世纪 80 年代初的改革开放，使我国的对外贸易活动加强，因此关于国际收支和国际贸易为核心的研究也成为当时金融研究的主要内容。总体来看，国内所确定的金融学内涵，大抵属于西方学界宏观经济学、货币经济学和国际经济学领域的研究内容。

与国外金融学主要开设在商学院不同，国内对金融学给予更大重视的是经济学科，而这与国内对金融学课程的基本定义和内容涵盖是分不开的。国内的金融学课程前身是"货币银行学"，它在理论框架和思考逻辑上大致承袭了古典经济理论和马克思政治经济学中关于金融的论述，通过规范式的分析方法和定性判断来对金融范畴和经济范畴进行评判。因此，与国外金融学以微观经济个体消费偏好得到满足的立足点不同，国内金融学是以"货币""信用"等基本金融概念的界定作为出发点的，充分体现了古典经济理论"必也正乎名""名正则言顺"的基本逻辑。

国内认为金融学的涵盖范围，大致包含了两方面。①按照生产力和生产关系进展和表现，包含了对金融市场、金融中介机构、金融体系和金融功能等中观层面的考察。这部分内容同样承袭了古典经济理论和金融理论中重视历史发展，重视纵向、横向对比，倾向于做出定性判断的研究特点。②按照现代宏观金融体系运动的微观基础来考察金融体系的功能及其与国民经济的关系，包括货币需求与货币供给、货币均衡与市场均衡、利率形成与汇率形成、通货膨胀与通货紧缩、金融危机、国际资本流动与国际金融震荡、名义经济与实际经济、虚拟经济与实体经济、货币政策及其与财政政策等宏观调控政策的配合、国际金融的制度安排与国际宏观政策的协调等。这部分内容是以现代宏观经济学为基础来展开讨论的,其着眼点是金融现象和金融制度如何影响宏观经济运行。综合两方面内容不难发现,国内对"金融学"学科的界定基本上是着眼于宏观层面和规范化分析层面,这显然和美国"金融学"主要着眼于微观经济个体的学科方向是截然相反的。当然,国内的金融学在介绍金融体系及其与国民经济的相互关系之前,一般也介绍一些基本的微观金融范畴,而这就与西方金融学中的家庭金融和公司金融理论有了若干交集,如货币的时间价值、利率结构、金融资产组合与选择等。

有趣的是,国内基于货币银行学和国际金融学两大学科领域界定的金融学研究内涵,恰恰不是西方学界强调的金融学的核心内容。斯蒂芬·罗斯为《新帕尔格雷夫货币金融大辞典》撰写的 Finance 词条称:"金融以其不同的中心点和方法论而成为经济学的一个分支,其中心点是资本市场的运营、资本资产的供给和定价。其方法论是使用相近的替代物给金融契约和工具定价。"罗斯还概括了 Finance 的四大课题,即"有效率的市场""收益和风险""期权定价理论"和"公司金融"。罗斯的观点集中体现了西方学者界定 Finance 注重的是微观内涵及资本市场的特质。总体上讲,西方学界对 Finance 的理解,集中反映在两个方面:一是以公司融资、公司治理为核心内容的公司金融,二是以资产定价为核心内容的投资学。值得注意的是,国内许多学者将 Corporate Finance 译作"公司财务"或"公司理财",很容易让人将其研究对象误解为会计项目。事实上更为确切的译法应该是"公司金融",其研究的是以公司作为主体的金融决策问题。

1997 年度诺贝尔经济学奖得主之一的默顿(R. C Merton)对现代金融学给出了一种全新的解释:金融学研究的是如何在不确定的条件下对稀缺资源进行跨时期分配。默顿强调金融理论的核心是研究在不确定环境下,经济行为人在配置和利用其资源方面的行为,既包括跨越空间又包括跨越时间的情况。跨期和不确定性是影响金融决策行为的中心因素,两者相互作用的复杂性成为刺激金融学研究的内在因素,因此需要复杂的分析工具来捕获相互作用的机理。金融学理论发展史上载入史册的伟大成就包括:莫迪利尼亚—米勒理论、均值方差理论、资本资产定价模型、套利定价理论、布莱克—斯科尔斯公式等,而建立这些学说和模型的学者中的大多数人因此而荣获了诺贝尔经济学奖。毫不夸张地说,金融学理论与金融实践的结合改变了整个人类社会经济运行的轮廓。整个金融系统的最终职能是满足人们的消费偏好,诸如企业和政府这样的组织能作为金融学考察的对象,是因为它们有助于该最终职能的实现,西方金融学课程是以微观经济理论为基础的,其最终指向是微观经济个体的效用增进。

鉴于金融理论的实际使用者主要是家庭和公司,国外金融学课程将重点放置在家庭金融和公司金融两大基本领域。家庭在金融理论中占据特别的地位,是因为金融系统的最终职能是满足人们的消费偏好,而金融理论将这些偏好视为假设前提,家庭行为则是为满足这些偏好而做出的努力;进一步,企业的行为也须从家庭的角度去进行解读,看它们是如何影响到家庭财富的。具体说来,金融学中的四个基本领域(储蓄决策、投资决策、融资决策、风险管理决策)都是以家庭为单位来做出的。从这个意义上看,家庭金融事实上就是个体金融,它构成了金融学的基础。公司金融则是金融学的主体部分。就一个企业而言,它必然要面临的金融决策有三项：资本预算决策、资本结构决策和营运资本管理决策。尤其是在现代公司制度下，一个企业的所有权和管理权相互分离，要解决（或缓解）委托代理问题，确保管理者大致上以股东权益最大化为自己的经营目标，就离不开金融方面的安排。首先是股票市场的存在为管理者提供了一个强制性的规范。它通过并购（Takeover）威胁对管理者形成一个威慑性机制，一旦管理者采取与股东利益目标相背离的行为导致公司的市场价值下跌，并购威胁就会开始显现，而一旦并购真的发生，管理者将因公司被并购而失去工作。由此看来，对管理者而言，采取损害股东利益、降低公司市场价值的行为，最终必将导致自身的利益受损。通过股票市场提供的并购威慑机制，作为委托人的股东和作为代理人的管理者的利益函数趋向一致，代理问题于是得到缓解。其次，适当的金融产品设计和金融制度安排还将进一步增加两者利益函数的一致性，并保证管理者不会采取欺骗行为来影响公司的市场价格。对此博迪和默顿罗列了公司的基本金融职能：计划（包括长短期金融计划、预算和资本开支计划、运作预算计划、销售预测、绩效评估、价格政策、经济评估、收益和资产分散性解释等）、资本供给、基金管理、会计控制（包括建立会计政策，搜集、报告会计数据，确立成本标准，内部审计，确立会计系统和程序，报告、解释运作结果）、资产保全、税务管理、评估、咨询、信息系统管理。除此之外，国外金融学课程也涵盖了若干宏观层面的介绍，如金融系统和金融制度的介绍、金融基础设施和金融监管等，但这些内容的介绍更多是出于为微观个体进行金融决策设定宏观背景的目的进行的，因此只是简单提及，并未充分展开，对它们的深层次探讨更多的是在一些宏观经济学课程或研究生课程如货币经济学（Monetary Economics）、货币金融理论（Monetary and Financial Theory）等课程里进行的。

事实上，国内学术界通常将金融学划分为宏观金融学和微观金融学两大门类。微观金融学（Microfinance）即西方学术界通常理解的 Finance，主要包含公司金融、投资学和证券市场微观结构（Securities Market Microstructure）三个大的研究方向。微观金融学课程通常设在国内各高校商学院的金融系内。微观金融学是目前我国金融学界与国际学界差距最大的学科领域。宏观金融学（Macrofinance）即是国内学界传统意义上的金融学，包括货币银行学和国际金融两个主要的方向，涵盖有关货币、银行、国际收支、金融体系稳定性和金融危机的研究。这类专业课程通常设在国内高校经济学院的金融系内。宏观金融学的研究在中国具有特别的意义，因为微观金融学的理论基础是有效市场理论，而这样的金融市场在中国尚未成熟，所以公司和投资者的融资活动都会更大程度地受到宏观因素影响。

国内外金融学课程之间存在若干共同点，这主要体现在内容上有部分重叠：国外金融学也花费一定的篇幅介绍宏观层面的金融体系和金融制度；国内金融学也花费一定的篇幅介绍微观层面的利率形成机制和期限结构、资本资产定价模型、期权定价模型等内容。至于两者孰优孰劣，则很难做简单的判断，它应取决于学习者具体的学习目的。笼统地说，国外金融学的学习对规划家庭金融决策、了解公司金融、进入现实金融世界有更大的帮助，而国内金融学的学习则对了解金融宏观走向、理解一国或国际金融政策和金融事件，进而理解宏观经济问题有更大的帮助。

国内外金融学课程的区别较大，主要体现在下面几点。

（1）学科构建基础差异。国外金融学以微观经济理论为基石；国内金融学则以古典经济学和马克思政治经济学中的金融论述为基石。

（2）学科着眼点差异。国外金融学主要着眼于微观经济个体，考察家庭和企业的金融决策问题及其影响因素；国内金融学则主要着眼于宏观经济运行，主要考察金融体系和金融制度安排对国民经济运行和经济增长的影响。

（3）学科预设目的差异。国外金融学学科以满足人们的消费偏好为终极目的，国内金融学学科则以判断什么样的金融制度安排和金融政策能适应经济发展、促进经济平稳增长为目的。

（4）学科研究方法差异。国外金融学更多采取定量研究和实证研究方式，而国内金融学主要采取定性研究和规范研究方式。

（5）学科涵盖内容差异。这一点上文已做了较详细的比较，此处不再赘述。

### 三、金融发展趋势

按照默顿的观点，金融学是一门针对人们怎样跨期配置稀缺资源的研究。金融决策有着区别于其他资源配置决策的两项特征：①金融决策的成本和收益是跨期分摊的，②无论是决策者还是其他人通常都无法预先准确地知道金融决策的成本和收益。例如，在决定是否开办自己的餐馆时，你必须在将要付出的可能成本（例如，购买炉灶、桌椅、装饰酒杯的小纸伞以及其他必需设备中的投资）与未定的收益（未来可能的利润）之间进行权衡，这种并不确定的收益是预期在未来数年内所能够获得的现金流。金融理论由一组概念及一系列数量化模型构成。这些概念集合帮助厘清怎样跨期配置资源，而一系列数量化模型则帮助人们进行评估选择、做出决策和实施决策。这些基本概念和模型能够应用于所有的决策层次，从租赁轿车或者开办企业的决策，到一家大型公司的首席财务官是否进入信息行业的决策，甚至包括世界银行为哪些发展项目提供融资的决策。人们在实施金融决策的过程中会运用金融体系，金融体系为金融市场以及其他金融机构的集合，这些集合被用于金融合同的订立以及资产与风险的交换。金融体系包括股票市场、债券市场和其他金融工具市场、金融中介（如银行和保险公司），以及对所有这些机构进行监管的监管主体。研究金融体系怎样随时间推移发展和演变是金融学理论的重要组成部分。

另外，默顿还认为金融理论将人们的消费偏好看成是给定的，即理论自身不能解释的基本构成要素被称为外生要素；与之相对应的，由理论自身解释的基本构成要素被称为内生要素。在金融学中，假定人们偏好是外生的，而企业的目标则是内生的。虽然偏好可能随时间推移变化，但金融理论并不设法解决为什么变动以及怎样变动的问题。人们的行为被解释为满足那些消费偏好的尝试，而企业和政府的行为则从怎样影响人们福利的角度进行考察。

自20世纪80年代以来，金融市场迅速发展，发生了令人瞩目的变化，其中货币市场、债券市场和股票市场日交易量均达到数万亿美元。撤销管制导致的自由化和全球化产生了大规模资产流动，已经在世界范围内引发了许多问题，如1997年的"东南亚金融风暴"和2008年的"全球金融海啸"。金融数据的大量存在与市场规模不断增长的复杂性和综合性，促使银行和其他金融机构不断寻找利用数据建模等更为有力的工具手段，对市场行为进行监控。为了规避金融监管和迎合投资者的需求，基于数量化估值模型和风险评估模型的复杂金融工具不断被创造出来。同时，金融机构和投资者也要求一种可以将收益和风险数量化表示的系统方法，帮助他们进行金融决策选择。因此，现代金融学出现了一些明显的趋势化特征。

(1) 金融资产证券化。金融资产证券化是指把流动性较差的资产，如金融机构的一些长期固定利率放款或企业应收账款等，通过商业银行或投资银行予以集中重组，以这些资产作抵押来发行证券，实现相关债权的流动化。金融资产证券化在提高资产流动性的同时增加了风险的传染性。

(2) 金融市场全球化。金融市场全球化已成为当今世界一个突出的重要趋势。金融市场全球化是指国际金融市场正在形成一个密切联系的整体市场，在全球的任何一个主要市场上都可以进行相同品种的金融交易，并且由于时差的原因可以实现 24 小时不间断的金融交易，例如由伦敦、纽约、东京、香港等国际金融中心组成的市场。金融全球化趋势为资金运用效率的提高提供了机会，但同时也使金融风险可以轻而易举地在世界范围内传播。

(3) 金融监管自由化。金融监管自由化是指20世纪70年代中期，在西方发达国家出现的一种逐渐放松甚至取消对金融活动的一些管制措施的趋势。其主要表现为：减少或取消国与国之间对金融机构活动范围的限制；对外汇管制的放松或解除；放宽对金融机构业务活动范围的限制，允许它们之间的业务适当交叉；放宽或取消对银行利率的管制。如1986年英国首相撒切尔夫人发动的"大爆炸金融改革"，引发了全球范围内的金融自由化改革浪潮。

(4) 金融学数量化。任何一门学科的现代化和精确化进程，都必然以数学作为自身的语言。显然，现代金融学从经济学中独立出来的现代化标志，就体现在金融学的数量化上。金融学数量化是指金融学理论研究模式趋向于数学化（推理演绎数学化）、应用研究定量化（建立相应的数学模型）和运用计算机技术求解模型数值问题的广泛化，从而促成了金融数学的诞生和发展。金融数学是一门新兴的金融学与数学（特别是最优化理论、高等概率论、随机微积分、偏微分方程等）的交叉学科，又称数理金融学。现在世界上绝大多数学校金融学专业的学生，要学习数理金融方面的课程。

(5) 金融工具工程化。金融工具工程化是指将工程学的思维引入金融领域，综合地采用数学建模、数值计算、网络图解、仿真研究等设计、开发和实施新型的金融产品，进而创造性地解决各种金融学问题。从本质上讲，金融创新是设计一种新型证券或新型程序，这种新型证券或程序必须能够使发起人或者投资者去实现某些以前做不到的事情，从而达到增加价值的目的。现在，金融工程已经成为资产定价和新产品设计过程中必不可少的工具。

## 本章小结

通过本章学习，了解随着经济的不断发展，居民、企业、政府这三类社会主体参与经济活动的程度在不断加深，而经济活动中金融决策是这三个主体在资源配置中遇到的核心问题。居民通常会遇到四大类金融决策问题，即消费与储蓄的决策、投资决策、融资决策、风险管理决策，企业金融决策包括战略规划、资本预算决策、运营管理决策，政府的金融决策包括政府融资和政府投资、直接融资与间接融资、项目融资与非项目融资。

通过本章学习，掌握金融学是一个经济学的概念和范畴。根据金融系统中个体与整体的差异，可以把金融划分为微观金融和宏观金融两部分。微观金融是指金融市场主体个体的投融资行为及其金融资产的价格决定等微观层次的金融活动，该领域的分支学科包括金融市场学、证券投资学、公司财务学、金融工程学、金融风险管理、金融资产定价等；宏观金融则是指金融系统各构成部分作为整体的行为及其相互影响，以及金融与经济的相互作用。主要的分支学科有中央银行学、货币政策分析、金融监管学、国际金融学等。

通过本章学习，理解金融发展趋势主要四个方面。①金融资产证券化：把流动性较差的资产，通过商业银行或投资银行予以集中重组，以这些资产作抵押来发行证券，实现相关债权的流动化。②金融市场全球化：国际金融市场正在形成一个密切联系的整体市场，在全球的任何一个主要市场上都可以进行相同品种的金融交易，并且由于时差，可以实现24小时不间断的金融交易。③金融监管自由化：一种逐渐放松甚至取消对金融活动的一些管制措施的趋势。④金融科学数量化：金融学理论研究模式趋向于数学化、应用研究定量化和运用计算机技术求解模型数值问题的广泛化。

## 本章思考题

1. 谈谈你对金融本质的理解。
2. 简述居民金融决策主要包括哪些方面。
3. 简述微观金融和宏观金融的区别。
4. 谈谈你对金融发展趋势的理解。

 案例分析1-1　深圳社交App平台项目成功融资2 000万元

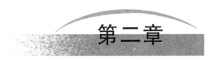

# 第二章

# 货 币

## 学习路径

货币现象—思考与问题分解—金融学理论—应用原理解决问题—反思与总结

## 学习目标

- 了解什么是货币
- 按顺序列举支付形式的演进过程
- 列举和总结货币的功能
- 列举货币制度的演进
- 理解货币制度的构成要素及对人们金融行为的影响
- 对比分析 $M_1$ 和 $M_2$ 货币供给量

## 核心概念

货币、财富、支付体系、支付形式、价值尺度、交易媒介、货币制度、无限法偿、法币、联邦体系下的货币供给总量、中国体系下的货币供给总量

## 学习要求

- 阅读材料
- 浏览中国人民银行网站中最新的 $M_1$、$M_2$ 数据

 金融现象2-1　停车场拒收一毛钱硬币

金融现象2-2　中国人民银行的货币政策

 金融现象2-3　中国、美国两国货币制度（货币发行机构）

## 第一节　货币的产生

### 一、支付体系的演进

#### （一）货币产生过程

商品是指为市场交换而生产的劳动产品。货币是商品生产和商品交换的产物。在世界各地，交换都经过两个发展阶段：先是物物直接交换，后是通过媒介的交换。此时，比较定型的媒介就成为货币。马克思主义经济学认为，商品价值的表现形式即支付体系在历史上先后经历四个阶段，货币形成于最后一阶段。

#### （二）货币产生原因

在易货经济中，人们必须实现"需求的双重吻合"，即人们必须找到拥有他们所需要的产品和服务的人，并且这个人还需要他们所提供的产品和服务，因此交易成本极高。交易成本是指为达成一笔交易所要花费的成本。

货币的产生解决了该问题。一方面降低了交易成本，扩大了交易范围；另一方面鼓励了专业化和劳动分工，从而促进了经济效率。人类使用货币的历史产生于物物交换的时代。在原始社会，人们使用以物易物的方式，交换自己所需要的物资，比如一头羊换一把石斧。但是有时候受到用于交换的物资种类的限制，不得不寻找一种能够为交换双方都接受的物品，这种物品就是最原始的货币。牲畜、盐、稀有的贝壳、珍稀鸟类羽毛、宝石、沙金、石头等不容易大量获取的物品都曾经作为货币使用过。

经过长期的自然淘汰，在绝大多数社会里，作为货币使用的物品逐渐被金属所取代。使用金属货币的好处是它的制造需要人工，无法从自然界大量获取，同时还易储存。数量稀少的金、银和冶炼困难的铜逐渐成为主要的货币金属。某些国家和地区使用过铁质货币。马克思说过，货币天生不是金银，但金银天生是货币。

早期的金属货币是块状的，使用时需要先用试金石测试其成色，同时还要称量重量。随着人类文明的发展，逐渐建立了更加复杂而先进的货币制度。古希腊、古罗马等古国已开始铸造重量、成色统一的硬币。这样，在使用货币的时候，既不需要称量重量，也不需要测试成色，无疑方便得多。这些硬币上面带有国王或皇帝的头像、复杂的纹章和印玺图案，以免伪造。

中国最早的金属货币是商朝的铜贝。商代在我国历史上也称青铜器时代，当时发达的青铜冶炼业促进了生产的发展和交易活动的增加，青铜币应运而生。由于其外形很像作为货币的贝币，因此人们大都将其称为铜贝。但这种用青铜制作的金属货币在制作上很粗糙，设计简单，形状不固定，没有使用单位，在市场上也未达到广泛使用的程度。据考古材料分析，铜贝产生以后，是与贝币同时流通的，铜贝发展到春秋中期，又出现了新的货币形式，即包金铜贝，它是在普通铜币的外表包一层薄金，既华贵又耐磨。铜贝不仅是我国最早的金属货币，也是世界上最早的金属货币。

西方国家的主币为金币和银币，辅币以铜、铜合金制造。随着欧洲社会经济的发展，商品交易量逐渐增大，到15世纪时，经济发达的佛兰德斯和意大利北部各邦国出现了通货紧缩的恐慌。从16世纪开始，大量来自美洲的黄金和白银通过西班牙流入欧洲，挽救了欧洲的货币制度，并为其后欧洲资本主义经济的发展创造了条件。

随着经济的进一步发展，金属货币同样显示出使用上的不便，在大额交易中需要使用大量的金属硬币，其重量和体积都令人感到烦恼。金属货币使用中还会出现磨损的问题，据不完全统计，自从人类使用黄金作为货币以来，已经有超过两万吨的黄金在铸币厂里或者在人们的手中、钱袋中和衣物口袋中磨损掉。

### （三）货币的形式演进

什么样的商品能充当货币。某种商品若要有效发挥货币的功能，必须符合以下要求：①易于标准化；②被普遍接受；③易于分割；④易于携带；⑤易于保存，不会很快腐化变质。在人类历史上，满足上述条件的货币曾有多种形式，我国最早的货币媒介是贝。最终货币选择了金银，由于金银具有质地均匀、体积小、价值大、便于分割和携带等自然特性，天然具有充当货币材料的优点。

1. 实物货币

例如美洲原住民使用的贝壳串珠、早期美洲殖民者使用的烟草和威士忌等。

2. 金属货币

这主要是指金、银、铜。最初以块状流通，后改为铸币流通。铸币即由国家印记证明其重量和成色的金属块。金属货币经历了由足值金属货币向非足值金属货币的演变。

3. 纸质货币

纸质货币经历了由可兑换向不可兑换的演变。起初，纸币附有可以转化为一定数量的贵金属的承诺，即代用货币，代替金属货币流通，并可随时兑换为金属货币。其优点有：①较金属货币更易携带和保管；②印刷成本低于铸造成本；③可避免自然磨损和人为破坏。后来，纸币发展为不兑现纸币，即信用货币，政府将纸币宣布为法定偿还货币，纸币成为一种法律安排。其本身没有什么价值，与金属货币也无必然联系，人们接受仅仅是因为他们预期他人也会接受它。这需要人们对货币发行当局有充分的信任。世界上最早出现的纸币，是我国北宋时期四川成都的"交子"。其实质是存款凭证，起初由四川商人联合发行，后来改由官府设置的专门机构发行。

4. 存款货币

现代银行的一项重要业务是给工商业者开立支票存款账户，顾客可依据存款向银行签发支付命令书——支票。这种可签发支票的存款称为存款货币。

5. 电子货币

例如 ATM、借记卡、在线支付、手机银行等。

货币发展小结：①货币形式的发展过程也是货币本身的价值与货币所代表的价值分离的过程；②随着支付技术的发展，货币日益符号化、虚拟化；③货币电子化提高了交易效率，增强了政府对金融经济的控制力。

### （四）支付体系的演进

支付体系是经济社会中进行交易的方式，我们通过研究支付体系衍进史，可以更好地理解货币功能和货币形式的发展。几个世纪以来，随着支付体系的演进，货币形式也在不断变化。黄金等贵金属一度是主要的支付手段，也是货币的主要形式。后来，支票和通货等纸质资产开始在支付体系中使用，并被视为货币。未来支付体系的发展方向影响着货币含义变化。

1. 商品货币（实物货币）时期

要把握支付体系未来的发展方向，就有必要了解支付体系的演进历史。任何履行货币功能的物品都必须是被普遍接受的，每个人都愿意用它来支付产品和服务。一种对任何人而言都具有价值的物品是最有可能成为货币的，于是，人们自然选择了金银等贵金属。由贵金属或其他有价值的商品构成的货币称为商品货币。除了最原始的社会，从远古到数百年之前，在几乎任何一个社会中，商品货币都发挥了交易媒介的功能。单纯由贵金属构成的支付体系的问题在于，这种形式的货币太重了，很难从一地运送到另一地。事实上，购买房屋之类的大宗商品，你真要租一辆车去运送货币。

2. 不兑现纸币时期

支付体系进一步的发展就是纸币（发挥交易媒介功能的纸片）。最初，纸币附有可以转化为硬币或一定数量的贵金属的承诺。之后纸币发展成不兑现纸币，即政府将纸币宣布为法定偿还货币（即在支付债务时，人们必须接受它），而不能转化成硬币或贵金属。纸币比硬币和贵金属轻得多，但是只有在人们充分信任货币发行当局，并且印刷技术发展到足以使伪造极为困难的高级阶段时，纸币方可被接受为交易媒介。由于纸币已经成为一种法律安排，因此国家可以根据需要改变它。2002年，许多欧洲国家就废弃了本国货币，转而使用欧元。

纸币和硬币的主要缺陷是它们容易失窃，而且，如果交易量很大，它们庞大的体积使得运送费用十分昂贵。要解决这个问题，随着现代银行业的发展，支付体系在其演进历史上迈出了重要的一步，这就是支票的发明。

3. 支票时期

支票是你向你的开户行发出的支付指令，要求银行将货币从你的账户转移到存入该支票的人的账户上。支票可使人们无须携带大量通货就完成交易。支票的发明是提高支付体系效率的一项重大创新。通常而言，支付经常是有来有往的，彼此可以抵消；如果没有支票，就会造成大量通货的运动。有了支票，相互抵消的支付便可通过冲销支票来清算，而无须运送通货。支票的使用降低了金融体系的运送成本，提高了经济效率。支票的另外一个好处是，它可以在账户余额范围内签发任何金额，使得大额交易变得更为简便。支票还大大降低了失窃的损失，并且可以开具购物的收据。

然而，基于支票的支付体系仍然存在两个问题。一方面，运送支票需要时日。如果你急于向身处异地的收款人付款，这个问题就更加严重。并且，如果你在银行开有支票账户，你就会知道，需要经过若干个工作日之后，银行方允许你使用你所存入的支票上的资金。如果你急需现金，支票支付的这个特征就会让你十分为难。另一方面，纸质支票的处理工作的成本相当高。据估计，每年处理全美国签发的支票所需的花费超过了100亿美元。

4. 电子支付时期

计算机的发展和互联网的普及，大大降低了电子支付方式的成本。过去，你必须通过寄送支票来清偿账单，现在，你只需要登录银行提供的站点，简单地敲击几个键，就可以以电子方式完成支付。重复发生的账单可以自动从你的银行账户中扣除。据估计，对于一次支付行为而言，电子方式可以比支票方式节省1美元的成本。电子支付方式在美国已经变得十分普遍。

5. 电子货币时期

电子支付技术的发展将使电子货币取代支票与现金。电子货币最初是以借记卡的形式出现的。借记卡看上去与贷记卡十分相像，消费者可以用它来购买产品和服务，资金则以电子支付的形式从消费者的银行账户转移到商户的账户。借记卡在能使用贷记卡的地方都可以使用，并且用借记卡支付的速度要快于现金。

储值卡是电子货币的更高级的形式。最简单的储值卡类似预付费的电话卡，它将消费者预先支付的固定金额的货币存入卡中。更为复杂的储值卡是智能卡，它有一个计算机芯片，从而能在需要时将所有者银行账户中的货币以数字现金的形式存入卡中。现在手机具有智能卡的功能，从而将"手机支付"提升到一个新的层次。智能卡还可以通过自动提款机（ATM）、带有智能读卡器的个人计算机或者有特殊装置的电话机转移现金。

第三种电子货币的形式是电子现金，它被用于在互联网上购买产品或服务。消费者可以通过在银行开设与互联网连接的账户，获取电子现金，之后将电子现金转移到个人计算机上。当需要用电子现金购物时，消费者可以登录网络商户，在特定商品下点击"购买"选项，电子现金就会自动从消费者的计算机转移到商户的计算机上。商户可以在商品寄送之前，收到从消费者的银行账户中转移出的资金。

【思考1】

由于电子货币十分方便，可能无现金社会即将到来，届时所有的支付行为都以电子方式完成。思考一下：我们正在向无现金社会行进吗？将你的想法写下来。

**动动笔**

_____

_____

_____

## 二、货币的现象与本质

### （一）货币现象：通货、财富、收入

通货是流通中的纸币与硬币，在我国习惯称为现金；财富是指所有资产；收入是指某段

时间内的收益流量。

**(二) 货币本质**

马克思主义货币理论认为，货币是固定地充当一般等价物的特殊商品，它反映一定的生产关系。而西方经济学家则认为，如果一个物件事实上在支付中被普遍接受并普遍被用作支付中介，则不管其法律地位如何，它就是货币。货币是商品等价交换的媒介。

货币，就其本质而言，是所有者之间关于交换权的契约，不同形式的货币在本质上是统一的。过去，由于人们对货币的本质认识不清，错误地从不同角度将货币分为不同的种类，比如，根据货币的商品价值分为债务货币与非债务货币两大类，根据是否约定贵金属的兑换比例分为可兑换货币和不可兑换货币等。形式上，根据货币的商品价值可分为实物货币和形式货币，实物货币本身是一种特殊的商品，包含价值量，比如羊、贵金属等；而形式货币本身没有价值量，它的价值是契约约定的，只有契约价值。两者形式不同，但是本质上是统一的，即都被约定作为交换媒介，都存在契约价值。货币的购买力决定于货币的契约价值，但实物货币的购买力也会受到自身商品价值的影响，通常实物货币的商品价值小于其作为货币的契约价值。

高中教科书当中，货币的本质被解释为一般等价物。这个定义仅仅从职能出发，实际上没有说明货币的本质，也无法回答内在的逻辑问题，即货币为什么可以充当一般等价物。

货币是商品交换发展到一定阶段的自发产物，是固定地充当一般等价物的特殊商品，是商品内在矛盾发展的必然结果，商品所有者以货币作为媒介进行交换，也就是说货币的本质也是一种商品。

关于货币的本质，西方货币学说史上曾存在两种不同的观点，一是货币金属论，二是货币名目论。货币金属论者从货币的价值尺度、储藏手段和世界货币的职能出发，认为货币与贵金属等同，货币必须具有金属内容和实质价值，货币的价值取决于贵金属的价值。货币名目论者从货币的流通手段、支付手段等职能出发，否定货币的实质价值，认为货币只是一种符号，一种名目上的存在。货币金属论是货币金、银本位制的产物，随着20世纪初金本位制度的崩溃，其影响力正日益减弱。21世纪，在西方货币中，占统治地位的是货币名目论，这从西方的经济学教科书对货币的定义中可见一斑。美国著名经济学家米什金的《货币金融学》将货币定义为："货币或货币供给是任何在商品或劳务的支付或在偿还债务时被普遍接受的东西。"

历史上这两种观点都没有准确地体现货币的本质，都受到货币形式的干扰，并企图从货币的形式出发来定义货币的本质，因而无法给出完整统一的货币定义。事实上货币就其内在商品价值而言，并不是有或无两个断裂的选择，而是逐渐量变的过程。电子货币的商品价值几乎为0，纸币接近于0，硬币和铜板的商品价值略高，金银等贵金属货币的商品价值更高。这种量变的过程揭示了不同形式货币本质的统一性，即货币作为契约的产物，它的交换价值是契约约定的，当市场稳定、信任度高时，人们接受纸币等名目货币；当市场不稳定、信任度低时，人们更倾向于接受金属货币。

以上的货币本质论述是从经济学角度展开的认识，我们还应考虑货币的政治学前提和政治学背景。从政治学角度来说，货币为政权服务，受制于权力。历史常识指出：一个政权的垮台往往伴随其发行货币的失效，一个政权的建立往往伴随其发行货币的成立，一个政权的形象往往伴随其发行货币的流通。由此可以认定，货币的本质是主权信用。

如果从文明的角度来掌握货币的定义，我们可以做一理论认识。货币是一种固化的物质文明符号，是一种物质文明形象，是一种物质文明要素，与语言、价值观、种族、宗教等构成了这个星球的文明世界。

### 三、货币的职能

货币属于商品，其同所有商品一样也具有使用价值和交换价值。当处在不同形式的价值运动中的时候，货币所表现出来的作用也不尽相同。总的来说，货币具有价值尺度、流通手段、贮藏手段、支付手段和世界货币五种职能。其中，价值尺度和流通手段是货币的基本职能。另外三种职能则是在两者的基础上形成的派生职能。

1. 价值尺度

价值尺度是货币最基本、最重要的职能，即货币充当表现和衡量其他一切商品价值的尺度。商品价值量的大小，取决于它所包含的社会必要劳动时间的长短。在这里，社会必要劳动时间是商品价值的内在尺度。但在商品经济条件下，商品价值量无法用劳动时间来直接表现，而只能通过作为价值代表的货币来表现。可见，货币执行价值尺度的职能，实际上是充当商品价值的外在价值尺度。而通过一定数量的货币表现出来的商品价值，就是商品的价格。换句话说，价格是价值的货币表现。货币之所以能够充当价值尺度，是因为货币本身是商品，也具有价值，从而可以用来衡量其他商品的价值。

货币执行价值尺度的职能，是通过价格标准来实现的。为了衡量各种商品的价值，货币自身必须先确定一个计量单位，即在技术上把一定重量的金或银确定为一个货币单位，如斤、两、钱、分等。这种包含一定金属重量的货币单位就叫作价格标准。不同国家有不同的货币计量单位，从而有不同的价格标准。如在我国历史上，"两""铢""文"成为主要的货币单位，即价格标准。而在英国，货币单位则主要是"镑"。价格标准不是货币的一个独立职能，而是从价值尺度职能派生出来的一种技术规定。虽然货币价值尺度的职能要借助价格标准来实现，但二者属于不同的范畴。区别在于：作为价值尺度，货币是价值凝结在商品中的社会劳动的化身，而价格标准则是货币的计量单位。

2. 流通手段

流通手段是指货币在商品流通中充当交换媒介的职能。在货币出现之前，商品交换是物物直接交换，即商品—商品。货币出现后，商品交换就通过货币作为媒介来进行，即商品—货币—商品。在这里，货币在两种商品交换关系中起着媒介物的作用，执行着流通手段的职能。

作为价值尺度，可以是观念上的货币；作为流通手段，则必须是现实的货币，但不一定是足值的货币。这是因为，货币在执行流通手段职能时，每次都只是转瞬即逝，人们关心的是它是否能起到交换媒介的作用，而并不关心它的实足价值是多少。只要社会公认它能代表一定数量的货币，代表一定的价值就行。这就产生了不足值货币代替足值货币的现象，以及纸币代替铸币作为流通手段的可能性。相对地说，纸币本身是没有价值的，只是按照它所代表的金或银的价值，即代表金属货币，执行流通手段的职能。

货币作为流通手段，一方面克服了物物交换中搜寻的困难，另一方面也加深了商品经济的内在矛盾。以货币为媒介的商品交换使交换分成了买和卖两个独立的行为，两者在时间、空间上的脱节包含了产生危机的可能性。

3. 贮藏手段

贮藏财富（财富的象征）不是观念上的货币，而必须是足值的金银条（如金属条块等）。货币的贮藏手段职能是指货币退出流通领域作为社会财富的一般代表被保存起来的职能。货币作为贮藏手段能够自发地调节流通中的货币量。当流通中需要的货币量减少时，多余的货币就退出流通；当流通中需要的货币量增加时，部分被贮存的货币就进入流通。充当贮藏手段的货币，必须是实在的、足值的金银货币。只有金银铸币或金银条块才能发挥货币的贮藏手段职能。

纸币有储存手段（在银行）的职能，不具备贮藏手段的职能。只有在纸币币值长期保持稳定的条件下，人们才会储存纸币。

4. 支付手段

支付手段是指货币在执行清偿债务时所执行的职能。在商品交换中，商品买卖可以不用现款，采用赊账的方式，到一定时期后再付现款。由于先购买后支付，卖者成为债权人，买者成为债务人。到约定期限后，买者以货币清偿对卖者的债务。在这里，货币就起着支付手段的职能。货币作为支付手段先是在商品流通的范围内，后来扩展到商品流通领域之外。

赊账买卖实际上是一种借贷活动。随着赊账买卖的发展，产生了各种信用货币，如期票、支票、汇票、银行券等。各种信用货币也发挥着支付手段的职能，同时，它们所代表的债务可以相互抵消，这就大大减少了流通中所需要的货币量。

支付手段是在价值尺度和流通手段的基础上进一步产生的。由于货币作为价值尺度，才能使商品与货币相交换；由于货币作为流通手段，才能产生商品买和卖的行为；只有在买卖进一步发展的情况下，才会出现买卖商品时的赊销方式，支付手段的职能才会产生。为了到期支付，必须进行货币贮藏。可见，支付手段必须以价值尺度、流通手段、贮藏手段职能的存在为前提。

5. 世界货币

货币在世界市场作为一般等价物发挥作用时，我们称其为世界货币。作为世界货币，必须有十足的价值，并且是贵金属块，按其实际重量来发挥其职能。实际上，发挥世界货币职能的就是金块、银块。纸币不能充当世界货币。世界货币的作用包括在世界市场上购买国外商品、支付国际收支差额。

【思考2】

与20世纪70年代相比，在21世纪的今天，我国的货币是否能更好履行价值尺度、储藏手段的职能？为什么？你更愿意在哪个阶段持有货币？随着时间的推移，货币的职能对人们使用货币的行为会产生哪些影响？

**动动笔**

_____
_____
_____
_____

## 四、国家主权货币与非主权货币

### (一) 国家主权货币

主权货币是国家主权在货币问题上的体现,主要表现在四个方面。①创立和发行独立的货币。国家有权确定本国货币的名称,以区别于其他国家的货币;国家有权规定自己的货币制度,确定本位币与辅币之间的比例关系,以便于货币的使用;国家有权决定一定时期内发行的货币数量、货币含贵金属量或购买力。②确定货币的汇率。各国之间的货币比率,一般根据各国货币的含金量或购买力来规定,尤其是法定汇率也属于国家主权范围。③选择汇率制度。汇率的变动调整权属国家主权货币范围,国家有权决定实行固定汇率制还是浮动汇率制。如果实行浮动汇率制,国家有权通过各种方式干预外汇行市。④外汇管制。国家有权根据自己情况对外汇的买卖、储存、使用和出入境实行管理和限制。国家主权货币不是一成不变的,随着国际经济关系的发展,各国金融联系日益密切,货币的国际合作加强。各国有时必须放弃一些在货币上的主权,以履行已签国际条约、协定的相关义务。

国家主权货币可具体分为以下五项。

1. 确定本国货币制度之权

国家有权确定本国的货币制度。历史上,自从出现现代意义的货币以后,各国采用过的货币制度可大致分为两类,一类是金属货币制度,另一类是信用货币制度。

(1) 金属货币。金属货币可分为称量货币与铸币两种。称量货币是未铸成单位货币的贵金属块,以衡量出单位货币。铸币是以金、银、铜等金属铸造的单位货币。

金属货币制度主要包括金本位制、银本位制、金银复本位制。历史上出现过三种金本位制:一是金币本位制,这是基本的金本位制,它规定国家的本位币是有一定含金量的金铸币或纸币,二者等值互换,并行流通,纸币还可以向发行银行兑换与其含金量相等的黄金;二是金块本位制,在此制度下,国家不发行金铸币,而是只发行规定有一定含金量的纸币,纸币可向发行银行兑换金块,但规定兑换的起码数量单位。三是金汇兑本位制,这种制度的实质是把本国的黄金存于国外的银行,换取国外的货币。用国外的货币作为本国纸币的发行准备金。国内居民可以购买外汇,并在理论上可以把外汇拿到国外去换取黄金。这种制度也被称为"虚金本位制"。

银本位制就是以有一定含银量的银铸币和纸币为本位币(主币)。墨西哥、中国、日本等曾采用银本位制。

金银复本位制就是黄金、白银铸币同为本位货币的制度,历史上也出现过三种复本位制:一是平行本位制,此种币制不规定黄金与白银的固定比价,听任其比价自由升降;二是双本位制,即规定黄金与白银的固定比价;三是跛行本位制,这是规定金币和银币二者之中,一个可以由人们自由铸造,另一个则不能自由铸造,而只能由国家铸造。

(2) 信用货币制度。这是自1976年以后各国实行的不兑换黄金、也不以某重量单位的黄金标定币值的纸币制度。历史上,有些国家早已发行过纸币,但那时的纸币都标定有黄金值,能向银行兑换与面额等值的黄金,或与含等值黄金量的金铸币并行流通,或单独流通。而1976年后的各国纸币脱离了黄金和一切贵金属,非自由使用货币在国内凭行政命令的强制力而流通，可自由使用货币则全凭它在可兑换黄金时树立的信用（人们相信它具有价值）而在国际上流通。

2. 铸造金属硬币、印制纸币、确定货币币值和发行货币之权

这是国家垄断的权力，不容许外国干涉和参与。一切货币基本上是国家的货币而非国际货币。行使货币主权，意味着一国货币完全由该国政府以法律、法令或命令来规定货币的铸造、印制和发行。在历史上，西方国家铸造、发行货币与确定币值，都是以法律规定的。例如，法国历来以法律规定法郎的含金量。法兰西共和国国历 11 年（1804 年）芽月 7 日的法律，规定了发行称为"芽月法郎"的金币；1928 年 6 月 28 日的法律规定发行了"普安卡雷"金法郎；1936 年 10 月 1 日的法律和 1937 年 6 月 30 日的法律规定了法国法郎的新币值。1900 年，美国国会制定金本位法，把事实上的金本位制肯定为法定的金本位制。20 世纪三四十年代，西方国家的金币已经绝迹，纸币已不能兑换金币或黄金。1976 年以后，各国货币成了纯粹的信用纸币，根本与黄金无关了。在这种情况下，各国政府均可印发纸币以创造价值，纸币必然不断地通货膨胀和贬值，但各国政府也极容易操纵货币在一段时期内升值或贬值或保持稳定币值。

3. 调控货币升值或贬值之权

国家有权自由决定货币的升值或贬值，也有权决定使用什么调控方法升值或贬值。最简单直接的方法是以法令明令宣布货币升值或贬值百分之多少。但是，国际货币基金协定第 1 条第 3 款规定，会员单位应"避免竞争性汇兑贬值"，用法律法令来规定货币升值或贬值，便有违反此规定之嫌，所以在现代国际货币关系中，各国最常用的方法是使用调控货币的法律工具，以保证市场经济规律（这里主要是指货币垄断规律与货币供求规律）发挥使货币升值或贬值的作用。这些调控货币的法律工具，后面章节将专门学习。

4. 实行外汇管制之权

国家有权决定是否实行外汇管制和在多大程度上实行外汇管制，也有权决定是否采取其他足以影响国际经济交往关系的措施。

5. 建立货币储备之权

货币储备是指一个国家为了支持本国货币自由兑换而储备外国货币或其他价值。一切货币储备都是各国本国的储备，既非外国储备，亦非国际储备。各国货币储备的结构不同，但主要是储备黄金、可自由兑换或可自由作用的外国货币。国际货币基金组织设立特别提款权以后，基金协定规定特别提款权可以作各国的储备货币。但是，建立货币储备是各国的货币主权行为，建立货币储备包括以下四个方面的内容。

（1）储备黄金之权。在黄金铸币和金本位币时期，国家必须储备黄金供铸造金币和支持金本位纸币之用。现在，虽然国际货币基金协定（以下简称基金协定）已经使黄金非货币化，但是黄金还是世界各国最重要的储备。建立黄金储备是各国的货币主权行为，不容外国干涉。

（2）确定是否储备外国的国际通用货币之权。储备外国的国际通用货币主要是为了支持本国货币与外国货币的自由兑换。一个国家在储备黄金不多、货币基金协定又禁止各国采用金本位货币制度的情况下，要想使本国货币也成为国际通用货币，就必须大量储存外国的至少一种国际通用货币，方能实行本国货币同外国货币的自由兑换。但是，外国的可自由使

用货币,也纯粹是纸币,必然存在贬值的可能,外国政府也会调控此种纸币升值或贬值,因此,一个国家储备大量他国货币(外汇)就冒有因他国的货币贬值而蒙受巨大损失的风险。

(3)国家有权确定储备什么,有权选择储备哪些国家的可自由兑换货币,也有权决定是否把特别提款权作为储备货币。

(4)国家有权决定如何使用自己的储备,包括有权决定是否用一部分储备建立外汇平准基金以干预外汇市场。

### (二)国家主权货币的限制

历史上,西方发达国家的货币主权,都是至高无上的权力,反映在法律方面,就是国际社会中没有国际货币法可寻。直到1929年,世界法律史上才第一次出现《国际公法上的货币》一文。第一次世界大战后的20世纪30年代,西方国家经过了1929—1933年的"经济大萧条"之后,开始协调它们的货币政策,并达成一些国际协议,也制定一些国内货币金融法以调控、管理本国货币。第二次世界大战后,由于有这段历史时期的经验,美英两国主持制定了国际货币基金协定,对国家的主权货币加以若干限制,使国家间进行"国际货币合作",从而建立了"促进汇价稳定、维持会员国间有秩序的外汇安排,并避免竞争性外汇贬值"的国际货币金融秩序。

### (三)非主权货币体系

1. 黄金是曾经的主权货币

很多人认为,"超主权货币"似乎离我们很遥远。其实就"超主权货币"本身而言,第二次世界大战以前,黄金就发挥着类似的作用。第一次世界大战前,英镑作为重要的主权货币进入国际货币储备体系,但是黄金在国际储备货币中仍然占据80%以上的份额。第一次世界大战后,美元作为国际储备货币就已经超过英镑,但黄金仍然占国际储备的重要份额,有些年份甚至在90%以上。真正使情况发生改变的是在第二次世界大战以后,布雷顿森林体系的建立确立了美元—黄金为中心的国际货币体系,美元逐渐取代黄金成为主要国际储备货币,在国际外汇储备中的份额逐渐稳定在60%以上。

虽然1976年的牙买加协议宣布黄金非货币化,但黄金实际上仍然发挥着重要作用,目前黄金储备占全世界外汇储备的比重达到10.5%。而发达国家的黄金储备仍然占很高比重,美国的黄金储备占外汇储备比为78.9%,德国为71.5%,法国为72.6%,意大利为66.5%。同时,黄金也是世界上公认的唯一可以代替用货币进行往来结算的方式。

2. 非主权货币之现实:欧元

1999年欧元的问世成为国际货币领域的里程碑事件。它首先使现代意义上的"超主权货币"成为现实。同时又使超主权货币的发展方向既不依赖于黄金,又不依赖于单一国家,成为世界货币发展的典范。欧洲货币单位是一个货币篮,是由成员国的各国货币的一部分组成的组合货币,在货币篮中各成员国货币的比重,按各国在共同体内部的贸易份额和国民生产总值所占份额加权计算确定,货币篮的权数构成,每隔5年调整一次,如果货币篮中任何一种货币的比重变化超过25%,货币篮的构成随时调整。从这个意义上说,欧洲货币体系是一种在成员国范围内固定的可调整的汇率制度。

3. 非主权货币之未来:特别提款权(SDR)本位

特别提款权(SDR)就其本质而言是由国际货币基金组织为弥补国际储备手段不足而创

制的补充性国际储备工具,其基本作用在于充当成员方及基金之间的国际支付工具和货币定值单位,并未成为实际流通的国际货币。按国际货币基金协定的规定,国际货币基金组织的会员单位都可以自愿参加特别提款权的分配,成为特别提款账户参加国。会员单位也可不参加,参加后如要退出,只需事先以书面通知,就可随时退出。国际货币基金组织规定,每 5 年为一个分配特别提款权的基本期。第 24 届基金年会决定了第一次分配期,即自 1970 年至 1972 年,发行 93.148 亿特别提款单位,按会员单位所摊付的基金份额的比例进行分配,份额越大,分配得越多。

2015 年 11 月 30 日,国际货币基金组织(IMF)宣布将人民币纳入 IMF 特别提款权(SDR)货币篮子,决议将于 2016 年 10 月 1 日生效。SDR 篮子的最新权重为美元 41.73%,欧元 30.93%,人民币 10.92%,日元 8.33%,英镑 8.09%。

4. 超主权货币之未来:世界元

超主权货币的另一个代表性观点是由货币联盟逐渐过渡到世界货币。蒙代尔认为,未来货币体系可能以货币联盟的方式向新的固定汇率制复归,而"金融稳定性三岛"则是其基本架构,即欧洲、美洲和亚洲各自形成货币联盟,然后三方再形成一个联盟。他认为,只要三方能形成一致的通货膨胀率和分配铸币税的机制,就可以实现三方联盟。三方货币联盟是向世界货币过渡的方式。

这种强调在渐进基础上的国际货币体制的变革,在以和平为主题的世界格局中具有较强的现实意义。欧洲货币联盟能够维持下来本身就说明了这一建议的可行性。

在世界范围内建立起统一的货币体系,实行统一的货币政策,并建立统一的货币发行银行是国际货币制度设计者的终极理想。蒙代尔认为,在形成货币联盟的基础上,可以美元、欧元、日元、英镑、人民币为基础,构建一个世界货币,并将国际货币基金组织改造为可以发行货币的世界中央银行,最终将灵活的国际货币体系、全球记账的单位、全球统一的国际基准价位、各个货币区域统一在整个全球货币体系范围之内。

【思考3】

财富、收入是货币吗?比特币是货币吗?给出理由。

**动动笔**

## 第二节 货币流通

### 一、货币存量

货币存量又称货币供应量,指经济社会中一定时点上存在的货币的数值。在不兑现信用货币流通条件下，通常包括两个部分：非银行部门所持有的中央银行的负债凭证，简称现金（通货）；非银行部门所持有的商业银行的负债凭证，简称存款货币。货币存量是一个静态的货币概念，它所描述的是某一时点上货币数量的横断面。货币供应量是以美国经济学家弗里德曼为代表的现代货币主义者所推崇的货币政策中介目标。他们认为货币供应量是经济过程的内生变量，其变动是由商品生产和交易内在因素决定的，同时对经济过程有直接的反作用，又便于中央银行进行直接控制。

## 二、货币流通速度

货币流通速度是指单位货币在一定时期内的周转（或实现交换）次数，它等于名义GDP与名义货币供给量之比。商品实现交换后，一般会退出流通，进入生产或生活消费；而货币作为实现商品交换的媒介手段，处在流通中不断地为实现商品交换服务。在一定时间内，多种商品交换活动不断进行，同一单位货币就可以为多次商品交换服务，从而实现多次周转。例如，在一定时间内，甲用10元向乙买花生，乙用这10元向丙买布，丙又用它向丁买衣服，这10元货币在一定时间内实现了30元的商品价值，其流通速度是3次。货币流通速度的影响因素主要有经济和心理两个方面，其中经济因素是基本的。

1. 居民的货币收入水平和支出结构变化的影响

一般情况下，收入水平既定，消费结构不会有大的变化。当收入水平有较大提高时，消费结构中用于高档消费品的部分会增加。在储蓄过程中未实现购买力，居民持币率就呈上升趋势，就会减慢货币流通速度。

2. 产业结构及生产专业化状况的影响

不同生产周期、不同资本有机构成的产业部门之间的比重不同，以及社会生产的专业分工程度不同等，都会影响货币流通速度。生产周期长的部门，资金周转慢，其货币流通速度相对较慢；反之，则较快。资本有机构成高的部门，资金占用多，使货币流通速度减慢；反之，则加快。社会生产的专业化分工越细，进入市场交易的中间产品越多，生产效率越高，生产周期缩短，实现国民生产总值越多，流通速度就越快；反之，则较慢。社会再生产过程中所有这些方面发生变化，都会相应地影响货币流通速度。

3. 经济单位数量和金融市场发达状况的影响

参与经营及收入分配的个人和企业数量越多，社会整体效益提高，货币流通速度就加快，否则货币流通速度就慢。金融市场越发达，商品交易之外的货币交易占用量越多，货币流通速度越慢；反之，则相对加快。

4. 财务及结算制度的影响

如一定时期中分多次支付工资，每项支付期短，会加快货币流通速度；反之，则慢。金融业发达，能采用多样灵活的结算方式，减少资金占用时间，可以加快货币流通速度；反之，则慢。

影响货币流通速度的心理因素主要是消费者对经济形势的预期和对信用货币及纸币的信任程度。心理因素包括人们的支付习惯、消费心理、价值观念，以及对通货膨胀率、利率等变动的预期，还包括对政府的重大政策变化和其他政治因素的预期等。心理预期导致的行为变化，会在一定程度上甚至是很大程度上左右人们的储蓄和购买行为，从而影响货币流通速度。

上述影响货币流通速度的诸多因素错综复杂地交织在一起,使货币流通速度在很大程度上成为难以考察和计算的变量。

货币流通速度的计算公式,从马克思关于货币流通规律的公式变换中得出。货币流通规律的基本公式为:

$$M = \frac{QP}{V} \tag{2-1}$$

式中,$M$ 表示执行流通手段职能的货币必要量;$Q$ 表示待销售商品数量;$P$ 表示单位商品价格;$V$ 表示同名货币的流通次数。

将上式移项,即可得出货币流通速度的计算公式,为:

$$V = \frac{QP}{M} \tag{2-2}$$

依据这一公式,可以计算出任何时期的实际货币流通速度。对计划未来时期货币流通速度的变化,一般以前期或正常年度的货币流通速度为基础,综合分析以上各项因素的影响,再做出预测。一般是排列一定时期中影响货币流通速度正、负变化的诸因素,最后预测出该期货币流通速度是呈加快或减缓的变动趋势。计算货币流通速度,还有两个著名公式,即现金交易方程式和剑桥方程式。现金交易方程式由美国经济学家费雪提出,其公式为:

$$MV = PT \tag{2-3}$$

式中,$M$ 表示流通中货币数量;$V$ 表示货币流通次数;$P$ 表示一般商品价格;$T$ 表示最终产品交易量。在货币周转量 $V$ 与其相对应的商品交易量 $PT$ 的概念范畴下所求出的货币流通速度可用 $V$ 代表,又称货币的交易流通速度,它主要受支付制度和支付习惯的影响。

剑桥方程式是在英国经济学家马歇尔的现金余额说基础上,由庇古用方程式首先提出的,其公式为:

$$M = KPY \tag{2-4}$$

式中,$M$ 表示持有的货币量;$K$ 为货币量占国民收入或国民生产总值的比率;$P$ 为最终产品和劳务价格水平;$Y$ 为按固定价格计算的国民收入或国民生产总值;$P$ 即为名义收入。

这个公式是从另一个角度来表示货币流通速度的。根据剑桥方程式求得的货币流通速度,用 $V$ 表示,又称货币的收入流通速度,是当代国际上有关货币流通速度的流行观点。

货币乘数是指在基础货币(高能货币)基础上的货币供给量通过商业银行的创造存款货币功能产生派生存款的作用产生的信用扩张倍数。根据货币乘数理论,其公式为:

$$K_2 = \frac{M_2}{B} = \frac{1 + c + t}{c + r_d + t \times r_t + e} \tag{2-5}$$

式中,$K_2$ 为广义货币乘数;$c$ 为现金漏损率;$r_d$ 为活期款准备金率;$t$ 为定期和储蓄存款占活期存款的比重;$r_t$ 为定期存款准备金率;$e$ 为超额准备率。

结合式 (2-1)、式 (2-2)、式 (2-5) 得出:

$$K_2 \cdot B = \frac{\text{GDP}}{V} \tag{2-6}$$

不难看出,在一定的名义 GDP 下,货币乘数 $B$ 和货币流通速度 $V$ 之间存在着反比关系,即在一定的产出水平下,货币流通速度增大,则货币乘数减少;反之亦然。所以要分析金融创新对货币流通速度的影响，只要找出影响货币乘数的因素，就可以得出相应的结论。

货币供应量、实际产出和物价的关系可以用交易方程式 $MV=PY$ 表示，其中 $M$ 为货币供应量，$V$ 为货币流通速度，$P$ 为平均价格水平，$Y$ 为实际产出。从方程式可以看出，决定一国一定期间价格水平从而影响产出的因素，不是货币供应量 $M$，而是货币供应量与货币流通速度的乘积货币流量。

新货币主义学者弗里德曼曾认为，由于货币流通速度决定于一国的支付习惯，有关交易的财政金融制度等原因，它具有一种高度的稳定性和规律性。他根据美国近百年来的经济统计资料，算出美国货币流通速度每年递减约百分之一，但在正常情况下，相近年度货币流通速度变化甚微。据此，为防止货币本身成为经济失调的主要源泉，弗里德曼提出了"单一规则"的货币政策，即货币供应量增长率与经济增长率相一致，把货币供应量（货币存量）作为货币政策中间目标。我们可以看出，"单一货币规则"是以货币流通速度稳定为前提的。中国也是把货币供应量（货币存量）作为中间目标的国家，但是中国的货币流通速度是否稳定，是仅监控货币供应量，还是要控制货币流量值得考量。

由费雪的交易方程式 $MV=PY$，可推导出货币流通速度计算公式为：

$$V = PY/M = GDP/M$$

GDP 与不同层次的货币供应量的比值（$GDP/M_1$、$GDP/M_2$）代表了相应层次货币供应量的流通速度，其中 $GDP/M_2$ 反映了长期内货币流通速度，也是经济研究中的重点。

阅读材料2-1　1980—2004年中国货币流通速度

**【思考4】**

根据阅读材料2-1，解释为何 $V_1$ 和 $V_2$ 的增长率会出现差异，并谈谈你对货币流通速度变化趋势及货币流通速度与经济发展关系的思考。

**动动笔**

## 三、货币计量

货币计量即货币分层，也称货币层次，是指各国中央银行在确定货币供给的统计口径时，以金融资产流动性的大小作为标准，并根据自身政策目的的特点和需要，划分货币层次。货币层次的划分有利于中央银行进行宏观经济运行监测和货币政策操作。

货币层次的划分不是从来都有的，部分发达国家从20世纪60年代开始才划分货币层次。而划分的目的主要是便于中央银行控制货币供给，而且在划分标准的问题上，各国经济学者有不同的见解和说法。

要讨论货币层次的问题，首先必须弄明白货币的范围。在很多国家的货币统计指标中，货币的范畴不仅囊括了流通中的纸币和辅币，并且包括银行存款，甚至包括有价证券和电子货币等。一般情况下，银行存款、有价证券等，与货币定义颇为相似但又被排除在货币定义之外，均称为准货币，而通货又只是货币的一部分。可见货币包含的范围很大很广，因此货币可以划分为许多层次。关于货币层次划分，各国有各自的划分标准，而且就是同一国家在不同时期的货币层次划分方法也可能有差别。基本的思路是按照货币的流动性来划分的。

前面提到，米什金将货币定义为在产品和服务支付中被普遍接受的任何东西，这意味着货币是以人们的行为来定义的。一种资产之所以成为货币，是因为人们相信它在支付中可以被其他人接受。正如我们所看到的，数个世纪以来，从黄金、纸币到支票账户，很多不同的资产都发挥过货币的作用。正因为如此，上述从行为角度所下的货币定义，并不能确切地告诉我们，经济社会中的哪些资产可以视为货币。要计量货币，我们需要一个更为准确的定义来告诉我们，到底哪些资产属于货币范围。

世界各国因经济发展阶段、金融市场发展、经济体制等不同，对货币的计量口径用不同的计量统计方法和具体的范围。此处参考米什金教材中美国联邦储备提出对货币的计量口径以美国和我国为例来说明货币计量口径。

1. 美国的货币层次划分

美国负责货币政策的中央银行机构——联邦储备体系（美联储）对于如何计量货币经过大量研究。近年来，金融创新浪潮创造了很多可以被归入货币范畴的新型资产，这使得货币的计量问题变得更为困难。自1980年以来，美联储曾经数次修改其货币计量口径，并最终确定了如下货币供给的计量指标，又称为货币总量。

$M_1$是最狭义的货币计量指标，包括了流动性最强的资产，即通货、支票账户存款与旅行者支票。$M_1$构成要素中的通货只包括非银行公众所持的纸币和硬币，ATM与银行金库中的现金则不包括在内。在美国，人均流通中的现金超过2 000美元。$M_1$构成要素中的旅行者支票只包括非银行机构所发行的旅行者支票。构成要素中的活期存款既包括不付息的企业支票账户，也包括银行发行的旅行者支票。其他支票存款项目包括所有其他的可以开具支票的存款，特别是居民所持有的生息的支票账户。这些资产可以直接作为交易媒介，因此显然属于货币。

$$M_1 = 通货 + 旅行者支票 + 活期存款 + 其他支票存款$$

$$M_2 = M_1 + 小额定期存款 + 储蓄存款与货币市场存款账户 + 货币市场共同基金份额（零售）$$

在$M_1$的基础上，货币总量$M_2$增加了一些流动性不及$M_1$的资产，能够签发支票的一些资产（货币市场存款账户和货币市场共同基金份额），以及其他能以较小成本迅速转化为现金的资产（储蓄存款、小额定期存款）。小额定期存款是指面值低于10万美元的定期存单，只有在固定到期日偿付才不必支付罚款。储蓄存款是指可在任意时候存入或提取的非交易存款。货币市场存款账户类似于货币市场共同基金，但是由银行发行的。货币市场共同基金份额是居民据此可以签发支票的零售账户。

2. 我国的货币层次划分

中国人民银行于1994年第三季度开始，正式确定并按季公布货币供应量指标，根据当时的实际情况，货币层次的划分具体如下：

$M_0$ = 流通中的现金；

$M_1 = M_0$ + 企业活期存款 + 机关、团体、部队存款 + 农村存款 + 个人持有的信用卡存款；

$M_2 = M_1$ + 城乡居民储蓄存款 + 企业存款中具有定期性质的存款 + 信托类存款 + 其他存款；

$M_3 = M_2$ + 金融债券 + 商业票据 + 大额可转让定期存单等。

在我国，$M_1$ 是通常所说的狭义货币供应量，$M_2$ 是广义货币供应量，$M_3$ 是为金融创新而增设的。

回到流动性这个划分标准不难看出，我国货币层次划分的流动性标准局限于该金融资产的国内流动性。中美两国的 $M$ 系统，若 $M_1$ 数值相同，则美国的有实际经济意义的现钞就是 $M_1$，而中国有实际经济意义的现钞则要远远小于 $M_1$。这个差别使中国经济单位没有足够的流通货币，而美国相对于中国则有充裕的货币。造成这个差别的原因在于，中国的支票不能直接兑换成现钞，尽管它是货币。

再比如，在 $M_2$ 项目下，若 $M_2$ 相同，则中国的储蓄额很大，但流通的、有实际经济意义的货币却很少，因为中国的 $M_2$ 被高额储蓄占掉了，而美国却几乎全部是 $M_1$（美国储蓄率很低），实际也就是全是 $M_0$，即绝大部分是现钞，市场有经济意义的货币充足。而中国却是市场严重缺少有实际经济意义的货币。

这就是美国一直倾向于使用 $M_2$ 来调控货币的原因。

因此，同样的 $M_2$、$M_1$、$M_0$ 水准，美国的 $M$ 体系有较为充足的且具有实际经济学意义的货币。此外，我国把流通中的现金单独列为一个层次的原因是：与西方国家相比，我国的信用制度还不够发达，现金在狭义货币供应量 $M_1$ 中占30%以上，流通中现金的数量对我国消费品市场和零售物价的影响很大，现金的过度发行会造成物价上涨。如果中国金融改革仅仅改变这个 $M$ 系统，则中国实际有经济学意义的货币就将增加十万亿以上（储蓄转成支票，支票可自由兑换现钞），而货币总量却不会有任何改变。

3. 其他的货币层次划分

货币的流动性在大部分西方经济学家眼里实质上就是货币的变现能力。根据大部分西方经济学家对货币层次的归纳，货币一般情况下可分为以下几个层次：

$M_1$ = 现金 + 活期存款；

$M_2 = M_1$ + 在银行的储蓄存款 + 在银行的定期存款；

$M_3 = M_2$ + 各种非银行金融机构的存款；

$M_4 = M_3$ + 金融机构以外的所有短期金融工具。

以上只是一般情况，具体到每个国家都是不完全相同的。例如，有些国家只是很简单地划分为 $M_1$（狭义货币量）和 $M_2$（广义货币量）。但某些大经济体，如美国、欧盟和日本等，对货币的划分却复杂很多。

日本现行的货币层次划分为：

$M_1$ = 现金 + 活期存款；

$M_2 + CD = M_1$ + 准货币 + 可转让存单；

$M_3 + CD = M_2 + CD$ + 邮政、农协、渔协、信用合作和劳动金库的存款以及货币信托和贷方信托存款。$CD$ 为大额可转让定期存单。此外还有广义流动性等于"$M_3 + CD$"加回购协议债券、金融债券、国家债券、投资信托和外国债券。

国际货币基金组织的货币划分为：

$M_0$＝流通于银行体系外的现金通货；

$M_1$＝$M_0$＋商业银行活期存款＋邮政汇划资金＋国库接受的私人活期存款；

$M_2$＝$M_1$＋储蓄存款＋定期存款＋政府短期债券。

## 第三节 货币制度

### 一、货币制度的演进

货币制度是指国家以法律形式规定的货币流通的准则和规范。其主要内容有：确定货币和辅币的材料，确定货币的单位，规定货币的流通程序和流通办法，确定发行准备和货币的对外关系。本位货币是一个国家货币制度规定的标准货币。在支付上本位货币具有无限法偿的能力，即在商品劳务的交易支付中和在债务的清偿上，债权人不得拒绝接受。辅币是本位货币的等分，在使用上有限法偿，即超过一定数量，债权人可以拒绝接受。

**（一）货币制度演变**

1. 银本位制

银本位制的主要内容是白银作为货币材料。银铸币为本位货币，具有无限法偿能力。银币可以自由铸造、自由熔化。国际间白银和银币可以自由输出入。流通中的纸币可以与银币自由兑换。

2. 金银复本位制

18世纪40年代由于世界白银产量增加，白银价格不断下跌。由于白银价格不稳定，白银作为货币不利于货币流通的稳定和国际收付，削弱了白银作为货币的能力，因此许多国家逐步过渡到金银复本位制。

金银复本位制的内容是：金银两种金属均为币材，以金银铸币为本位货币。金银货币具有无限法偿能力。金银币可以自由铸造和熔化，金银和金银铸币在国际间能自由输出入。纸币和其他流通中的货币可以自由兑换金银币。

在最初的金银复本位制下，金银币之间的比价完全由金银的市场价格来决定。这种本位制也称为平行本位制。但这种本位制度是不稳定的，要求的条件很严格，即金银的市场比价必须保持稳定，这几乎是很难满足的条件。由于金银供给和需求不可能稳定，市场比价也不可能保持稳定。为了实施金银复本位制，最后就由政府规定金币和银币的比价，这种本位制被为典型的"复本位制"。这种金银复本位制实行的时间较长，由于政府的介入，金银比价具有较强的稳定性，所以是具有代表性的金银两本位制。后来人们指的金银复本位制基本都是指这两种典型的两本位制，尤其是指后一种。

进一步削弱的金银复本位制称为"跛行本位制"。在这种制度下，银币不能自由铸造，已经不具备复本位制的基本特点，是复本位制向金本位制过渡的形式。

平行本位制下金银币可以自由兑换、自由铸造、自由熔化、自由输出入。复本位制下由于白银市场价格下跌，而由政府规定的银币作为货币的价值高于其作为普通商品在市场上的价值，套利的结果使银币充斥流通。劣币驱逐良币的规律发挥作用，最终使银币的铸造受到限制。但金币仍可以自由铸造，自由熔化，自由输出入。

金银复本位制有以下优点：①币材充足，能够满足流通需要；②复本位制下，金银比价由政府规定，能够反过来影响金银的市场价格，有利于金银币值的稳定；③便于交易，人们可以根据交易额的大小选择金币或者银币进行支付。

3. 金本位制

（1）金本位制概述。

第一，典型的金本位制的产生从货币制度演变的角度而言，是由于劣币驱逐良币的规律发生作用，同时也与19世纪以后黄金产量的增加使币材增加有关。金本位制最典型的特点是：规定金铸币为本位货币，黄金可以自由铸造和自由熔化。流通中的其他货币可以自由兑换为金币，黄金在国际间可以自由输出入。由于黄金的价值相对比较稳定，促进了各国商品经济和国际贸易的发展。黄金由于产量有限、储备有限，不能够完全满足不断扩大的商品流通对流通手段的要求。金本位制盛行了一个世纪，到第一次世界大战之后，逐步开始受到削弱。

第二，典型的金本位制受到削弱后，逐步实行金块本位制。金块本位制的特点是：金币的铸造被停止，金币也不再流通，流通的是由中央银行发行的纸币。纸币的发行以金块作为准备。

货币的价值与黄金保持等值的关系。人们持有的其他货币不能兑换金币，但可以兑换为金块。黄金在国际间可以自由输出入，纸币可以与金块进行兑换，但不再是自由兑换，规定的兑换限额较大。因而这种制度也被称为"富人本位制"。

第三，金汇兑本位制。其主要特点与金块本位制大体相同。但人们持有的其他货币在国内不能兑换黄金，而只能兑换与黄金有联系的外币。这种制度的实质是把本国的黄金存于国外的银行，换取国外的货币。用国外的货币作为本国纸币的发行准备金。国内居民可以购买外汇，并在理论上可以把外汇拿到国外去换取黄金。这种制度也被称为"虚金本位制"。

（2）金本位制崩溃的原因。

20世纪30年代的经济危机动摇了金本位制的基础，金币的自由铸造、自由熔化、自由输出入和自由兑换受到了削弱，使这种货币制度难以继续。

导致金本位崩溃的直接原因是1929—1933年的世界经济大危机。内在原因则在于黄金既是货币又是商品的内在矛盾：作为货币要求价值稳定，作为商品它的价值要受供求关系的影响，又不可能稳定，因此它不是理想的货币。具体原因则有以下三点。

第一，黄金生产量的增长幅度远远低于商品生产增长的幅度。黄金量无法满足以几何级数扩大的商品流通对支付手段的需要，极大地削弱了金铸币流通的基础。

第二，黄金存量在各国的分配不平衡。1913年年末，美、英、德、法、俄五国占有世界黄金存量的三分之二。黄金存量大部分为少数强国所掌握，必然导致金币的自由铸造和自由流通受到破坏，削弱其他国家金币流通的基础。

第三，第一次世界大战爆发，黄金被参战国集中用于购买军火，从而停止了黄金的自由输出和银行券兑现，金本位制流通的基础被严重削弱，最终导致金本位制度的崩溃。随着1929—1933年的世界性经济危机的爆发，金本位制退出历史舞台，各国纷纷实行了不兑现信用货币制度。

4. 不兑现信用货币制度

不兑现信用货币制度本质是一种纸币本位制，是指一个国家的本位货币使用纸币而不与黄金发生任何联系的一种货币制度。它的主要特点有以下几点。①纸币的发行不受黄金储备的限制，其发行量完全取决于实现货币政策的需要。②纸币的价值决定于它的购买力，纸币的购买力与发行量成反比，与商品供应量成正比。③纸币的流通完全决定于纸币发行者的信用。④政府通过法律手段保证纸币具有一定的强制接受性。

保证币值的稳定是不兑现信用货币制度的核心，要以社会公众提供给中央银行分配的资源或资产作为稳定币值的基础。

我国人民币制度是一种纸币本位制。它的发行不与任何贵金属挂钩，也不依附于任何一国的货币，是一种独立的货币。人民币采取的是不兑现的纸币制度。人民币从未规定含金量，而且从它诞生第一天起就与金银完全没有关系，也不与任何外币确定正式联系，不依从于任何外国的货币制度，除人民币外，金、银、一切外币均禁止流通。

目前围绕人民币制度讨论最多的是人民币汇率的形成机制问题。规定货币的汇率形成机制是一国货币制度最重要的内容之一，也是一国主权的体现。

5. 区域本位货币和国际本位货币

（1）区域本位货币。区域本位货币是指在一个一体化集团化的经济区域中形成的统一货币。欧元是一种基于政治和经济利益建立的一种区域内的单一货币。

（2）国际本位货币。国际本位货币是指在国际经济活动中，世界各国出于经济条件或政策上的考虑，用法律的形式将本国货币与之固定地联系起来，作为衡量本国货币价值的标准，以及国际交易的最后支付手段。国际本位货币首先必须是自由兑换货币，其次必须是国际中心货币。这主要是指美元。

（3）亚洲货币单位。伴随着区域经济合作的加强和相互贸易的发展，在除欧洲和北美以外的世界上另一个重要经济区也提出了编制统一计价单位——亚洲货币单位（AMU）的要求。AMU 由亚洲开发银行编制，显然它是参照欧元的前身欧洲货币单位设计的，采用"一篮子货币"方式，把中国、日本、韩国以及东盟 10 国等 13 个国家的货币组合起来，按比例反映成员国的国内生产总值及贸易额。

亚洲货币单位被看作是"亚元"的开端。总的说来，亚洲开发银行编制 AMU 有三大目的：一是衡量亚洲在全球经济中的竞争力；二是衡量亚洲各国货币的相对关系；三是为发行以 AMU 计价的债券做准备。根据编制方法，各国货币在 AMU 所占的权重取决于成员国的国内生产总值及贸易额。按照这个原则计算，人民币与日元成为 AMU 的核心货币。人民币在 AMU 中所占权重最高，约为 30%，日元第二，为 20%。

## 二、国际货币制度（体系）

1. 布雷顿森林体系

1944 年 7 月，西方主要国家的代表在联合国国际货币金融会议上确立了该体系，因为此次会议是在美国新罕布什尔州布雷顿森林举行的，所以称为"布雷顿森林体系"。关税总协定作为 1944 年布雷顿森林会议的补充，连同布雷顿森林会议通过的各项协定，统称为

"布雷顿森林体系",即以外汇自由化、资本自由化和贸易自由化为主要内容的多边经济制度,构成资本主义集团的核心内容。

布雷顿森林体系的建立,促进了第二次世界大战后资本主义世界经济的恢复和发展。1971年7月第七次美元危机爆发,尼克松政府于8月15日宣布实行"新经济政策",停止履行外国政府或中央银行可用美元向美国兑换黄金的义务。1971年12月以"史密森协定"为标志,美元对黄金贬值,美联储拒绝向国外中央银行出售黄金。至此,美元与黄金挂钩的体制名存实亡。

1973年3月,西欧出现抛售美元,抢购黄金和马克的风潮。1973年3月16日,欧洲共同市场9国在巴黎举行会议并达成协议,德国、法国等国家对美元实行"联合浮动",彼此之间实行固定汇率。英国、意大利、爱尔兰实行单独浮动,暂不参加共同浮动。其他主要西方货币实行了对美元的浮动汇率。至此,固定汇率制度完全垮台。美元停止兑换黄金和固定汇率制的垮台,标志着第二次世界大战后以美元为中心的货币体系瓦解。布雷顿森林体系崩溃以后,国际货币基金组织和世界银行作为重要的国际组织仍得以存在并发挥作用。

2. 牙买加体系(浮动汇率体系)

国际货币基金组织(IMF)于1972年7月成立一个专门委员会,具体研究国际货币制度的改革问题。委员会于1974的6月提出一份"国际货币体系改革纲要",对黄金、汇率、储备资产、国际收支调节等问题提出了一些原则性的建议,为以后的货币改革奠定了基础。直至1976年1月,国际货币基金组织理事会"国际货币制度临时委员会"在牙买加首都金斯敦举行会议,讨论国际货币基金协定的条款,经过激烈的争论,签订达成了"牙买加协议",同年4月,国际货币基金组织理事会通过了"IMF协定第二修正案",从而形成了新的国际货币体系。牙买加体系的内容主要包括浮动汇率合法化,黄金非货币化,以美元为主导的多元化国际储备体系,国际收支调节机制多样化。

3. 欧洲货币制度

1969年3月,欧共体海牙会议提出建立欧洲货币联盟的构想,并委托时任卢森堡首相的皮埃尔·维尔纳就此提出具体建议。1971年3月,"维尔纳计划"通过,欧洲单一货币建设迈出了第一步。"维尔纳计划"主张在10年内分三个阶段建成欧洲经济货币联盟。但是,随后发生的石油危机和金融风暴,致使"维尔纳计划"搁浅。1979年3月,在法国、德国的倡导和努力下,欧洲货币体系宣告建立,同时欧洲货币单位"埃居"诞生。欧洲货币体系(European Monetary System,EMS)开始运作。

1986年2月,欧共体签署"单一欧洲文件",提出最迟在1993年初建立统一大市场。1989年6月,"德洛尔报告"通过,报告主张分三个阶段创建欧洲经济货币联盟:第一步,完全实现资本自由流通;第二步,建立欧洲货币局(即欧洲中央银行的前身);第三步,建立和实施经货联盟,以单一货币取代成员国货币。

2018年以来,随着美欧关系发生变化,欧洲政要有关提升欧元国际地位、借助欧元推进欧洲一体化的呼声不断高涨。2018年12月,欧盟发布一项旨在提升欧元国际地位的行动倡议,同意强化欧洲稳定机制的作用,加强对欧元区国家预算的监管,并建议在国际能源合约和交易中更多使用欧元。欧盟委员会主席容克发布的声明中也表示,欧元已经成为团结、主权和稳定的象征。

2019年1月1日，欧元诞生20年。从最初只用于会计和金融交易的虚拟货币，到现在19个欧盟国家3.4亿人口使用的实实在在的货币。欧元纸币有500欧元、200欧元、100欧元、50欧元、20欧元、10欧元、5欧元不同面值；硬币有2欧元、1欧元、50欧分、20欧分、10欧分、5欧分、2欧分、1欧分。欧元区国家有19个国家，包括德国、法国、意大利、荷兰、比利时、卢森堡、爱尔兰、西班牙、葡萄牙、奥地利、芬兰、立陶宛、拉脱维亚、爱沙尼亚、斯洛伐克、斯洛文尼亚、希腊、马耳他、塞浦路斯。

### 三、货币制度的构成要素

1. 货币制度

货币制度指国家以法律形式确定的货币流通结构和组织形式，包括：币材的确定、货币单位的确定，主要确定货币单位名称和单位值；流通中货币种类的确定，主要确定主币与辅币；对不同种类货币铸造发行的管理；对不同种类货币的支付能力的规定。

2. 与货币制度有关的概念

（1）本位币，也称主币，是一国的基本通货，一般作为该国法定的价格标准。最小规格是1个货币单位。

（2）辅币，本位币。以下的小面额货币，是本位币的等分面值，辅币一般为不足值的货币，依靠法定比例强制流通。

（3）无限法偿，指无论支付数额有多大，无论属于何种性质的支付，对方都不能拒绝接受。

（4）有限法偿，指在一次支付中，若超过规定的数额，收款人有权拒绝接受，但在法定限额内不能拒绝接受。

（5）格雷欣法则，即劣币驱逐良币规律，指在金银复本位制度下两种实际价值不同而法定价格相同的货币同时流通时，市场价格偏高的货币（良币）就会被市场价格偏低的货币（劣币）所排斥，良币退出流通被贮藏，而劣币充斥市场。

（6）货币替代，指在信用货币制度下，本外币之间出现币值不稳定时，趋软的货币就会被抛售，趋硬的货币被抢购、收藏。

### 四、我国人民币制度

1948年12月1日，华北银行、北海银行和西北农民银行合并成立中国人民银行，同时正式发行人民币作为全国统一的货币。人民币发行后，在通过逐步收兑、统一解放区货币的基础上，又迅速收兑了伪法币、金圆券乃至银行券，并排除了当时尚有流通的金银外币等，建立了以人民币为唯一合法货币的、统一的货币制度。

人民币制度从产生以来，伴随着我国经济和金融的不断发展而逐步趋于完善。概括其内容，主要包括以下几个方面。

（1）人民币主币的单位为"元"，辅币的单位为"角"和"分"；1元分为10角，1角分为10分。

（2）人民币没有含金量的规定，它属于不兑现的信用货币。人民币的发行保证是国家拥有的商品物资，黄金外汇储备主要是作为国际收支的准备金。

(3) 人民币是我国唯一合法的货币，严禁伪造、变造和破坏国家货币。

(4) 人民币的发行实行高度集中统一，中国人民银行是人民币唯一合法的发行机构并集中管理货币发行基金。

(5) 人民币对外国货币的汇率，由国家外汇管理局统一制定，每日公布，一切外汇买卖和国际结算都据此执行。人民币汇率采用直接标价法。

人民币是我国法定货币，人民币主币"元"是我国货币单位，具有无限法偿能力；人民币辅币与人民币主币一样具有无限法偿能力。人民币由国家授权中国人民银行统一发行与管理。人民币是不兑现的信用货币，以现金和存款货币两种形式存在，现金由中国人民银行统一发行，存款货币由银行体系通过业务活动进入流通。

中国人民银行对人民币发行与流通的管理，主要体现在发行基金计划的编制、发行基金的运送管理、反假币及票样管理和人民币出入境管理等方面。

## 本章小结

通过本章学习，理解商品交易通过物物交换形式有弊端而逐步产生货币这一商品交易的支付形式，以及货币本身因社会经济的发展，在交易成本和效率的要求下，货币形式从金属货币发展到电子货币的发展规律；货币的本质有两种观点，一种是固定充当一般等价物的特殊商品，另一种是在商品和劳务交易及债务支付中被人们普遍接受的任何东西；学习货币不只有一国发行的主权货币，还有超出国家的非主权货币，比如欧元。

通过本章学习，掌握货币的存量和流量概念，理解流量概念更具现实意义，对于货币流量的计量有多种计算方法，主要是通过 GDP 与货币流通速度的关系计算流通中所需要的货币量，这是站在经济学研究的角度来计算货币的流量。但站在中央银行宏观调控的角度，重点是关注货币政策的调控中介目标即货币供给量，因此通过货币计量的学习，理解各国货币计量口径各不相同，但主要是按照货币的流动性划分货币计量口径和层次。

通过本章的学习，理解货币制度从贱金属到贵金属再到信用货币的整个演变历程，从而加深对货币的理解；再通过学习货币制度的构成要素、国际货币制度体系、我国货币制度的主要内容，进一步加深对货币制度认识和理解，提高在现实遇到货币制度相关问题的应对能力。

## 本章思考题

1. 为什么说货币是金融的基础核心要素？
2. 谈谈你对货币本质的理解。
3. 货币五项职能之间的区别与联系有哪些？
4. 简述货币形态的演化过程。
5. 简述货币制度的构成要素。
6. 简述欧元对货币制度发展的意义。
7. 货币层次划分的依据是什么？

案例分析 2-1　货币定义的历史演变

 案例分析 2-2　劣币驱逐良币的奇特规律

# 第三章

# 信用、利率与金融资产

## 学习路径

信用、利息利率与金融资产现象—思考与问题分解—信用、利息利率、金融工具与金融资产理论学习—应用原理解决问题—反思与总结

## 学习目标

- 能描述信用的含义和特征
- 会分析信用形式的演进和发展
- 能比较商业信用与银行信用
- 掌握利息的含义及其两种计算方法：单利法和复利法
- 理解货币的时间价值、终值与现值的概念
- 掌握利率的含义及其种类
- 理解利率的决定理论、风险结构与期限结构
- 了解我国利率市场化改革
- 理解金融工具与金融资产的含义及其分类

## 核心概念

商业信用、银行信用、国家信用、消费信用、国际信用、利息、单利、复利、货币的时间价值、终值、现值、利率、利率的风险结构、利率的期限结构、收益率曲线、利率市场化、金融工具、金融资产

## 学习要求

- 阅读材料
- 浏览中国人民银行网站，查询我国目前基准利率
- 浏览各大商业银行官网，了解我国目前各大商业银行利率

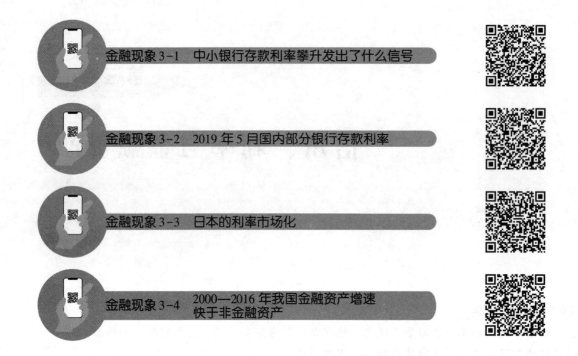

## 第一节 信 用

### 一、信用的含义与特征

"信用"这个词是我们在学习西方文明的过程中引进的。在中国的传统文字中，讲道德规范、行为规范，是用"信"字；讲经济范畴，与之相当的是"借贷""债"等。

从经济角度看，信用范畴是借贷行为。这种经济行为的形式特征是以收回为条件的付出，或以归还为义务的取得；而且贷者之所以贷出，是因为有权取得利息，借者之所以可能借入，是因为承担了支付利息的义务。信用具有以下特征。

1. 偿本和付息

信用作为一种借贷行为，商品或货币的所有者把一定数量的商品或者货币放贷出去，借者在一定时期内使用这些商品或货币，按约定期限归还，并支付一定利息。所以，偿还和付息是信用最基本的特征。

2. 价值单方面转移或让渡

信用是价值运动的特殊形式，在信用活动中，商品和货币的所有者让渡的是商品或货币的使用权，并没有让渡其所有权，所以，信用是价值单方面的转移或让渡。它同财政分配、无偿赠予、缴纳税收等价值的无偿转移是不一样的，同商品的等价交换也是不一样的，马克思称之为"独特形式的运动"。

3. 信用是债权债务关系

任何信用都是授信人和受信人之间的契约，无论这种信用链条延伸多长，债权怎样转移，债权债务关系是不会消失的。全社会的债权总量等于债务总量，即全社会的信用总量。

4. 收益性和风险性并存

信用是有偿的让渡，货币的借出要求增值，即货币的时间价值表现在它的收益性中，或是利息收入，或是资金运用的差价收入。但这也有一定的风险性。宏观经济和微观经济变化的种种不确定因素，以及债务人的信誉度、道德缺失、法律不完善等因素，会导致债权人的收益减少，甚至为零。

## 二、信用的产生和发展

信用和货币一样，是一个很古老的范畴，在中外的古代典籍中都曾多次出现有关借贷、债等的记载。信用产生的具体历史过程虽已无从考证，但从逻辑推理的角度看，信用无疑是商品经济发展到一定阶段的产物，商品交换和私有制的产生是信用产生的基础。换言之，信用产生于商品或货币在空间和时间分布上的不平衡性。其中，空间分布的不平衡性，表现为商品或货币在不同国家、不同地区、不同企业单位和个人之间的此多彼少；时间分布的不平衡性，表现为同一国家同一地区、同一企业单位和个人，商品或货币的时多时少、时余时缺。正是商品或货币的这种时空分布的不平衡性，产生了财富余缺相互调剂的客观需要。在商品经济条件下，这种余缺调剂的方式只能是债权人赊销商品或贷出货币，债务人则按规定日期支付货款或偿还贷款，并支付一定的利息作为使用商品或货币的代价。于是，信用就产生了。

信用产生后，经历了一个漫长的发展变化过程。在这一历史长河中，总体而言，信用的衍化是沿着三个方向展开的。①在借贷的物质对象上，信用由实物借贷为主向货币借贷为主衍化。最早的信用产生于原始社会末期，这一时期的信用活动无疑是实物借贷，如牲畜等。随着物物交换被以货币为媒介的商品流通所取代，货币逐渐取代实物而成为信用的主要物质对象。②在信用形式上，信用形式由商业信用为主向银行信用为主衍化。与物质对象相适应，早期的信用形式主要是商业信用，随后银行信用开始出现，商业信用和银行信用并驾齐驱发展，最终银行信用取代商业信用而成为社会的主体信用形式。③在社会性质上，信用形态由高利贷为主向借贷资本为主衍化。在前资本主义社会，由于商品经济不发达，商品和货币数量匮乏，债权人能够索取高额利息。在以社会化大生产为特征的资本主义生产方式出现后，商品经济获得巨大发展的同时也彻底改变了商品或货币的借贷现状，借贷资本参与到社会利润的分配之中。与此相对应，借贷利率逐渐向社会平均利润率回归。

## 三、信用的功能和风险

现代经济中，信用形式呈多样性，它支撑和联系着国民经济的各个方面，可以说金融就是信用。信用对国民经济显示出巨大的功能。但在一个信用链较长的体系中，任何一个环节出现问题，都会牵一发而动全身，信用对经济的负面效应也要引起重视。

### （一）信用的功能

1. 集中和积累社会基金，促进扩大再生产

现代经济的增长，扩大规模的再生产，不仅需要商品市场、劳务市场，也需要金融市场。金融市场就是信用，它从货币资金方面支持和推动商品市场和劳务市场发展，通过资金

的重新配置来改变商品和劳动的流动和组合。它将社会闲置的、分散的资金集中起来，聚小为大，投放到需要资金的企业，投放到生产环节。

仅靠储蓄的支持是有限的，必须通过各种传统的和创新的信用形式，广泛地吸纳社会资金来支持农业、工业、服务业的发展。近一个世纪，世界各地铁路、公路、港口、能源、化工、水利设施等大项目建设，都是依靠信用扩大投资规模的。

2. 创造和刺激消费

企业、银行和其他金融机构以商品或货币的形式向消费者提供信用，既扩大了消费，促进了某一行业的生产，又调节了市场供求，在一个国家需要通过扩大内需来刺激经济发展的时候，信用消费的作用尤为重要。信用消费的作用还表现在将未来的消费转化为当前的消费。社会的各个家庭都需要消费，但是他们的收入分布和消费的时间分布是不可能同步的，一部分家庭需要积累现在的收入，准备未来的消费，比如教育经费、医疗经费、购房、购车等，一部分家庭当前就需要购买，银行信用可以把未来消费和现时消费相交换。随着人们收入的不断增加，消费收入总会不断地延续和扩大，从而提高消费。

3. 促进社会资源合理分配，调节经济

在生产、分配、流通、交换四个环节中，信用属于分配环节。它把资金集中起来，又把资金分配出去，因为货币形态的资本可以支配任何生产要素和社会资源。哪个部门、企业、项目、地区需要生产资料和劳动，资金就流向哪个部门、企业、项目和地区。因此信用成为国家调节宏观经济和微观经济的重要杠杆，如贷款规模、利率等。特别是中央银行制定的官方利率，既影响整个利率体系，又和税收、价格、汇率等经济杠杆相配合，共同调节国民经济。从宏观方面讲，它能促进生产布局和产业结构的调整。资金总是从效益差、利润率低的部门、企业、项目向效益好、利润率高的部门、企业、项目流动，向调节经济结构和生产布局需要的方向流动。通过信用资金的调节，提高了资金的使用效率。同时，通过扩张或者收缩信用，可以达到控制经济发展的目的。当经济过热、投资规模过大时，中央银行运用一般性货币政策工具，减少流通中的货币；当经济低迷需要刺激生产和消费时，特别是出现经济危机时，中央银行同样可以运用货币政策工具扩张信用，增加货币投入。从微观方面讲，企业可以在不同的时期通过对信用工具的选择使用来降低经营成本，或者开辟新的生产项目来促进企业的发展。

### (二) 现代信用风险

1. 现代信用形式的多样性和债务链条的延伸助长了投机行为

在各种金融市场上，活跃着借贷资本经理人、产业资本经理人、供应商、消费者、各种货币形式的买卖者，他们带着投资或者投机的目的，受某种利益驱动来到市场上。由于信用链条长或者融资期限长，通过多次的背书、转让、流通，那些最初的债务人和债权人的关系往往衍化为最初的债务人和其他债权人的关系，那些带着投机心理的债务人可能利用这些机会，拖延偿还甚至不偿还债务而转嫁风险。更有甚者，在市场上制造假票据、假存单；利用网络银行信用盗取存款人的密码；传递假信息；发展违法的私人信用，发放高利贷等。除信用风险外，市场利率的变化也会给债权人带来损失，增加企业经营成本。信用关系越复杂，欺诈投机行为往往越严重。在国际信用中，那些短期流动资本的投机行为已经严重地威胁到一个国家的经济安全。

2. 现代信用潜藏着经济危机发生的危险性

随着金融创新的产生和发展，金融衍生工具越来越复杂，金融衍生工具设计者的初衷是想分散风险，节约流通费用，但实践证明金融衍生工具是一把"双刃剑"，它制造了大量的虚拟资产，使资本和实体经济脱离，造成了对商品的虚假需求，表现出虚假信用，导致虚拟经济即泡沫经济。在错综复杂的债券债务链条中，某一个环节断裂，必然会引起多米诺骨牌式的连锁反应，相关银行等金融机构倒闭，特别是大银行、大金融机构的倒闭会给社会造成极大危害，社会震荡，经济衰退，那些经济力量薄弱的小国甚至面临经济崩溃的危险。美国的次贷危机就是因为一些信用度较低的债务人无法偿还借贷资金而引起的，这些债务的传递使一些大银行和大的融资机构濒临倒闭，世界其他国家的金融机构甚至政府也深受其害。所以，加强金融监管成为世界各国政府和货币管理当局的重要任务。

信用在现代经济中的功能和它存在的风险是相互依存的，当前在经济全球化、金融全球化的世界格局下，预防金融风险，加强信用监管，完善信用建设是一个重要的课题。

## 四、现代信用的形式

在信用经济发展的推动下，信用形式也逐渐由低级向高级、由简单向复杂不断向前衍进，信用活动日趋频繁与深化。信用按照不同的标准可划分为不同形式。下面按照以主体划分的方法对现代信用形式逐一介绍。

### （一）商业信用

1. 商业信用含义与特征

商业信用是指企业之间相互提供的、与商品交换直接相联系的信用，包括两种基本形式：赊购与赊销。

商业信用具有如下特点。①发生在生产流通过程之中，直接服务于商品生产和流通。在社会化大生产过程中，各个企业的生产经营活动紧密相连，相互依赖。企业之间在交易过程中常常会出现这样的情况：上游企业拥有商品等待出售，下游企业急于购买却无力支付现款。在这种情况下，上游企业可以采用赊销方式向下游企业提供商品信用实现销售，由此，上游企业实现了销售，到期收回货款，可以扩大生产规模，下游企业及时购入商品，维持正常的生产经营过程，取得收入后再归还欠款，实现自身利润。②商业信用是企业之间以商品形态提供的信用，在这一过程中包含着两个同时发生的经济行为：买卖行为和商品借贷行为。因为不是货币的借贷，商业信用不存在利息偿还的问题。③商业信用的参与主体是工商企业，工商企业是社会经济生活中最基本的行为主体，商业信用是社会经济生活中最基本的信用形式，构成了现代信用制度的基础。

2. 商业信用的作用

（1）商业信用为经济增长提供了信用支持。在市场经济中，工商企业之间存在着各种稳定的经济联系，原材料工业与加工工业之间、工业与商业之间、批发商与零售商之间、国内工商业与国内外进出口贸易商之间必然发生各种联系。对于经济的稳定发展而言，这种联系的可持续性是必要的。但在经济生活之中，无论是商品的供给方还是需求方都有可能缺乏必要的资金，企业之间的联系就会由此而发生阻滞。商业信用的存在为资金不足的一方提供了信用支持，为经济增长提供了信用支持。

（2）商业信用直接沟通了社会生产流通过程。工商企业之间的联系是在经济运行过程中以万计、以亿计的战场上发生的，在激烈的市场竞争中，工商企业之间的各种联系可能会由于寻求有利的条件而不断变化，同时也可能稳定彼此之间的联系以加强竞争力量。处于不断的动态变化之中的买卖双方都可独立决策，商业信用的直接性特点适应了社会上存在的亿万个连接点上的企业决策独立性、分散性的客观要求。商业信用与社会生产活动有着直接的联系，这种可以分散决策的商业信用活动较之具有间接性的银行信用而言，是直接信用，更直接地沟通了整个生产流通过程，能够更好地服务于社会资本再循环过程。

（3）商业信用的普遍发展有利于形成社会生产的基本经济秩序。商业信用是工商企业之间自发的、分散的信用活动，其正常运行有助于建立企业之间的良好信用秩序。商业信用与社会信用秩序密切相关、互为因果。商业信用的普遍发展对社会建立完善的信用秩序提出了客观的要求，同时完善的信用秩序又为商业信用的发展提供了保证。

3. 商业信用的局限性

（1）规模较小。商业信用仅存在于工商企业之间，它的规模大小是以产业资本的规模为度，单个工商企业至多也只能把自己无须用于再生产过程的部分资本用于商业信用，所以商业信用的最高限额就是工商企业现有产业资本的充分利用。

（2）商业信用具有严格的方向性。一般情况下，是上游产品企业向下游产品企业提供信用，工业企业向商业企业提供信用，没有直接生产和业务关联的企业很难从这种信用形式中获得支持。

（3）商业信用的范围与期限受到限制，只能以短期信用形式实现。商业信用只适用于有经济业务联系的工商企业之间，这样就限制了商业信用适用的范围。而且，由于工商企业暂时闲置的资金时间很短，如果以商品形态贷出的资本不能很快地以货币资本形态收回，就会影响到产业资本的正常运转，所以商业信用运用的期限也受到限制。

（二）银行信用

1. 银行信用含义与特征

银行信用是指以银行或其他金融机构为媒介、以货币为对象向其他经济个体提供的信用。银行信用中介职能是商业银行基于存贷业务与生俱来的基本功能，其实质是通过吸收存款，动员和集中社会上一切闲置的货币资本，通过贷款把这些货币资本贷放给使用者。这种信用中介活动，克服了直接信用在时间、数量等方面的矛盾，最大限度地把闲置的社会资本集中起来，转化为现实运动中的资本，提高了社会资本的使用效率，空前地促进了全社会实体经济的发展。

银行信用是商品经济发展的必然结果，它突破了商业信用在数量与方向上的局限性，现代银行信用的发展使社会信用总量得到了极大的拓展，对经济生活的促进作用显著增强。银行信用的规模和作用都居各种信用之首，是各种信用形式中最基本、最普遍的信用形式。银行信用的特征主要表现在以下几个方面。

（1）广泛性。银行信贷的主要对象是货币，而货币作为流通和支付的一般手段，具有普遍接受的特性，因此它的来源与运用没有方向性。作为社会经济活动主体的居民个人、企业以及政府，可以广泛地参与到银行信用之中去。银行信用将社会上分散的小额货币积聚成巨额的资金，从而满足经济发展对大额资金的需求。在银行信用下，银行或其他金融机构续短为长的功能可以把短期货币集中起来，并维持一个稳定的余额，从而满足较长时期的资金需求，较长期的可贷货币也可以满足短期的货币需求。信用的灵活性可以使货币资金得到充分利用。由于银行信用以银行为中介，而参与银行信用的主体具有广泛性，信用方式也是多样的，可以弥补商业信用的局限性。

（2）间接性。金融市场上存在着信息不对称现象，由此导致的道德风险和逆向选择问题制约了金融市场融资功能的有效发挥。而银行作为金融中介机构可以在一定程度上解决信息不对称问题。在银行信用中，银行和其他金融机构是信用活动的中间环节，是媒介。从筹集资金的角度，银行是货币资金供给者的债务人；从贷放资金的角度，银行又是货币资金需求的债权人。货币资金的所有者和需求者之间并不发生直接的债权债务关系。所以，这种资金筹集方式称为间接融资。这是一个与公司、企业、政府从金融市场上通过发行股票和债券的方式直接融通货币资金相对的概念。

（3）综合性。银行是一国金融体系中最重要的金融机构，是国民经济的中枢神经。通过银行的信贷业务，可以反映国民经济的运行情况；也可以通过银行灵活地调度资金，促进经济的发展。银行信用的综合性使得银行对国民经济既具有反映和监督作用，又具有调节和管理作用。

银行信用的这些特点，使它大大克服了商业信用的局限性，成为现代经济中的主要信用形式，具有灵活调节资金的作用。国家在进行宏观调控时，也把调控银行信用作为主要手段，通过控制贷款的收与放来影响国民经济的发展水平与结构。

2. 银行信用在社会资金融通中的地位

银行信用本身具有规模大、成本低、风险小的优势；银行作为专门的信用中介机构，具有较强的专业能力来识别与防范风险；银行作为吸收存款、发放贷款的企业，不仅能够提供信用而且能够创造信用。在信用领域，银行信用无论是在规模，还是在范围拓展及期限灵活性上都大大超过其他信用形式，在信用领域中居于主导地位。国家信用、商业信用、消费信用等日益依赖于银行信用，商业信用、国债的贴现和发行往往都是通过银行来进行的。在发达国家的社会信用结构中，银行信用是工商企业融资最重要渠道。

### （三）国家信用

1. 国家信用的含义与特征

国家信用是指以政府为主体的借贷行为，它包括国家以债务人的身份取得信用和以债权人的身份提供信用两个方面。在现代经济生活中，国家信用主要是指国家负债。国家负债就信用资金的来源不同，分为国内信用和国际信用。国家信用较之其他信用形式而言，信用发行主体是政府，政府不仅具有稳定的税收收入作为还款来源，更有国家信誉作为担保，因此国家信用工具的安全性强、流动性好、风险小，是金融市场上普遍受到欢迎的投资工具。

2. 国家信用形式

就政府对内举债而言，其形式有两种。一种为公债。在西方国家，公债是以政府名义发行的中长期债券，期限一般在一年以上。公债发行的目的是弥补财政赤字和支持国家重点项目建设。另一种为国库券。国库券的期限一般在一年以内，国库券的发行一般是为了解决财政年度内先支后收的时间间隔矛盾。国家信用就外债而言，其形式也有两种。一种为国际债券。通过发行国际债券来筹集资金是国际金融市场上所普遍采用的一种融资方式，发行国际债券的目的是弥补国际收支逆差或者为大型工程项目筹措资金，发行的方式包括委托国外金融机构发行和直接发行两种。另一种为政府借款、国外商业银行借款以及出口信贷等形式。包括向国外政府借款、向国际金融机构借款。

3. 国家信用的作用

国家信用的作用主要表现在对货币流通和经济增长的影响两方面。

（1）调节财政收支不平衡、弥补财政赤字，有助于稳定货币流通、稳定物价。

在现代经济条件下，财政赤字的出现是各国经济运行过程的常态。财政赤字一般可以通过三条途径来加以解决。①增加税收需要经过严格的立法程序，要受到一国经济发展水平的制约。税收负担过重，不仅会导致经济萎缩，甚至会危及社会稳定。②向中央银行借款或透支，将直接导致基础货币投放增加而货币供给增加，引发通货膨胀。③发行国债，债券的购买者主要是企业、部门、个人以及商业银行。购买国债使得货币购买力由非政府部门转移到政府部门，相对于其他弥补财政赤字的方法而言，既可以缓解财政赤字，又不会增加流通中的货币量，不会对经济发展产生不利的影响。

（2）扩大投资总量、优化投资结构，促进经济增长。国家信用可以通过改变国民收入的分配格局以及储蓄与消费的比例关系来增加社会投资总量。国债的发行有利于促使消费基金向积累资金转化，同时，政府投资具有乘数效应，政府通过国债投资能够拉动民间投资的增加，从而增加社会的有效供给，促进经济增长。对外国的国家信用能够有效把国外资金引进国内，弥补本国资金的不足。

国家信用有利于国家调节投资方向，从而优化投资结构。在市场经济中，存在着多元化的投资主体。投资主体投资方向的确定是由利润最大化动机所确定的。而一些"瓶颈"产业和基础性产业，由于利润回报率低、风险较大，很难吸引到足够多的私人投资，而这些行业又是社会经济均衡发展所必需的。国家通过信用的方式集合社会上的分散性资金，向基础性产业部门以及"瓶颈"产业部门进行投资倾斜，这有利于引导社会闲置资金，贯彻国家的产业政策，优化社会整体投资结构，促使国民经济协调发展。

### （四）消费信用

1. 消费信用的含义与特点

消费信用是指对消费者个人提供的，用以满足其消费方面所需货币的信用。消费信用旨在解决消费者支付能力不足的困难，实现消费者提前消费的目的，这一方面提升了消费效用的满足，另一方面帮助工商企业实现产品和服务的生产和销售。消费信用的目的决定了其主要是用于满足消费者购买耐用消费品、支付劳务费用和购买住宅等方面的需要。与银行信用以及商业信用直接服务于企业生产与流通过程相比，消费信用服务于消费领域，具有非生产性的特点。消费信用可以直接采取商品形态，由商品生产和销售企业直接向消费者提供所需要消费品；也可以采取货币形态，由商业银行和其他信用机构向消费者提供贷款，再由消费者利用所得贷款购买所需要的消费品或支付劳务费用。

2. 消费信用的形式

（1）分期付款。分期付款是消费者根据合同规定分期偿付贷款，这种信用方式多用于消费者购买大件耐用消费品，如汽车、房屋、家用电器等商品。这种消费信用是以商品形态提供的信用，与商业信用有类似的地方，所不同的是商业信用是企业之间提供的，而消费信用则是由企业向消费者个人提供的。

(2) 信用卡。信用卡是由信用卡公司或银行对信用合格的消费者发行的信用证明,持有该卡的消费者可以到有关的商业服务部门购买商品,再由银行定期同消费者和商店进行结算,信用卡可以在规定的额度内消费,有的信用卡也可以透支。

(3) 消费贷款。消费贷款是银行或其他金融机构直接以货币形式所提供的服务于消费的贷款。消费贷款按照直接接受的对象,可以分为买方信贷和卖方信贷。买方信贷是指银行直接对消费品的购买者所发放的贷款;卖方信贷是以分期付款单证作为抵押,对销售消费品的企业发放的贷款。

3. 消费信用的作用

消费信用在现代经济生活中具有积极作用。消费信用的发展可以提高人们当前的消费效用满足。人们的消费效用是收入水平的函数,一般而言,消费能力要受到收入水平的制约。在消费效用函数中引入消费信用之后,将使消费者实现跨期的收入分配,人们可以动用一部分未来的收入去消费当前尚无力购买的消费品,由此,可以提高消费者的总效应和福利水平。

消费信用能够促进消费商品的生产与销售,进而促进经济增长。消费信用的存在使得消费者可以在取得收入之前购买到消费品,这样,消费信用人为地扩大了一定时期内商品劳务的总需求规模,从而在一定程度上刺激了消费品的生产和销售。在现代经济的买方市场条件下,有效需求不足始终是制约经济增长的重要因素,消费提前实现能够直接扩大社会有效需求,最终能够拉动经济的增长。消费信用在一些情况下也会产生消极影响。如果消费信用过度,形成经济的虚假繁荣,在生产扩张能力有限的情况下,会造成市场供求状况紧张,进一步拉大供求缺口,促使物价上涨,加剧通货膨胀。

(五) 国际信用

国际信用是国际间的借贷关系,即各个国家的银行、企业、政府同国外的银行、企业、政府之间的借贷关系,以及国际金融机构向其成员国提供的信用。国际信用主要有以下方式。

1. 出口信贷

出口信贷是出口银行在政府的支持和补贴下,为扩大商品支出而对本国出口商品或国外进口商(或银行)提供的一种利率较低的贷款,利率由出口国政府补贴,并由出口国官方或半官方信贷保险机构提供担保。出口信贷有以下五种方式。①卖方信贷,出口商品所在地的外资银行或商业银行向出口商提供的中长期信贷。②买方信贷,银行直接向进口商品或进口商的政府部门发放贷款,指定贷款用于购买发放贷款的国家或企业的商品。③福费廷,在延期付款的大型设备贸易中,出口商把进口商承兑的期限在半年以上到五六年的远期汇票,无追索权地售于出口商所在地的银行,提前提供现款的一种资金融通方式。④信用安排限额,出口商所在地的银行为了扩大本国一般消费品出口,给予外国进口商所在地银行以中期融资的便利,并与进口商所在地的银行配合,组织数额较小的资金融通成交。⑤混合信贷,多重信用方式混合使用的一种资金融通方式。

2. 补偿贸易

补偿贸易是指外国企业向进口国企业提供机器设备、专利技术、员工培训等,待项目投产后,进口方以该项目的产品、双方商定的其他产品、投产后形成的收入或利润来清偿贷款的一种信用方式，这种商业信用被发展中国家广泛采用。

3. 国际银行贷款

国际银行贷款是商业银行、银团、大公司、企业及其他金融机构在国际市场上进行的借贷活动，由一国借贷人向另一国家的银行直接借贷。国际银行贷款是国际投资中普遍运用的一种方式。国际银行贷款的特点有以下几点。①借贷人可以自由使用借贷，无附加条件，资金的用途一般不受贷方限制，手续也很简便。②来源广泛，国际上众多的商业银行和银行集团，均可作为资金来源。③方式灵活，可借到不同的货币资本，期限与数额也可由自己选定后与银行协商，还本付息的方法也较多。④利率远较其他国际信贷形式高，不能享受出口信贷的优惠利率等。⑤风险大，银行普遍采用的浮动利率计息，加上汇率的频繁变动，增大了客户的利率风险和汇率风险。⑥以中、短期贷款为主，长期的一般也限于10年以内。短期贷款主要是国际间的同业拆借，期限从1天到6个月，每笔交易额在10亿美元以下。典型的银行间的交易为每笔1 000万美元左右。银行对非银行客户的交易很少。中期信贷是指1年以上、5年以下的贷款。这种贷款是由借贷双方银行签订贷款协议，由于这种贷款期限长、金额大，有时贷款银行要求借款人所属国家的政府提供担保。中期贷款利率比短期贷款利率高，一般要在市场利率的基础上再加一定的附加利率。长期信贷是指5年以上的贷款，这种贷款通常由数家银行共同贷给某一客户。由于国际银行贷款风险较大，一旦发生损失难以挽回，因此单一银行贷款一般数额较小，期限较短。多银行贷款是指一笔贷款由几家银行共同提供。

4. 国际金融机构贷款

国际金融机构贷款指联合国所属的国际金融机构或区域性开发银行对其会员国提供的信贷。主要包括国际货币基金组织、世界银行、国际开发协会、亚洲开发银行等，这些国际金融机构按各自设定的宗旨，对会员国提供各种有特定用途的贷款。

5. 国际间政府贷款

国际间政府贷款指一国政府以其国库资金向他国政府提供的具有援助性质的贷款。国际间政府这种贷款的条件一般比较优厚，利息低、期限长，但这种贷款的附加条件较多。

6. 国际租赁

国际租赁是一种跨国的、融资与融物相结合的筹资形式。由租赁公司垫付资金购买设备，租给用户使用，用户定期支付资金，租期期满后承租人可以任意选择退租、续租或留租三种方式。它包括金融租赁、杠杆租赁、经营租赁、专业租赁、服务租赁等方式。

7. 国际债券

国际债券是指一国政府、企业、银行等其他金融机构在国际债券市场上以外国货币面值发行债券、筹借资金的一种方式。

【思考1】

在现代信用社会中，个人信用是非常重要的，一个人的信用就是对于你做出的承诺的估值，你的信用越高，这个承诺的价值越高。古人所谓"一诺千金"，背后的金融逻辑即在于此。信用卡也好，蚂蚁花呗也好，它们的实质是一样的，就是用你的承诺去换取资金的周转。随着社会的不断发展，个人信用资本化趋势会越来越明显，越来越重要。请你思考个人信用资本化需要哪些社会基础？并谈谈你对个人信用评价重要性的认识。

**动动笔**

_____
_____
_____
_____

## 第二节 利 息

### 一、利息的含义及本质

#### （一）利息的含义

利息是伴随信用与信用工具出现的重要概念，也是现代经济中的重要经济变量。利息从属于信用活动的范畴，是伴随着借贷活动而产生的。在信用活动中，资金的所有者在不改变资金所有权的前提下，将资金的使用权在一定时期内让渡给资金需要者，从而在借贷期满时从资金需要者那里得到一个超出借贷本金的增加额，这个增加额就是利息。对于利息的概念可以从两个方面来理解：对于债权人而言，利息是债权人因让渡资金使用权而应当获得的报酬；对于债务人而言，利息是债务人为取得货币资金的使用权而应当付出的代价。简而言之，利息就是出借资金的报酬或使用资金的代价，可以说，资本所有权和使用权的分离是利息存在的经济基础，也是利息产生的根本原因。

利息也可以从货币在经济生活中的作用来理解。在现代经济中，货币是唯一的购买力。从消费的角度来看，货币可以用来购买消费品，满足消费者的欲望，那么，出借货币资金的人就是推迟了自己的即期消费。消费者都存在一种潜在的期望，那就是要求现在消费的节省换取日后更多的消费，利息就是对延期消费的报酬。从生产的角度来看，货币可以用作生产资本。在信用经济中，货币所有者提供暂时不用的货币给借款者，由借款者组织生产，从而产生对资本投入要素的回报。可见，货币资本在现代社会中是资本的标准形态，而利息则被视为资本利得。

无论从哪个角度来考察，最终都可以给利息下一个一般的定义，即利息是借贷过程中债务人支付给债权人的超过本金的部分，是本金之外的增加额。

#### （二）利息的本质

资本为什么会产生利息，即利息的本质是什么呢？利息的本质取决于利息的来源，而利息的来源是由信用关系的性质决定的。对利息本质的论述有很多观点，概括来讲，可以分为两大类：一类是马克思对利息本质的论述，另一类是西方经济学家对利息本质的论述。

1. 马克思主义的观点

马克思认为，在资本主义制度下，利息是借贷资本运动的产物。职能资本家用其所借来的货币资本，通过生产获得利润，利润的一部分以利息的形式支付给借贷资本家。而利润是剩余价值的特殊转化形式,是货币资本家凭借他们对借贷资本的所有权与职能资本家共同瓜分劳动者所创造的剩余价值。货币本身并不能创造货币,不会自行增值,只有当职能资本家用货币购买到生产资料和劳动力时,才能在生产过程中通过雇佣工人的劳动创造出剩余价值。而货币资本家凭借对资本的所有权,与职能资本家共同瓜分剩余价值。因此,资本所有权与资本使用权的分离是利息产生的内在前提。而再生产过程的特点,导致资金盈余和资金短缺者共同存在,这是利息产生的外在条件。当货币被资本家占有,用来充当剥削雇佣工人的剩余价值的手段时,它就成为资本。货币成为资本后获得了一种追加的使用价值,即生产平均利润的能力。资本家受追求剩余价值的利益驱使,使利润转化为平均利润。平均利润被分割成利息和企业主收入,分别归不同的资本家所占有。因此,利息在本质上与利润一样,是剩余价值的转化形式,反映了借贷资本家和职能资本家共同剥削工人的实质。

社会主义利息也源于利润,而社会主义利润是劳动者为社会创造的,是一种归社会所有的剩余劳动价值形式,因此,社会主义利息体现了社会主义积累在社会主义经济内部再分配的本质特征,不存在剥削关系。

2. 西方经济学家的观点

在前资本主义社会,高利贷信用占据着主导地位。高利贷信用的利息是高利贷者通过高利贷活动无偿占有奴隶、农民小生产者所创造的剩余劳动产品的价值,甚至包括必要劳动价值的一部分。

西方经济学家对于利息的本质有很多种说法,如威廉·配第(英国古典政治经济学的创始人)认为,利息是因暂时放弃货币的使用权而获得的报酬,因为当贷者贷出货币后,在约定的时间内,无论自己怎样迫切需要货币,都不能在到期前收回供自己使用,所以借贷行为就给贷款者带来了事实上的损失,贷款者理所当然要获得报酬来弥补这种损失,这种报酬就是利息。亚当·斯密(英国古典政治经济学的主要代表)认为,借款人借钱以后,可用作资本投入生产,也可用作消费,所以利息的来源有二:一是当借款用作资本时,利息源于利润;二是当借款用于消费时,利息源于别的收入,如地租。凯恩斯(当代西方经济学最有影响的经济学家)认为,利息是在一定时期内,放弃资金周转灵活性的报酬。从这些论述中可以看出,有的解释回答了为什么需要支付利息的问题,而实际上它与资金的所有权是分不开的。所以,在现实生活中,利息已经成了一种普遍现象,贷放资金,收取利息是很自然的事情,同时,利息也已经被看作收益的一般形态,因为在借贷关系中利息是资金所有者对其资金所有权的实现。

## 二、利息的计算及其应用

### (一)单利和复利

利息计算中有两种基本方法:单利法和复利法。

1. 单利

单利是指仅以本金为基数计算利息,所生利息不再加入本金计算下期利息。在单利计息的情况下,利息与时间是线性关系。其计算公式为:

$$I = P \times i \times n \tag{3-1}$$

$$F = P \times (1 + i \times n) \tag{3-2}$$

式中，$I$ 为利息额；$P$ 为本金；$i$ 为利率；$n$ 为借贷期限；$F$ 为计息期末的本利和。

例如，甲银行向乙企业放一笔为期 5 年、年利率为 10% 的 100 万元贷款，则到期日乙企业应付利息额与本利和分别为：

利息额：
$$I = P \times i \times n = 100 \times 10\% \times 5 = 50（万元）$$

本利和：
$$F = P \times (1 + i \times n) = 100 \times (1 + 10\% \times 5) = 150（万元）$$

2. 复利

复利是指按照一定的期限（1 年、6 个月、3 个月），将上期利息加入本金，逐期滚动计算利息。其计算公式为：

$$F = P \times (1+i)^n \tag{3-3}$$

$$I = F - P = P \times [(1+i)^n - 1] \tag{3-4}$$

式中，$n$ 是和利率相对应的期限，称为利息转换期。

$$n = 借贷总期限 / 利息转换次数$$

在复利条件下，利息转换期的长短具有重要意义，利息转换期越长，则本利和、利息额相对越小，借款人的利息负担相对较轻；利息转换期越短，则本利和、利息额相对越大，借款人的利息负担越重。

例如，本金 10 000 元，年利率 10%，期限 3 年的贷款，到期一次还本付息，如果利息转换期为 1 年，每年付息一次，则本利和为：

$$F = 10\ 000 \times (1 + 10\%)^3 = 13\ 310（元）$$

利息额为：
$$I = 13\ 310 - 10\ 000 = 3\ 310（元）$$

如果利息转换期为半年，则本利和为：
$$F = 10\ 000 \times (1 + 10\%)^{3 \times 2} = 13\ 401（元）$$

利息额为：
$$I = 13\ 401 - 10\ 000 = 3\ 401（元）$$

如果利息转换期为一个季度，则本利和为：
$$F = 10\ 000 \times (1 + 10\%)^{3 \times 4} = 13\ 449（元）$$

利息额为：
$$I = 13\ 449 - 10\ 000 = 3\ 449（元）$$

另外，与单利法相比，按照复利法可多得利息 310 元。可见，同一笔借款，在利率和期限相同的情况下，用复利计算出来的利息金额要比用单利计算出来的利息金额大，借款人的利息负担较重，贷款人的利息收入较高。

【思考2】

小王将 10 000 元存入银行，存期 2 年，假定年利率为 5%，请分别用单利法与复利法（若利息转换期为 1 年）计算 2 年后小王能收回本息和各计多少？

**动动笔**

_____
_____
_____

**3. 复利反映利息的本质**

在过去相当长的一段时间内，我国存在着一个奇怪的现象：承认利息的客观存在，但却不承认复利。似乎单利可以与社会主义、与公有制相容，而复利是罪恶，是剥削，是资本主义的东西。其实，利息就是利息，它只是信用关系赖以存在的条件。利息既是债权人的一项收入来源，也是债权人舍弃流动性、舍去赚钱机会的补偿。利率作为一种经济杠杆，对市场经济起着重要的调节作用。

应该说，复利较之单利，更符合生活实际的利息计算的观念。在经济生活中，复利的运用已经极其广泛。为什么复利反映利息的本质呢？理由很简单，在一个国家，如果只有单利存在，债权人会通过计算在单利与复利之间做出选择。他可以尽可能地缩短货币贷放的时间，当贷放期满时，他可以把当期取得的本息收入再重新贷放给其他债务人，而当下一个贷放期满时，他又可以将这一期的本息收入再重新贷放。这时，他所获得的利息其实就是复利利息。这完全是个人的经济行为，是任何人都无权干涉的。事实上，我国的银行利率虽然一直以来均以单利表示，但实际上并没有否定复利原则。就我国储蓄利率而言，以2016年的定期储蓄年利率为例，1年期的利率为1.50%，2年期的利率为2.10%，3年期的利率为2.75%。这些数字能够保证：1年期储蓄到期立即提取并把本利和再存入1年定期，到第2年期满取得的累计利息回报小于按公布的2年期单利所取得的回报；2年期储蓄到期立即提取并把本利和再存入1年期的储蓄，到第3年期满所取得的利息累计回报小于按公布的3年期单利所取得的回报，诸如此类。其实，无论哪个时代，也无论哪种存贷款利率，都是本着这样的原则设计的，否则人们就不会存定期储蓄，更不会存长期的定期储蓄。

### （二）现值、终值和贴现

通过复利计算，人们知道了货币的时间价值，在某一时点上的一定量现金折合到未来的价值通常称为终值，也称为将来值。

如果年利率为6%，现有10 000元，在5年后的终值按下式可以计算出来。即：

$$F = 10\ 000 \times (1+6\%)^5 = 13\ 382\ (元)$$

与终值相对应还有一个更为重要的概念——现值。现值是指未来的一笔钱折合到现在值多少钱。现值的计算与终值的计算过程正好相反。终值是初始投资按复利利率向前计算若干期限，而现值则是用利率把未来某一时间的终值贴现到当前。其计算公式为：

$$PV = \frac{F}{(1+i)^n} \tag{3-5}$$

例如，甲5年后期望得到一笔10 000元的货币，假设年利率为6%，则现在应有的本金是：

$$PV=\frac{10\,000}{(1+6\%)^5}=7\,472.58\text{（元）}$$

上式计算出来的 7 472.58 元即为 10 000 元按年利率 6% 贴现的现值。所谓的贴现就是把未来某一时间的资金值按一定的利率水平折算成现时期的资金值的过程。值得注意的是，现值与终值是相对而言的。

现值的观念有很久远的历史。现代商业银行收买票据的业务，其收买的价格就是根据票据金额和利率倒算出来的现值。这项业务称为贴现，因此现值也称为贴现值。现值的计算方法还有更广泛的领域，如现值（包括终值）在投资选择时就是非常有用的工具。

## 第三节　利　率

### 一、利率的含义及种类

#### （一）利率的含义

利率（利息率的简称）作为资金和金融产品的价格，在市场经济体系中具有重要的基础性地位。利率是国家可以用来调控经济的主要工具之一，在市场经济中利率的高低受一国经济运行诸多素的影响，因而是可以用来观测经济运行的"晴雨表"。

利率是指借贷期间所形成的利息额与贷出资本金的比率，即利率＝利息额/借贷资本金×100%。利率体现着生息资本增值的程度，是衡量利息高低的指标，西方经济著述中也称为到期回报率、报酬率。由于通常情况下利息额不能超过生产者使用该笔资金而能获得的利润额，因此，在通常情况下，利率的最高界限受到平均利润率的制约，最低界限为零。

现实生活中的利率都是以某种具体形式存在的，如一年期的贷款利率、两年期的储蓄存款利率、五年期的国债利率、贴现利率等。金融市场越发达，金融工具的交易越活跃，利率的种类也就越多。市场经济发达国家的利率更是繁多，构成了一个庞大的利率体系。

#### （二）利率的种类

1. 年利率、月利率和日利率

根据计算利息的时间长短，利率可划分为年利率、月利率和日利率。

年利率是以年为单位计算利息，通常用百分之几表示；月利率是以月为单位计算利息，通常用千分之几表示；日利率，习惯称"拆息"，是以日为单位计算利息，通常用万分之几表示。

2. 官方利率、公定利率和市场利率

利率按照决定方式可划分为官方利率、公定利率和市场利率。

官方利率也称法定利率，是由一国货币管理当局或中央银行所规定的利率，是相对于市场利率（由市场供求关系决定）而言的。

公定利率是由非政府部门的民间金融组织，如银行公会等所确定的利率。

市场利率是指由资金市场上供求关系决定的利率。市场利率因受到资金市场上的供求变化的影响而经常变化。在市场机制发挥作用的情况下，由于自由竞争，信贷资金的供求会逐渐趋于平衡。

目前，利率已成为世界各国政府调节经济活动的重要工具，利率水平已不再完全由资金供求变化决定，而是经常受到国家直接或间接的干预。例如，中央银行对商业银行和其他金融机构的再贴现和再贷款利率，中国人民银行对各专业银行规定的各类不同存贷款的利率等。政府通过确定的利息率调节市场利息率水平，调节资金供求状况，进而起到对信贷规模和经济运行的控制和调节作用。

3. 固定利率与浮动利率

利率按照借贷期内是否浮动可划分为固定利率和浮动利率。

固定利率是指在整个借贷期限内，利息按借贷双方事先约定的利率计算，不随市场上货币资金供求状况而变化。实行固定利率对于借贷双方准确计算本金与收益十分方便，适用于借贷期限较短或市场利率变化不大的情况，但当借贷期限较长或市场利率波动较大时，则不宜采用固定利率。在此期间，通货膨胀的作用和市场上借贷资本供求状况的变化，会使借贷双方都可能承担利率波动的风险。因此，在借贷期限较长、市场利率波动频繁的情况下，借贷双方往往倾向于采用浮动利率。

浮动利率是指在借贷期限内，随市场利率的变化情况而定期进行调整的利率，多用于较长期的借贷及国际金融市场。调整期限的长短以及以何种利率作为调整时的参照利率都由借贷双方在借款时议定。例如，欧洲货币市场上的浮动利率，一般每隔3~6个月调整一次，调整时大多以伦敦银行间同业拆借利率为主要参照。浮动利率能够灵活反映市场上的资金供求状况，更好地发挥利率的调节作用；同时，由于浮动利率可以随时予以调整，利率的高低同资金供求状况密切相关，借贷双方承担的利率风险较小，有利于减小利率波动所造成的风险，从而克服了固定利率的缺陷。因此，对于长期贷款，借贷双方一般都倾向于选择浮动利率。

4. 基准利率和一般利率

利率按其地位可划分为基准利率和一般利率。

基准利率是在整个金融市场上和整个利率体系中起决定作用的利率。由于这种利率的变动，其他各种利率都会发生相应变化。基准利率决定了市场利率的变化趋势。在西方国家，传统上是以中央银行的再贴现利率作为基准利率的，现在已有所变化，但各国不尽相同。例如，美国主要是联邦储备系统确定的"联邦基金利率"；而在我国则是以中国人民银行对各商业银行的再贷款利率为基准利率，但是，随着我国利率市场化改革的推进，目前由银行间同业拆借所决定的基准利率的机制正在形成。

基准利率是我国中央银行实现货币政策目标的重要手段之一，制定基准利率的依据是货币政策目标。当政策目标重点发生变化时，利率作为政策工具也应随之变化。不同的利率水平体现不同的政策要求，当政策重点放在稳定货币时，中央银行贷款利率就应该适时调高，以抑制过热的需求；相反，则应该适时调低。

一般利率是指银行等金融机构和金融市场形成的各种利率。一般利率通常参照基准利率而定。

5. 长期利率和短期利率

利率按照信用行为的期限长短可划分为长期利率和短期利率。

一般来说,一年期以上的信用行为通常称为长期信用,相应的利率则是长期利率。一年期以内的信用行为称为短期信用,相应的利率即为短期利率。长期利率和短期利率之中又各有不同长短期限之分。总的来说,较长期的利率一般高于较短期的利率。但在不同种类的信用行为之间,由于有种种不同的信用条件,对利率水平的高低不能简单地进行对比。

6. 名义利率和实际利率

利率按照是否考虑通货膨胀影响可划分为名义利率和实际利率。

名义利率是指金融市场上实际存在并发挥作用的利率,是借贷契约和有价证券上载明的利率,对债权人来说,应按此利率向债务人收取利息;对债务人来说,应按此利率向债权人支付利息。

实际利率是指名义利率减去通货膨胀率,通常有两种形式:一种是事后的实际利率,它等于名义利率减去实际发生的通货膨胀率;一种是事前的实际利率,它等于名义利率减去预期的通货膨胀率。在经济决策中,更重要的是事前对实际利率的估计。因此,事前的实际利率比事后的实际利率更有意义。它们之间的关系可近似地表示为:实际利率=名义利率-通货膨胀率。

在经济活动中,区分名义利率和实际利率是很重要的,实际利率才是人们更应看重的。因为在借贷过程中,债权人不仅要承担债务人到期无法归还本金的信用风险,还要承担货币贬值的通货膨胀风险。名义利率和实际利率的划分,正是从这个角度来说的。

【思考3】

假定某年物价水平没有变化,甲从乙处取得一年期的 10 000 元贷款,年息 500 元,那么实际利率是多少?假设下一年的物价水平上涨 3%,那么实际利率又是多少?

**动动笔**

_____
_____
_____
_____

## 二、利率决定理论

### (一) 马克思主义的利率决定理论

马克思的利率决定理论是以剩余价值在不同资本家之间的分割为出发点的。利息是借贷资本家从借入资本的资本家那里分割来的一部分的剩余价值。剩余价值表现为利润,因此利息只是利润的一部分。利润本身就构成了利息的最高界限,社会平均利润率就构成了利率的最高界限。因为如果利息率达到平均利润率的水平,借入资本的资本家将无利可图;但利率也不可能低至零,否则借贷资本家不愿意贷出资本。因此,利率应该在零和平均利润率之间波动。

利率取决于平均利润率,这使得利率具有以下特点。

（1）平均利润率随着技术发展和资本有机构成的提高有下降趋势，因而也影响到平均利率，使其有同方向变化的趋势。由于还存在其他影响利率的因素，如社会财富及收入相对于社会资金需求的增长程度及信用制度的发达程度等，它们可能会加速这种变化趋势或抵消该趋势。

（2）平均利润率虽有下降趋势，但这是一个非常缓慢的过程。而就一个阶段来考察，每个国家的平均利润率则是一个相当稳定的量。相应地，平均利率也具有相对的稳定性。

（3）利率的高低取决于两类资本家对利润分割的结果，使得利率的决定具有很大的偶然性。也就是说，平均利率无法由任何规律决定；相反，传统习惯、法律规定、竞争等因素在利率的确定上都可直接起作用。

在现实生活中，人们面对的是市场利率，而非平均利率。平均利率是一个理论概念，在一定阶段内具有相对稳定的特点，而市场利率则是多变的，但不论它的变化如何频繁，在任一时点上都表现为一个确定的量。

### （二）西方经济学的利率决定理论

#### 1. 古典利率理论

在凯恩斯理论之前流行的利率决定理论，称为古典学派的利率决定理论，其主要倡导者有庞巴维克、马歇尔和费雪。

19世纪80年代以前，西方古典经济学家对利率的决定问题进行了大量研究，其中由资本供求关系决定的思想已广为接受，但对于资本的供给和需求是由哪些因素决定的，还未取得较为一致的意见。19世纪90年代，奥地利经济学家庞巴维克、英国经济学家马歇尔、瑞典经济学家威克塞尔和美国经济学家费雪等人对决定资本供给、需求的因素进行研究，认为资本供给来源于储蓄，资本的需求来源于投资，从而建立了利率由储蓄、投资共同决定的理论。因为该理论严格秉承古典学派重视实物因素的传统，从而被称为"古典利率理论"。

古典学派在利率决定问题上的储蓄投资理论也称"真实的利率理论"，其特点是从储蓄和投资等实物因素来讨论利率的决定，认为通过利率的变动能够使储蓄和投资自动达到一致，从而使经济始终维持在充分的就业水平上。这种理论认为，社会存在一个单一的利率水平使经济体系处于就业的均衡状态，这种单一利率不受任何货币数量变动的影响。在充分就业的状态下，储蓄和投资的真实数量都为利率的函数，利率取决于储蓄和投资的交互作用。这种理论认为，能够用于贷放的资金来源于储蓄，而储蓄则意味着人们要牺牲现有的消费来换取未来的消费。但是由于人性本身的原因，人们往往更注重现在的消费，在用未来的消费和现在的消费进行交换时，必须打一定的折扣，即必须给"等待"或"延期消费"的行为进行补偿，而利息便是这种补偿。这种补偿越大，意味着利率越高，人们也就愿意延迟消费，即增加储蓄。

古典利率理论认为，利率取决于边际储蓄曲线与边际投资曲线的均衡点。储蓄流量随利率的提高而增加，即利率越高，储蓄额越大；利率越低，储蓄额越少。储蓄额与利率成正相关关系，是利率的递增函数。用公式表示为：

$$S=S(i) \qquad (3-6)$$

式中，$S$ 代表意愿的储蓄；$i$ 代表利率。

对于贷款的需求主要来自投资，而投资量的大小则取决于投资预期报酬率和利率的比较,只有预期报酬率大于利率的投资才是有利可图的。当利率降低时,预期报酬率大于利率的机会将增多,从而投资需求将增大。所以投资是利率的减函数,投资流量随利率的提高而减少,即利率提高,投资额下降;利率降低,投资额上升。用公式表示为:

$$I = I(i) \tag{3-7}$$

式中,$I$ 代表意愿的投资;$i$ 代表利率。

古典经济学家认为,储蓄代表资本的供给,投资代表对资本的需求,利率则是资本的使用价格。正如商品的供求决定均衡价格一样,资本的供求决定了均衡利率。当 $S=I$ 时,即储蓄者所愿意提供的资金与投资者所愿意借入的资金相当时,利率便达到均衡水平,此时的利率为均衡利率;当 $S>I$ 时,利率下降;反之,当 $S<I$ 时,利率水平便上升。这种理论的核心是投资=储蓄,即 $S(i) = I(i)$。古典利率理论可以用图3-1来表示。

在图3-1中,$I$ 曲线是投资曲线,$I$ 曲线向下倾斜,表示投资与利率呈负相关关系。$S$ 是储蓄曲线,$S$ 曲线向上倾斜,表示储蓄与利率呈正相关关系。$I$ 曲线与 $S$ 曲线的交点 $A$ 对应的利率 $i_0$ 表示均衡利率。若边际投资倾向不变,边际储蓄倾向提高,$S$ 曲线向右平移,与 $I$ 曲线形成新的均衡利率 $i_1$。当 $i_1<i_0$ 时,说明在投资不变的前提下,储蓄提高导致利率下降。若边际储蓄倾向不变,边际投资倾向提高,$I$ 曲线向右平移,与 $S$ 曲线形成新的均衡利率与 $i_2$。当 $i_2>i_0$ 时,说明在储蓄不变的前提下,投资的增加导致利率上升。

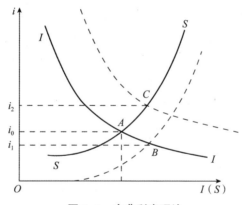

**图3-1 古典利率理论**

按照这一理论,只要利率是灵活变动的,它就与商品的价格一样,具有自动的调节功能,使储蓄和投资趋于一致。因为当投资大于储蓄时,利率就会上升,从而使储蓄增加,投资下降,两者最终趋于一致,反之亦然。因此,经济不会出现长期的供求失衡,它将自动趋于充分就业水平。

古典学派认为,伴随着经济的萧条,物价水平会下降,因此实际货币供给会增加。而且这是自发的,政府无须干预(注意:最好的政府是"无为"的政府,这是古典学派的根本论点,所以他们也被称为自由主义)。

2. 流动性偏好利率理论

流动性偏好利率理论是指通过货币市场的流动性分析来得出均衡利率的理论,最早提出该理论的是凯恩斯。

凯恩斯认为,利率取决于货币的供求状况,而货币的供给量取决于货币当局,而货币的需求量主要取决于人们对现金的流动性偏好。凯恩斯假定人们可储藏财富的资产主要有货币和债券两种。人们可以用其收入购买债券,从而获得利息;人们也可以持有货币,从而满足其交易的需求、谨慎的需求和投机的需求。凯恩斯认为,流动性偏好即手持现金量,是利率的递减函数,而利率则是放弃流动性偏好的报酬。流动性偏好利率理论可以用图3-2来表示。

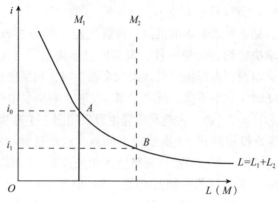

图3-2 流动性偏好利率理论

(1)利率决定理论。

凯恩斯的利率理论十分重视货币需求,即流动性偏好。在凯恩斯的流动性偏好利率理论中,利率取决于两个因素,即货币供给与货币需求。凯恩斯认为,均衡利率取决于货币需求供应的交互作用,如果人们对流动性的偏好强,愿意持有的货币数量就增加,则货币需求量大于货币供给量,从而使利率上升;反之,当人们的流动性偏好较弱时,人们对货币的需求下降,则货币需求量小于货币供给量,从而使利率下降。只有当为人们的流动性偏好所决定的货币需求量等于货币当局所决定的货币供给量时,利率水平才到达均衡利率。因此,利率由货币供给曲线与货币需求曲线共同决定。

货币供给曲线 $M$ 由货币当局决定,货币需求曲线 $L=L_1+L_2$。$L_1$ 表示交易和谨慎动机的货币需求,$L_2$ 表示投机动机的货币需求。它是一条由上到下、由左到右的曲线,越向右,越与横轴平行;当 $L$ 和 $M$ 相交时,其交点为确定的均衡利率水平。

(2)均衡利率的变动。

在流动性偏好利率理论的分析框架中,均衡利率的变动源于货币需求曲线的移动和货币供给曲线的移动。在货币供给曲线不变的条件下,货币需求曲线向右移动,均衡利率将上升;货币需求曲线向左移动,均衡利率将下降。在货币需求曲线不变的条件下,货币供给曲线向右移动,均衡利率将下降;货币供给曲线向左移动,均衡利率将上升。

①货币需求曲线的移动。流动性偏好利率理论认为,导致货币需求曲线发生移动的原因有两个,即收入和价格水平。

收入效应。凯恩斯认为,收入水平提高,货币需求增加,原因主要有:第一,储藏动机,即当收入增加时,财富增加,人们借此希望持有更多的货币作为价值储藏;第二,交易动机,即当收入增加时,人们希望使用货币完成更多的交易,同时人们也希望持有更多的货币。货币需求增加时,货币需求曲线右移。

价格水平效应。凯恩斯认为,人们最关心的是实际货币数量而不是名义货币数量,因为实际货币数量能够真实反映所购买的商品和劳务的数量,而实际货币数量等于名义货币数量除以价格水平。因此,要保持实际货币数量不变,即保持商品和劳务的购买数量不变,则需要高的物价水平对应多的名义货币量。故价格水平上升,导致货币需求增加,货币需求曲线右移。

②货币供给曲线的移动。假定货币供给完全受中央银行的控制(实际上,货币供给的决定过程十分复杂,涉及银行、存款人和银行的借款人)。中央银行实施扩张性货币政策将导致货币供给增加,货币供给曲线向右发生移动,均衡利率下降。值得指出的是,这一结论是在假设货币需求曲线不变的情况下得出的。事实上,从长期来看,这一假设并不成立。

货币供给增加对经济产生扩张性影响,提高了国民收入和财富,导致货币需求曲线右移,利率上升。因此,货币供给增加的收入效应是利率上升。

货币供给增加也能导致整体物价水平的上升。通过对流动性偏好利率理论的分析认为,这将导致利率上升。因此,货币供给增加的价格水平效应是利率上升。

(3) 流动性陷阱。

凯恩斯在指出货币的投机需求是利率的递减函数的情况下,进一步说明当利率下降到一定程度时,货币的投机需求将趋于无穷大。因为此时的债券价格几乎达到了最高点,只要利率小有回升,债券价格就会下跌,购买债券就会有亏损的风险。因此,不管中央银行的货币供给有多大,人们都将持有货币,而不买进债券,从而债券价格不会上升,利率也不会下降。这就是凯恩斯的"流动性陷阱"。在这种情况下,扩张性货币政策对投资、就业和产出都没有影响。

在图3-2中,当货币供给曲线与货币需求曲线的平行部分相交时,利率将不再变动。因为货币供给的增加将导致储蓄的增加,它将不会对利率变动产生影响。

凯恩斯学派的利率决定理论纠正了古典学派忽视货币因素的偏颇,然而它又走上了另一个极端,将储蓄与投资等实际因素完全不予以考虑,这显然也是不合适的。

3. 可贷资金理论

新古典的利率理论也称为可贷资金理论,是对古典利率理论的补充,也是为了批判凯恩斯的流动偏好利率理论而提出的,其首倡者是剑桥学派的罗伯森。可贷资金理论如图3-3所示。

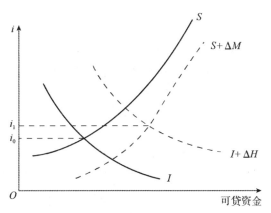

图3-3 可贷资金理论

可贷资金理论认为,在利率决定问题上肯定储蓄和投资的交互作用是对的,但完全忽视货币因素是不当的,尤其在金融资产量相当庞大的今天。同时,凯恩斯指出了货币因素对利率决定的影响是可取的，但完全否定实质性因素是错误的。可贷资金理论试图在古典利率理论的框架内将货币供求变动等货币因素考虑进去，在利率决定问题上同时考虑货币因素和实质因素，以完善利率决定理论。利率是借贷资金的价格，借贷资金的价格取决于金融市场上的资金供求关系。假定考察的是一个封闭经济体，并且在这个封闭经济体中不存在政府。

在这样的假设下，可借贷资金的供给包括：①家庭、企业的实际储蓄，它随利率的上升而上升；②实际货币供给量的增加量。可借贷资金的需求包括：①购买实物资产的投资者的实际资金需求，它随着利率的上升而下降；②家庭和企业对货币需求量的增加，即为了增加其实际货币持有量而借款或减少存款。需要注意的是，可贷资金理论中的可贷资金的供给和可贷资金的需求均是流量概念，而不是存量概念。这里所谓家庭、企业的实际储蓄类似于古典学派储蓄投资理论中的储蓄的含义，指的是他们手中计划不用于消费部分的货币量，即计划储蓄。实际货币供给量的增加额类似于凯恩斯利率决定理论中的货币供给量的含义，指的是银行体系决定的通过信用创造的当期新增的货币供给量，这是一个外生变量。

可贷资金理论同时考虑实质因素和货币因素的思想充分地体现在其将整个社会的可借贷资金的供给划分为两个部分，即家庭、企业当期愿意储蓄的部分（实质部分）和银行体系决定的当期实际货币供给量的增加部分（货币因素）。因此，可贷资金理论比较完整地描述了社会经济中可借贷资金的来源。购买实物资产的投资者的实际资金需求类似于储蓄投资理论中的投资，指的是实际的计划投资（实质因素）；家庭和企业对货币需求量的增加类似于凯恩斯利率决定理论中的货币需求含义（货币因素）；同样地，这种划分也体现出可贷资金理论力图把古典利率理论和凯恩斯的流动性偏好利率理论相统一的思想。

该理论认为，市场利率不是由投资与储蓄决定的，而是由可贷资金的供给和需求来决定的。可贷资金的需求包括投资需求和货币储藏的需求。这里的货币储藏需求不是货币储藏的总额，而是当年货币储藏的增加额。用公式表示为：

$$D_L = I + \Delta H \tag{3-8}$$

式中，$D_L$ 为可贷资金的需求量；$I$ 为投资；$\Delta H$ 为货币储藏的增加额。

可贷资金的供给也由两个部分组成：一是储蓄；二是货币当局新增发的货币数量。用公式表示为：

$$S_L = S + \Delta M \tag{3-9}$$

式中，$S_L$ 为可贷资金的供给；$S$ 为储蓄；$\Delta M$ 为货币当局的货币增发额。

可贷资金理论认为，$\Delta H$ 和 $I$ 是利率的递减函数，而 $\Delta M$ 却是货币当局调节货币流通的工具，是一个关于利率的外生变量。储蓄与投资决定自然利率 $i$（当 $I=S$ 时的利率），而市场利率 $i_1$ 则由可贷资金的供求关系来决定，即 $i_1$ 取决于 $D_L = S_L$，即：

$$I + \Delta H = S + \Delta M \tag{3-10}$$

由此可以看出，如果投资与储蓄这一对实际因素的力量对比不发生变化，按照该理论，货币供需力量对比的变化即足以改变利率。因此，利率在一定程度上是货币现象。

可贷资金理论从流量的角度研究借贷资金的供求和利率的决定，这一理论可以用于对金融市场的利率进行分析，并认为利率是由可贷资金的供给和需求共同决定的，可贷资金供给包括储蓄和货币供应增量，可贷资金的需求包括投资和可贷资金的净窖藏。因此，该理论同时兼顾了利率决定的实际因素和货币因素，具有一定的实际意义。其与古典利率理论的区别在于：可贷资金总量受到中央银行控制，因此政府的货币政策是利率的决定因素之一（$\Delta M$ 包括了新发行的基础货币和新的货币创造，而这些都是政府可以控制的）。

### 三、利率的风险结构

我们购买任何一种债券都要承担一定的系统性风险和非系统性风险。我们知道，为引导投资者接受市场投资组合的风险，必须向他们提供超过无风险利率的预期收益率，这就是风险溢价。投资者风险厌恶的程度越大，风险溢价就越高。影响不同发行者发行债券的利率差的主要风险是非系统性风险，即违约风险和流动性风险，而这正是本部分所要讨论的内容。我们将主要考察期限相同的各债券利率之间的关系，即利率的风险结构。

利率的风险结构，即期限相同的各债券利率之间的关系，主要由债券的违约风险、债券的流动性以及税收因素等决定。

#### （一）违约风险

证券发行人到期时不能按期还本付息的可能性就是违约风险，也叫信用风险。它包括两个层面。①借款者因经营不善，没有足够的现金流来偿付到期的债务。②借款者有足够的现金流，但他没有到期还本付息的意愿。显然，债券的违约风险越大，它对投资者的吸引力就越小，因此债券发行者所应支付的利率就越高。人们在购买某种具有一定风险的证券时，会在原有的利率水平之上要求一定的风险补偿。一般来说，信用等级越高的证券，其所需支付的风险补偿率就越低；反之，风险补偿率就越高。

与一般的企业不同，中央政府有税收和货币发行为后盾，因此，购买国债不会承担什么信用风险。所以，政府债券享有"金边债券"的美誉。但如果政局的动荡威胁到中央政权的安全，中央政府债券的持有者也可能遭受损失。地方政府也有一定的征税能力，但是其偿债的能力显然不如中央政府，因而被认为是具有一定风险的。风险更大的是公司债券，因为公司不能征税，只能在竞争中求生存。然而竞争又是非常残酷的，任何决策上的失误或者外部环境的变化，都可能使一家信誉卓著的公司面临资不抵债的状况。在某些经济衰退年份，经济的不景气往往伴随着大批中小企业的倒闭。由于公司与公司之间的差异很大，所以公司债券的利率差异也非常大。一些信誉较好的大公司，其债券利率可能与政府债券相差无几；而那些不太为人所知的公司，往往要借助很高的利率才能将其债券销售出去。特别是在经济动荡的时期，后者的债券利率可能比前者高出数倍。

由于一般的投资者不可能全面地了解市场上交易的各种债券的具体情况，所以就需要有一些专门的机构来对它们进行调查，并评出相应的等级。这样一些专业的评级公司就应运而生了。全球主要有三家权威的私人评级机构，它们是穆迪投资者服务公司、标准普尔公司和惠誉国际信用评级公司。它们评级的对象主要是债券，另外也包括一部分优先股。中央政府债券被视为无风险债券，不用评级。但地方政府和私人公司的债券在公开发行之前一般要经过一家或几家评级机构的评级，否则很难为投资者所接受。各家评级机构对债券级别的划分都按照自己的标准，表示方法也不尽相同。

#### （二）流动性

有一些债券的还本付息可能不成问题，但缺乏流动性，也就是说，在到期日前，持有者很难把它转让出去以获得现金。这也会影响到对债券的需求,因为在其他条件相同的前提下,人们总是偏好于流动性较高的资产,以便在必要的时候将它迅速变现。因此,在其他条件相同的情况下,流动性越高的债券,利率越低。

一种资产的流动性可以用它的变现成本来加以衡量。债券的变现成本主要包括两个方面:一是交易佣金;二是债券的买卖差价。交易佣金也就是投资者买卖债券时必须向经纪商支付的手续费,它构成债券变现成本中的一项。需要稍加解释的是债券的买卖差价。我们知道,在任何一个交易时间的债券市场上都有两个价格:一个是债券出售者报出的债券卖出价,另一个是债券购买者报出的买入价(债券自营商则同时报出其卖出价和买入价),并且卖出价总是高于买入价。投资者买入债券时,支付的是出售者的卖出价,但是当他将手中的债券变现时,得到的却是投资者的买入价。因此,其间的差价就构成了一项变现成本。

对于那些交易十分频繁的债券来说,由于市场上随时都有很多的买者和卖者,所以其买卖差价很小;而那些交易不大活跃的债券,买卖差价就要大一些,因为想出售这些债券的人可能要花较多的时间来找到一个合适的买主,为了将手中的债券迅速变现,卖出者只好接受一个较低的价格。因此,交易越是活跃的债券,其变现成本越小,流动性也就越大。由于政府债券在二级市场上的交易通常要比一般的公司债券频繁得多,所以从流动性这个角度看,其利率也应该比公司债券低。由此我们看到,政府债券同公司债券的利率差,不仅反映了它们在违约风险上的差别,而且反映了它们流动性的不同。

### (三) 税收因素

相同期限的债券之间的利率差异,不仅反映了债券之间风险、流动性的不同,而且还受到税收因素的影响,债券持有人真正关心的是税后的实际利率。如果债券利息收入的税收待遇视债券种类的不同而存在差异,这种差异就必然要反映到税前利率上。税率越高的债券,其税前利率也应该越高。

为了更清楚地理解这一点,我们来比较两种债券。假定有债券 A 和债券 B,它们的违约风险和流动性均相同,但是债券 A 利息收入的所得税率为 $t_A$,债券 B 利息收入的所得税率则为 $t_B$。那么,债券 A 的税后利率就等于 $r_A(1-t_A)$,债券 B 的税后利率就等于 $r_B(1-t_B)$,其中 $r_A$、$r_B$ 分别为债券 A 和债券 B 的税前利率。因此,要使这两种债券的税后利率相等,就必须有 $r_A(1-t_A) = r_B(1-t_B)$,则:

$$r_A = r_B(1-t_B)/(1-t_A) \tag{3-11}$$

从式(3-11)中可以清楚地看出,税率越高的债券,其税前利率也应该越高。

如果不考虑税收因素,我们就很难解释这样一个事实,那就是自 20 世纪 40 年代以来,违约风险为零且有极高流动性的美国联邦政府债券,其利率却始终高于有一定的违约风险且流动性较低的州和地方政府债券。但是引入税收因素之后,这一点就不难理解了。根据美国的税法,州和地方政府债券的利息收入可以免交联邦所得税,因而其税前利率自然要低于利息收入须缴联邦所得税的联邦政府债券。在 1986 年美国税收改革之前,美国税法还对一般的债券利息收入和债券资本利得规定了不同的税率,前者的税率高于后者。这样,收益主要体现为息票。利息收入的息票债券的税收负担就要高于收益完全体现为资本利得的折价债券(或称零息票债券),因此,前者的到期收益率往往要比后者高。同时,由于折价出售的息票债券也有一部分收益体现为资本利得,所以其到期收益率往往也低于平价或溢价出售的息票债券。

## 四、利率的期限结构

市场上利率多种多样,为什么同样是政府发行的债券,或在同一家银行存款,不同期限的债券或存款的利率水平存在差异呢?这就需要从理论上对利率结构形成的内在机理进行分析研究,由此形成了利率的期限结构理论。利率的期限结构,是指其他特征相同而期限不同的各债券利率之间的关系,它可以用债券的收益率曲线(即利率曲线)来表示。债券的收益率曲线是指把期限不同,但风险、流动性和税收等因素都相同的债券的收益率连成的一条曲线。收益率线通常可以划分为水平型、渐升型、渐降型三种类型,如图3-4所示。

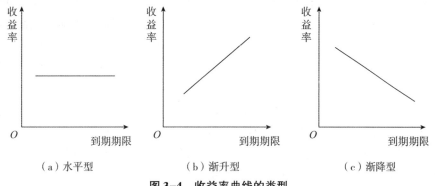

(a) 水平型　　　　　　(b) 渐升型　　　　　　(c) 渐降型

**图3-4　收益率曲线的类型**

如果收益率曲线向上倾斜,表明随着期限的增长,利率越来越高,即长期利率高于短期利率;如果收益率曲线呈水平状,表明长期利率等于短期利率;如果收益率曲线向下倾斜,表明长期利率低于短期利率。收益率曲线也可以有更为复杂的形式,如凸起型或凹陷型等。经济学家通过对这些不同现象的分析和解释来阐述其各自的利率期限结构理论,主要有以下三种。

### (一)预期利率假说

预期利率假说的基本观点是,长期债券利率等于在其存续期内各个短期债券预期利率的平均值。例如,有两种投资策略:一是购买1年期债券,期满后再购买1年期债券;二是购买2年期债券并持有到期满。假定1年期债券的当期利率为9%,预期明年1年期债券的利率为11%,若采用前一种投资策略,则两年预期收益率的平均值为年利率(9%+11%)/2 = 10%。只有当2年期债券的利率等于10%时,你才会愿意同时持有1年期债券和2年期债券。因此,预期利率假说对不同期限债券利率不同的原因的解释在于对未来短期利率不同的预期值,利率的期限结构是由人们对未来短期利率的无偏预期所决定的。预期利率假说认为,债券购买人并不偏好某一种期限的债券,当某债券的预期收益率低于期限不同的另一债券时,人们将不再持有这种债券。如果人们预期未来短期利率会上升,那么债券购买者因预期以后可获得更高的利率,就不愿购买长期债券,而只愿购买短期债券。结果是,短期债券的需求增加,供给减少,其价格上升,即短期利率下降;长期债券的需求减少,供给增加,其价格下跌,长期利率趋于上升,且长期利率上升到与长期债券到期前人们对短期利率预期的平均值相等时为止。同理,如果人们预期未来短期利率会下降,则长期利率将趋于下降。

根据预期利率假说的分析,债券的收益率曲线的形状取决于人们对未来短期利率的预期。如果人们预期未来短期利率上升,长期利率就高于短期利率,则收益率曲线向上倾斜;

反之，如果人们预期未来的短期利率下降，收益率曲线则向下倾斜。当人们预期未来短期利率不变时，收益率曲线则为水平。

预期利率假说作为一种精巧的理论，对利率的期限结构在不同时期变动的原因做出了简明的解释。但它也存在一个严重的缺陷，那就是无法对收益率曲线几乎总是向上倾斜的原因加以解释。

### （二）市场分割理论

市场分割理论认为，不同期限的债券市场相互之间是完全独立分割的，投资者只对一种期限的债券具有强烈的偏好，持有一种期限债券的预期收益率对另一种期限债券的需求没有任何影响，因此，每种债券的利率只受自身供求状况的影响，其他期限债券收益率的变化不会影响到该种债券的需求。根据分割市场理论，两年期国债利率的变化不会影响对一年期国债的需求。可见，分割市场理论与预期利率假说完全相反，即假定不同期限的债券之间根本没有替代性。

根据分割市场理论，不同期限的债券的收益率之间存在差异，是由不同期限债券的供求差异所决定的。例如，当长期债券供给增加而需求不变时，其价格下跌，即长期债券的利率上升，但短期债券投资者并不会因此转而购买长期债券，长期债券利率的变动也不会对短期债券的利率造成影响，所以长期债券的供求关系只决定其本身的利率曲线。同样，短期债券的供求关系也只能决定其本身的利率曲线。如果在长期债券市场出现供给大于需求的同时，短期债券市场却出现供给小于需求，则会出现长期利率高于短期利率的现象；反之，就会出现短期利率高于长期利率的现象。一般来说，投资者更偏好期限较短、风险较小的债券，对短期债券的需求会较长期债券的需求更大。因此，短期债券的价格会高于长期债券的价格，它的利率也比长期债券的利率低，利率曲线向上倾斜。

但实际上，各种期限的债券之间还是有一定的替代性，长期债券收益率的变化会给短期债券的需求带来一定的影响，即各个市场之间还是会产生一些套利行为的。当两年期债券的收益率大幅上升时，投资者很可能出售一部分持有的一年期债券去购买两年期债券，以获得更高的收益率。由于投资者的套利活动，各种不同期限债券的利率会随之一起波动，显然，分割市场理论对此无法解释。

### （三）期限选择和流动性升水理论

期限选择和流动性升水理论认为，长期债券的利率水平等于在整个期限内预计出现的所有短期利率的平均数，再加上该种债券随供求条件变化而变化的期限升水作为风险补偿，也就是流动性升水。用公式可以表述成

$$i_{nt} = [(i_t + i_{t+1}^e + i_{t+2}^e + \cdots + i_{t+n-1}^e)/n] + l_{nt} \tag{3-12}$$

式中，$l_{nt}$ 表示一个正的时间溢价，即风险补偿，只有一个正的风险补偿率才能吸引投资者考虑放弃短期债券转而选择长期债券。$(i_t + i_{t+1}^e + i_{t+2}^e + \cdots + i_{t+n-1}^e)/n$ 表示在一定期限内所有短期利率的平均数，长期利率就是该期限内这种平均数与正的风险补偿的总和。这是由于债券的期限越长，本金价值波动的可能性就越大，因此投资者一般倾向于选择短期债券，借款人却偏向于发行稳定的长期债券。借款人要想使投资者购买长期债券，就需要给投资者一定的风险补偿，这就造成了长期利率高于当期短期利率和未来短期利率的平均值。

该理论同预期假说理论一样,认为不同期限的债券是可以互相替代的,投资者对不同期限的债券可以有偏好。这意味着不同期限的债券并不能完全替代,一种债券的预期回报率(利率)的变化确实可以对不同期限的债券的预期回报率产生较大的影响。当投资者对某一期限债券的偏好大于其他期限债券时,他们往往习惯投资于某一特定的债券市场。但他们仍然关心其他非偏好期限债券的预期收益率,他们不允许自己持有债券的预期收益率比另一种期限债券的预期收益率低得太多。由于对债券期限有偏好,只有在向其支付正值的流动性升水,使他们能够获得更高的预期收益率时,他们才愿意购买非偏好期限的债券。

期限选择和流动性升水理论综合了预期利率假说和市场分割理论的特点,从而对现实经济生活中有关利率的诸多事实做出令人信服的解释。该理论可以使我们从收益率曲线中获知市场关于未来短期利率走势的预期。陡峭的向上倾斜的曲线表明未来短期利率预期上升,轻度向上倾斜的曲线表明短期利率预期不变,水平曲线表明短期利率预期轻微下降,下倾曲线表明未来短期利率预期大幅下跌。该理论的回报率曲线如图 3-5 所示。

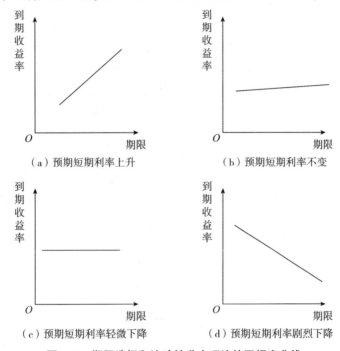

**图 3-5　期限选择和流动性升水理论的回报率曲线**

## 五、我国利率市场化改革

中华人民共和国成立以来,我国在很长时期内实行的是高度集中、严格管制的固定利率体制,一切利率均由国家计划制定,由中国人民银行统一管理,各级分行和专业银行都无权变动利率,这是僵化的管制利率体制。随着我国社会主义市场经济体制的改革和深化,如何通过不同利率的变动引导货币资金的流动,实现资源的优化配置逐渐提上了议事日程。

事实上,我国管制利率的改革是伴随着市场经济改革逐步推进的。1978 年以后,随着改革开放的深入,我国在利率管制方面也相应地有所松动。这主要表现在从 1982 年起,国有四大商业银行在对某些特定对象办理存、贷款业务时,可以按照中国人民银行颁布的相应利率进行有限的上下浮动。

## （一）利率市场化

利率市场化即市场化利率管理体制，它是针对利率管制提出的一个概念。所谓利率市场化，是在引入制度管理和国家调控下的充分灵活反映市场资金供求状况的利率自由化。此处的利率自由化不是自由市场经济时期无政府监控下的利率自由化，而是一种与现代市场经济相适应的、有监管和调控的、由市场充分自由决定的市场化利率体制，是有管理的、具有充分弹性的利率管理体制。

利率市场化是指由国家控制基准利率，其他利率则由市场决定或资金供求关系决定。利率市场化的主要内容包括：①金融交易主体享有利率决定权；②利率的数量结构、期限结构和风险结构由市场自发选择；③同业拆借利率或短期国债利率将成为市场利率的基本指针；④政府（或中央银行）享有间接影响金融资产利率的权利。

## （二）我国利率市场化改革的提出和基本思路

党和国家逐步认识到利率对经济的调节作用，非常重视我国的利率市场化改革。1993年，《国务院关于金融体制改革的决定》提出，我国利率改革的长远目标是：建立以市场资金供求为基础，以中央银行基准利率为调控核心，由市场资金供求决定各种利率水平的市场利率管理体系。党的十四届三中全会通过的《中共中央关于建立社会主义市场经济体制若干问题的决定》中提出，中央银行按照资金供求状况及时调整基准利率，并允许商业银行存贷款利率在规定幅度内自由浮动。党的十六届三中全会《中共中央关于完善社会主义市场经济体制若干问题的决定》中进一步明确要"稳步推进利率市场化，建立健全由市场供求决定的利率形成机制，中央银行通过运用货币政策工具引导市场利率"。

根据党和国家的指导精神，结合我国经济金融发展和加入世界贸易组织后开放金融市场的需要，中国人民银行提出了我国利率市场化改革的基本思路：先放开货币市场利率和债券市场利率，再逐步推进存贷款利率的市场化。存贷款利率市场化按照"先外币，后本币；先贷款，后存款；先长期、大额，后短期、小额"的基本步骤，逐步建立由市场供求决定金融机构存、贷款利率水平的利率形成机制，中央银行调控和引导市场利率，使市场机制在金融资源配置中发挥主导作用。

## （三）我国利率市场化改革的简要历程

改革开放以来，我国的利率市场化改革取得了令人瞩目的成就，货币市场和债券市场已经基本实现了利率市场化，存贷款利率也基本上由原来"贷款管下限、存款管上限"的阶段性目标向利率市场化过渡。当前，我国进一步推进利率市场化改革的时机已日趋成熟：一是从利率间接调控的可行性来看，近年来中央银行公开市场操作体系逐步完善，对市场利率的引导能力逐步提高；二是经过大规模的金融机构改革，商业银行公司治理得到明显改善，资本充足率提高，资本约束增强，为实现市场竞争奠定了良好基础；三是金融市场发展迅速，以拆借和回购交易为主的货币市场、以各类债券为主的资本市场以及衍生产品市场都得到较大的发展，并且已经实现市场化运行；四是金融机构的定价能力逐步提高，企业和居民对利率市场化了解程度以及对利率的敏感度有所提高。

1996年6月1日，中国人民银行放开了银行间同业拆借利率。

1997年6月，中国人民银行放开了银行间债券回购利率。

1998年8月，国家开发银行在银行间债券市场首次进行了市场化发债。

1998年，中国人民银行改革了贴现利率生成机制，贴现利率和转贴现利率在再贴现利率的基础上加点生成，在不超过同期贷款利率（含浮动）的前提下由商业银行自定。再贴现利率成为中央银行一项独立的货币政策工具，服务于货币政策。

1998年、1999年，中国人民银行连续三次扩大金融机构贷款利率浮动幅度。

1999年10月，中国人民银行批准中资商业银行法人对中资保险公司法人试办由双方协商确定利率的大额定期存款，最低起存金额3 000万元，期限在五年以上（不含五年），进行了存款利率改革的初步尝试，进行大额长期存款利率市场化尝试。

2003年11月，商业银行、农村信用社可以开办邮政储蓄协议存款，最低起存金额3 000万元，期限降为三年以上（不含三年）。

2000年9月，中国人民银行放开外币贷款利率和300万美元（含300万美元）以上的大额外币存款利率；300万美元以下的小额外币存款利率仍由中国人民银行统一管理，积极推进境内外币利率市场化。

2002年3月，中国人民银行统一了中、外资金融机构外币利率管理政策，实现中外资金融机构在外币利率政策上的公平待遇。

2003年7月，放开了英镑、瑞士法郎和加拿大元的外币小额存款管理，由商业银行自主确定。

2003年11月，对美元、日元、港元、欧元小额存款利率实行上限管理，商业银行可根据国际金融市场利率变化，在不超过上限的前提下自主确定。

2004年1月1日，中国人民银行再次扩大金融机构贷款利率浮动区间。商业银行、城市信用社贷款利率浮动区间扩大（0.9%~1.7%），农村信用社贷款利率浮动区间扩大（0.9%~2%），贷款利率浮动区间不再根据企业所有制性质、规模大小分别制定。扩大商业银行自主定价权，提高贷款利率市场化程度，企业贷款利率最高上浮幅度扩大到70%，下浮幅度保持10%不变。在扩大金融机构人民币贷款利率浮动区间的同时，推出放开人民币各项贷款的计息、结息方式和五年期以上贷款利率的上限等其他配套措施。

2005年1月31日，中国人民银行发布的《稳步推进利率市场化报告》指出，利率市场化最为核心的问题是变革融资活动的风险定价机制，让商业银行成为真正的买卖风险或定价风险的金融机构。具体来说，就是逐渐过渡到中央银行不再统一规定金融机构的存贷款利率水平，而是运用货币政策工具直接调控货币市场利率，进而间接影响金融机构存贷款利率水平。

2006年8月，扩大商业性个人住房贷款的利率浮动范围，浮动范围扩大至基准利率的0.85倍。

2008年5月，汶川特大地震发生后，为支持灾后重建，中国人民银行于10月进一步提升了金融机构住房抵押贷款的自主定价权，将商业性个人住房贷款利率下限扩大到基准利率的0.7倍。

2012年6月，进一步扩大利率浮动区间。存款利率浮动区间的上限调整为基准利率的1.1倍；贷款利率浮动区间的下限调整为基准利率的0.8倍。

2013年7月20日，全面放开金融机构贷款利率管制。取消金融机构贷款利率0.7倍的下限，由金融机构根据商业原则自主确定贷款利率水平。个人住房贷款利率浮动区间不做调整，仍保持原区间不变，继续严格执行差别化的住房信贷政策。取消票据贴现利率管制，改变贴现利率在再贴现利率基础上加点确定的方式，由金融机构自主确定。取消农村信用社贷款利率2.3倍的上限，由农村信用社根据商业原则自主确定对客户的贷款利率。金融机构要积极适应贷款利率的市场化定价方式，以市场供求为基础，结合期限、信用等风险因素合理确定贷款利率。完善定价机制建设，提高差异化服务水平，稳妥处理合同关系，保证贷款正常发放。强化财务硬约束和利率风险管理，确保内部管理措施的有效落实。相关制度办法要及时报中国人民银行备案。

2014年11月22日，推进利率市场化改革，将金融机构存款利率浮动区间的上限由存款基准利率的1.1倍调整为1.2倍。

2015年3月1日，结合推进利率市场化改革，将金融机构存款利率浮动区间的上限由存款基准利率的1.2倍调整为1.3倍。

2015年5月11日，将金融机构存款利率浮动区间的上限由存款基准利率的1.3倍调整为1.5倍。

2015年8月26日，放开一年期以上（不含一年期）定期存款的利率浮动上限，活期存款以及一年期以下定期存款的利率浮动上限不变。

2015年10月24日，对商业银行和农村合作金融机构等不再设置存款利率浮动上限，并抓紧完善利率的市场化形成和调控机制，加强央行对利率体系的调控和监督指导，提高货币政策传导效率。

2018年5月，央行发布的《2018年第一季度中国货币政策执行报告》指出，要继续稳步推进利率市场化改革，推动利率"两轨"逐步合"一轨"，即推动存贷款基准利率和货币市场利率逐渐统一，完善市场化的利率形成、调控和传导机制。这标志着我国利率管制基本放开，金融市场主体可按照市场化的原则自主协商确定各类金融产品定价。这既有利于促使金融机构加快转变经营模式，提升金融服务水平，也有利于健全市场利率体系，提高资金利用效率，促进直接融资发展和金融市场结构优化，更有利于完善由市场供求决定的利率形成机制，发挥利率杠杆优化资源配置的作用，充分释放市场活力，对于稳增长、调结构、惠民生具有重要意义。

## 第四节 金融工具与金融资产

### 一、金融工具的含义与特征

#### （一）金融工具的含义

金融工具是指资金短缺者向资金剩余者借入资金时出具的、具有法律效力的票据或证券，是一种能够证明金融交易金额、期限、价格的书面文件。在金融市场中，要顺利实现资金从盈余者向短缺者的转移，金融工具的产生使这种转移成为可能。

金融工具体现着一种当事人之间的债权债务关系，当事人双方所承担的义务与享有的权利均有法律约束的意义。存款单、商业票据、股票、债券等，都是金融工具。金融工具对持有者来说就是金融资产，拥有金融资产的多寡，意味着一个人或一个企业拥有财富的多少。当然，货币也是金融资产，但这里所指的仅是作为金融工具的金融资产，它不但标志着一定的收益权，而且在某种条件下，标志着一定的控制权，如股票。

**（二）金融工具的特征**

金融工具一般都具有偿还期限、流动性、风险性和收益性等基本特点。

1. 偿还期限

偿还期限是指借款人拿到借款开始，到借款全部还清为止所经历的时间，各种金融工具在发行时一般都具有不同的偿还期，如一张标明6个月后支付的汇票，偿还期是6个月，但对当事人来说，更有现实意义的是从持有金融工具日起到该金融工具到期日止所经历的时间，这称为相对偿还期，金融工具的偿还期限可以有无限期和零限期这两个极限。例如，一种永久性债务，借款人同意以后无限期地支付利息，但始终不偿还本金，这是长期的一个极端；在另一个极端，银行活期存款随时可以兑现，其偿还期实际等于零。

2. 流动性

流动性是指金融资产在转换成货币时，其价值不会蒙受损失的能力。某种金融工具流动性的大小，实际上包括两个方面的含义：一是它能不能方便地自由变现；二是在变现过程中价值损失的程度，即交易成本的大小。对金融工具的所有者来说，为转移投资方向或避免因市场价格波动而蒙受损失，必然会提出将手中金融工具随时转让出去变现的要求，除此之外，流动性和变现性也是金融工具本身的要求，一切信用活动的根本目的在于融通资金，如果为信用活动服务的工具缺乏应有的流动性和变现性，就起不到融资的作用，那么，金融工具也就失去了存在的前提和必要性。

除货币以外，各种金融资产都存在着不同程度的不完全流动性，其他金融资产在没有到期之前要想转换成货币的话，或者打一定的折扣，或者需要支付一定的交易费用。金融工具如果具备下述两个特点，就可能具有较高的流动性：第一，发行金融资产的债务人信誉高，在以往的债务偿还中能及时、全部履行其义务；第二，债务的期限短，受市场利率的影响很小，变现时遭受亏损的可能性也很小。所以，不同的金融工具往往分别被列入不同的货币层次，成为中央银行的监控目标。

3. 风险性

风险性是指投资于金融工具的本金是否会遭受损失的风险。风险可分为两类：一类是债务人不履行债务的风险，这种风险的大小主要取决于债务人的信誉以及债务人的社会地位；另一类是市场的风险，这是金融资产的市场价格随市场利率的上升而跌落的风险。当利率上升时，证券的市场价格就下跌；当利率下跌时，证券的市场价格就上涨。证券的偿还期越长，其价格受利率变动的影响越大，一般来说，本金安全性与偿还期成反比，即偿还期越长，其风险越大，安全性越小，本金安全性与流动性成正比，与债务人的信誉也成正比。

4. 收益性

收益性是指给金融工具的持有者带来收益的能力。金融工具收益性的大小，是通过收益率来衡量的。收益率是指投资金融工具的收益与投入本金的比率，收益率有三种计算方法：名义收益率、即期收益率、平均收益率。名义收益率是指金融工具的票面收益与票面金额的比率。即期收益率是指年收益额对金融工具当期市场价格的比率。平均收益率是将即期收益率和资金损益共同考虑的收益率，与前两种收益率相比，平均收益率能更准确地反映投资者的收益情况，因而是投资者考虑的基本参数。

## 二、金融工具的类型

在金融市场上交易的金融工具种类繁多，而且随着经济的发展仍在不断地创新。按不同的标准，金融工具可做如下分类。

### （一）直接金融工具和间接金融工具

按发行者的性质划分，金融工具可分为直接金融工具和间接金融工具。

#### 1. 直接金融工具

直接金融工具是指非金融机构，包括政府、工商企业和个人等所发行或签署的国库券、公债券、商业票据、股票、公司债券、抵押契约等。这类金融工具，在金融市场上可直接进行借贷或交易。

#### 2. 间接金融工具

间接金融工具是指银行或其他金融中介机构所发行或签发的银行券、存单、金融债券、银行票据和支票等。这类金融工具由间接融资方式产生，因此不能用来证明企业或个人之间直接发生的借贷关系。

### （二）短期金融工具、长期金融工具和不定期金融工具

按信用关系存续时间划分，金融工具可分为短期金融工具、长期金融工具和不定期金融工具。

#### 1. 短期金融工具

短期金融工具也称货币市场金融工具，一般是指提供信用的有效期限在一年或一年以内的信用凭证。短期金融工具有较强的流动性和变现性，可以像货币一样，作为流通手段和支付手段在市场上流通，它既是体现债权债务关系的信用凭证，又是以信用为基础的货币符号（可视为准货币）。短期金融工具包括商业票据、银行票据、支票以及近年发展起来的信用证、旅行支票和信用卡等。此外，国库券（期限在一年以内的）、大额可转让存单、回购协议等也属于短期金融工具。

#### 2. 长期金融工具

长期金融工具也称资本市场金融工具，是指信用期限在一年以上的各种有价证券，包括股票、公司债券、公债券和金融债券等。其中股票没有偿还期，不能退股或撤回资金，实际上是一种永久性的金融工具，长期金融工具期限长、风险性较大、流动性较弱，但投资获利的机会较多，是企业和个人重要的投资对象。

#### 3. 不定期金融工具

不定期金融工具是指没有规定信用关系存续期限且可以长期循环使用的信用凭证，主要是指银行券。所谓银行券是由银行发行的用以代替商业票据的银行票据。典型的银行券在金本位制下，持票人可以随时向发券银行兑换黄金，在流通中以金币代表者的身份出现，是一种比较稳定的信用货币，但在20世纪30年代世界经济危机后，各国相继放弃了金本位制，

银行券也停止兑换黄金,银行券既失去黄金保证,又失去信用保证,结果造成银行券贬值和物价上涨。这时,银行券同纸币已无本质上的区别,即银行券完全纸币化了。如果把纸币纳入广义的银行券范畴中,那么纸币也属于一种不定期的金融工具。

### (三) 基础金融工具和衍生金融工具

按金融工具产生的基础或依存关系来划分,金融工具可分为基础金融工具和衍生金融工具。

1. 基础金融工具

基础金融工具指一切能证明债券、权益、债务关系的具有一定格式的法律文件。基础金融工具包括最具流动性的现金、具有限制性应用特征的票据和有价证券等。其有以下基本特征。

(1) 基础金融工具的产生和取得通常伴随资产的流入和流出。如企业将现金存入银行,获得银行存款;支付现金,获得债券和股票;从银行取得贷款,发生银行借款;赊销赊购商品,发生应收账款和应付账款等。这是基本金融工具区别于衍生金融工具的基本特征。

(2) 价值由标的物本身价值决定。基础金融工具其合约的价值由标的物本身的价值决定,这是基础金融工具区别于衍生金融工具的另一项重要特征。基础金融工具包括货币(本外币)、银行存款、票据、可转让存单和信用证;各类股票和债券;应收应付款项、应收应付票据、抵押证券、抵押贷款和可转让债券等。

2. 衍生金融工具

衍生金融工具是金融市场上一系列自身价值依赖于标的资产价格变动的合约的总称。这里的标的资产既可以是金融资产,如债券、股票、外汇,也可以是某种商品,如石油、小麦、咖啡等。衍生金融工具在交易之初就赋予交易一方在潜在有利条件或不利条件下与另一方交换金融资产的权利与义务。由于交换条款是在衍生金融工具形成时就确定下来的,因此,随着金融市场价格的变化,原有条款对双方都有可能产生有利或者不利的一面。

衍生金融工具种类繁多,交易方式各异,操作手法复杂,从大的类别看,主要分为期货、远期、期权和互换四大类。其他类型的合约大多由此四种工具组合派生而成。

期货类衍生金融工具包括商品期货、货币期货、利率期货、股票期货、债券期货、股指期货等。

远期类衍生金融工具包括商品远期、利率远期、货币远期等。

期权类衍生金融工具包括货币期权、股票期权等。

互换类衍生金融工具包括货币互换、利率互换、商品互换等。

此外,通过各种衍生工具的交叉组合,可以构建出能发挥特定作用的交易策略,如期货期权、价差交易、时间性差额交易以及多种外来期权等。衍生金融工具有交易所场内交易工具和场外交易(柜台交易)工具之分。一般来说,期货合约以及标准化的合约采用场内交易的方式,而场外交易则可按照交易双方的需要自由制定交易条款。场外交易衍生金融工具比场内交易体现出更多的灵活性,但是潜在的违约风险和流动性风险也相应增大。

### 三、金融资产的含义及分类

#### （一）金融资产的含义

资产可以分为实物资产与金融资产。实物资产与金融资产不同的是，实物资产可以直接带来效用或服务。住宅、大宗耐用消费品以及工厂、设备等，都是实物资产。金融资产是指以价值形态而存在的资产，如股票、债券、存款和现金等，可以将金融资产细分为货币资产、债权资产、股权资产及衍生性金融资产。

【思考4】

金融工具与金融资产的关系？

**动动笔**

---

---

---

#### （二）金融资产的分类

1. 货币资产

货币资产包括流通中的现金和在银行的存款。如果某人有2万元的现金和20万元的存款，那么，此人就拥有22万元的货币资产。货币资产相对于其他资产而言，一般不会受到资本损失，流动性最高。但是现金资产没有利息收入，因此仅占货币资产很小的一部分，存款则是货币资产的主要组成部分。存款相对于现金资产而言，流动性略低，但是有一定利息收入，具有收益稳定的特点。因此，一般来说，人们在选择货币资产时，都持有一小部分现金以备日常开支，同时拥有更大比例的存款货币资产。当然，在银行的存款也是对银行的债权，因此存款货币资产同时也是债权资产。

2. 债权资产

从广义上说，人们所持有的现金和银行的存款都是债权资产。这里讲的仅指狭义上的债权资产，包括企业债券、政府债券、银行贷款，在开放经济条件下，人们可能还会购买外国某公司发行的债券，等等。债权资产一般会承诺未来支付固定金额的现金，即通常所说的利息。因此，它们也称作固定收益证券。

在我国的投资中，最有可能成为资产的债券主要有政府债券和企业债券。政府债券是由政府发行的、具有一定面额和偿还条件的债权债务凭证。国库券就是政府债券。企业债券就是由一般工商企业发行的、具有一定面额和偿还条件的债权债务凭证，如三峡建设总公司发行的三峡企业债券、中国电力集团发行的电力债券等。此外还有金融债券。金融债券是指由金融机构发行的债权债务凭证。在我国，金融债券一般只对金融机构发行，大众投资者不能购买金融债券。

相对于货币资产而言，大部分债权资产的流动性较低。债权资产有的是可以流通转让的，有的则不可以流通转让。存折、银行贷款一般是不能转让和交易的；国库券和企业债券则可以在有组织的证券交易所或场外交易市场交易和转让。如果投资者在二级市场上买进和卖出债权资产，遇到行情不好的时候，可能要遭受部分资产损失的风险。

3. 股权资产

股票是公司发行的、代表对公司资产部分所有权的凭证，因此股权资产就是代表对公司部分财产所有权和剩余索取权的资产形式。与企业的融资方式相对应，股权资产也可称为权益性资产。

一般而言，股权资产具有以下几个方面的特点。

（1）期限上具有永久性。

如果你花了10万元购买了某家公司的股票，以后要求该公司退还你购买股票所付的10万元本金是不可能的，但你可以分得该公司相应比例的利润。

（2）公司利润分配上具有剩余性。

你购买股票的这家公司今年赚取了2亿元的利润，但要在支付其他债务的利息和应付税金之后，才能给你分配相应的利润。

（3）清偿上具有附属性。

如果你购买股票的这家公司出现了2亿元的亏损，资不抵债，它破产了，那么只有当该公司所欠的全部债务清偿完了以后，如果还有剩余资产，才能按照你所持股份的比例，得到相应份额的剩余资产。

（4）权利与责任上具有有限性。

如果公司的总股本为2亿股，而你所购买的股份只占总股本的万分之一，若公司所赚2亿元的利润在支付债务利息和应付税金、提取公积金后，还有1亿元的利润可分配，那么，你就能得到其中1万元的红利。如果该公司经营业绩很差，出现了巨额亏损，你所承担的损失也只以你所购买股票的支出为限，即责任是有限的。

4. 衍生性金融资产

上述货币资产、债权资产、股权资产都是原生金融资产，或叫基础金融资产，它们的主要职能是促进储蓄向投资的转化或用作债权债务清偿的凭证。衍生性金融资产是在原生金融资产的基础上派生出来的金融产品，包括期货、期权等，它们的价值取决于相关原生产品的价格，主要功能不在于调剂资金的余缺和直接促进储蓄向投资的转化以及流动性管理，而是管理与原生资产相关的风险。

## 本章小结

通过本章学习，从经济学角度理解信用是一种以还本付息为条件的借贷行为，信用的产生需要经济和社会基础，信用的特征主要表现在偿本和付息、价值单方面转移、债权债务关系、收益性和风险性并存四个方面；其次重点学习商业信用、银行信用、消费信用、国家信用、国际信用这五种主要信用形式，理解这五种信用形式各自的主要内容和优缺点，并理解这五种信用形式的衍进规律。

通过本章学习，理解利率的含义，利率是指借贷期间所形成的利息额与贷出资本金的比率；知道利率的分类；学习并理解马克思主义的利率决定理论和西方经济学的利率决定理论；理解什么是利率的风险结构和期限结构；了解什么是利率市场化及我国的利率市场化进程。

通过本章学习，理解金融工具的含义，并了解金融工具一般都具有偿还期限、流动性、风险性和收益性等基本特点；学习并理解金融工具的分类；理解什么是金融资产；学习金融资产可分为货币资产、债权资产、股权资产和衍生性金融资产。

### 本章思考题

1. 为什么说银行信用是现代信用最主要的形式？
2. 如果你现在准备为刚刚出生的孩子买一份人寿保险，需要缴纳保险金1万元，保险公司承诺在60年后，也就是在孩子60岁的时候，一次性返还给你的孩子10万元。在银行存款年利率为5%的情况下，这种保险值得买吗？
3. 简述利率的分类。
4. 简述利率的风险结构与期限结构的含义。哪三个因素可以用以解释利率的风险结构？哪三个理论可以用以解释利率的期限结构？
5. 简述金融工具与金融资产的含义及其分类。

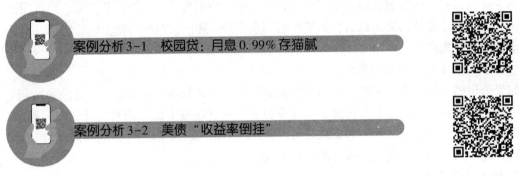

# 第四章

# 股票市场

## 学习路径

股票市场现象—思考与问题分解—股票市场理论—应用原理解决问题—反思与总结

## 学习目标

- 了解什么是股票
- 按顺序列举股票市场的发展历程
- 列举和总结股票的特征
- 列举股票分类及其特征
- 了解股票发行市场和股票流通市场
- 辨析股票的价值
- 计算普通股的价格
- 掌握股票价格变动的影响因素
- 掌握股票发行程序
- 掌握股票市场交易原则、方式和程序

## 核心概念

股票、一级市场、二级市场、有效市场、市场价值、账面价值、清算价值、剩余索取权、戈登增长模型、推广的股利估值模型、股利、证券交易所、集合竞价、连续竞价、市价委托、限价委托、平价发行、折价发行、溢价发行

## 学习要求

- 阅读材料
- 浏览中国证券监督管理委员会网站中最新的证券市场数据
- 关注股票市场行情

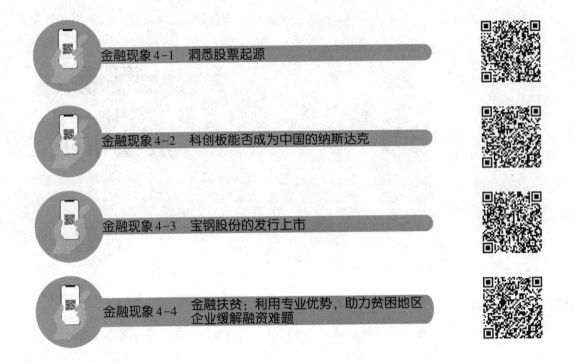

## 第一节 股票概述

股票（Stock）是股份公司发行的所有权凭证，是股份公司为筹集资金而发行给各个股东作为持股凭证并借以取得股息和红利的一种有价证券。股份有限公司发行股票进行融资，所筹集到的资金称为股本。公司的股本按相等金额划分成若干单位，称为股份，然后以股票的形式为各股东所有。

### 一、股票的基本特征

股票可以作为流通交易的对象进行买卖或抵押，是金融市场上主要的长期信用工具之一。股票是一种有价证券，它主要具有以下几个基本特征。

1. 收益性

收益性是股票最基本的特征，是指股票能为持有人带来收益的特性。股东持有股票的目的在于获取收益。股票的收益来源有两类。一是来自股份公司的股息和红利。认购股票后，持有者即对发行公司享有经济权益，这种经济权益的实现形式是从公司领取股息和分享公司的红利。股息红利取决于股份公司的经营状况和盈利水平。二是来自股票流通中的资本利得。股票持有者可以持股票到依法设立的证券交易场所进行交易，当股票的市场价格高于买入价格时，卖出股票就可以赚取差价收益，这种差价收益称为资本利得。

2. 风险性

股票风险的内涵是股票投资收益的不确定性，或者说实际收益与预期收益之间的偏离程度。投资者在买入股票时，对其未来收益会有一个估计，但真正实现的收益可能会高于或低于原先的估计，这就是股票的风险。很显然，风险不等于损失，高风险的股票可能给投资者带来较大损失，也可能带来较大的未预期收益。风险本身是一个中性概念，但是，多数理性的投资者厌恶风险，如果要诱导投资者投资那些风险较高的股票，就必须提供更高的预期收益，这就是"高风险高收益"的含义。

3. 流动性

流动性是指股票可以通过依法转让而变现的特性。严格地说，是指在本金保持相对稳定、变现的交易成本极小的条件下股票很容易变现的特性。股票持有人不能从公司退股，但股票转让为其提供了流动性。通常，判断股票的流动性强弱主要分析三个方面。首先是市场深度，以每个价位上报单的数量来衡量，如果买卖盘在每个价位上均有较大报单，则投资者无论是买进还是卖出股票都会较容易成交，不会对市场价格形成较大冲击。其次是报价紧密度，这是指买卖盘各价位之间的价差。若价差较小，则新的买卖发生时对市场价格的冲击也会比较小，股票流动性就比较强。在有做市商的情况下，做市商双边报价的买卖价差通常是衡量股票流动性的最重要指标。最后是股票的价格弹性或者恢复能力，这是指交易价格受大额交易冲击而变化后，迅速恢复原先水平的能力。价格恢复能力越强，股票的流动性越高。需要注意的是，由于股票的转让可能受各种条件或法律法规的限制，因此，并非所有股票都具有相同的流动性。通常情况下，大盘股流动性强于小盘股，上市公司股票的流动性强于非上市公司股票，而上市公司股票又可能因市场或监管原因而受到转让限制，从而具有不同程度的流动性。

4. 永久性

永久性是指股票所载有权利的有效性是始终不变的，因为它是一种无期限的法律凭证。股票的有效期与股份公司的存续期间相联系，两者是并存的关系。这种关系实质上反映了股东与股份公司之间比较稳定的经济关系。股票代表着股东的永久性投资，当然股票持有者可以出售股票而转让其股东身份，而对于股份公司来说，由于股东不能要求退股，所以通过发行股票募集到的资金，在公司存续期间是一笔稳定的自有资本。

5. 参与性

参与性是指股票持有人有权参与公司重大决策的特性。股票持有人作为股份公司的股东，有权出席股东大会，体现对公司经营决策的参与权。股东参与公司重大决策权利的大小取决于其持有股份数量的多少，如果某股东持有的股份数量达到决策所需要的有效多数时，就能实质性地影响公司的经营方针。

## 二、股票种类

### （一）普通股和优先股

股票最基本的分类是，按股东权益分为普通股和优先股。

1. 普通股

普通股（Common Stock），是公司发行的无特别权利的股票，是股份公司资本构成中最普通、最基本的股票形式，是指其投资收益（股利）随企业利润变动而变动的一种股份。股份有限公司在开办之初都是通过发行普通股来筹集资金的。普通股也是风险最大的股票，其股利分配的多少不固定；随着公司经营业绩波动，每股普通股的净资产也会变动。此外，普通股股东只有在满足了债权人偿付要求及优先股股东的收益权后，才能获得对公司盈利和剩余资产的索取权。普通股股东享有以下权利。

（1）公司盈余分配权。持有普通股的股东有权获得股利，但必须是在公司支付了债息和优先股的股息之后才能分得。普通股的股利是不固定的，一般视公司净利润的多少而定。当公司经营有方，利润不断递增时，普通股能够比优先股多分得股利，股利率甚至可以超过50%；但赶上公司经营不善的年头，可能连一分钱都得不到，甚至可能连本也赔掉。

（2）经营决策投票权。普通股股东是公司的所有者，他们理应对公司经营决策拥有最终控制权。普通股股东一般拥有发言权和表决权，即有权就公司重大问题进行发言和投票表决。普通股股东持有一股便有一股的投票权，持有两股便有两股的投票权。任何普通股股东都有资格参加公司最高级会议——每年一次的股东大会，但如果不愿参加，也可以委托代理人来行使其投票权。

（3）优先认股权。公司在增发新股时会给予普通股股东优先认股权。从理论上讲，在增发新股时公司的总市值不变，而股份数量增多，普通股股价会下跌。这实质上就是"稀释"了普通股股东持有股票的市值。为了保证公司所有者的利益不受损害，公司一般会以一个较低的价格让普通股股东优先认购新增发的股票，以此来弥补市场上股价下跌带来的损失。股东若不愿意购进新股，也可以以一定的价格转让优先认股权。

（4）剩余资产分配权。当公司因破产或结业而进行清算时，普通股东有权分得公司剩余资产，但是应是在公司资产满足了债权人的清偿权以及优先股股东剩余财产分配权后。由此可见，普通股股东与公司的经营状况更加息息相关，荣辱与共。当公司获得暴利时，普通股股东是主要的受益者；而当公司亏损时，他们又是主要的受损者。

2. 优先股

优先股（Preferred Stock），是指在公司盈利和剩余财产的分配权方面优先于普通股并领取固定股息的一种股票形式。优先股在公司剩余资产分配时先于普通股，但必须排在债权人之后。不过这种优先权的取得是要付出一定代价的。通常情况下，优先股的表决权会被加以限制甚至被剥夺，对公司经营决策不起实际作用；优先股的股利固定，当公司经营情况良好时股利不会因此而提高；并且优先股一般没有优先认股权。

公司为了吸引资金，在发行优先股时往往有一定的附加优惠条件。根据优惠条件的不同，优先股也能分为不同的种类。

（1）参与优先股和非参与优先股。参与优先股的股东在公司对优先股股东按预先承诺的标准支付股息后，若还有剩余利润，可以与普通股股东一起参与对剩余利润的分配。非参与优先股则没有这个权利。显而易见，参与优先股不仅在公司经营情况良好时能像普通股一样分得高额股息，而且在公司经营状况不佳时能有保底的固定收入，因而较具吸引力。

（2）累积优先股和非累积优先股。累积优先股的优惠条件是：如果公司当年没有盈利或者盈利较少，不能按规定支付优先股股息，那么公司可以将未付股息累积起来，在以后经营状况转好时一并补足。而非累积优先股股东只能在一个营业年度盈利之内分配。倘若公司无力支付，则不予累积计息。累积优先股在实践中被较为广泛地发行，而非累积优先股则比较少见。

（3）可转换优先股和不可转换优先股。可转换优先股可按发行公司规定在将来一定时期将优先股转换为其他证券，实际中大多是转换为普通股。不可转换优先股则不具备这种权利。可转换优先股的吸引力在于：一方面，如果普通股的市场表现良好，股价上扬，优先股股东可把手中的优先股转换为普通股后在市场上抛售，从中赚取差价；另一方面，如果公司分配的普通股股利较高，优先股股东把优先股转换成普通股也能获得更高的收益。

（4）可赎回优先股和不可赎回优先股。可赎回优先股股东可要求公司在规定时间内以一定的价格收回所发行的优先股。不可赎回优先股则是永久性的。公司赎回可赎回优先股的预定价格一般略高于股票面值。

优先股的赎回方式有三种：一是溢价方式，公司在赎回优先股时，虽是按事先规定的价格进行，但由于这往往给投资者带来不便，因此发行公司常在优先股面值上再加笔"溢价"；二是公司在发行优先股时，从所获得的资金中提出一部分款项创立"偿债基金"，专用于定期赎回已发出的一部分优先股；三是转换方式，即优先股可按规定转换成普通股。虽然可转换的优先股本身构成优先股的一个种类，但在国外投资界，也常把它看成一种实际上的赎回优先股方式，只是这种赎回的主动权在投资者而不在公司，对投资者来说，在普通股的市价上升时这样做是十分有利的。

### （二）记名股票和无记名股票

股票按票面形态可分为记名股票和无记名股票。

1. 记名股票

记名股票在发行时，票面上记载有股东的姓名，并记载于公司的股东名册上。记名股票的特点就是，除持有者和其正式的委托代理人或合法继承人、受赠人外，任何人都不能行使其股权。另外，记名股票不能任意转让，转让时，既要将受让人的姓名、住址分别记载于股票票面，还要在公司的股东名册上办理过户手续，否则转让不能生效。显然这种股票有安全、不怕遗失的优点，但转让手续烦琐。这种股票如果需要私自转让，比如发生继承和赠予等行为时，必须在转让行为发生后立即办理过户等手续。

记名股票有如下特点。

（1）股东权利归属于记名股东。对于记名股票来说，只有记名股东或其正式委托授权的代理人才能行使股东权。除了记名股东以外，其他持有者（非经记名股东转让和经股份公司过户的）不具有股东资格。

（2）可以一次或分次缴纳出资。缴纳股款是股东基于认购股票而承担的义务。一般来说，股东应在认购时一次缴足股款。但是，基于记名股票所确定的股份公司与记名股东之间的特定关系，有些国家也规定允许记名股东在认购股票时可以无须一次缴足股款。《公司法》规定，股份有限公司采取发起设立方式设立的，注册资本为在公司登记机关登记的全体发起人认购的股本总额。在发起人认购的股份缴足前，不得向他人募集股份。还规定，以发起设立方式设立股份有限公司的，发起人应当书面认足公司章程规定其认购的股份，并按照公司章程规定缴纳出资。以非货币财产出资的，应当依法办理其财产权的转移手续。以募集方式设立股份有限公司的，发起人认购的股份不得少于公司股份总数的35%。

(3) 转让相对复杂或受限制。记名股票的转让必须依据法律和公司章程规定的程序进行，而且要服从规定的转让条件。一般来说，记名股票的转让都必须由股份公司将受让人的姓名或名称、住所记载于公司的股东名册，办理股票过户登记手续，这样受让人才能取得股东的资格和权利。而且，为了维护股份公司和其他股东的利益，法律对于记名股票的转让有时会规定一定的限制条件，如有的国家规定记名股票只能转让给特定的人。《公司法》规定，记名股票由股东以背书方式或者法律、行政法规规定的其他方式转让；转让后由公司将受让人的姓名或名称及住所记载于股东名册。

(4) 便于挂失，相对安全。记名股票与记名股东的关系是特定的，因此，如果股票遗失，记名股东的资格和权利并不消失，并可依据法定程序向股份公司挂失，要求公司补发新的股票。《公司法》对此具体规定是：记名股票被盗、遗失或者灭失，股东可以依照《中华人民共和国民事诉讼法》规定的公示催告程序，请求人民法院宣告该股票失效。人民法院宣告该股票失效后，股东可以向公司申请补发股票。

2. 无记名股票

此种股票在发行时，在股票上不记载股东的姓名。其持有者可自行转让股票，任何人一旦持有便享有股东的权利，无须再通过其他方式、途径证明自己的股东资格。这种股票转让手续简便，但也应该通过证券市场的合法交易实现转让。

无记名股票有如下特点。

(1) 股东权利归属股票的持有人。确认无记名股票的股东资格不以特定的姓名记载为根据，所以，为了防止假冒、舞弊等行为，无记名股票的印制特别精细，其印刷技术、颜色、纸张、水印、号码等均须符合严格的标准。为保护无记名股票股东的合法权益，《公司法》规定，发行无记名股票的，应当于（股东大会）会议召开前 30 日公告会议召开的时间、地点和审议事项。无记名股票持有人出席股东大会会议的，应当于会议召开 5 日前至股东大会闭幕时将股票交存于公司。

(2) 认购股票时要求一次缴纳出资。无记名股票上不记载股东姓名，若允许股东缴纳部分出资即发给股票，以后实际上无法催缴未缴纳的出资，所以认购者必须缴足出资后才能领取股票。

(3) 转让相对简便。与记名股票相比，无记名股票的转让较为简单与方便，原持有者只要向受让人交付股票便具有法律效力，受让人取得股东资格不需要办理过户手续。《公司法》规定，无记名股票的转让，由股东将该股票交付给受让人后即发生转让的效力。

(4) 安全性较差。因无记载股东姓名的法律依据，无记名股票一旦遗失，原股票持有者便丧失股东权利，且无法挂失。

**(三) 有面额股票和无面额股票**

按是否在股票票面上标明金额，股票可以分为有面额股票和无面额股票。

1. 有面额股票

有面额股票是指在股票票面上记载一定金额的股票。这一记载的金额也称为票面金额、票面价值或股票面值。股票票面金额的计算方法是用资本总额除以股份数，但实际上很多国家是通过法规予以直接规定，而且一般限定了这类股票的最低票面金额。另外，同次发行的有面额股票的每股票面金额是相等的,票面金额一般以国家主币为单位。大多数国家的股票都是有面额股票。《公司法》规定,股份有限公司的资本划分为股份,每一股的金额相等。有面额股票具有如下特点。

(1) 可以明确表示每一股所代表的股权比例。例如,某股份公司发行1 000万元的股票,每股面额为1元,则每股代表着公司净资产千万分之一的所有权。

(2) 为股票发行价格的确定提供依据。《公司法》规定,股票发行价格可以按票面金额,也可以超过票面金额,但不得低于票面金额。这样,有面额股票的票面金额就成为股票发行价格的最低界限。

2. 无面额股票

无面额股票是指在股票票面上不记载股票面额,只注明它在公司总股本中所占比例的股票。无面额股票也称为比例股票或份额股票。无面额股票的价值随股份公司净资产和预期未来收益的增减而相应增减。公司净资产和预期未来收益增加,每股价值上升;反之,公司净资产和预期未来收益减少,每股价值下降。无面额股票淡化了票面价值的概念,但仍然有内在价值,它与有面额股票的差别仅在表现形式上。也就是说,它们都代表着股东对公司资本总额的投资比例,股东享有同等的股东权利。目前世界上很多国家(包括中国)的公司法规定不允许发行这种股票。无面额股票有如下特点。

(1) 发行或转让价格较灵活。由于没有票面金额,因而发行价格不受票面金额的限制。在转让时,投资者也不易受股票票面金额影响,而更注重分析每股的实际价值。

(2) 便于股票分割。如果股票有面额,分割时就需要办理面额变更手续。由于无面额股票不受票面金额的约束,发行该股票的公司能比较容易地进行股票分割。

(四) 中国股票分类

中国的股票市场建立时间较短,尚处于新兴市场发展初级阶段。除了也有同发达国家股市同样的股票分类外,中国独特的国情使中国的股票还有一些较为特殊的分类方法。

1. 国有股、法人股、社会公众股和外资股

一般而言,按投资主体分类,我国上市公司的股份可以分为国有股、法人股、社会公众股和外资股。

(1) 国有股是指有权代表国家投资的部门或机构以国有资产向公司投资形成的股份,包括以公司现有国有资产折算成的股份。由于我国大部分股份制企业是由原国有大中型企业改制而来的,因此,国有股在公司股权中占有较大的比重。

(2) 法人股是指企业法人或具有法人资格的事业单位和社会团体以其依法可经营的资产向公司非上市流通股权部分投资所形成的股份。根据法人股认购的对象,可将法人股进一步分为境内法人股、外资法人股和募集法人股。

(3) 社会公众股是指社会公众依法以其拥有的财产投入公司时形成的可上市流通的股份。在社会募集方式下,股份公司发行的股份,除了由发起人认购一部分外,其余部分应该向社会公众公开发行。《中华人民共和国证券法(简称《证券法》)规定,股份有限公司申请股票上市的条件之一是:公开发行的股份达到公司股份总数的25%以上;公司股本总额超过人民币4亿元的,公开发行股份的比例为10%以上。

（4）外资股是指股份公司向国外和我国香港、澳门、台湾地区投资者发行的股票。这是我国股份公司吸收外资的一种方式。外资股按上市地域，可以分为境内上市外资股和境外上市外资股。

①境内上市外资股。境内上市外资股原来是指股份有限公司向境外投资者募集并在我国境内上市的股份，投资者限于：外国的自然人、法人和其他组织；我国香港、澳门、台湾地区的自然人、法人和其他组织；定居在国外的中国公民等。这类股票称为B股。B股采取记名股票形式，以人民币标明股票面值，以外币认购、买卖，在境内证券交易所上市交易。但从2001年2月对境内居民个人开放B股市场后，境内投资者逐渐成为B股市场的重要投资主体。B股的外资股性质发生了变化。境内居民个人可以用现汇存款和外币现钞存款以及从境外汇入的外汇资金从事B股交易，但不允许使用外币现钞。境内居民个人与非居民之间不得进行B股协议转让。境内居民个人所购B股不得向境外转托管。

②境外上市外资股。境外上市外资股是指股份有限公司向境外投资者募集并在我国境外上市的股份。它也采取记名股票形式，以人民币标明面值，以外币认购。在境外上市时，可以采取境外存股凭证形式或者股票的其他派生形式。在境外上市的外资股除了应符合我国的有关法规外，还须符合上市所在地国家或者地区证券交易所制定的上市条件。依法持有境外上市外资股、其姓名或者名称登记在公司股东名册上的境外投资人，为公司的境外上市外资股股东。公司向境外上市外资股股东支付股利及其他款项，以人民币计价和宣布，以外币支付。境外上市外资股主要有H股、N股、S股等。

2. A股、B股、H股、N股、S股等

按上市地点分类，我国上市公司的股票有A股、B股、H股、N股、S股等。这一区分的主要依据为股票的上市地点和所面对的投资者。

A股的正式名称是人民币普通股票。它是由我国境内的公司发行，供境内机构、组织或个人（不含香港、澳门投资者）以人民币认购和交易的普通股股票。

B股的正式名称是人民币特种股票。它是以人民币标明面值，以外币认购和买卖，在境内（上海、深圳）证券交易所上市交易的。B股公司的注册地和上市地都在境内，只不过投资者在境外或在中国香港、中国澳门及中国台湾。

H股，即注册地在内地、上市地在中国香港的外资股。香港的英文是Hong Kong，取其字首，在港上市外资股就叫作H股。依此类推，纽约的第一个英文字母是N，新加坡的第一个英文字母是S，纽约和新加坡上市的股票就分别叫作N股和S股。

### 三、股票市场

股票市场是专门对股票进行公开交易的市场，包括股票的发行和转让。股票是由股份公司发行的权益（Equity）凭证，代表持有者对公司资产和收益的剩余索取权（Residual Claims）。持有人可以按公司的分红政策定期或不定期地取得红利收入。股票没有到期日，持有人在需要现金时可以将其出售。发行股票可以帮助公司筹集资金，却并不意味着有债务负担。

（一）国外股票市场发展历程

股票市场起源于1602年荷兰人在阿姆斯特河大桥上进行荷属东印度公司股票的买卖，

而正规的股票市场最早出现在美国。股票市场是投机者和投资者双双活跃的地方，是一个国家或地区经济和金融活动的寒暑表，股票市场的不良现象如无货沽空等，可以导致股灾等危害的产生。股票市场唯一不变的就是时时刻刻都是变化的。

与货币市场不同，大部分股票市场有固定的交易场所，称为证券交易所（Stock Exchange），如我国的上海证券交易所和深圳证券交易所。早在三百多年前，一些证券经纪人就在伦敦主要进行商品交易的交易所内从事股票交易业务。据说，由于后来证券经纪人太多，声音太嘈杂，以致伦敦交易所的商人们劝他们另找地方。于是，证券经纪人离开了伦敦交易所，并在1773年成立了第一家股票交易所。纽约证券交易所源于24个商人和证券投机者每日在华尔街一棵大树下的交易，纽约证券交易所正式成立于19世纪初。

进入20世纪之后，股票市场发展迅速，大致经历了以下三个阶段。

(1) 自由放任阶段（1900—1929年）。

20世纪前30年中，美英等国的股份公司迅速增加，使股票市场规模和筹资能力迅速扩大。一方面，发行市场迅速扩大，流通市场空前繁荣，交易量直线上升；另一方面，由于缺乏监管，股票欺诈和市场操纵时有发生，自由放任带来了严重的过度投机。当时主要股票市场的股票价格普遍被抬高到极不合理的程度，远远超过其实际价值。1929年10月29日，资本主义世界发生了严重的金融危机，作为经济晴雨表的各国股票市场相继暴跌，投资者损失惨重。

(2) 法制建设阶段（1930—1969年）。

1929年经济危机之后，各国政府对股票市场开始全面加强法制和规范化建设。以美国为例，政府开始从法律上对证券市场加以严格管理，制定了《1933年证券法》《1934年证券交易法》等一系列证券法律。美国1934年成立证券交易管理委员会，直接对股票市场进行监督和管理，为美国证券市场成为世界上最大的证券市场奠定了基础。其他国家的证券法制建设也不断加强，股票市场逐渐规范。

(3) 迅速发展阶段（自1970年以来）。

进入20世纪70年代之后，随着西方工业发达国家经济规模化和集约化程度的提高，东南亚和拉美发展中国家经济的蓬勃兴起，加上现代电脑、通信和网络技术的进步，股票市场步入了迅速发展的阶段。1986年全球股票市场的市值总额为6.51万亿美元，全球上市公司总数为2.82万家，到1995年年底市值总额上升到17.79万亿美元，10年间市值增长了近3倍，上市公司增加了1万多家，达到3.89万家。1996年，全球股票市值继续上升，达到20.29万亿美元。在主要发达国家，证券化率（股票市价总值与国内生产总值的比率）已经达到较高的程度，1995年，美国、日本和英国的证券化率分别达到95.5%、83.5%和121.7%。发展中国家的股票市场成长也相当迅速。新兴市场的股票市价总值从1986年的0.24万亿美元增长到1995年的1.9万亿美元，10年间增长了近7倍。在股票市场规模扩大的同时，交易活动也日趋活跃，1986年，全球股票市场的交易金额为3.57万亿美元，1995年达到11.66万亿美元。

目前，所有经济发达的国家均拥有规模庞大的证券交易所。美国有12家，其中纽约证券交易所最大；英国有7家，最大的为伦敦证券交易所；日本有8家，东京证券交易所的业务量占全国的85%。

**（二）我国股票市场发展**

我国股票市场交易开始于1880年，关于当时有这样的记载："1876年，招商局面值为100两的股票市价40~50两，到1886年涨到200两以上。"《申报》曾这样描述："现在沪上股份风气大开，每一新公司起，千百人争购之，以得股为幸。"同时，出现了一些专营股票买卖的股票公司。自清末开始，政府发行公债及铁路债券数量增多，证券交易日盛，1913年秋成立上海股票商业公会。1918年以后，上海和北京分别成立证券交易所。从1918年到1949年，中国的证券交易所历经兴衰的交替。中华人民共和国成立后，证券交易所停止活动。

改革开放以来，由于企业及政府开始发行股票、债券等有价证券，因而建立规范的证券交易市场、完善证券发行市场势在必行。1986年8月至1989年间，一些不规范的、属于尝试性的证券交易市场开始运行，这包括1986年8月成立的沈阳证券交易市场和以后相继成立的上海、武汉、西安等地的证券交易市场。1990年11月26日，上海证券交易所成立，它是按照证券交易所的通行规格组建的，办理组织证券上市、交易、清算交割、股票过户等多种业务。1991年7月，深圳证券交易所开业。沪、深证券交易所的成立，标志着中国的证券交易市场开始走上正规化的发展道路。截至2018年年末，沪、深两市拥有上市公司3 583家，总市值48.59万亿元。

我国证券市场的发展和制度设计始终与我国总体经济体制改革密切相关，股权分置及其改革问题就颇具代表性。我国证券市场诞生之初，由于众多重大经济制度问题还处于摸索之中，尤其是市场经济的改革目标还未确立，为了保证国有绝对控股地位的不动摇，规定国有股和法人股（两者共占比70%）不能流通，从而使我国股市出现了流通股和非流通股并存的独特现象，即所谓的股权分置。

随着经济体制改革的逐步深化及证券市场的发展，大量非流通股的存在及一股独大的弊端日益成为完善资本市场基本制度的重要障碍。一股独大直接制约着公司治理结构的改善，同时大股东的股份不能流通，股价与其利益并不相关，导致大股东侵占上市公司权益的事情屡屡发生，加之巨额的非流通股的存在严重影响投资者预期，股权分置成为影响中国股市健康发展的大问题。

2005年4月29日，中国证监会发布《关于上市公司股权分置改革试点有关问题的通知》，标志着困扰我国股市健康发展的这一难点开始着手解决。伴随着股权分置改革的实施，我国证券市场进入了一个新的发展时期。应当看到，股权分置并非我国证券市场的唯一问题，股权分置改革的基本完成也不会使我国证券市场存在的所有问题在一夜之间统统解决。

2006—2018年我国证券市场的筹资情况统计表如表4-1所示，2002—2017年证券市场发行情况如表4-2所示，2002—2018年我国证券市场的筹资变动情况如图4-1所示。

表 4-1  2006—2018 年我国证券市场的筹资情况统计表

| 年份 | 筹资合计/亿元 | 首发筹资 | | | 再筹资 | | | | |
|---|---|---|---|---|---|---|---|---|---|
| | | A 股/亿元 | B 股/亿美元 | H 股/亿美元 | A 股/亿元 | | | B 股/亿美元 | H 股/亿美元 |
| | | | | | 增发 | 配股 | 可转债 | | |
| 2006 | 5 954.29 | 1 572.24 | 0 | 375.97 | 847.11 | 4.32 | 40.04 | 0 | 18.94 |
| 2007 | 8 680.17 | 4 590.62 | 0 | 95.30 | 2 850.09 | 227.68 | 54.60 | 0 | 30.34 |
| 2008 | 3 913.43 | 1 036.52 | 0 | 38.09 | 1 424.42 | 151.57 | 55.60 | 0 | 7.54 |
| 2009 | 5 682.72 | 1 879 | 0 | 147.11 | 1 870.69 | 105.97 | 46.61 | 0 | 10.03 |
| 2010 | 12 638.67 | 4 882.63 | 0 | 177.5 | 2 549.83 | 1 438.25 | 717.30 | 0 | 176.28 |
| 2011 | 7 506.22 | 2 825.07 | 0 | 67.82 | 1 796.55 | 421.96 | 413.20 | 0 | 45.36 |
| 2012 | 4 602.15 | 435.53 | 0 | 63.96 | 1 267.01 | 19.69 | 152.55 | 0 | 59.51 |
| 2013 | 7 948.72 | 0 | 0 | 113.17 | 2 327.01 | 475.75 | 551.31 | 0 | 59.51 |
| 2014 | 10 630.18 | 668.89 | 0 | 128.72 | 4 049.56 | 137.98 | 311.23 | 0 | 212.90 |
| 2015 | 28 692.58 | 1 578.08 | 0 | 236.19 | 6 709.48 | 42.33 | 98 | 0 | 227.12 |
| 2016 | 47 927.37 | 1 633.56 | 0 | 109.8 | 16 978.28 | 298.51 | 0 | 0 | 88.16 |

表 4-2  2002—2017 年证券市场发行情况

| 年份 | 境内发行金额 | | | 境外股票发行金额/亿元 | 新三板股票发行额/亿元 | 合计/亿元 |
|---|---|---|---|---|---|---|
| | 小计/亿元 | 股票发行金额/亿元 | 交易所债券发行额/亿元 | | | |
| 2002 | 720.05 | 720.05 | | 192.28 | | |
| 2003 | 665.51 | 665.51 | | 537.32 | | |
| 2004 | 650.53 | 650.53 | | 647.72 | | |
| 2005 | 339.03 | 339.03 | | 1 666.25 | | |
| 2006 | 2 374.49 | 2 374.49 | | 3 072.57 | | |
| 2007 | 8 222.02 | 7 814.74 | 407.28 | 927.47 | | |
| 2008 | 4 310.44 | 3 312.39 | 998.05 | 311.38 | | 4 621.83 |
| 2009 | 5 645.85 | 4 834.34 | 811.51 | 1 067.66 | | 6 713.50 |
| 2010 | 11 120.10 | 9 799.80 | 1 320.30 | 2 343.11 | | 13 463.21 |
| 2011 | 8 884.13 | 7 154.43 | 1 729.70 | 732.42 | 6.48 | 9 623.02 |
| 2012 | 7 313.28 | 4 542.40 | 2 770.88 | 997.82 | 8.5 | 8 319.69 |
| 2013 | 8 238.63 | 4 283.69 | 3 954.94 | 1 063.89 | 10.02 | 9 312.54 |
| 2014 | 12 672.09 | 8 498.45 | 4 173.64 | 2 253.40 | 132.09 | 15 057.58 |
| 2015 | 38 078.46 | 16 456.72 | 21 621.74 | 2 679.71 | 1 216.17 | 41 974.34 |
| 2016 | 57 103.75 | 20 435.39 | 36 668.36 | 1 271.01 | 1 390.89 | 59 765.65 |
| 2017 | 55 760.48 | 16 613.57 | 39 146.91 | 1 829.19 | 1 336.25 | 58 925.92 |

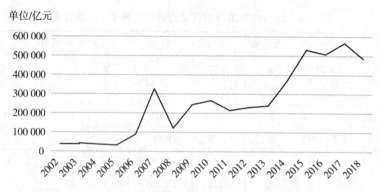

图 4-1　2002—2018 年我国证券市场的筹资变动情况

考虑到鼓励和扶植民营企业以及创业企业的发展，尤其是高科技类创业企业的发展，我国一直在酝酿成立"创业板市场"。作为其前身，2004 年 6 月 25 日深圳中小企业板正式开锣，标志着我国资本市场的层次进一步丰富。2009 年 10 月，中国的创业板市场在深圳正式启动。2012 年 9 月，全国中小企业股份转让系统（俗称"新三板"）经国务院批准设立，这是全国性证券交易场所，由全国中小企业股份转让系统有限责任公司运营管理，以机构投资者和高净值人士为参与主体，为中小微企业提供融资、交易、并购、发债等功能。除此之外，区域性股权交易市场（下称"区域股权市场"）是为特定区域内的企业提供股权、债券的转让和融资服务的私募市场，一般以省级为单位，由省级人民政府监管，是我国多层次资本市场的重要组成部分，亦是中国多层次资本市场建设中必不可少的部分。这些对于促进企业特别是中小微企业股权交易和融资，鼓励科技创新和激活民间资本，加强对实体经济薄弱环节的支持，具有积极作用。2018 年 11 月 5 日，国家领导人出席首届中国国际进口博览会开幕式并发表主旨演讲，宣布在上海证券交易所设立科创板并试点注册制。2019 年 1 月 30 日，证监会发布《关于在上海证券交易所设立科创板并试点注册制的实施意见》，2019 年 6 月 13 日，科创板正式开板。科创板首批公司于 7 月 22 日上市。设立科创板是落实创新驱动和科技强国战略、推动高质量发展、支持上海国际金融中心和科技创新中心建设的重大改革举措，是完善资本市场基础制度、激发市场活力和保护投资者合法权益的重要安排。由此，我国丰富了多层次的资本市场，如图 4-2 所示。

图 4-2　我国多层次的资本市场

【思考 1】

股票持有者持有股票能获得哪些收益？请你谈谈对股票的理解。

动动笔

_____

_____

_____

## 第二节　股票的市场价格

### 一、股票的价值与价格

#### （一）股票的价值

1. 股票的票面价值

股票的票面价值又称面值，即在股票票面上标明的金额。该种股票被称为有面额股票。股票的票面价值在初次发行时有一定的参考意义。如果以面值作为发行价，称为平价发行，此时公司发行股票募集的资金等于股本的总和，也等于面值总和。发行价格高于面值称为溢价发行，募集的资金中等于面值总和的部分计入资本账户，以超过股票票面金额的发行价格发行股份所得的溢价款列为公司资本公积金。随着时间的推移，公司的净资产会发生变化，股票面值与每股净资产逐渐背离，与股票的投资价值之间也没有必然的联系。尽管如此，票面价值代表了每一份股份占总股份的比例，在确定股东权益时仍有一定的意义。

2. 股票的账面价值

股票的账面价值又称股票净值或每股净资产，在没有优先股的条件下，每股账面价值等于公司净资产除以发行在外的普通股票的股数。公司净资产是公司资产总额减去负债总额后的净值，从会计角度说，等于股东权益价值。股票的账面价值对股票交易价格有重要影响，但是在通常情况下，并不等于股票价格。主要原因有两点：一是会计价值通常反映的是历史成本或者按某种规则计算的公允价值，并不等于公司资产的实际价格；二是账面价值并不反映公司的未来发展前景。

3. 股票的清算价值

股票的清算价值是公司清算时每一股份所代表的实际价值。从理论上说，股票的清算价值应与账面价值一致，实际上并非如此。只有清算时公司资产实际出售价款与财务报表上的账面价值一致，每一股份的清算价值才与账面价值一致。但在公司清算时，其资产往往只能压低价格出售，再加上必要的清算费用，所以大多数公司的实际清算价值低于其账面价值。

4. 股票的内在价值

股票的内在价值即理论价值，也即股票未来收益的现值。股票的内在价值决定股票的市场价格，股票的市场价格总是围绕其内在价值波动。研究和发现股票的内在价值，并将内在价值与市场价格相比较，进而决定投资策略，是证券研究人员、投资管理人员的主要任务。由于未来收益及市场利率的不确定性，各种价值模型计算出来的内在价值只是股票真实的内在价值的估计值。经济形势的变化、宏观经济政策的调整、供求关系的变化等都会影响上市公司未来的收益，引起内在价值的变化。

### （二）股票的发行价格

1. 股票发行价格的种类

股票发行价格按照票面额和发行价格的关系，一般可分为以下几种。

①平价发行。平价发行即以股票面额为发行价格，也称为"面额发行"。由于股票上市后的交易价格通常要高于面额，平价发行能够使投资者得到交易价格高于发行价格时所产生的额外收益，因此，大多数的投资者乐于接受。平价发行的方式较为简单易行，但缺点是发行人筹集资金量较少。平价发行在证券市场不发达的国家和地区较为普遍。

②溢价发行。溢价发行是指发行人按高于面额的价格发行股票，因此可以使公司用较少的股份筹集到较多的资金，降低了筹资成本。溢价发行又可分为时价发行和中间价发行。时价发行也称市价发行，是指以同种或同类股票在流通市场上的价格（即时价）为基础来确定股票的发行价格。如果公司为首次公开发行股票，通常会以同类公司股票在流通市场上的价格作为参照来确定自己的发行价格；而当公司增发新股时，会按已发行股票在流通市场上的价格水平来确定增发新股的发行价格。中间价发行指以市价和面值的中间值作为发行价格。中间价发行通常在以股东配股形式发行股票时采用，这样不会改变原来的股份构成，而且可以把差价收益的一部分归原股东所有，一部分归公司所有。通常实行中间价格发行股票，必须经股东大会的特别决议通过。

③折价发行。折价发行即按照股票面额打一定的折扣作为发行价格。其折扣的大小由发行公司和证券承销商双方决定，主要取决于发行公司的业绩。如果发行公司的业绩很好，则其折扣较低；如果发行公司是新设公司，业绩一般，公众也不了解，则折扣就较高，以便于推销。采用折价发行的国家不多，中国目前不允许折价发行。

### （三）股票发行价格的确定

股票发行价格的确定关系着发行人与投资者的利益，同时也会影响股票上市后的表现，所以是股票发行中最重要的内容。如果发行价过低，将难以满足发行人的筹资需求；如果发行价过高，又增大了投资者的风险。所以发行公司及承销商必须对公司的资产和盈利状况、一级市场的供求关系、二级市场的股价水平、宏观经济因素等进行综合考虑，然后确定合理的发行价格。

股票发行定价最常用的方式有累积订单方式、固定价格方式以及累积订单和固定价格相结合的方式。

①累积订单方式的一般做法分为两个阶段：第一，根据新股的投资价值、股票发行时的大盘走势、流通盘大小、公司所处行业股票的市场表现等因素确定一个价格区间；第二，主承销商协同上市公司的管理层进行路演，向投资者介绍和推荐该股票，并向投资者征集在各个价位上的需求量，通过对投资者认购订单的统计，承销商和发行人对最初的发行价格进行修正，最后确定新股的发行价格。这种方式在美国较为普遍。

②固定价格方式是承销商与发行人在发行前商定一个价格，然后根据此价格进行公开发售。采用这种方式的国家有英国、日本等。

③累积订单和固定价格相结合的方式主要用于国际筹资，一般是在进行国际推荐的同

时，在主要发行地进行公开募集，投资者的认购价格为推荐价格区间的上限，待国际推荐结束、最终价格确定之后，再将多余的认购款退还给投资者。此种做法在我国香港地区使用较多。

在我国，根据法律规定，首次公开发行股票，应当通过向特定机构投资者询价的方式确定股票的发行价格。发行人以及主承销商应当在刊登首次公开发行股票招股意向书和发行公告后向询价对象进行推介和询价，并通过互联网向公众投资者进行推介。询价分为初步询价和累计投标询价。发行人及其主承销商应当通过初步询价确定发行价格区间，在发行价格区间内通过累计投标询价确定发行价格。

上市公司增发新股的，根据《上市公司证券发行管理办法》，其发行方式、发行价格等与证券发行相关的事项应当由股东大会作出决议。

### (四) 股票价格

#### 1. 股票的理论价格

股票价格是指股票在证券市场上买卖的价格。从理论上说，股票价格应由其价值决定，但股票本身不是在生产过程中发挥职能作用的现实资本，并没有价值，而只是一张资本凭证。股票之所以有价格，是因为它代表着收益的价值，即能给它的持有者带来股息红利。股票交易实际上是对未来收益权的转让买卖，股票价格就是对未来收益的评定。股票及其他有价证券的理论价格是根据现值理论而来的。现值理论认为，人们之所以愿意购买股票和其他证券，是因为它能够为它的持有人带来预期收益，因此，它的价值取决于未来的收益。可以认为股票的未来股息收入、资本利得收入是股票的未来收益，亦可称为期值。将股票的期值按必要收益率和有效期限折算成今天的价值，即为股票的现值。股票的现值就是股票未来收益的当前价值，也就是人们为了得到股票的未来收益愿意付出的代价。可见，股票及其他有价证券的理论价格就是以一定的必要收益率计算出来的未来收入的现值。

#### 2. 股票的市场价格

股票的市场价格一般是指股票在二级市场上交易的价格。股票的市场价格由股票的价值决定，但同时受许多其他因素的影响。其中，供求关系是最直接的影响因素，其他因素通过作用于供求关系而影响股票价格。由于影响股票价格的因素复杂多变，所以股票的市场价格呈现出高低起伏的波动性特征。

## 二、股票估值

### (一) 股息与红利

公司筹集股权资本的一个重要途径就是发行普通股。普通股的持有者享有与其未清偿股份余额占公司百分比相应的利益。所有者权益赋予股东（Stockholder，持有某一公司股票的投资者）一系列的权利。其中最重要的就是投票权和对所有流入公司的资金（即现金流量，Cash Flows）的剩余索取权（Residual Claimant），后者意味着股东对于公司资产在满足了所有支付要求后的剩余部分享有索取权。股东从公司的净收益中获取股利收入。股利（Dividends）是定期支付（通常按季度发放）给股东的。董事会根据管理层的建议确定股利的水平。股利是由股息和红利两部分构成的，它指股东依靠其所拥有的公司股份从公司分得的利润,也是董事会正式宣布从公司净利中分配给股东的,作为每一个股东对在公司投资的报酬。股息(Dividend)是指公司根据股东出资或者占股的比例,按照一定的比率向股东分配的公司盈余。红利(Li Dividend)则是上市公司分派股息之后按持股比例向股东分配的剩余利润。一般来说,股息是分配给优先股股东的股票收益,红利是股息分配完成以后,从公司剩余利润中分配给普通股股东的。一些公司也给普通股股东分配股息,但常和红利一并结算。此外,股东拥有出售股票的权利。

一个基本的融资原则就是,投资的价值可以用整个生命周期内该投资所产生的所有现金流量的现值来衡量。例如,一栋商用建筑物的售价反映了其可用期内所有预计的净现金流量(租金、费用)。同理,普通股的价值也可以用其未来所有现金流量今天的价值来衡量。在股票投资中,股东获取的收益包括股利、出售价格或者两者之和。

**(二)股票估值模型**

1. 单阶段估值模型

购买股票,持有一个阶段,获取股利后再出售该股票,称为单阶段估值模型。

要确定股票现在的价值,需要计算预期现金流量(未来的支付)的现期贴现值(此时用于折现的贴现因子是股票投资的要求回报率,而非利率)。即:

$$P_0 = \frac{D_1}{(1+k_e)} + \frac{P_1}{(1+k_e)} \tag{4-1}$$

式中,$P_0$ 为股票的现期价格;$D_1$ 为第 1 年年末未获得的红利;$k_e$ 为该项股权投资的要求收益率;$P_1$ 为第 1 阶段末的股票价格,即股票的预期售价。

2. 推广的股利估值模型

利用现值的概念,单阶段估值模型可以被拓展到任意多个阶段:股票现在的价值是所有未来现金流量的现值,投资者所收到的现金流量只有股利与股票在 $n$ 期末出售时的最终价格。推广的多阶段估值模型可以被表述为:

$$P_0 = \frac{D_1}{(1+k_e)^1} + \frac{D_2}{(1+k_e)^2} + \cdots + \frac{D_n}{(1+k_e)^n} + \frac{P_n}{(1+k_e)^n} \tag{4-2}$$

式中,$P_n$ 为第 $n$ 期股票的价格;$D_i$ 为第 $i$ 年年末支付的股利,$i=1,2,3,\cdots,n$。

如果利用式(4-2)来计算股票的价值就会发现,要确定股票目前的价值,首先要确定它在未来某一时点上的价格,换句话讲,要找到 $P$,必须先找到 $P_n$。然而,如果 $P_n$ 是在很远的将来,它对 $P$ 就几乎没有影响。例如,75 年后价格为 50 美元的股票用 12% 的贴现率折算为现值,仅为 1 美分 [\$50/(1.12)$^{75}$ = \$0.01]。这个推理过程意味着股票现在的价值可以被简化为所有未来股利流的现值。公式(4-3)是重写的推广的股利估值模型,与式(4-2)相比,没有最终售价:

$$P_0 = \sum_{t=1}^{\infty} \frac{D_t}{(1+k_e)^t} \tag{4-3}$$

推广的股利估值模型意味着,股票价值仅仅取决于未来股利的现值。许多股票没有股利,那么这些股票如何具有价值?股票的购买者预期该公司未来某一天会发放股利。在大部分情况下,公司经历了其生命周期的快速增长阶段后,就会立即发放股利。

推广的股利估值模型要求计算不确定的未来股利流的现值,这个过程可以说是十分困难的。因此，为了使这个计算过程变得更加容易，出现了很多简化的模型。戈登增长模型就是一个例子，它假定股利增长率不变。

3. 戈登增长模型

基于以上分析，戈登增长模型提出以下假设。

①假定股利永远按照不变的比率增长。事实上，只要股利在较长的时期内按照不变的比率增长，该模型就能够得出合理的结论。这是因为即使较远时期的现金流量与这一原则相悖，当折算成现值时，这个差异也会变得非常小。

②假定股利增长率低于股票投资的要求回报率 $k$。迈伦·戈登（Myron Gordon）在对其模型的推导中，说明了这是一个合理的假设。在理论上，如果股利增长率高于公司股东的要求回报率，那么在长期内该公司将会变得无比庞大，这是不可能的。

进而给出股票价格为：

$$P_0 = \frac{D_0(1+g)}{(1+k_e)^1} + \frac{D_0(1+g)^2}{(1+k_e)^2} + \cdots + \frac{D_0(1+g)^n}{(1+k_e)^n} \tag{4-4}$$

式中，$D_0$ 为最近一次支付的股利；$g$ 为预期不变的股利增长率；$k_e$ 为股票投资的要求回报率。

式（4-4）可以简化为：

$$P_0 = \frac{D_0(1+g)}{k_e - g} = \frac{D_1}{k_e - g} \tag{4-5}$$

这一模型对于确定股票价值十分重要。

### 三、股票价格变动的影响因素

在自由竞价的股票市场中，股票的市场价格不断变动。引起股票价格变动的直接原因是供求关系的变化或者说是买卖方力量强弱的转换。根据供求规律，价格是供求对比的产物，同时也是恢复供求平衡的关键变量。在任何价位上，如果买方的意愿购买量超过此时卖方的意愿出售量，股价将会上涨；反之，股价就会下跌。从根本上说，股票供求以及股票价格主要取决于预期。买方之所以愿意按某个价位买进股票，主要是因为他们认为持有该股票带来的收益超过了目前所花资金的机会成本（比如说，预期股价将会上涨、预期公司将派发较高红利），换言之，认为该股票的价格被低估了。同理，卖方之所以愿意出售股票，主要原因是他们认为该价格被高估了，将来可能下跌。当然，某些特殊原因也可能产生股票的供求，比如为了夺取或保持公司控制权而买入股票，履行某种承诺（如期权到期）而买进股票。同样，股票持有人也可能因为流动性挤压或者财产清算等原因而卖出股票。分析股价变动的因素，就是要梳理影响供求关系变化的深层次原因。

影响股价变动的基本因素主要有宏观经济和证券市场运行状况、行业前景以及公司经营状况，在证券分析中，我们通常把这三类因素统称为基本因素，对这些因素的分析称为基本面分析。在投资实践中，投资者既可以遵循公司、行业、市场的先后顺序逐一分析，也可将这个顺序颠倒过来，前者称为自下而上的分析，后者称为自上而下的分析。

### （一）公司经营状况

公司的经营状况可以从以下各项来分析。

1. 公司治理水平与管理层质量

公司治理包括决定公司经营的若干制度性因素,其重点在于监督和制衡,良好的公司治理结构与治理实践对公司的长期稳定经营具有至关重要的作用。对公司治理情况的分析主要包括公司股东、管理层、员工及其他外部利益相关者之间的关系及其制衡状况,公司董事会、监事会构成及运作等因素。管理层是具体负责公司日常经营的核心力量,对公司的营运前景关系重大,对管理层的分析包括主要高级管理人员经验、水平等内容,以及管理团队稳定性、合作与分工等情况。

2. 公司竞争力

在任何时期、任何行业,具有竞争力的公司股票通常更容易得到投资者认可;反之,缺乏竞争力的公司股票价格会下跌。最常用的公司竞争力分析框架是SWOT分析,它提出了四个考察维度,即公司经营中存在的优势(Strengths)、劣势(Weakness)、机会(Opportunities)与威胁(Threats)。对具体公司而言,竞争力分析的侧重点各不相同,但通常会包括市场占有情况、产品线完整程度、创新能力、财务健全性等。

3. 财务状况

会计报表是描述公司经营状况的一种相对客观的工具,分析公司财务状况,重点在于研究公司的盈利性、安全性和流动性。

(1) 盈利性。公司盈利水平及未来发展趋势是股东权益的基本决定因素。盈利水平高的公司股票被称为绩优股,未来盈利增长趋势强劲的公司股票被称为高增长型股票,它们在股票市场上通常会有较好的表现。衡量盈利性最常用的指标是每股收益和净资产收益率。每股收益等于公司净利润除以发行在外的总股数。其他条件不变,每股收益越高,股价就越高。净资产收益率也称股本收益率,等于公司净利润除以净资产,反映了公司自有资本的获利水平。在证券市场实践中,除了分析利润的绝对量(每股收益)和相对量(净资产收益率)之外,通常还需要考察盈利的构成以及持续性等因素。通常,稳定持久的主营业务利润比其他一次性或偶然的收入(例如资产重估与资产处置、财政补贴、会计政策变更等)更值得投资者重视。

(2) 安全性。公司的财务安全性主要是指公司偿还债务从而避免破产的特性,通常用公司的负债与公司资产和资本金相联系来反映公司的财务稳健性或安全性。而这类指标同时也反映了公司自有资本与总资产之间的杠杆关系,因此也称杠杆比率。除此之外,财务安全性分析往往还涉及债务担保比率、长期债务比率、短期财务比率等指标。

(3) 流动性。公司资金链状况也是影响经营的重要因素,流动性强的公司抗风险能力较强,尤其在经济低迷时期,这一类公司股票往往会有较好的表现;反之,流动性脆弱的公司,一旦资金链断裂,很容易陷入技术性破产。衡量财务流动性状况需要从资产负债整体考量,最常用的指标包括流动比率、速动比率、应收账款平均回收期、销售周转率等。

4. 公司改组或合并

公司改组或合并有多种情况,有的是为了扩大规模、增强竞争能力,有的是为了打击竞争对手,有的是为了控股,也有的是为操纵市场而进行恶意兼并。公司改组或合并总会引起股价剧烈波动,但要分析此举对公司的长期发展是否有利,改组或合并后是否能够改善公司的经营状况,是决定股价变动方向的重要因素。

## （二）行业因素

股票市场中，经常观察到某一行业（例如有色金属、装备制造、商业零售、房地产）或者板块（例如金融、能源）的股票在特定时期中表现出齐涨共跌的特征，这说明，在这些股票中，存在着某种行业性或产业性的共同影响因素，对这些因素的分析称为行业/部门分析。行业因素包括定性因素和定量因素，常见的有以下这些。

1. 行业或产业竞争结构

首先，列出该行业所有的企业，重点考察其中的已上市公司；其次，研究各家公司所占的市场份额及变动趋势、该行业中企业总数的变化趋势等。从该项分析可以得到该行业垄断/竞争特性的初步结论。

2. 行业可持续性

技术及其他因素的变化有可能终结某些行业的发展，例如，手机的普遍使用终结了早期作为移动通信主要方式的传呼机，导致该行业的公司不能继续发展传统业务。

3. 抗外部冲击的能力

考察某个行业在遭遇重大政治、经济或自然环境变化打击时业绩的稳定性。例如，高油价可能对整个交通运输业以及相关制造行业产生非常大的不利影响，但对替代能源生产行业则是有利的。

4. 监管及税收待遇——政府关系

某些行业可能会受到政府的特殊对待，例如，公用事业通常会受到较严厉的监管，某些重要领域可能会因政府保护而暂时避免外部冲击等。

5. 劳资关系

在某些产业或行业中，工会拥有传统势力，对公司业绩经常产生重大影响。

6. 财务与融资问题

某些行业（例如航空业）可能具有非常高的长期负债率，而零售业则非常依赖短期流动性。

7. 行业估值水平

不管采用绝对估值还是相对估值手段，不同行业的股票通常具有相似的水平。

8. 行业生命周期

根据产业周期理论，任何产业或行业通常都要经历幼稚期、成长期、成熟期、稳定期。处于不同生命周期的行业，其所属股票价格通常也会呈现相同的特征。

## （三）宏观经济与政策因素

宏观经济发展水平是影响股票价格的重要因素。宏观经济影响股票价格的特点是波及范围广、干扰程度深、作用机制复杂和股价波动幅度较大。

1. 经济增长

一个国家或地区的社会经济是否能持续稳定地保持一定的发展速度，是影响股票价格能否稳定上升的重要因素。当一国或地区的经济运行势态良好时，一般来说，大多数企业的经营状况也较好，它们的股票价格会上升；反之，股票价格会下降。

2. 经济周期循环

社会经济运行经常表现为扩张与收缩的周期性交替，每个周期一般要经过高涨、衰退、萧条、复苏，即所谓的周期循环。经济周期循环对股票市场的影响非常显著，通常经济周期变动与股价变动的关系是：复苏阶段，股价回升；高涨阶段，股价上涨；衰退阶段，股价下跌；萧条阶段，股价低迷。经济周期变动通过下列环节影响股票价格：经济周期变动—公司利润增减—股息增减—投资者心理和投资决策变化—供求关系变化—股票价格变化。值得重视的是，股票价格的变动通常比实际经济的繁荣或衰退领先一步，即在经济高涨后期股价已率先下跌；在经济尚未全面复苏之际，股价已先行上涨。

3. 货币政策和财政政策

中央银行的货币政策对股票价格有直接的影响。货币政策是政府重要的宏观经济政策，中央银行通常采用存款准备金制度、再贴现政策、公开市场业务等货币政策手段调控货币供应量，从而实现发展经济、稳定货币等政策目标。财政政策也是政府的重要宏观经济政策。财政政策对股票价格影响有四个方面。其一，通过扩大财政赤字、发行国债筹集资金，增加财政支出，刺激经济发展；或是通过增加财政盈余或降低赤字，减少财政支出，抑制经济增长，调整社会经济发展速度，改变企业生产的外部环境，进而影响企业利润水平和股息派发。其二，通过调节税率影响企业利润和股息。提高税率，企业税负增加，税后利润下降，股息减少；反之，企业税后利润和股息增加。其三，干预资本市场各类交易适用的税率，例如利息税、资本利得税、印花税等，直接影响市场交易和价格。其四，国债发行量会改变证券市场的证券供应和资金需求，从而间接影响股票价格。

4. 市场利率

市场利率变化通过以下途径影响股票价格：绝大部分公司负有债务，利率提高，利息负担加重，公司净利润和股息相应减少，股票价格下降；利率下降，利息负担减轻，公司净盈利和股息增加，股票价格上升。利率提高，其他投资工具收益相应增加，一部分资金会流向储蓄、债券等其他收益固定的金融工具，对股票需求减少，股价下降；利率下降，对固定收益证券的需求减少，资金流向股票市场，对股票的需求增加，股票价格上升。利率提高，一部分投资者要负担较高的利息才能借到所需资金进行证券投资，如果允许进行信用交易，买空者的融资成本相应提高，投资者会减少融资和对股票的需求，股票价格下降；利率下降，投资者能以较低利率借到所需资金，增加融资和对股票的需求，股票价格上涨。

5. 通货膨胀

通货膨胀对股票价格的影响较复杂，它既有刺激股票市场的作用，又有抑制股票市场的作用。通货膨胀是因货币供应过多造成货币贬值、物价上涨。在通货膨胀之初，公司会因产品价格的提升和存货的增值而增加利润，从而增加可以分派的股息，并使股票价格上涨。在物价上涨时，股票实际股息收入下降，股份公司为股东利益着想，会增加股息派发，使股息名义收入有所增加，也会促使股价上涨。

6. 汇率变化

汇率的调整对整个社会经济影响很大，有利有弊。传统理论认为，汇率下降，即本币升值，不利于出口而有利于进口；汇率上升，即本币贬值，不利于进口而有利于出口。汇率变化对股价的影响要视对整个经济的影响而定。若汇率变化趋势对本国经济发展影响较为有利，股价会上升；反之，股价会下降。具体地说，汇率的变化对那些在原材料和销售两方面严重依赖国际市场的国家和企业的股票价格影响较大。

7. 国际收支状况

一般地说,若一国国际收支连续出现逆差,政府为平衡国际收支会采取提高国内利率和提高汇率的措施,以鼓励出口、减少进口,股价就会下跌;反之,股价会上涨。

### (四) 影响股价变化的其他因素

1. 政治及其他不可抗力的影响

政治因素对股票价格的影响很大,往往很难预料,主要有战争、政权更迭、领袖更替等政治事件,政府重大经济政策的出台,社会经济发展规划的制订,重要法规的颁布,国际社会政治、经济的变化。此外,发生不可预料和不可抵抗的自然灾害或不幸事件等,也会对股价产生影响。

2. 心理因素

投资者的心理变化对股价变动影响很大。在大多数投资者对股市抱乐观态度时,会有意无意地夸大市场有利因素的影响,并忽视一些潜在的不利因素,脱离上市公司的实际业绩而纷纷买进股票,促使股价上涨;反之,在大多数投资者对股市前景过于悲观时,会对潜在的有利因素视而不见,而对不利因素特别敏感,甚至不顾发行公司的优良业绩大量抛售股票,致使股价下跌。

3. 稳定市场的政策与制度安排

为保证证券市场的稳定,各国的证券监管机构和证券交易所会制定相应的政策措施和制度安排。

4. 人为操纵因素

人为操纵往往会引起股票价格短期的剧烈波动。因大多数投资者不明真相,操纵者乘机浑水摸鱼,非法牟利。人为操纵会影响股票市场的健康发展,违背公开、公平、公正的原则,一旦查明,操纵者会受到行政处罚或法律制裁。

股票市场参与者相互竞价,从而确定市场价格。当股票市场有新的信息出现时,市场预期会随之发生变化,价格亦随之发生变化。新信息导致预期未来红利水平及其风险程度都发生变化。由于市场参与者不断地在接受新信息,进而修正他们的预期,因此市场价格也在不断地变化。

## 四、股票市场效率

### (一) 有效市场假说与市场效率

金融市场的一个重要功能是传递信息。传递信息的效果,最后集中地反映在证券的价格上。好的市场可以迅速传递大量准确的信息,帮助证券的价格迅速调整到它应该调整到的价位上;反之,若市场信息传递慢且不准确,要花费很长的时间才能将证券价格调整到位。为了评价市场对证券价格定位的效率,经济学家做了大量的研究,提出了有效市场假说(Efficient Markets Hypothesis,EMH),其中做出重要贡献的是美国经济学家、2013年诺贝尔经济学奖得主尤金·法玛。

按照有效市场假说,资本市场的有效性是指市场根据新信息迅速调整证券价格的能力。如果市场是有效的,证券的价格可以对最新出现的信息做出最快速的反应,表现为价格迅速调整到位。有效市场假说将资本市场的有效性分为弱有效市场、中度有效市场和强有效市场三种。

在弱有效市场（Weak Efficient Markets）中，证券的价格反映了过去的价格和交易信息；在中度有效市场（Semi-efficient Markets）中，证券的价格反映了包括历史的价格和交易信息在内的所有公开发表的信息；在强有效市场（Strong Efficient Markets）中，证券的价格反映了所有公开的和不公开的信息。

市场效率理论认为，证券的价格是以其内在价值（Intrinsic Value）为依据的。高度有效的市场可以迅速传递所有相关的真实信息，使价格反映其内在价值。

这就是说，市场的有效与否直接关系到证券的价格与证券内在价值的偏离程度。在强有效市场中，证券价格应该与预期价值一致，不存在价格与价值的偏离；一旦偏离，比如说价格高于或低于价值，人们会立即掌握这一信息，然后通过迅速买进或卖出的交易行为将这差异消除。于是，在强有效市场中，想取得超常的收益几乎是不可能的。强有效市场对于证券投资专业人士的意义是，用不着费劲去探寻各种宏观经济形势和有关公司的信息，因为你得到了，所有其他人也同时得到了。换言之，试图通过掌握和分析信息来发现价值被低估或高估的证券，基本上做不到。因此，在这种情况下的正确投资策略是：与市场同步，取得与市场一致的投资收益。具体做法就是，按照市场价格指数组织投资。

如果市场是弱有效的，即存在信息高度不对称，提前掌握大量消息或内部消息的投资人可以比别人更准确地识别证券的价值，并在价格与价值有较大偏离的程度下，通过买或卖的交易，获取超常利润。在这种市场环境下，设法得到第一手正确信息，确定价格被高估或者低估的证券，就显得十分重要。

对于投资者来说，强有效市场的获利空间很小，而弱有效市场的获利空间很大。在弱有效市场的条件下，即便一个技术不娴熟的投资人也有可能轻而易举地获得较高的投资回报。

我国的证券市场目前处于发展初期，定价的效率比较低，表现为多数投资人不能迅速地获得正确的信息，存在严重的信息不对称。这对于能够比别人掌握更多信息的投资人来说，当然是一件好事情。但对于无法同时获取这些信息的多数投资人来说，就显得极不公平。因此，从维护市场交易秩序，实现"公开、公平、公正"的原则出发，需要推动有效市场的形成。

### （二）行为金融学

有效市场假说的论证前提是，把经济行为人设定为一个完全意义上的理性人。这样的理性人，无论在何种情况下，都是理性地根据成本和收益进行比较，做出对自己效用最大化的决策。然而，在对有效市场假说进行实证的研究中，屡屡发现存在统计异常现象。

若就主观方面来看，人们并非生活在纯粹的经济联系之中；除经济联系之外，还有政治的、文化的等诸多方面的联系，并使人们具有多样化的行为动机。多样化的行为动机必然会对只按经济的理性判断所应采取的行为造成冲击。实际上，理性与否的判断，不单是经济学上的原因，还有社会学上的原因。事实上，人们并非都是纯粹按照经济效用最大化来行事，程度不同地包含非经济动机的方案往往是行为人"满意"的方案。

行为金融学（Behavioral Finance）的兴起是包括有效市场假说在内的现代主流金融理论所面临的最大挑战。现代主流金融理论建立在资本资产定价模型（CAPM）、有效市场假说（EMH）等基石之上，承袭现代主流经济学的分析方法与技术，坚持完全理性假设，对投资者实际决策行为的分析不够，随着金融市场上各种异常现象的涌现（如股票溢价、过度自信、日历效应、损失厌恶以及"羊群"行为等），现代主流金融理论的基本模型严重背离市场的实际表现。在此背景下，20世纪80年代行为金融学兴起，并开始动摇现代主流金融学的权威地位。

行为金融学提出了人类行为的三点预设，即有限理性、有限控制力和有限自利，并以此为根据来解释理性选择理论为什么会有悖于金融活动的实际。作为由金融学、心理学、行为学、社会学等多个学科交叉形成的学科，行为金融学试图揭示金融市场的非理性行为及其决策规律，主张证券的市场价格并非仅由证券的内在价值决定，还在很大程度上受到投资者心理与行为的影响。当然，行为金融学并不是否定人类行为具有效用最大化取向的前提，但强调需要拓展行为分析的视角，对它进行修正和补充。

 阅读材料4-1　行为金融学起源与发展

行为金融学是一门年轻的学科，其分析框架尚处于完善和发展过程之中。但是，因其更加真实地反映了投资者行为与市场变化，对现实金融市场运行具有较好的解释力，因此它被认为在很大程度上代表着现代金融学的未来发展方向。

### 五、股票价格指数

股票价格指数（Share Price Index）是证券市场中最为人们所关注的经济指标。股票价格指数可以全面、综合及时地反映股票市场中股票价格变化的情况，通常以一组选定的股票为基础，利用统计方法，将选定的股票的价格与某一日期为基期时股票的价格进行比较，从而计算出股市在此期间的大致变动。

股票价格指数的功能主要体现在以下三个方面，这也是编制股票价格指数的意义和目的所在。首先，股票价格指数和板块分类指数为投资者决定入市时机、持有何种股票以及何时买卖交易股票提供投资指南，这是股票价格指数最基本的功能。其次，股票价格指数本身还是一系列金融衍生工具如股指期货和股指期权等的标的物。最后，股票指数能够在一定程度上反映一国的宏观经济情况。

在编制股票价格指数时，通常确定一个基础日期，以基期的股票价格为100点或1 000点，用以后报告期的股票价格和基期价格相比较，计算出相应的百分比，得出报告期的股票价格指数。投资者就可以根据股票价格指数的变动，判断股票整体价格的变化情况。

目前，世界上比较有影响的几种股价指数有美国的道琼斯股票价格指数、纽约证交所股票价格指数、标准普尔股票价格指数，英国的金融时报股票价格指数，法国的巴黎CAC指数，德国法兰克福的DAX指数，日本的日经股票价格指数和东京证交所股价指数，中国香港的恒生指数，新加坡的海峡指数等。

 阅读材料4-2　全球有影响力的几种股价指数编制

我国的股价指数主要有上海证券交易所股价指数和深圳证券交易所股价指数，图4-3为1991—2019年上海证券交易所综合股价指数变动情况（年末收盘价）。2015年两个交易所的取价指数又分别分为综合指数与成分股指数。从2002年6月起，我国陆续推出"上证180指数""上证50指数""深证100指数""沪深300指数"等指数，使用这些指数时，需要了解各指数所选用的股票种类及选取原则、编制的具体计算方法等，这些可从有关金融知识的工具书中查找。

阅读材料4-3　我国主要的几种股价指数编制

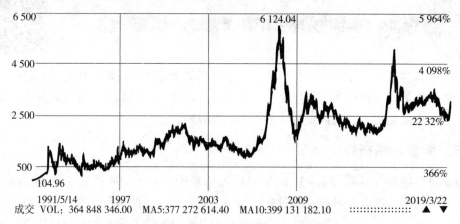

图4-3　1991—2019上海证券交易所综合股价指数变动情况

股票价格指数的作用除了表示当前的证券价格水平以外，还可以用来衡量证券投资基金的经营业绩，一些以分散投资为投资风格的证券基金就是按照市场价格指数安排投资组合的，其经营的好坏则以是否超过指数收益率来衡量。此外，有些衍生金融工具交易就是针对股价指数进行的，如股票价格指数期货、股票价格指数期权等。2015年6月11日，沪深300股指期货日均成交4.6万亿元，成为全球成交量最大的股指期货。

【思考2】

股票市场分析人士总是仔细掂量美联储主席所说的每句话，这是因为他们知道货币政策是股票价格重要的决定因素之一。请谈一谈货币政策是如何影响股票价格的。

**动动笔**

_____

_____

_____

## 第三节 股票的发行

股票发行市场，也称为一级市场或初级市场，它是公司或通过中介机构向投资者出售新发行的股票的市场。股票发行（Share Issuance）分为首次公开发行和增发。首次公开发行是指公司对公众第一次发行股票。增发是已有股票发行在外的公司再次发行新股的活动。增发股票可以采取优先认股权方式，也称为配股，它是指给予现有股东以低于市场价格优先按一定比例购买新发行的股票。其优点是发行费用低并可维持现有股东在公司的权益比例不变。还有种增发股票的方式是派送红利股，它是一种股票股利发放形式，在无偿向股东按比例发送红利股的同时，也加大了股票的发行。二者在发行步骤和方法上都不相同。创建新公司首次发行股票，须办理一系列手续，由发起人拟定公司章程，经律师和会计师审查，在报纸上公布，同时报经主管机关经审查合格准予注册登记，领取登记证书，在法律上取得独立的法人资格后，才准予向社会上发行。

股票的公开发行涉及众多投资者的利益，为保障投资者利益，促进股市健康发展，各国政府都授权某一机构对申请发行股票的公司按一定的条件进行审核，只有符合发行条件的公司才允许发行股票。

股票一级市场的整个过程通常由发行准备阶段和认购销售阶段构成。在发行阶段，发行公司首先要选择发行方式，然后根据不同的发行方式，采取不同的方式销售。同时，发行公司还要准备招股说明书以及确定发行价格。

### 一、股票发行条件

股票发行条件是股票发行者在以股票形式筹集资金时必须考虑并满足的因素，通常包括首次发行条件、增资发行条件和配股发行条件等。

#### （一）首次公开发行股票的条件

《证券法》规定，公司公开发行新股，应当符合下列条件：具备健全且运行良好的组织机构；具有持续盈利能力，财务状况良好；最近三年财务会计文件无虚假记载，无其他重大违法行为；经国务院批准的国务院证券监督管理机构规定的其他条件。

《首次公开发行股票并上市管理办法》规定，首次公开发行的发行人应当是依法设立且合法存续的股份有限公司；发行人自股份有限公司成立后，持续经营时间应当在三年以上，但经国务院批准的除外；发行人的注册资本已足额缴纳；发行人的生产经营符合法律、行政法规和公司章程的规定符合国家产业政策；发行人最近三年内主营业务和董事、高级管理人员没有发生重大变化；发行人的股权清晰。发行人应具备资产完整、人员独立、财务独立、机构独立、业务独立的独立性。发行人应规范运行。

发行人（财务指标）应当符合下列条件。①最近三个会计年度净利润均为正数且累计超过人民币三千万元，净利润以扣除非经常性损益后较低者为计算依据。②最近三个会计年度经营活动产生的现金流量净额累计超过人民币五千万元；或者最近三个会计年度营业收入累计超过人民币三亿元。③发行前股本总额不少于人民币三千万元。④最近一期末无形资产（扣除土地使用权、水面养殖权和采矿权等后）占净资产的比例不高于百分之二十。⑤最近一期末不存在未弥补亏损。

**（二）首次公开发行股票并在创业板上市的条件**

依照自2018年6月6日起施行的《首次公开发行股票并在创业板上市管理办法》（以下简称《管理办法》），首次公开发行股票并在创业板上市主要应符合如下条件。

（1）发行人应当具备一定的盈利能力。为适应不同类型企业的融资需要，创业板对发行人设置了两项定量业绩指标，以便发行申请人选择：第一项指标要求发行人最近两年连续盈利，最近连续两年净利润累积不少于一千万元；第二项指标要求发行人最近一年盈利，最近一年营业收入不少于五千万元。净利润以扣除非经营性损益前后孰低者为计算依据。

（2）发行人应当具有一定的规模和存续时间。《证券法》第五十条规定，股份有限公司申请股票上市，公司股本总额不少于三千万元。《管理办法》要求发行人具备一定的资产规模，规定最近一期末净资产不少于二千万元，且不存在未弥补亏损；发行后股本总额不少于三千万元。规定发行人具备一定的净资产和股本规模，有利于控制市场风险。

《管理办法》规定发行人应具有一定的持续经营记录，具体要求发行人应当是依法设立且持续经营三年以上的股份有限公司。有限责任公司按原账面净资产值折股整体变更为股份有限公司的，持续经营时间可以从有限责任公司成立之日起计算。

（3）发行人应当主营业务突出。创业板企业规模小，且处于成长发展阶段，如果业务范围分散，缺乏核心业务，既不利于有效控制风险，也不利于形成核心竞争力。因此，《管理办法》要求，发行人应当主要经营一种业务，其生产经营活动符合法律、行政法规和公司章程的规定，符合国家产业政策及环境保护政策。

（4）对发行人公司治理提出从严要求。根据创业板公司特点，在公司治理方面参照主板上市公司从严要求，要求董事会下设审计委员会，强化独立董事职责，并明确控股股东职责。

发行人应当保持业务、管理层和实际控制人的持续稳定，《管理办法》规定，发行人最近两年内主营业务和董事、高级管理人员均没有发生重大变化，实际控制人没有发生变更。

发行人应当资产完整，业务及人员、财务、机构独立，具有完整的业务体系和直接面向市场独立经营的能力。发行人与控股股东、实际控制人及其控制的其他企业间不存在同业竞争，以及严重影响公司独立性或者显失公允的关联交易。

发行人及其控股股东、实际控制人最近三年内不存在损害投资者合法权益和社会公共利益的重大违法行为。发行人及其控股股东、实际控制人最近三年内不存在未经法定机关核准，擅自公开或者变相公开发行证券，或者有关违法行为虽然发生在三年前，但目前仍处于持续状态的情形。

**（三）上市公司公开发行证券的条件**

为规范上市公司证券发行行为，中国证监会于2006年5月制定并发布《上市公司证券发行管理办法》，对上市公司发行证券的一般性条件及上市公司配股、增发，发行可转换债券、认股权证和债券分离交易的可转换公司债券以及非公开发行股票的条件进行了规定。

（1）上市公司公开发行证券条件的一般规定，包括上市公司组织机构健全、运行良好；上市公司的盈利能力具有可持续性；上市公司的财务状况良好；上市公司最近三十六个月内财务会计文件无虚假记载,且不存在重大违法行为;上市公司募集资金的数额和使用符合规定;上市公司不存在严重损害投资者的合法权益和社会公共利益的违规行为。

(2) 向原股东配售股份(简称"配股")的条件,除一般规定的条件以外,还应当符合以下规定:拟配售股份数量不超过本次配售股份前股本总额的百分之三十;控股股东应当在股东大会召开前公开承诺认配股份的数量;采用《证券法》规定的代销方式发行。

(3) 向不特定对象公开募集股份(简称"增发")的条件。除一般规定的条件以外,还应当符合以下规定:最近三个会计年度加权平均净资产收益率平均不低于百分之六,扣除非经常性损益后的净利润与扣除前的净利润相比,以低者作为加权平均净资产收益率的计算依据;除金融类企业外,最近一期末不存在持有金额较大的交易性金融资产和可控出售的金融资产、借予他人款项、委托理财等财务性投资的情形;发行价格应不低于公告招股意向书前二十个交易日公司股票均价或前一个交易日的均价。

(4) 发行可转换公司债券的条件。可转换公司债券按附认股权和债券本身能否分开交易可分为分离交易的可转换公司债券和非分离交易的可转换公司债券。前者是指认股权可以与债券分开且可以单独转让,但事先要确定认股比例、认股期限和股票购买价格等条件;后者是指认股权不能与债券分离,且不能单独交易。

除一般规定的条件以外,公开发行可转换公司债券还应当符合下列规定:最近三个会计年度加权平均净资产收益率平均不低于百分之六,且扣除非经常性损益后的净利润与扣除前的净利润相比,以低者作为加权平均净资产收益率的计算依据;本次发行后累计公司债券余额不超过最近一期末净资产额的百分之四十;最近三个会计年度实现的年均可分配利润不少于公司债券一年的利息。

发行分离交易的可转换债券应当符合下列规定:公司最近一期末经审计的净资产不低于人民币十五亿元;最近三个会计年度的年均可分配利润不少于公司债券一年的利息;最近三个会计年度经营活动产生的现金流量净额平均不少于公司债券一年的利息;本次发行后累计公司债券余额不超过最近一期末净资产额的百分之四十,预计所附认股权全部行权后募集的资金总量不超过拟发行公司债权金额。

(5) 非公开发行股票的条件。上市公司非公开发行股票应当符合下列规定:发行价格不低于定价基准日前二十个交易日公司股票均价的百分之九十;本次发行的股份自发行结束之日起,十二个月内不得转让;控股股东、实际控制人及其控制的企业认购的股份,三十六个月内不得转让;募集资金使用符合规定;本次发行导致上市公司控股权发生变化的,还应当符合中国证监会的其他规定。非公开发行股票的发行对象不得超过十名。发行对象为境外战略投资者的,应当经国务院相关部门事先批准。

## 二、股票发行的基本原则

股票发行的原则是反映股票发行宗旨的一般法则,应该贯穿于股票发行的全过程。为了保障股票发行,股票发行实行公开、公平、公正的原则,必须同股同权,同股同利。同次发行的股票,每股的发行条件和价格应当相同;任何单位或者个人认购的股份,每股应当支付相同价额。

(1) 公开原则。公开原则又称信息公开原则,是指要求股份公司发行股票时应对投资者充分披露募集股份的信息，使投资者了解发行人真实的、全面的情况，支持投资者在掌握投资信息的基础上选择投资机会和估量投资风险，做出投资决策。股份发行活动，应当是规范的，有透明度的，禁止虚假信息和欺诈蒙骗投资者的行为。按照这个原则，投资者对于所购买的股票，能够有更充分、真实、准确、完整的了解。

（2）公平原则。这是股份发行的基本原则，指参与股份发行的各方应当获得平等的机会，要求股票发行活动中的所有参与者都有平等的法律地位，各自的合法权益都能得到公平保护，不应当在相同的投资者之间有不公平的待遇，或者在发行人中享有法律中不允许的特殊权利。

（3）公正原则。这是指应当公正地对待股票发行的参与各方，以及公正地处理股票发行事务。在股权发行中必须遵守统一制定的规则，当事人受到的法律保护是相同的，股份发行活动应当做到客观公正，依法办事，维护社会正义，保证有关公正原则的各项规范得以实施。

（4）同股同权，同股同利。这是指相同的股份在相同的条件下应当具有平等性。同一个公司，相同的股份，在享有的权利上是平等的，在股票上所体现的权利也应当是平等的，按持有股份的多少行使表决权，股利的分配也取决于持股的多少，不应当是相同的股份有不相同的权利和股利分配。

### 三、股票发行的基本方式

#### （一）公开发行与私募发行

股票发行的方式一般可分为公开发行和私募发行两类。

（1）公开发行简称公募，是指面向市场上大量的非特定的投资者公开推销股票的方式。公开发行的优点是可以扩大股东范围，筹资潜力大；无须提供特殊优厚的条件，发行者具有较大的经营管理独立性；股票可在二级市场上流通，从而提高发行者的知名度和股票的流动性。其缺点是发行工作量大，难度也大，通常需要承销商的协助，发行者必须向证券管理机关办理注册手续，必须在招股说明书中如实公布有关情况，以供投资者做出正确决策。

（2）私募发行简称私募，是指只向少数特定的投资者推销股票的方式。其对象主要有个人投资者和机构投资者两类。通常在股东配股和私人配股的情况下，采用私募发行。股东配股主要是针对公司的原有股东发行新股。私人配股则主要是将新股票分售给使用发行公司产品的用户或股东以外的本公司职工或与发行者有密切业务往来关系的公司。私募发行的股票通常采取由发行者直接向认购者推销出售，不必借助中介机构。私募具有节省发行费用、通常不必向证券管理机关办理注册手续、有确定的投资者，不必担心发行失败等优点。但也有需向投资者提供高于市场平均条件的特殊优厚条件、发行者的经营管理易受干预、股票难以转让等缺点。

#### （二）直接发行与间接发行

在公募发行的条件下，股票既可以由股份公司自己直接发售，也可以支付一定的发行费用通过金融中介机构代理。根据发行者推销出售股票方式的不同，可以分为直接发行和间接发行。所谓直接发行是指股份公司自己承担股票发行的一切事务和风险，直接向认购者推销出售股票的方式。私募发行多采取直接发行。采取直接发行要求发行者熟悉招股手续，精通招股技术并具备一定条件。一般来说，采取直接发行可以节省发行成本，但发行风险完全由发行公司自行承担。这种发行方式一般适用于发行风险小，手续较为简单，数额不多的股票发行，并不普遍采用。所谓间接发行则是指发行者委托证券发行机构出售股票的方式。这些中介机构作为股票的推销者，办理一切发行事务，承担一定发行风险并从中赚取相应的收益。间接发行对于发行人来说，虽然要支付一定的发行费用，但有利于提高发行人的知名度，筹资时间短，发行人的风险也较小。因此，一般情况下，证券发行大都采用间接发行方式。

### 四、股票发行的程序

股票发行的程序一般经过申请、预选、初审、复审、批准、股票发行、认购销售等步骤。

1. 申请

申请发行股票的公司向直属证券管理部门正式提出发行股票的申请。公司公开发行股票的申请报告由证券管理部门受理，考察汇总后进行预选资格审定。

2. 预选

被选定股票公开发行公司向直属证券管理部门呈报企业总体情况资料，经审核同意并转报中国证监会核定发行额度后，公司可正式制作申报材料。

3. 初审

聘请具有证券从业资格的会计师、资产评估机构、律师事务所、主承销商进行有关工作，制作正式文件。准备向拟选定挂牌上市的证券交易所呈交上市所需材料，提出上市申请，经证券交易所初审通过后，出具上市承诺函。

4. 复审

直属证券管理部门收到公司申报材料后，根据有关法规，对申报材料是否完整、有效、准确等进行审查；审核通过后，转报中国证监会审核。证监会收到复审申请后，由中国证监会发行部对申报材料进行预审，预审通过后提交中国证监会股票发行审核委员会复审。

5. 批准

中国证监会股票发行审核委员会通过后，证监会出具批准发行的有关文件，并就发行方案进行审核，审核通过后出具批准发行方案的有关文件。拟发行公司及其承销商在发行前2～5个工作日内将招股说明书概要刊登在至少一种中国证监会指定的上市公司信息披露报刊上。

6. 股票发行

股票发行时，发行价格主要有平价、溢价和折价三种。究竟要选择哪一种价格，主要看各国证券市场惯例。我国明确规定股票发行时，不能以低于面值的价格发行。大多数国家习惯在股票公开发行时采用平价发行，平价发行是股票发行市场的主要形式。

发行定价是股票一级市场的关键环节。发行价格是股份公司在募集公司股本或增资发行新股时所确定和使用的价格。股票发行价格是股票发行中最重要的内容。如果定价过高，股票的发行数量减少，发行公司不能筹到所需资金，股票承销商也会遭受损失；如果定价过低,则股票承销商的工作容易,但发行公司却会蒙受损失。

7. 认购销售

在认购销售阶段,采取间接发行方式发行股票的,由发行者和推销者双方协商确定,可以采取包销、代销和承销三种方式向投资者销售。

(1) 包销。包销是由代理股票发行的证券商一次性将上市公司新发行的全部或部分股票承购下来,并垫支相当股票发行价格的全部资本。

由于金融机构一般有较雄厚的资金,可以预先垫支,以满足上市公司急需大量资金的需要,所以上市公司一般愿意将其新发行的股票一次性转让给证券商包销。如果上市公司股票发行的数量太大,一家证券公司包销有困难,还可以由几家证券公司联合起来包销。

(2) 代销。代销是由上市公司自己发行,中间只委托证券公司代为推销,证券公司代销证券,只向上市公司收取一定的代理手续费。

(3) 承销。承销即在特定的发行条件下,证券发行总额全部由发行中介机构一次性承购,发行中介机构将承购的证券再分别向投资者出售。出售时的证券价格通常高于承销时的价格,其差额即为发行中介机构的效益。

包销发行方式,虽然使上市公司能够在短期内筹集到大量资金,以应付资金方面的急需,但一般包销出去的证券,证券承销商只按股票的一级发行价或更低的价格收购,不免使上市公司丧失了部分应有的收获。代销发行方式对上市公司来说,虽然相对于包销发行方式能获得更多的资金,但整个筹款时间可能很长,从而不能使上市公司及时得到自己所需的资金。

【思考3】

请你谈谈你对股票发行的基本原则的理解。

**动动笔**

_____

_____

_____


## 第四节 股票交易

二级市场也称交易市场或流通市场,是指对已发行的股票进行买卖、转让和流通的市场,包括交易所市场和场外交易市场。

二级市场的交易改变了股票的所有权,但不会增加所筹资金的总量。股票交易市场为一级市场上发行的股票提供流动性。二级市场的流动性及其活跃程度,影响着一级市场上发行者的信心,为发行者创造了良好的筹资环境,同时也为投资者提供了投资选择的自由。

## 一、证券交易所

证券交易所是由证券管理部门批准成立的专门进行证券交易的固定场所。它是股票二级市场最重要的组成部分。其具体功能有以下几点。

（1）提供买卖证券的固定场所和有关交易设施，如交易显示系统、清算、保管、信息分析、监管等设施。股票交易双方能够集中在一起，加上通过在交易所取得合法席位的经纪人的参与，方便了股票的交易，提高了交易的速度和水平。

（2）制定证券的上市、交易、清算、交割、过户等规则。上市是赋予某个证券在证券交易所内进行交易的资格。但获得上市资格并不等于一劳永逸，证券交易所为了保证上市股票的质量会对其进行定期和不定期的复核，不符合规则者暂停其上市或予以摘牌。股票交易所集中交易符合交易所上市条件的股票。股票交易所一般采取公开竞价法（又称双边拍卖法）交易上市的股票，即买卖双方按价格优先和时间优先的原则进行集中竞价；在不同价位，买方最高申报价格和卖方最低申报价格优先成交；在同一价位指令先到者优先成交。证券交易所有助于形成一个公正和合理的股票交易价格。

股票买卖成交后，就进入交割过户阶段，交割一般可分为证券商之间的交割和证券商与委托客户之间的交割。至于成交后要相隔多少天交割，各证券交易所有不同的规定，称作T+0、T+1、T+2……对于记名股票，还须办理过户手续以享受股东的各种权益，但目前大多数股票已实现无纸化交易，过户和交割可同时完成。

（3）管理交易所的成员，执行场内交易的各项规则，对违纪现象进行相应的处理等，从而保证了股票交易的公开性、公正性和公平性。

（4）编制和公布有关证券交易的资料，为广大投资者提供各种投资信息。

从股票交易的实践可以看出，证券交易所有助于保证股票市场运行的连续性，实现资金的有效配置，形成合理价格，减少投资风险。

我国的证券交易所有两家，分别是上海证券交易所和深圳证券交易所。上海证券交易所成立于1990年11月26日，是我国目前最大的证券交易中心。深圳证券交易所筹建于1989年，于1991年7月正式营业。

上海证券交易所和深圳证券交易所都是按照会员制方式组成，是非营利性事业单位。所谓会员制证券交易所是由会员自愿组成、不以营利为目的的社会法人团体。上海证券交易所和深圳证券交易所由会员、理事会、总经理和监事会四部门组成。其业务范围包括五点。①组织和管理上市证券。②提供证券交易场所。③办理上市证券的清算和交割。④提供上市证券市场信息。⑤办理中国人民银行许可或委托的其他业务。其业务宗旨是：完善证券交易制度，加强证券市场权利，促进中国证券市场的发展与繁荣，维护国家、企业和社会公众的合法权益。

## 二、股票交易方式

股票交易是指股票投资者之间按照市场价格对已发行上市的股票所进行的买卖，股票公开转让的场所首先是证券交易所。根据分类标准的不同，股票交易方式有以下类别。

### (一)议价买卖和竞价买卖

从买卖双方决定价格的不同,分为议价买卖和竞价买卖。议价买卖就是买方和卖方一对一地面谈,通过讨价还价达成买卖交易。它是场外交易中常用的股票交易方式。一般在股票上不了市、交易量少,需要保密或为了节省佣金等情况下采用。竞价买卖是指买卖双方都是由若干人组成的群体,双方公开进行双向竞争的交易,即交易不仅在买卖双方之间有出价和要价的竞争,而且在买者群体和卖者群体内部也有激烈的竞争,最后在买方出价最高者和卖方要价最低者之间成交。在这种双方竞争中,买方可以自由地选择卖方,卖方也可以自由地选择买方,使交易比较公平,产生的价格也比较合理。竞价买卖是证券交易所中主要的股票交易方式。

### (二)直接交易和间接交易

按达成交易的方式,分为直接交易和间接交易。直接交易是买卖双方直接洽谈,股票也由买卖双方自行清算交割,在整个交易过程中不涉及任何中介的交易方式。场外交易绝大部分是直接交易。间接交易是买卖双方不直接见面和联系,而是委托中介人进行股票买卖的交易方式。证券交易所中的经纪人制度,就是典型的间接交易。

### (三)现货交易和期货交易

按交割期限不同,分为现货交易和期货交易。现货交易是指股票买卖成交以后,马上办理交割清算手续,当场钱货两清。期货交易则是股票成交后按合同中规定的价格、数量,过若干时期再进行交割清算的交易方式。

我国上海证券交易所和深圳证券交易所对股票和基金交易实行"T+1"的交易方式。也就是说,投资者当天买入的股票或基金不能在当天卖出,需待第二天进行交割过户后方可卖出;投资者当天卖出的股票或基金,其资金需等到第二天才能提出。我国股票市场场内交易采用竞价方式,采用集合竞价和连续竞价,由交易所直接撮合,不同于美国的做市商制度。

此外,我国股票市场场外交易主要有新三板和区域股权转让,主要是协议转让和券商做市交易方式。

## 三、股票交易程序

股票在证券交易所的交易程序一般包括开户、委托买卖、竞价与撮合成交、清算交割、过户等步骤。

### (一)开户

投资者在买卖证券之前,要到证券经纪人处开立户头,开户之后,才有资格委托经纪人代为买卖证券。开户时要同时开设证券账户和资金账户。当A投资者买入证券,B投资者卖出证券,成交后证券从B投资者的证券账户转入A投资者的证券账户,相应的资金在扣除费用后从A投资者的资金账户转入B投资者的资金账户。证券账户用来记录所持有的证券的种类和数量及证券的交易过程。资金账户则用于存放投资人买入证券所需的资金和卖出证券所取得的价款。

### (二)委托买卖

投资者买卖证券要通过证券交易所的会员进行。投资者委托证券经纪人买卖某种证券时，要签订委托契约书，填写年龄、职业、身份证号码、通信地址、电话号码等基本情况。委托书还要明确，买卖何种股票、何种价格、买卖数量、时间等。最后签名盖章方生效。投资者发出委托指令包括委托品种、委托数量及委托价格。

(1) 委托品种，即股票名称及代码。上海证券交易所主板股票代码以 60 开头，深圳证券交易所主板股票代码以 000 开头。中小板属于深圳证券交易所的一个板块，股票代码以 002 开头。创业板属于深圳证券交易所的一个板块，股票代码 300 开头。如 600285 羚锐制药、000858 五粮液、002304 洋河股份、300002 神州泰岳。

(2) 委托数量。从买卖证券的数量来看，有整数委托和零数委托之分。整数委托是指投资者委托经纪人买进或卖出的证券数量是以一个交易单位为起点或是一个交易单位的整数倍。一个交易单位称为"一手"。"手"的概念来源于证券交易初期的一手交钱一手交货，现已发展为标准手。如上海证券交易所和深圳证券交易所规定，A 股、B 股、基金的标准手是每 100 股为一手。

零数委托是指委托买卖的证券数量不足一个交易单位。若以一手等于 100 股为一个交易单位，则 1～99 股便为零股。一般规定，证交所不接受零买但接受零卖，只有交易额达到一个交易单位或交易单位的整数倍，才允许进交易所内交易，零股要由经纪人凑齐为整数股后，才能进行交易。

(3) 委托价格。从委托的价格看，有市价委托和限价委托之分。市价委托是指投资者向经纪人发出委托指令时，只规定某种证券的名称、数量，价格则由经纪人随行就市，不做限定。在我国，深圳证券交易所目前提供了两种市价申报方式供投资者选择，分别是"对手方最优价格申报""本方最优价格申报"。"对手方最优价格申报"是指申报进入交易主机时以申报簿中对手方队列的最优价格为其申报价格的方式。市价委托的优点是没有价格上的限制，成交迅速且成交率高。市价委托的缺点是最终成交价格由市场确定，存在较大的不确定性。

限价委托即由投资者发出委托指令时，提出买入或卖出某种证券的价格范围，经纪人在执行时必须按限定的最低价格或高于最低价格卖出，或按限定的最高价格或低于最高价格买进。

(4) 委托方式。从委托方式来看，在电子化交易方式下，可分为柜台委托、电话自动委托、自动终端委托和网络委托。柜台委托是指投资者持身份证和账户卡，由投资者在证券商柜台填写买进或卖出委托书，交由柜台工作人员审核执行。电话自动委托是指投资者用电话拨号的方式通过证券商柜台的电话自动委托系统，用电话机上的数字和符号键输入委托指令。自动终端委托是指投资者用证券商在营业厅或专户室设置的柜台电脑自动委托终端亲自下达买进或卖出的指令。网络委托指投资者通过与证券商柜台电脑系统联网的远程终端或互联网下达买进或卖出指令。

(三) 竞价与撮合成交

经纪人在接受投资者委托后，即按投资者指令进行申报竞价，然后拍板成交。

1. 我国股票市场交易竞价成交的原则

(1) 价格优先。对于买入申报，较高价格优先于较低价格，即对于买入申报按由高到低的顺序排列；对于卖出申报，较低价格优先于较高价格，即卖出申报按由低到高的顺序排列。

（2）时间优先。买卖方向、价格相同的，先申报者优先于后申报者。

除了上述的优先原则外，市价委托优先于限价委托。

2. 我国股票市场交易的竞价方式

目前，上海证券交易所和深圳证券交易所同时采取集合竞价和连续竞价两种方式。

（1）集合竞价。上午9：15至9：25进行集合竞价（集中一次处理全部有效委托）。所谓集合竞价就是在当天还没有成交价的时候，可根据前一天的收盘价和对当日股市的预测来输入股票价格，而在这段时间里输入计算机主机的所有价格都是平等的，不需要按照时间优先和价格优先的原则交易，而是按最大成交量的原则来定出股票的价位，这个价位就被称为集合竞价的价位，而这个过程被称为集合竞价。

（2）连续竞价。上午9：30至11：30、下午1：00至3：00进行连续竞价（对有效委托逐笔处理）。竞价原则为"价格优先、时间优先"。价格较高的买进委托优先于价格较低的买进委托，价格较低的卖出委托优先于价格较高的卖出委托；同价位委托，则按时间顺序优先。

（四）清算交割

证券的清算与交割是一笔证券交易达成后的后续处理，是价款结算和证券交收的过程。清算和交割统称证券的结算，是证券交易中的关键一环，它关系到买卖达成后交易双方责权利的了结，直接影响到交易的顺利进行，是市场交易持续进行的基础和保证。交割即买卖双方通过结算系统实现一手交钱一手交货的过程。交割日期用T+$n$制度表示，$n$表示成交与交割之间的时间间隔。我国目前实行T+1交割；国际上倡导的是T+0交割。

证券的结算方式有逐笔结算和净额结算两种。

逐笔结算是指买卖双方在每一笔交易达成后对应收应付的证券和资金进行一次交收，可以通过结算机构进行，也可以由买卖双方直接进行，比较适合以大宗交易为主、成交笔数少的证券市场和交易方式。例如，CEDEL国际清算中心就采用此方式。

净额结算是指买卖双方在约定的期限内将已达成的交易进行清算，按资金和证券的净额进行交收。该方式比较适合于投资者较为分散、交易次数频繁、每笔成交量较小的证券市场和交易方式。净额结算通常需要经过两次结算，即首先由证券交易所的清算中心与证券商之间进行结算，称为一级结算；然后由证券商与投资者之间进行结算，称为二级结算。

（五）过户

我国证券交易所的股票已实行"无纸化交易"，对于交易过户而言，结算的完成即实现了过户，所有的过户手续都由交易所的电脑自动过户系统一次完成，无须投资者另外办理过户手续。

## 四、场外交易

除了有确定的交易场所的证券交易所以外，股票的交易也有在没有确定场所内进行的交易市场，称为场外交易市场（Over the Counter，OTC）。凡是在证券交易所之外的股票交易活动，都可称为场外交易。在证券市场发展初期，由于场外交易的相当部分是在券商的柜台上进行的，所以也有"柜台交易"或"店头交易"的称谓。场外交易市场的特点是：①无集中交易场所，交易通过信息网络进行；②交易对象主要是没有在交易所登记上市的证券；③证券交易可以通过交易商或经纪人，也可以由客户直接进行；④证券交易一般由双方协商议定价格，不同于交易所采取的竞价制度。

目前，场外交易市场主要是由客户和证券经营机构通过电信工具进行。实际上，场外交易市场是由许多证券商组成的一个抽象的证券买卖市场。证券交易商用自己的资金买入证券后，随时随地将自己的存货卖给客户投资者，同时也买进投资者的股票，因此他们可以看成"市场组织者"。证券交易商挂牌买卖股票的差价可以看作证券交易商提供服务的服务费。但是，证券交易商又不像交易所的特种会员一样有维持价格稳定的义务，在价格大幅波动的情况下，他们将停止交易以避免更大的损失。如果某种证券的交易不活跃，只需一两个证券交易商作为市场的组织者；当交易活跃时，更多的市场组织者会加入竞争，从而降低买卖差价。场外交易市场从技术上帮助市场参与者打破地域的限制。只要技术上许可，交易双方可以身处不同的国度。由于许多场外交易市场在信息公开程度的要求上以及对上市公司质量的要求上比交易所低，因此，近十几年中发展速度非常快，逐渐成为交易所强有力的竞争对手。

【思考4】
场外交易市场与证券交易所相比，区别主要有哪些？

**动动笔**

## 本章小结

通过本章学习，掌握股票是股份公司发行的所有权凭证，是一种有价证券，具有收益性、风险性和流动性等。掌握股票市场的股票种类及其特点。理解股票市场的发展历程以及我国股票市场的发展历程及规模。

通过本章学习，掌握股票的价格和价值的概念。了解股票有三种估值模型，并能够运用模型计算股票价格。理解股票的价值。掌握股票价格的变化受许多因素的影响，但股票的价格不是随意变动的，股票也有其内在的价值。

通过本章学习，了解股票市场可分为一级市场和二级市场。一级市场是发行新的股票的市场；二级市场是买卖已发行股票的市场。掌握股票发行分为首次公开发行和增发、股票发行价格的确定、股票的发行原则、方式与程序。

通过本章学习，知道股票发行后在二级市场进行交易，股票的交易场所可分为证券交易所和场外交易场所。掌握股票交易的方式，包括议价买卖和竞价买卖、直接交易和间接交易、现货交易和期货交易。掌握股票的交易程序，包括开户、委托买卖、竞价与撮合成交、清算交割、过户等步骤。加深对股票、股票市场的理解。

## 本章思考题

1. 在股票市场中，企业是直接在一级市场上筹集资金，那它为什么还要在二级市场上存在和发展呢？

2. 简述普通股和优先股的区别。

3. 简述我国多层次资本市场的发展历程。

4. 影响股票市场价格变动的因素有哪些？

5. 公募发行和私募发行有何区别？

6. 简述股票的直接发行和间接发行。

7. 简述股票交易程序。

8. 某股票每年每股支付1美元股利，预期1年后的出售价格为20美元，如果要求回报率为15%，计算该股票现在的价格。

9. 经过认真分析，你认为在可预见的未来，某公司的股利平均每年增长7%。它最后一次股利支付为3美元。如果要求回报率为18%，计算该股票的现价。

10. 某股票现在的价格是5.88美元，如果预计未来5年每股的股利是1美元，要求回报率为10%，那么若5年后卖出该股票，预计那时的股票价格是多少？

 案例分析4-1　我国股票市场股权分置改革

# 第五章

# 债券市场

## 学习路径

债券要素与性质—债券特点—债券分类—债券发行的条件—债券发行的形式和程序—债券收益率现象—思考与问题分析—反思与总结

## 学习目标

- 描述债券的基本要素及其特征
- 掌握债券的不同分类
- 了解债券发行的方式、程序
- 列举债券发行的形式与发行条件
- 掌握不同种类债券价值与到期收益率的计算
- 理解影响债券价值的因素
- 理解债券定价的五个原理
- 能够描述债券上市的程序
- 能够区别债券交易的不同方式
- 能够描述债券交易的程序及方式

## 核心概念

政府债券、公司债券、金融债券、固定利率债券、浮动利率债券、信用债券、担保债券、公募债券、私募债券、违约风险、场内交易、场外交易、银行间债券市场

## 学习要求

- 阅读材料
- 浏览中国证券监督管理委员会网站,了解相关规定
- 浏览中国债券信息网等相关网站,了解我国债券相关指标数据

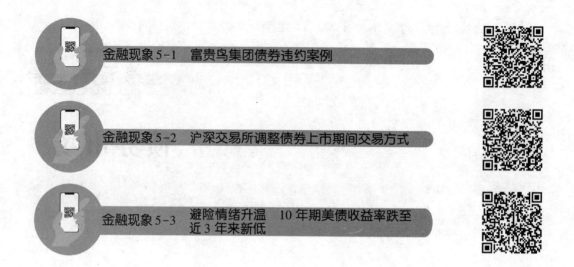

## 第一节 债券的性质和种类

### 一、债券的要素与性质

债券是政府或企业（工商企业和金融企业）直接向社会借债筹措资金时，向投资者发行的、承诺按一定利率支付利息并按约定条件偿还本金的债权债务凭证。

1. 债券的基本要素

（1）债券的面值。面值包括面值币种和票面金额两项内容。面值币种是指以何种货币作为面值的标价单位。债券面值币种取决于发行者的需要和发行对象。一般地说，国内债券的面值币种为本国货币，一国在他国发行的债券的面值币种为债券发行地国家的货币或国际通用货币（如美元）。票面金额是指债券票面上直接标示的货币单位，它的大小从一个货币单位到上百万货币单位不等。票面金额的大小对债券的发行成本、发行数量及投资者的构成会产生不同程度的影响。债券的面值通常就是债券的发行价格，但也有不一致的情况，如溢价发行或折价发行。债券的交易价格则常常与其面值不一致。

（2）债券的利率。债券的利率又称票面利率，它是指债券持有人每年可获得的利息与债券面值的比率。债券利率通常是固定的，即在债券到期之前保持不变，但也有一类债券的利率是浮动的，即随某种参照利率（如银行优惠贷款利率）的变动而变动。债券利率主要受银行利率、发债人的资信级别、偿还期限、利率计算方式和资本市场资金供求关系等因素的影响。

（3）债券的期限。债券的期限是指从债券发行日起到本息偿清之日止的时间。债券的期限短的只有数月，长的可达几十年。期限的确定主要受发债人未来一定时期内可调配的资金规模、市场利率的变动态势、投资者的投资意向、心理状态、行为偏好以及债券市场的供求状况等因素的影响。

2. 债券的性质

就性质而言，债券是一种有价证券，是体现债权债务关系的书面凭证。与股票等有价证券一样，债券也是一种虚拟资本，是债券筹集到的资金在经济活动中运用所形成的真实资本的一种外在形式，它赋予其持有人在一定的时期内获取债息并到期收回本金的权利。债券通常可以在特定的金融市场转让。因而，债券代表的不是发债人与特定的购买人（投资者）之间固定的债权债务关系，而是发债人对整个市场做出的承诺，体现为公开的、社会化的债权债务关系。

### 二、债券的特点

从债券的概念、基本要素及其性质，可以归纳出债券的一般特点。

1. 时间上的有期性

发债人发行债券，不管出于何种目的，发行何种债券，偿还本金始终是发债人在发行债券时就必须向投资者作出的具有法律效力的承诺，债券便因此具有期限性。不同债券的区别之一在于期限的长短不同。在这一点上，一个特殊的例外是历史上英国政府为了筹集对付拿破仑的战争经费，曾发行过一种没有规定还本期限的永久债券。

2. 收益的相对固定性

投资债券的收益表现为债券的利息，而利息是发债时便已确定的，因而不受发债人的经营业绩及市场利率变动的影响。就此而论，债券的收益是固定的，即它会在未来某个确定的时间内给投资者带来确定的具体现金流量，且投资者投资前已经知悉。因此，债券总是被归入固定收益证券的范畴。

3. 较强的流动性

债券是一种社会化、标准化的投资工具，在证券市场健全的情况下，债券持有人可以随时在证券交易市场将债券出售变现。因而，债券具有较好的流动性。

4. 较高的安全性

正如任何一种投资都有风险一样，债券投资也有一定的风险。但相对于其他资本证券而言，债券的风险相对较小，因而具有较高的安全性。其原因在于：第一，债券的利率是事先确定的，除非发债企业因资不抵债破产，否则投资者一般都可以获得固定的利息收益并收回本金；第二，债券本息的偿还和支付有法律保障；第三，债券的发行需符合一定的资信条件，只有资信级别较高的企业方被允许发债，至于政府发行的债券，一般无不能还本付息之虞。

5. 权益的单一性

一般而言，债券的持有人只有获取债息、索偿本金及转让债券的权利，除此之外，投资者既无权过问发债券企业的决策及管理事务，也无权在应得利息之外参与企业的利润分配。因此，发债人与投资者之间是一种很简单的债权债务关系。但是，也有某些类别的债券内含有参与企业利润的分配权；同时，根据现代公司治理理论，债权也是一种公司治理机制，债权人在某些情况下也可以介入公司治理的某些过程。

### 三、债券的分类

在债券市场的发展过程中，债券的品种日趋丰富，种类不断增多。依据不同的分类标准，可以从不同角度对债券进行分类。

1. 按发行主体分类

按发行主体的不同，债券可分为政府债券、公司债券、金融债券等种类。这是最主要、最通用的债券分类。

（1）政府债券。政府债券也称公债，是由中央政府或地方政府发行的债券。中央政府发行的债券又叫国债，发债所筹资金主要用于国家经济建设或弥补国家财政预算收支差额。地方政府发债所筹资金一般用于当地的市政建设，因而这类债券又称市政债券。政府债券以政府的税收能力作为还本付息的保证，因而具有很高的安全性，尤其是国债，素有"金边债券"之称，因此其利率也比其他债券低。中华人民共和国成立初期发行过"人民胜利折实公债"等国债，1960年前还清本息后至1980年未再发债，1981年起重新开始发行国债。

（2）公司债券。公司债券有广义和狭义之分。广义的公司债券泛指所有工商企业发行的债券，狭义的公司债券专指公司制企业发行的债券。与其他债券相比，公司债券的主要特点包括三点。①期限较长。公司债券是企业筹措长期资金的重要方式，其期限短则一两年，长则数年甚至更长时间。②风险性较大。公司债券的还本付息来源是公司的经营利润，但是任何一家公司的未来经营都存在很大的不确定性，因而债券持有人承担着损失利息甚至本金的风险。③收益率较高。既然风险较高，就要求与风险相对称的收益，因此公司债券的利率一般高于其他债券。

（3）金融债券。由银行和非银行金融机构发行的债券，称为金融债券。金融债券并非在所有国家都作为一个独立的债券品种。例如，美国、英国等欧美国家把金融机构发行的债券归入公司债券。金融机构发行债券主要是为了解决银行等金融机构的资金来源不足和期限不匹配的矛盾。金融债券的资信通常高于其他非金融机构债券，违约风险相对较小，具有较高的安全性，因此其利率通常低于一般的企业债券，但高于风险更小的国债和银行储蓄存款利率。我国的金融机构在国内发行金融债券始于20世纪80年代。1985年，中国工商银行、中国农业银行开始在国内发行人民币金融债券。此后，各银行及信托投资公司相继发行金融债券。1994年，随着各政策性银行的成立，政策性金融债券也开始出现。1996年，为筹集资金专门用于偿还不规范证券回购债券，部分金融机构开始发行特种金融债券。

【思考1】

根据债券的发行主体，对不同类型债券的收益率与风险按照顺序进行排列，并说明收益率与风险之间的关系。

**动动笔**

_____
_____
_____
_____

2. 按记名与否分类

按是否记名分类，债券可分为记名债券和无记名债券两类。记名债券是指在债券券面上记载持有人姓名的债券。由于记名，支取本息时必须凭券面载明的持有人的印鉴，转让时要背书并办理过户手续；另外，可以挂失并防止冒领。但这类债券流动性较差。

无记名债券是指券面上不记载持有人姓名的债券。这类债券只凭债券本身支取本息而不管持有人的身份，转让时不需要背书、过户，只需交付债券给受让方即可，因而流通较方便。但这类债券不可挂失，一旦遗失或被窃，容易被冒领。

3. 按偿还期限分类

按偿还期限，债券可分为短期债券、中期债券和长期债券。短期债券的偿还期限一般在1年以下。如美国政府发行的短期债券分为3个月、6个月、9个月和12个月四种，英国的国库券通常为3个月，日本的短期国债为2个月。政府发行短期债券多是为了平衡预算开支，企业发行短期债券主要是为了筹集临时性周转资金。中期债券的偿还期限为1至10年，如美国政府发行的债券中1至10年期的为中期债券，日本的中期附息票债券的期限为2至4年、贴现国债的期限为5年。发行中期债券是为了获得较长期的、稳定的资金。长期债券的偿还期限为10年以上，如美国政府债券中的10至30年期债券，日本的10年期附息票债券，英国的15年以上的长期金边债券；在日本，偿还期限在15年及以上的债券称为超长期债券。发行长期债券是为了筹集可供长期使用的资金。在我国，国债的期限划分与上述标准相同。到目前为止，我国政府发行的债券主要是中期债券，期限集中在3至5年，短期债券较少，10年期的长期债券从1996年开始发行。但是我国企业债券的期限划分与上述标准有所不同，具体表现在中长期债券的期限缩短，即偿还期限在1至5年期的为中期债券，5年期以上的为长期债券。

4. 按利息支付方式分类

按利息支付的方式，债券可分为附息票债券和贴现债券。附息票债券是指在债券上附有各期利息票，持券人凭从债券上剪下来的息票领取利息的债券。这种领取利息的方式俗称"剪息票"。息票上标有各期的利息额、支付利息的期限及债券号码等内容。息票到期之前，持票人不能要求兑付。由于凭息票就可领取利息，息票因此成为一种有价证券，可以转让。贴现债券又叫无息票债券或零息票债券。这种债券在发行时不规定利率，券面上不附息票，以低于债券面值的价格发行，到期按面值兑付，发行价与债券面值之间的差额即为债券的利息。如投资者以75元的发行价购买面值为100元的5年期国债，到期按100元的面值兑付，其中25元的差价即为该国债的利息，年息率平均为6.67%。这种债券实质上是一种以预付利息方式发行的债券，因而也叫贴息债券。许多国家发行国债通常采用这种方式。美国的短期国库券和日本的贴现国债，都是较为典型的贴现国债。

我国早期发行的国债多数是到期一次还本付息。1993年第三期国债开始实行按年付息，成为我国第一期附息国债；1996年发行的10年期国债也实行按年付息。贴现国债的发行在我国也始于1996年；当年发行的为短期国债，期限分别为3个月、6个月和1年。

5. 按利率在偿还期间变动与否分类

按利率在偿还期内是否变动，可将债券分为固定利率债券和浮动利率债券。固定利率债券是指在发行时规定利率在整个偿还期内不变的债券，一般每半年或一年支付利息一次。这是最普遍且数量最多的一类债券。由于利率固定不变，发行者的筹资成本和投资者的投资收益可以事先测定，因而现金流的不确定性较小，但债券发行人和投资者要承担市场利率波动的风险。当市场利率下降时，发行者的相对成本上升，投资者的相对收益也上升，此时这种债券的市场价格将上升；当市场利率上升时，情况则正好相反。浮动利率债券是指在发行时规定债券利率可随市场利率的变动而调整的债券。这种债券的利率通常根据市场基准利率加上一定的利差来确定,如美国浮动利率债券的利率水平主要参照3个月期限的国债利率,欧洲市场则主要参照伦敦同业拆借利率。由于利率是可变动的,这类债券可避免其实际收益率与市场收益率之间出现过大偏离,使发行人的成本和投资者的收益与市场变动趋势相一致,但也会因此而使发行人的实际成本和投资者的实际收益带有不确定性。

6. 按持有人受益程度和方式分类

按持有人的受益程度和方式,债券可分为固定收益债券、分息公司债券、收益公司债券、参加公司债券等。这是针对公司债券所做的分类。

固定收益债券即固定利率债券。这种债券的发行公司支付给债券持有人的收益就是发行时确定的固定利息,除此外,投资者不能从发行公司获取任何其他收益。

分息公司债券是指部分利息固定,部分利息随发行公司的收益情况而变动的公司债券。例如,债券利率规定为6%~8%,其中6%为必须按期支付的固定利息,其余2%则随公司盈利的多少而定;若公司盈利较多,则在两个百分点的范围内加付利息,否则就不予加付。

收益公司债券是指利息视发行公司的盈利状况而定的公司债券。如果公司有盈利就支付利息,否则就不支付。这种债券通常在公司改组或合并时发行,用以收回其已发行的债券,以减轻公司的负担。就利息支付与公司盈利挂钩这一点而言,这种债券类似股票,但在本质上它还是债券,因而发行公司必须承担到期还本的义务。

参加公司债券是指债券持有人除了可以得到事先规定的利息外,还可以在公司的盈利超过应付利息时参与公司若干红利分配的公司债券。发行这种债券的公司通常经营状况欠佳,发行股票难以推销,只能以股东放弃部分红利为条件发行债券以吸引投资者。与其他公司债券相比,这种债券的利率较低。

7. 按有无抵押担保分类

按有无抵押担保分类,债券可分为信用债券和担保债券两大类。

信用债券即无担保债券,指发债人不提供任何形式的担保,仅凭自身信用发行的债券,政府债券和金融债券多属此类。一些资信非常好的公司也可发行这种债券,但在发行时必须签订信托契约,对发债人的有关行为作出限制和约束,以保障投资者的利益。

担保债券是指以抵押财产为担保或由第三者作还本付息担保的债券。按担保实体,担保债券又可分为抵押债券、质押债券及承保债券等形式。抵押债券是指以发债人拥有产权的土地、房屋等不动产为抵押担保物而发行的债券。若发债人到期不能还本付息,债券持有人有权处置抵押物以收回本息。在实践中,发债公司可以将同一不动产作为抵押物而多次发行债券,按发行顺序分为第一抵押债券和第二抵押债券。第一抵押债券对于抵押物有第一留置权,第二抵押债券对抵押物有第二留置权。被质押的有价证券通常应交由某一信托机构保管,若发债公司无法按期还本付息,即由受托机构处理其质押的证券并代为偿债,以保障投资者的利益。承保债券是指由第三者担保偿还本息的债券。担保人一般为银行、非银行金融机构、公司等,个别由政府担保。

8. 按发行方式分类

按发行方式,债券可分为公募债券和私募债券。

公募债券是指向不特定投资人公开发行的债券。这种债券的发行有严格的法定程序并需证券监管机关批准。除政府作为发债人外，一般企业必须符合规定的条件才能发行公募债券。由于发行对象是不特定的广大投资者，因而要求发债人必须遵守信息公开制度，向投资者提供必要的财务报表和有关资料，以防止欺诈行为，保护投资者的利益。

私募债券是指在特定范围内向特定对象发行的债券。这些特定对象通常是与发行公司有特定关系的机构或个人。这种债券的发行范围小，公开程度低，转让受限制，如日元债券在发行后的两年内不得转让、仅限于在同行业投资者之间转让，且须事先取得发行者的同意。但这种债券的利率要比公募债券高。

9. 按本金偿还方式分类

按本金偿还方式，债券可分为一次偿还债券、分期偿还债券、提前偿还债券、延期偿还债券、偿债基金债券、可转换债券等。

一次偿还债券是指全部本息于到期时一次偿清的债券。

分期偿还债券亦称序列偿还债券，是指同一次发行但分次偿还的债券。一般是每隔半年或一年偿还一批，以减轻集中一次偿还的负担，其偿还一般采用抽签方式或按照债券序号的次序确定债券先后偿还的顺序。

提前偿还债券又叫通知偿还债券，是指发债人在债券到期之前可以随时通知债权人向其偿还一部分或全部本息的债券。在只提前偿还一部分时，通常用抽签办法确定。这种债券对发债人较为有利，因为当市场利率下降时，发债人就可以通知偿还已发行的债券，同时以较低的利率发行新债券。

延期偿还债券是指可以延期还本付息的债券。这有两种情形：一种是根据发债人提出的新利率由债权人要求延期；另一种是发债人在债券到期而无力偿还时，征得债权人的同意而延期。

偿债基金债券是指发债人定期从经营收益中提取一定比例的资金作为偿债基金，以供债券到期偿付之用的债券。这种债券有较可靠的还本付息保证，因而对投资者很有吸引力。

可转换债券是指债券持有人可以在规定的时间内按规定的转换价格将债券转换成发债公司普通股票的债券。转换与否的选择权在债券持有人。对可转换债券本书另有专章分析，在此不做过多介绍。

10. 按面值所标币种分类

根据面值标示的货币币种，债券可分为本币债券、外币债券、双重货币债券等。本币债券是指一国在国内发行的以本国货币标示面值的债券，如我国1981年以来发行的国库券（国债）。

外币债券是指在一国国内发行但以某种外币标示面值的债券，如以美元标价的债券称美元债券，以日元标价的债券称日元债券。

双重货币债券是指交纳本金和偿还本金分别为不同货币的债券，如日元美元双重货币债券，交纳本金和支付利息用的是日元，而偿还本金用的是美元。

11. 按发行地域和使用币种分类

按发行地域和使用货币，债券可分为国内债券和国际债券两大类。国内债券是指一国政府、企业或金融机构在本国国内以本国货币为单位发行的债券。我国政府、企业和金融机构发行的大多为国内债券。

国际债券是指一国政府、金融机构、工商企业或国际组织，在国外金融市场上发行的以外国货币为面值的债券。国际债券的一个重要特征是发行者和投资者属于不同的国家。

按发行债券所用的货币和发行地点，国际债券又可分为外国债券和欧洲债券。外国债券是指一国政府、企业、金融机构或国际组织在另一国发行的以当地国货币计值的债券。国际上著名的外国债券有扬基债券、武士债券、龙债券等。

扬基债券是指在美国证券市场上发行的外国债券，即外国政府、企业、金融机构或国际组织在美国发行的以美元为计值货币的债券。扬基债券具有以下特点。①期限长，数额大。期限通常为5~7年，长的有20~25年；近年来每次发行的数额平均都在7 500万~1.5亿美元，有些大额发行甚至高达几亿美元。②美国政府对其准入控制较严，申请手续远比一般债券烦琐，但20世纪80年代中期以来有所放宽。③发行者以外国政府和国际组织为主。④投资者以美国的机构投资者为主。

武士债券是指外国政府、企业、金融机构或国际组织在日本债券市场上发行的以日元为计值货币的债券。"武士"是日本古时一种很受尊敬的职业，后来人们习惯将一些带有日本特性的事物同"武士"一词连用，"武士债券"也因此得名。武士债券均为无担保发行，典型期限为3~10年，一般在东京证券交易所交易。

龙债券是指以非日元的亚洲国家或地区货币发行的外国债券。龙债券是东亚经济迅速发展的产物。1992年以来，龙债券迅速发展。但龙债券对发行人的资信要求较高，一般其发行主体是政府及相关机构。其典型偿还期限为3~8年。龙债券发行后即在亚洲地区（香港或新加坡）挂牌上市。

欧洲债券是指一国政府、企业、金融机构或国际组织在国外债券市场上以第三国货币为面值发行的债券。欧洲债券的发行人、发行地及计值货币分别属于三个不同的国家，如法国一公司在英国债券市场上发行以美元为面值的债券即为欧洲债券。欧洲债券产生于20世纪60年代，源于欧洲国家在美国境外发行美元债券。欧洲债券最初主要以美元为计值货币，发行地以欧洲为主。20世纪70年代后，随着美元汇率波动幅度增大，以德国马克、瑞士法郎和日元为计值货币的欧洲债券的比重逐渐增加；同时，发行地开始突破欧洲地域限制，在亚太、北美及拉丁美洲等地发行的欧洲债券日渐增多。因此，欧洲债券已经不是一个地域概念。欧洲债券的主要特点是：①欧洲债券市场是一个完全自由的市场，债券发行既不需要向任何监管机关登记注册，又无利率管制和发行数额限制，还可以选择不同的计值货币；②发行数额大、期限长，对财务公开的要求不高；③发行面广，手续简便，发行费用较低；④以不记名方式发行，并可以保存在国外，能满足希望保密的投资者的需要；⑤发行者多为大公司、各国政府及国际组织，因而安全性较高，收益率也较高，且利息收入通常免交所得税。因此，欧洲债券对发行者和投资者都很有吸引力。

我国进入国际债券市场发行国际债券始于1982年。1982年1月，中国国际信托投资公司在日本发行100亿日元的武士债券；1984年11月，中国银行也在日本发行200亿日元的武士债券。之后，我国政府、一些大企业和金融机构相继进入国际债券市场，在日本、美国、新加坡、英国、德国、瑞士等国发行外国债券和欧洲债券。

最后需要进一步说明的是，上述 11 种分类是从不同角度、依照不同标准对债券这一投资工具所作的分类。这种分类可谓"横看成岭侧成峰"。在现实中，每一种债券通常具有多种分类中的某一类债券的内涵，如公司债券既是按发行主体分类的一种债券，同时又可能是记名债券、中期债券、附息票债券、固定利率债券、担保债券、公募债券、一次偿还债券等。随着债券市场的发展，特别是金融创新的不断深化，债券的分类也将不断延伸，债券这一大家族的成员也将继续增加。

## 第二节　债券发行

### 一、债券发行的目的

企业在生产经营过程中，可能会由于种种原因而急需大量资金，如扩大业务规模、筹建新项目、兼并收购其他企业、弥补亏损等。在企业自有资金不能完全满足其资金需求时，便需要向外部筹资。通常，企业对外筹资的渠道有三个即发行股票、发行债券和向银行等金融机构借款。

发行股票手续复杂，前期准备时间长，还要公布公司财务状况，受到的制约较多。此外，增发股票还导致股权稀释，影响到现有股东的利益和对公司的控制权。向银行等金融机构借款通常较为方便，能较快满足企业的资金需求，但信贷的期限一般较短，资金的使用范围往往受到严格的限制，有时信贷还附有一定的附加条件。而且，在企业经营状况不佳时，银行往往不愿意提供贷款。

相对而言，发行债券筹集资金的期限较长，资金使用自由，而且购买债券的投资者无权干涉企业的经营决策，现有股东对公司的所有权不变，从这一角度看，发行债券在一定程度上弥补了发行股票和向银行借款的不足。因此，发行债券是许多企业非常愿意选择的筹资方式。但是，债券筹资也有其不足之处，主要是由于公司债券投资的风险性较大，发行成本一般高于银行贷款，还本付息对公司构成较重的财务负担。企业通常权衡这三种方式的利弊得失后，再选择最恰当的形式筹集所需资金。

### 二、债券发行的条件

#### （一）债券发行的基本条件

《证券法》第十六条的规定是对公开发行公司债券的总体要求，适用于所有发行公司债券的情形。这些条件如下。

①股份有限公司的净资产不低于人民币三千万元，有限责任公司的净资产不低于人民币六千万元。

②累计债券余额不超过公司净资产的百分之四十。

③最近三年平均可分配利润足以支付公司债券一年的利息。

④筹集的资金投向符合国家产业政策。

⑤债券的利率不超过国务院限定的利率水平。
⑥国务院规定的其他条件。

### （二）禁止发行债券的情形

《公司债券发行与交易管理办法》规定，存在下列情形之一的，不得公开发行公司债券。

①最近三十六个月内公司财务会计文件存在虚假记载，或公司存在其他重大违法行为。
②本次发行申请文件存在虚假记载、误导性陈述或者重大遗漏。
③对已发行的公司债券或者其他债务有违约或者迟延支付本息的事实，仍处于继续状态。
④严重损害投资者合法权益和社会公共利益的其他情形。

## 三、债券发行方式

### （一）按实际发行价格和票面价格异同分类

按照债券的实际发行价格和票面价格的异同，债券的发行可分为平价发行、溢价发行和折价发行。

平价发行指债券的发行价格和票面额相等，因而发行收入的数额和将来还本数额也相等。前提是债券发行利率和市场利率相同。

溢价发行指债券的发行价格高于票面额，以后偿还本金时仍按票面额偿还。只有在债券票面利率高于市场利率的条件下才能采用这种方式发行。

折价发行指债券发行价格低于债券票面额，而偿还时却要按票面额偿还本金。折价发行是因为规定的票面利率低于市场利率。

### （二）按发行对象分类

按照债券的发行对象，可分为私募发行和公募发行两种方式。

私募发行是指面向少数特定的投资者发行债券，一般以少数关系密切的单位和个人为发行对象，不对所有的投资者公开出售。私募发行具体发行对象有两类：一类是机构投资者，如大的金融机构或是与发行者有密切业务往来的企业等；另一类是个人投资者，如发行单位自己的职工，或是使用发行单位产品的用户等。私募发行一般采取直接销售的方式，不经过证券发行中介机构，不必向证券管理机关办理发行注册手续，可以节省承销费用和注册费用，手续比较简便。但是私募债券不能公开上市，流动性差，利率比公募债券高，发行数额一般不大。

公募发行是指公开向广泛不特定的投资者发行债券。公募债券发行者必须向证券管理机关办理发行注册手续。由于发行数额一般较大，通常要委托证券公司等中介机构承销。公募债券信用度高，可以上市转让，因而发行利率一般比私募债券利率低。公募债券采取间接销售，具体方式又可分为三种。①代销。发行者和承销者签订协议，由承销者代为向社会销售债券。承销者按规定的发行条件尽力推销，如果在约定期限内未能按照原定发行数额全部销售出去，债券剩余部分可退还给发行者，承销者不承担发行风险。采用代销方式发行债券，手续费一般较低。②余额包销。承销者按照规定的发行数额和发行条件，代为向社会推销债券，在约定期限内推销债券如果有剩余，须由承销者负责认购。采用这种方式销售债券，承销者承担部分发行风险，能够保证发行者筹资计划的实现，但承销费用高于代销费用。③全额包销。首先由承销者按照约定条件将债券全部承购下来，并且立即向发行者支付全部债券价款，然后再由承销者向投资者分次推销。采用全额包销方式销售债券，承销者承担了全部发行风险，可以保证发行者及时筹集到所需要的资金，因而承销费用最高。

西方国家以公募方式发行国家债券一般采取招标投标的办法进行，投标又分竞争性投标和非竞争性投标。竞争性投标是先由投资者（大多是投资银行和大证券商）主动投标，然后由政府按照投资者自报的价格和利率，或是从高价开始，或是从低利开始，依次确定中标者名单和配额，直到完成预定发行额为止。非竞争性投标是政府预先规定债券的发行利率和价格，由投资者申请购买数量，政府按照投资者认购的时间顺序，确定他们各自的认购数额，直到完成预定发行额为止。

### （三）按是否有金融中介机构参与出售分类

债券发行按是否有金融中介机构参与出售的标准来看，有直接发行与间接发行之分，其中间接发行又包括拍卖发行、代销、承购包销和招标发行。

1. 直接发行

直接发行一般指作为发行体直接将债券定向发行给特定的机构投资者，也称定向私募发行，采取这种推销方式发行的债券数额一般不太大。而作为财政部每次债券发行额较大，如美国每星期仅中长期债券就发行100亿美元，我国每次发行的债券至少也有百亿元人民币，仅靠发行主体直接推销巨额债券有一定难度，因此使用该种发行方式较为少见。

2. 间接发行

（1）拍卖发行

拍卖发行指在拍卖市场上，按照例行的、经常性的拍卖方式和程序，由发行主体主持，公开向投资者拍卖债券。债券的拍卖发行完全由市场决定债券发行价格与利率，实际是在公开招标发行基础上更加市场化的做法，是债券发行市场高度发展的标志。由于该种发行方式更加科学、合理、高效，所以西方发达国家的债券发行多采用这种形式。

（2）代销

代销指由债券发行主体委托代销者代为向社会出售债券。代销可以充分利用代销者的网点，但因代销者只是按预定的发行条件，于约定日期内代为推销，代销期终止，若有未销出余额，全部退给发行主体，代销者不承担任何风险与责任，因此，代销方式也有不尽如人意的地方。①不能保证按当时的供求情况形成合理的发行条件。②推销效率难尽人意。③发行期较长，因为有预约推销期的限制。所以，代销发行仅适用于证券市场不发达、金融市场秩序不良、机构投资者缺乏承销条件和积极性的情况。

（3）承购包销

承购包销指大宗机构投资者组成承购包销团，按一定条件承购包销债券，并由其负责在市场上转售，任何未能售出的余额均由承销者包购。这种发行方式的特征有两点。①承销者是作为发行主体与投资者间的媒介而存在的。②承购包销是用经济手段发行债券的标志，并可用招标方式决定发行条件，是债券发行转向市场化的一种形式。

（4）招标发行

招标发行指债券发行主体直接向大宗机构投资者招标，投资者中标认购后，没有再向社会销售的义务，因而中标者即为债券认购者。当然，中标者也可以按一定价格向社会再行出售。相对于承购包销发行方式，招标发行不仅实现了发行者与投资者的直接见面，减少了中间环节，而且有利于形成公平合理的发行条件，也有利于缩短发行期限，提高市场效率，降低发行体的发行成本，是债券发行方式进一步市场化的标志。

### 四、债券发行程序

1. 应当由公司董事会制定公司债券发行的方案，交由股东会决议

（1）股东会或股东大会作出发行公司债券的决议。

申请发行公司债券，由股东会或股东大会对下列事项做出决议。①发行债券的数量。②向公司股东配售的安排。③债券期限。④募集资金的用途。⑤对董事会的授权事项。⑥其他需要明确的事项。发行公司债券募集的资金，必须符合股东会或股东大会核准的用途，且符合国家产业政策。

（2）发行公司债券的表决规则。

《公司法》第一百零三条规定："股东出席股东大会会议，所持每一股份有一表决权。但是，公司持有的本公司股份没有表决权。股东大会作出决议，必须经出席会议的股东所持表决权过半数通过。但是，股东大会作出修改公司章程、增加或者减少注册资本的决议，以及公司合并、分立、解散或者变更公司形式的决议，必须经出席会议的股东所持表决权的三分之二以上通过。"

上市公司发行分离交易的可转换公司债券，则股东大会应当就以下事项作出决议：本次证券发行的方案、本次募集资金使用的可行性报告、前次募集资金使用的报告、债券利率、债券期限、担保事项、回售条款、还本付息的期限和方式以及认股权证的行权价格、认股权证的存续期限、认股权证的行权期间或行权日。上市公司向本公司特定的股东及其关联人发行证券的，股东大会就发行方案进行表决时，关联股东应当回避。上市公司就发行证券事项召开股东大会，应当提供网络或者其他方式为股东参加股东大会提供便利。

2. 提出发行申请

（1）向相关机构报送有关文件。

发行公司债券时，如果是上市公司拟发行公司债券应由中国证监会进行审核。其他有限公司和股份公司拟发行公司债券则由国务院授权的部门（如财政部等）决定。《证券法》第十七条规定，申请公开发行公司债券，应当向国务院授权的部门或者国务院证券监督管理机构报送下列文件。①公司营业执照。②公司章程。③公司债券募集办法。④资产评估报告和验资报告。⑤国务院授权的部门或者国务院证券监督管理机构规定的其他文件。依照《证券法》聘请保荐人的，还应当报送保荐人出具的发行保荐书。发行人依法申请核准发行证券所报送的申请文件的格式、报送方式，由依法负责核准的机构或者部门规定。

（2）发行人承担信息真实义务。

发行人向国务院证券监督管理机构或者国务院授权的部门报送的证券发行申请文件，必须真实、准确、完整。为证券发行出具有关文件的证券服务机构和人员，必须严格履行法定

职责，保证其所出具文件的真实性、准确性和完整性。

3. 由中国证监会或国务院授权的部门进行审核

中国证监会或者国务院授权的部门应当自受理证券发行申请文件之日起三个月内，依照法定条件和法定程序作出予以核准或者不予核准的决定，发行人根据要求补充、修改发行申请文件的时间不计算在内；不予核准的，应当说明理由。

中国证监会依照下列程序审核上市公司发行公司债券的申请。①收到申请文件后，五个工作日内决定是否受理。②中国证监会受理后，对申请文件进行初审。③发行审核委员会按照《中国证券监督管理委员会发行审核委员会办法》规定的特别程序审核申请文件，发行审核委员会由国务院证券监督管理机构的专业人员和所聘请的该机构外的有关专家组成，以投票方式对股票发行申请进行表决，提出审核意见。④中国证监会作出核准或者不予核准的决定。

4. 公告公司债券募集办法

发行公司债券的申请经核准后，应当公告公司债券募集办法。公司债券募集办法中应当载明下列主要事项：公司名称；债券募集资金的用途；债券总额和债券的票面金额；债券利率的确定方式；还本付息的期限和方式；债券担保情况；债券的发行价格、发行的起止日期；公司净资产额；公司债券总额；公司债券的承销机构。

5. 发行公司债券

（1）记名公司债券和无记名公司债券的不同要求。

公司债券，可以为记名债券，也可以为无记名债券。公司发行公司债券应当置备公司债券存根簿。发行记名公司债券的，应当在公司债券存根簿上载明下列事项。①债券持有人的姓名或者名称及住所。②债券持有人取得债券的日期及债券的编号。③债券总额，债券的票面金额、利率、还本付息的期限和方式。④债券的发行日期。记名公司债券的登记结算机构应当建立债券登记、存管、付息、兑付等相关制度。发行无记名公司债券的，应当在公司债券存根簿上载明债券总额、利率、偿还期限和方式、发行日期及债券的编号。

（2）公司债券的发行期限。

上市公司发行公司债券可以申请一次核准，分期发行。自中国证监会核准发行之日起，发行人应当在十二个月内完成首期发行，剩余数量应当在二十四个月内发行完毕。公开发行公司债券的募集说明书自最后签署之日起六个月内有效。采用分期发行方式的，发行人应当在后续发行中及时披露更新后的债券募集说明书，并在每期发行完成后五个工作日内报中国证监会备案。

## 五、债券发行的成本与价格

### （一）债券发行成本

债券发行成本是指发行人在发行债券过程中的支出及与发行活动相关的费用。

具体来说，债券发行成本主要包括以下内容。

①证券印制费。这是指证券在印刷制作过程中支出的费用，包括纸张费、设计费、制版费、油墨费、人工费等。

②发行手续费。这是指发行人因委托金融中介机构代理发行证券所支付的费用。决定和

影响证券发行手续费的因素主要有发行总量、发行总金额、证券发行人的信誉等。

③宣传广告费。为了扩大证券发行人自身的社会影响和在商界的知名度，使社会公众更充分、更全面地了解发行人，加深社会公众对发行人的印象，必须做大量的宣传工作。宣传广告费用因发行人的社会知名度、宣传广告的形式和范围以及证券发行量不同而不同。

④发行价格与票面面额的差额。发行价格是发行证券时出售给投资者所收取的价格，而券面面额则是印刷在债券票面上的金额。在一般情况下，发行价格低于票面面额，这是构成证券发行成本的一个要素。

⑤律师费。发行证券时需支付的因聘请律师处理有关法律问题的费用。

⑥担保抵押费用。如果企业发行的债券为承保债券，就需要第三者以自己的财产提供担保。由于担保人承担了发行人到期如果无力归还债券时偿付本息的责任，因此，发行债券的企业就需要根据担保额支付一定比例的担保费用。

⑦信用评级和资产重估费用。企业在发行债券时，一般会自动向信用评级机构申请评定信用等级，以利于证券的发行。信用评级费用一般与发行额无关，通常按评定次数计算。

⑧其他发行费用。这是指给投资者提供的其他实惠，如免费或优惠提供商品、赠送纪念品、免费旅游、有奖销售等。

⑨利息。这是指企业按照债券的票面利率支付给投资者的费用。

## （二）债券发行价格

债券发行价格是债券投资者认购新发行债券时实际支付的价格。

从资金时间价值来考虑，债券的发行价格由两部分组成：一是债券到期还本面额的现值；二是债券各期利息的年金现值。计算公式如下：

$$债券售价 = 债券面值/(1+市场利率) \times 年数 + \sum 债券面值 \times 债券利率/(1+市场利率) \times 年数$$

(5-1)

决定债券发行价格的基本因素如下。

1. 债券面值

债券面值即债券票面上标出的金额，企业可根据不同认购者的需要，使债券面值多样化，既有大额面值，也有小额面值。

2. 票面利率

票面利率可分为固定利率和浮动利率两种。一般地，企业应根据自身资信情况、公司承受能力、利率变化趋势、债券期限的长短等决定选择何种利率形式，确定利率高低。

3. 市场利率

市场利率是衡量债券票面利率高低的参照系，也是决定债券价格按面值发行还是溢价或折价发行的决定因素。

4. 债券期限

期限越长，债权人的风险越大，其所要求的利息报酬就越高，其发行价格就可能越低。

## 第三节　债券的市场价及收益率

### 一、债券内在价值分析

债券定价通常采用收入资本化法。

**(一) 收入资本化法**

收入资本化法又称现金流贴现法，包括股息（或利息）贴现法和自由现金流贴现法。作为金融资产定价的最基本方法，收入资本化法认为，任何资产的内在价值取决于该资产预期未来现金流的当前价值。而通过对比资产内在价值与市场价格，可以判定该资产是否被高估或者低估，从而有助于投资者进行正确的投资决策。所以债券内在价值的衡量成为债券价值分析的核心。在一个有效的债券市场上，大量投资者的交易行为会使债券的市场价格与其内在价值基本相等。

**(二) 零息债券的价值**

零息债券（又称贴现发行债券）的购买价格低于其面值（贴现发行），到期时按照面值偿付。与息票债券不同，零息债券没有任何利息，发行人只需偿还债券面值。例如，面值为1 000美元的零息债券可能只需900美元就可以买到，1年后债券持有人将会被偿付1 000美元。美国联邦政府国库券、储蓄债券等都属于零息债券。这种债券的内在价值的表示公式为：

$$V = \frac{M}{(1+y)^T} \tag{5-2}$$

式中，$V$为债券的内在价值；$M$为债券面值，即到期支付金额；$y$为市场利率，即该债券的到期收益率，也就是未来现金流的贴现率；$T$为到期时间，或债券距离到期日的时间长度。

例如，某零息债券面值为1 000元，期限为10年，市场利率为6%，则该债券的内在价值为：

$$V = \frac{M}{(1+y)^T} = \frac{1\,000}{(1+6\%)^{10}} = 558.39(元)$$

**(三) 息票债券的价值**

息票债券（又称附息债券）这种债券在到期日之前每年向债券持有人支付固定金额的利息（息票利息），到期时再偿还事先规定的最终金额（债券面值）。之所以称为息票债券，是因为过去债券持有人通常从债券上撕下所附的息票，送交债券发行人，后者见票后向持有人支付利息。今天，持有人已经不需要再通过寄送息票来领取利息了。例如，10年期面值为1 000美元的息票债券，可能每年向持有人支付10美元的息票利息，到期日再向持有人偿还1 000美元的面值。

息票债券的特征包括以下信息：一是债券的面值；二是发行债券的公司或政府机构；三是债券的到期日；四是债券的息票利率，即每年支付的息票利息占债券面值的百分比。若每年的息票利息为100美元，面值为1 000美元，息票利率就等于100/1 000=0.10，或10%。

美国联邦政府发行的长期国债与中期国债,以及企业债券都属于息票债券。该类债券的内在价值的表示公式为:

$$V = \frac{C}{(1+y)} + \frac{C}{(1+y)^2} + \cdots + \frac{C}{(1+y)^T} + \frac{M}{(1+y)^T} \qquad (5-3)$$

式中,$C$ 为投资者每期可以获得的债券利息。

例如,某债券面值为 1 000 元,票面利率为 10%,期限为 20 年,每年支付一次利息,市场利率也为 10%,则该债券的内在价值为:

$$\begin{aligned} V &= \frac{C}{(1+y)} + \frac{C}{(1+y)^2} + \cdots + \frac{C}{(1+y)^T} + \frac{M}{(1+y)^T} \\ &= \frac{100}{(1+10\%)} + \frac{100}{(1+10\%)^2} + \cdots + \frac{100}{(1+10\%)^{20}} + \frac{1\,000}{(1+10\%)^{20}} \\ &= 1\,000 (\text{元}) \end{aligned}$$

这里,债券价值正好与其面值相等。这并不是巧合,后面的分析中我们将看到,当债券票面利率与市场利率相等时,债券内在价值总是等于其面值,也就是债券按平价发行或交易。

### (四) 统一公债的价值

统一公债是一种没有到期日的特殊附息债券。最典型的统一公债是英格兰银行在 18 世纪发行的英国统一公债,英格兰银行保证对该公债的投资者永久地支付固定利息。直至今日,在伦敦的证券市场上,仍然可以买卖这种公债。历史上,美国政府为巴拿马运河融资时也发行过类似的统一公债。但是由于该公债附有可赎回条款,如今已经全部被赎回,退出流通。现代公司中的优先股东可以无限期地获得固定的股息,这种收益特征类似于统一公债。不考虑赎回的问题,统一公债未来能够获得的利息收入是无限期的,其内在价值的表示公式为:

$$V = \frac{C}{(1+y)} + \frac{C}{(1+y)^2} + \cdots = \frac{C}{y} \qquad (5-4)$$

例如,假设某统一公债每年的固定利息支付是 100 元,市场利率为 10%,则该债券的内在价值为:

$$V = \frac{C}{y} = \frac{100}{10\%} = 1\,000(\text{元})$$

## 二、债券的到期收益率

通常计算利率的途径有若干种,其中最重要的就是到期收益率,也就是使债务工具所有未来回报的现值与其今天的价值相等的利率,由于到期收益率的计算体现新的经济学含义,经济学家认为这是最准确的利率计量指标。从前面的债券定价公式中可以看到,在给定债券未来现金流的情况下,债券价值与到期收益率之间具有一一对应的关系。因此,计算债券价值与债券到期收益率就成为债券定价问题的两个方面。已知到期收益率可以求得价值,已知价值也可以求得到期收益率。

在计算到期收益率时,前面的公式需要做微小的调整。由于投资者是按照市场价格买卖债券，我们将等式左边的债券价值替换为市场价格，以反映投资者的投资成本。这样，到期收益率就是使债券产生的现金流量等于其市场价格（初始投资）的收益率（或贴现率）。这一收益率同时被看作是债券自购买日保持至到期日为止投资者所获得的平均报酬率。令 P 代表购买债券的价格，则附息债券的到期收益率的表示公式为：

$$P = \frac{C}{(1+y)} + \frac{C}{(1+y)^2} + \cdots + \frac{C}{(1+y)^T} + \frac{M}{(1+y)^T} \quad (5-5)$$

例如，某债券的当前价格是 1 036.18 元，距到期日还有 4 年，票面利率是 6%，面值为 1 000 元，求该债券的到期收益率。

根据到期收益率公式，有：

$$1\,036.18 = \frac{60}{(1+y)} + \frac{60}{(1+y)^2} + \frac{60}{(1+y)^3} + \frac{60}{(1+y)^4} + \frac{1\,000}{(1+y)^4}$$

这个等式里有一个未知数 y，就是我们要求的到期收益率。显然，这个方程存在唯一解，但没有办法直接求出。当然，我们可以利用专门财务计算器或 Excel 等工具来计算到期收益率。

【思考2】

2 年期面值 1 000 美元的零息债券如果售价是 800 美元，试求它的到期收益率。

**动动笔**

_____
_____
_____
_____

### 三、影响债券价值的因素

从债券的定价公式中可以看到，债券价值与债券的某些属性密切相关，这些属性主要包括市场利率、债券息票利率、到期时间、违约风险等。

#### （一）市场利率与债券价值

债券作为固定收益类证券，在债务人不违约的前提下，其未来现金流是事先确定的，而影响债券当前价值的主要可变因素就是收入资本化公式中位于分母上的市场利率或者贴现率。在其他条件不变的情况下，债券的价值与市场利率之间存在反向变动关系：当市场利率上升时，债券价值下降；当市场利率下降时，债券价值上升。债券在不同利率下的价值如表 5-1 所示。

表 5-1 债券在不同利率下的价值

| 市场利率/% | 5% | 6% | 7% | 8% | 9% | 10% |
|---|---|---|---|---|---|---|
| 债券 1 的价值/元 | 614 | 558 | 508 | 463 | 422 | 386 |
| 债券 2 的价值/元 | 1 154 | 1 073 | 1 000 | 933 | 872 | 816 |
| 债券 3 的价值/元 | 1 309 | 1 221 | 1 140 | 1 067 | 1 000 | 939 |

说明：债券1为10年期零息债券；债券2为息票利率为7%的10年期债券；债券3是息票利率为9%的10年期债券。

对于大多数的普通债券而言，价值与市场利率之间的相关性可以用一条倾斜且凸向原点的曲线来描述。债券价值与市场利率曲线如图5-1所示。

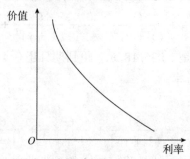

图5-1 债券价值与市场利率曲线

### （二）息票利率与债券价值

息票利率是印制在债券票面上的固定利率。息票利率是年利息收入与债券面值的比率，它决定了投资者在持有期内可以获得的未来现金流量。因此，在其他属性不变的条件下，债券的息票利率越低，债券的内在价值越小。并且，在其他条件相同的情况下，债券的息票利率越低，市场利率变化引起的债券价格的波动幅度越大，也就是说债券价值对利率的敏感性越大。

有五种债券，它们的期限均为20年，面值均为100元。唯一的区别在于息票利率不同，分别为4%、5%、6%、7%和8%。假设初始市场利率水平为7%，那么可以运用附息债券的定价公式分别计算五种债券的初始内在价值。再假设市场利率发生了变化（上升到8%或下降到5%），相应的债券内在价值也会发生变化，但是由于息票利率的差异，相同市场利率变动所带来的债券价值的变动幅度是不相同的，计算结果如表5-2所示。

表5-2 息票利率与债券内在价值

| 息票利率 | 不同利率水平下债券的内在价值/元 | | | 内在价值变化率/% | |
|---|---|---|---|---|---|
| | 7% | 8% | 5% | 市场利率由7%到8% | 市场利率由7%到5% |
| 4% | 68 | 60 | 87 | −11.3 | 28.7 |
| 5% | 78 | 70 | 100 | −10.5 | 27.1 |
| 6% | 89 | 80 | 112 | −10 | 25.8 |
| 7% | 100 | 90 | 125 | −9.8 | 25.1 |
| 8% | 110 | 100 | 137 | −9.5 | 24.4 |

从表5-2中可以发现，面对同样的市场利率变动，五种债券中息票利率最低的债券，其内在价值波动幅度最大；而随着息票利率的提高，债券内在价值的波动幅度逐渐降低。所以，债券的息票利率越低，市场利率变动引起的债券内在价值（市场价格）的波动幅度越大。

### （三）到期时间与债券价值

到期时间与债券价值之间的关系略微复杂，它依赖于息票利率与市场利率的关系。

当息票利率大于市场利率时，到期时间越长，债券内在价值越大；而如果息票利率小于市场利率，那么到期时间越长，债券内在价值反而越小。假设市场利率为6%，考虑以下两组债券的定价。第一组债券到期时间分别为1年、10年、20年和30年的附息债券，其票面利率为4%；第二组债券同样到期时间分别为1年、10年、20年和30年的附息债券，但其票面利率为8%。两组债券的内在价值如表5-3所示。很显然，第一组债券的价值随着到期时间的增长而减小，第二组债券的价值随着到期时间的增长而增大。

表5-3　不同息票利率下到期时间与债券价值的关系

| 票面利率 | 不同时期时间下的债券内在价值 | | | |
| --- | --- | --- | --- | --- |
| | 1年 | 10年 | 20年 | 30年 |
| 第一组（4%） | 981 | 853 | 771 | 725 |
| 第二组（8%） | 1 019 | 1 147 | 1 229 | 1 275 |

在利率敏感性方面，当其他条件完全一致时，债券的到期时间越长，市场利率变化引起的债券价格的波动幅度越大。但是，当到期时间变化时，市场利率变化引起的债券边际价格变动率递减。

假定存在期限分别为1年、10年、20年和30年的债券，它们的息票利率都是6%，面值均为1 000元，其他属性也完全一样。如果初始的市场利率与息票利率相同，那么这四种债券的初始内在价值都应当是1 000元。如果市场利率上升到8%或下降到4%，那么债券的内在价值将会发生变化。到期时间和内在价值如表5-4所示。

表5-4　到期时间与内在价值

| 期限/年 | 不同利率水平下债券的内在价值 | | | 内在价值的变化率/% | |
| --- | --- | --- | --- | --- | --- |
| | 6% | 8% | 4% | 市场利率由6%到8% | 市场利率由6%到4% |
| 1 | 1 000 | 981 | 1 019 | −1.9 | +1.9 |
| 10 | 1 000 | 865 | 1 162 | −13.5 | +16.2 |
| 20 | 1 000 | 804 | 1 272 | −19.6 | +27.2 |
| 30 | 1 000 | 774 | 1 346 | −22.6 | +34.6 |

### （四）违约风险与债券价值

债券的违约风险也叫信用风险，是指债券发行人未按照契约的规定支付债券的本金和利息，从而给债券投资者带来损失的可能性。一般而言，政府债券不存在违约风险问题，而公司债券的违约风险比政府债券高，因此，公司债券投资者需要较高的利率作为补偿。

违约风险是公司债券的一个主要风险，因此，在债券的公开发行中，发行人要做的一项重要工作就是请专门的债券评级机构对其所发行债券的信用等级进行评定，信用评级的结果反映了债券的安全程度，或该债券的风险大小。债券的违约风险与债券收益率之间的关系表现为：投资者对不同违约风险的债券要求的投资收益率不同。债券违约风险越高，投资者要求的风险补偿越高，即债券为投资者提供的回报率越大。

【思考3】

查找资料，试填写表5-5中的说明栏，完成表5-5。

表5-5 穆迪、标准普尔与惠誉公司的债券信用评级

| 评级 | | | 说明 |
|---|---|---|---|
| 穆迪 | 标准普尔 | 惠誉 | |
| Aaa | AAA | AAA | |
| Aa1 | AA+ | AA+ | |
| Aa2 | AA | AA | |
| Aa3 | AA- | AA- | |
| A1 | A+ | A+ | |
| A2 | A | A | |
| A3 | A- | A- | |
| Baa1 | BBB+ | BBB+ | |
| Baa2 | BBB | BBB | |
| Baa3 | BBB- | BBB- | |
| Ba1 | BB+ | BB+ | |
| Ba2 | BB | BB | |
| Ba3 | BB- | BB- | |
| B1 | B+ | B+ | |
| B2 | B | B | |
| B3 | B- | B- | |
| Caa1 | CCC+ | CCC | |
| Caa2 | CCC | — | |
| Caa3 | CCC- | — | |
| Ca | — | — | |
| C | — | — | |
| — | — | DDD | |
| — | — | DD | |
| — | D | D | |

## 四、债券定价原理

1962年,马尔基尔最早系统性地提出了债券定价的五个原理,对影响债券价值的若干因素进行了较为全面的分析。至今,这些原理仍然是债券定价理论的核心和精华。

**定理1**:债券的价值与债券的收益率成反比例关系。具体而言,当债券价格上升时,债券的收益率下降;反之,当债券价格下降时,债券的收益率上升。

例如,某种刚发行的5年期债券,面值为1 000元,息票利率为8%,每年支付80元的利息。如果现在市场价格为其面值,则该债券的到期收益率为8%。如果市场价格上升到

1 100 元，则该债券的收益率下降至 5.76%，低于其息票利率。反之，如果市场价格下降到 900 元，则该债券的收益率升至 10.98%，高于其息票利率。具体计算如下：

$$1\,000 = \frac{80}{(1+8\%)} + \frac{80}{(1+8\%)^2} + \cdots + \frac{80+1\,000}{(1+8\%)^5}$$

$$1\,100 = \frac{80}{(1+5.76\%)} + \frac{80}{(1+5.76\%)^2} + \cdots + \frac{80+1\,000}{(1+5.76\%)^5}$$

$$900 = \frac{80}{(1+10.98\%)} + \frac{80}{(1+10.98\%)^2} + \cdots + \frac{80+1\,000}{(1+10.98\%)^5}$$

**定理 2**：当债券的收益率不变，即债券的息票利率与收益率之间的差额固定不变时，债券的到期时间与债券价值的波动幅度之间成正比例关系。到期时间越长，同样利率变动导致的价格波动幅度越大；反之，到期时间越短，同样利率变动导致的价格波动幅度越小。

定理 2 不仅适用于不同债券之间利率敏感性的比较，而且可以解释同一债券随着到期日的临近，其价值利率敏感性的变动。

例如，某 5 年期债券，面值为 1 000 元，息票利率为 6%，每年支付一次利息。债券发行时的收益率为 9%，发行价格为 883.3 元，低于面值。一年以后，如果该债券的收益率维持在 9% 不变，其市场价格将为 902.8 元。这种变动说明了，在维持收益率或市场利率不变的条件下，随着债券期限的临近，债券价格的波动幅度从 116.7（1 000-883.3）元减少到 97.2（1 000-902.8）元，两者的差额为 19.5 元，约占面值的 1.95%。具体计算如下：

$$833.3 = \frac{60}{(1+9\%)} + \frac{60}{(1+9\%)^2} + \cdots + \frac{60+1\,000}{(1+9\%)^5}$$

$$902.8 = \frac{60}{(1+9\%)} + \frac{60}{(1+9\%)^2} + \cdots + \frac{60+1\,000}{(1+9\%)^4}$$

**定理 3**：随着债券到期日的临近，债券价格对市场利率的敏感性降低（即同样利率变动导致的价格波动幅度减少），并且是以递增的速度降低；反之，到期时间越长，债券价格对市场利率的敏感性提高（即同样利率变动导致的价格波动幅度增加），并且是以递减的速度提高。

定理 3 适用于不同债券之间价格波动率的比较，以及同一债券的价格波动与其到期时间的关系。

例如，某 5 年期债券，面值为 1 000 元，息票利率为 6%，每年支付一次利息。债券发行时的收益率为 9%，发行价格为 883.3 元，低于面值。一年以后，如果该债券的收益率维持在 9% 不变，其市场价格将为 902.8 元。两年以后，如果收益率仍然为 9%，则该债券市场价格为 924.1 元，该债券的价格波动度为 75.9（1 000-924.1）元。比前面例子中的 97.2 元减少了 21.3 元，占面值的比例为 2.13%。所以，发行时与第一年的市场价格波动幅度之差（1.95%）小于第一年与第二年的市场价格波动幅度之差（2.13%）。也就是说，随着到期时间的临近，债券价格的利率敏感性降低，并且以递增的速度降低。

**定理 4**：对于某一特定债券，由收益率下降导致的债券价格上升的幅度大于同等幅度的收益率上升导致的债券价格下降的幅度。具体而言，对于同等幅度的收益率变动，收益率下降给投资者带来的利润大于收益率上升给投资者带来的损失。

例如，某 5 年期债券，面值为 1 000 元，息票利率为 7%。假定发行价格等于面值，那么在发行时其收益率等于7%。考虑1%的变动,那么当收益率上升到8%时,该债券的价格将下降到960.1元,价格波动幅度为39.9元;反之,当收益率下降到6%,该债券的价格将上升至1 042.1元,价格波动幅度为42.1元。显然,同样1个百分点的收益率变动,收益率下降导致的债券价格上升幅度(42.1元)大于收益率上升导致的债券价格下降幅度(39.9元)。具体计算如下:

$$1\,000 = \frac{70}{(1+7\%)} + \frac{70}{(1+7\%)^2} + \cdots + \frac{70+1\,000}{(1+7\%)^5}$$

$$960.1 = \frac{70}{(1+8\%)} + \frac{70}{(1+8\%)^2} + \cdots + \frac{70+1\,000}{(1+8\%)^5}$$

$$1\,042.1 = \frac{70}{(1+6\%)} + \frac{70}{(1+6\%)^2} + \cdots + \frac{70+1\,000}{(1+6\%)^5}$$

**定理5**:对于给定的收益率变动幅度,债券的息票利率与债券价格的波动幅度之间成反比例关系。具体而言,息票利率越高,债券价格的波动幅度越小;反之,息票利率越低,债券价格的波动幅度越大。

例如,两个5年期的债券A和B,面值均为1 000元,债券A息票利率为7%,债券B息票利率为9%。如果两者收益率都是7%,那么债券A的价格为1 000元,而债券B的价格为1 082元,高于面值。如果两种债券的收益率都上升到8%,则债券A的价格将下降至960.1元,而债券B的价格为1 039.9元。显然,债券B的价格波动幅度小于债券A。

债券A的价值的具体计算如下:

$$1\,000 = \frac{70}{(1+7\%)} + \frac{70}{(1+7\%)^2} + \cdots + \frac{70+1\,000}{(1+7\%)^5}$$

$$960.1 = \frac{70}{(1+8\%)} + \frac{70}{(1+8\%)^2} + \cdots + \frac{70+1\,000}{(1+8\%)^5}$$

债券B的价值的具体计算如下:

$$1\,082.0 = \frac{90}{(1+7\%)} + \frac{90}{(1+7\%)^2} + \cdots + \frac{90+1\,000}{(1+7\%)^5}$$

$$1039.9 = \frac{90}{(1+8\%)} + \frac{90}{(1+8\%)^2} + \cdots + \frac{90+1000}{(1+8\%)^5}$$

## 第四节 债券市场

### 一、债券上市

当债券通过一级市场发行后,如果债券的持有人发生流动性不足急需现金,而债券又尚未到期,这时就需要在债券的流通市场中对债券进行转让。各国债券的流通市场通常分为两种类型,一种是柜台交易(又称场外交易),另一种是交易所交易(又称场内交易)。

若债券需要进入交易所内进行交易,就要在交易所内挂牌公开交易或上市交易。债券上市是指证券交易所承认并接纳某种债券在交易所市场上交易。证券交易所是具有高度组织和严格规则的证券交易场所,各类证券进入交易所交易都需要通过证券交易所的审核。

《证券法》规定，公司申请公司债券上市交易，应当符合下列条件。①公司债券的期限为一年以上。②公司债券实际发行额不少于人民币五千万元。③公司申请债券上市时仍符合法定的公司债券发行条件。

公司债券在证券交易所上市的程序一般为六点。①发行公司提出上市申请。②证券交易所初审。③证券管理委员会核定。④订立上市契约。⑤发行公司缴纳上市费用。⑥确定上市日期。⑦挂牌买卖。

公司债券上市交易后，公司有下列情形之一的，由证券交易所决定暂停其公司债券上市交易。①公司有重大违法行为。②公司情况发生重大变化不符合公司债券上市条件。③发行公司债券所募集的资金不按照核准的用途使用。④未按照公司债券募集办法履行义务。⑤公司最近二年连续亏损。

**【思考4】**
证券发行与证券上市是否一样呢？
**动动笔**

_____
_____
_____
_____

## 二、债券交易品种与方式

### （一）债券交易品种

我国目前债券的交易品种主要有以下几种。

（1）国债。

国债是国家为筹集财政资金，以其信用为基础，通过向社会筹集资金所形成的债权债务关系。目前，我国国债主要有记账式国债和储蓄国债两种。记账式国债可以上市和流通转让，储蓄国债不可以上市流通。托管在交易所市场的均为记账式国债。记账式国债又分为附息国债和贴现国债两类。附息国债定期支付利息、到期还本付息、期限为1年以上（含1年）。贴现国债以低于面值的价格贴现发行、到期按面值还本、期限为1年以下（不含1年）。

（2）地方债。

地方债是指地方政府、地方公共机构发行的债券。一般用于交通、通信、住宅、教育、医院和污水处理系统等的建设，以当地政府的税收能力和其他收入作为还本付息的担保。2015年3月，财政部印发《地方政府一般债券发行管理暂行办法》和《2015年地方政府专项债券预算管理办法》，规定一般债券由地方政府按照市场化原则自发自还，采用记账式固定利率附息形式；专项债券收入，安排的支持、还本付息、发行费用纳入政府性基金预算管理。

(3) 政策性银行金融债。

政策性银行金融债是由我国政策性银行（国家开发银行、中国农业发展银行和中国进出口银行）为筹集信贷资金，经国务院批准向银行金融机构及其他机构发行的金融债券。按性质分为浮动利率债券、固定利率债券、投资人选择权债券、发行人选择权债券以及增发债券等。2013年国家开发银行获准并成功在上交所试点发行政策性银行金融债，首批发行额度300亿元。

(4) 公司债券。

公司债券是以公司制法人作为发行主体，按照法定程序发行，期限在一年期以上，到期还本付息的有价证券。

(5) 企业债券。

根据《企业债券管理条例》的规定，企业债券是指企业依照法定程序发行、约定在一定期限内还本付息的有价证券。企业债券由国家发展和改革委员会作为主管机关，负责发行核准工作。企业债券可在银行间市场和交易所市场发行交易，是目前我国唯一的可以跨市场上市交易的信用债品种。

(6) 可转换公司债券。

可转换公司债券是指在一定时间内可以按照既定的转股价格转换为指定股票的债券。转股权是可转换公司债券持有者的权利，而非义务，投资者可以选择转股也可以选择继续持有可转换公司债券。可转换公司债券可以看作"债券+股票期权"的组合。除了转股权外，可转换公司债券还包含了发行人向下修正条款、赎回条款、回售条款等。

(7) 可交换债券。

可交换债券是指上市公司的股东依法发行、在一定期限内依据约定的条件可以交换成该股东所持有的上市公司股份的债券品种。可交换债券的持有人有权按一定条件将债券交换为标的公司的股票，在此之前可定期获得票息，若持有到期未行权可获得到期本息偿付。除了换股条款外，可转换公司债券的赎回条款、回售条款以及向下修正条款也常出现在可交换债券上。

(8) 可分离债券。

可分离债券是上市公司公开发行的认股权和债券分离交易的可转换公司债券，是公司债券加上认股权证的组合产品。可分离债券由可转换公司债券和股票权证两大部分组成，将传统可转换公司债券的转股权利剥离出来，以认股权证的形式送给债券购买者，该认股权证可以独立于债券本身进行转让交易。

(9) 资产支持证券。

资产支持证券是指企业或其他融资主体将合法享有的、缺乏流动性但具有可预测的稳定现金流的资产或资产组合（基础资产）出售给特定的机构或载体（SPV），SPV以该基础资产产生的现金流为支持发行证券，以获得融资并最大化提高资产流动性的一种结构性融资手段。基础资产类型包括企业应收款、租赁债权、信贷资产、信托受益权等财产权利，基础设施、商业物业等不动产财产或不动产收益权，以及中国证监会认可的其他财产或财产权利。2014年11月，证监会发布《证券公司及基金管理公司子公司资产证券化业务管理规定》及配套规则，改事前行政审批为事后备案，实施负面清单管理制度。

（10）债券基金。

债券基金是指专门投资于债券的基金。它通过集中众多投资者的资金，对债券进行组合投资管理，寻求较为稳定的收益，根据中国证监会对基金类别的分类标准，基金资产80%以上投资于债券的基金为债券基金。债券基金也可以有一小部分资金投资于股票市场，投资于可转债和新股也是债券基金获得收益的重要渠道。

### （二）债券交易方式

我国债券的交易方式大致有债券现货交易和债券回购交易两种。

债券现货交易又叫现金现货交易，是债券买卖双方在成交后立即办理交割，或在很短的时间内办理交割的一种交易方式。债券现货交易的交割时间一般是在交易日的当天（TH）或次日（T+1日）。债券现货交易是债券流通市场上最基本的交易方式。在证券交易所市场上，普通投资者只要持有上海证券交易所或深圳证券交易所的证券账户就可以参与债券现货交易。

债券回购交易是指出券方（债券持有方）和购券方在达成一笔交易融入资金的同时，规定出券方必须在未来某一约定时间以双方约定的价格再从购券方那里购回原先售出的债券，并以商定的利率支付利息的交易方式。与债券现货交易不同的是，一笔债券回购交易涉及出券方和购券方两个交易主体、初始交易和回购期满时的回购交易两次交易，以及相应的两次清算。

债券回购交易按债券所有权是否发生转移可进一步分为质押式回购交易与买断式回购交易两种。质押式回购交易是指回购交易中债券现券只作为融入资金的质押品，而不发生所有权转移的回购交易，又称封闭式回购交易。买断式回购交易是指回购交易中债券现券在交易达成和回购到期时分别发生所有权转移的回购交易，又称开放式回购交易。

目前上海证券交易所或深圳证券交易所均有债券回购交易，但只允许机构法人开户交易，个人投资者不能参与。

债券回购交易的流程如下。①回购委托：客户委托证券公司做回购交易。②回购交易申报：根据客户委托，证券公司向证券交易所主机做交易申报，下达回购交易指令；回购交易指令必须申报证券账户，否则回购申报无效。③交易系统前端检查：交易系统将融资回购交易申报中的融资金额和该证券账户的实时最大可融资额度进行比较，如果融资要求超过该证券账户实时最大可融资额度，则属于无效委托。

## 三、国债市场

### （一）国债市场的定义

国债是整个社会债务的重要组成部分，具体是指中央政府在国内外发行债券或向外国政府和银行借款所形成的国家债务。国债市场是国债发行和流通市场的统称，是买卖国债的场所。中央银行通过在二级市场上买卖国债（直接买卖、国债回购、反回购交易）来进行公开市场操作，借此存吐货币，调节货币供应量和利率，实现财政政策和货币政策的有机结合。它是整个证券市场不可分割的组成部分。

### （二）国债市场的分类

国债市场按交易的阶段或层次可以划分为发行市场和流通市场。国债发行市场（国债发行的场所）又称国债一级市场，一般是政府与债券承销机构（一级自营商）之间的交易。通常由承销机构一次全部买下发行的国债。国债流通市场（国债流通的场所）又称国债二级市场，一般是国债承销机构与认购者之间的交易，也包括国债持有者与国债认购者之间的交易。

国债市场按交易的场所可以划分为场内交易和场外交易。场内交易是指在证券交易所的交易。场外交易是指不在交易所营业厅从事的交易。场外交易包括银行间国债交易（即中央银行与商业银行之间以及商业银行相互之间在交易所之外所进行的国债交易）和银行柜台交易（即商业银行与投资者之间在商业银行所进行的国债交易）。

**（三）国债市场的功能**

国债作为财政政策工具，使国债市场具有顺利实现国债发行和偿还的功能。同时，国债作为金融政策工具，使国债市场具有调节社会资金的运行和提高社会资金效率的功能。

**（四）我国国债市场的发展**

我国国债的发展主要经历了五个阶段。

第一阶段（1949—1958 年）。为了筹集国家建设资金，发展国民经济，我国在这一阶段发行了几亿元人民胜利折实公债和经济建设公债，发行规模不大，每年的国债发行额在当年 GDP 中比重不到 1%。

第二阶段（1958—1980 年）。我国坚持财政平衡的思想，没有发行国债，大多数年份预算保持平衡，即便有赤字，规模也很小，主要靠向中央银行透支解决。

第三阶段（1981—1993 年）。为弥补财政赤字，筹集经济建设资金，我国于 1981 年恢复国债的发行。但国债发行额较小，这一阶段年均发行量为 198 亿元，累计发行量为 2 106 亿元，国债增幅比较平稳。

第四阶段（1994—1997 年）。由于国家预算体制改革，不再允许财政向中央银行透支解决赤字而改为发行国债，加之过于集中的还本付息，国债发行量呈现较大增幅。1994 年国债发行量突破 1 000 亿元；1995 年以后，每年发行量均比上年增长 30% 以上，远高于同期财政收入年均增长速度和 GDP 的年均增长速度。

第五阶段（1998 年至今）。为拉动内需和应对亚洲金融危机对中国经济的冲击，保持一定的经济增长，我国实行积极的财政政策，扩大政府投资，国债发行量陡升，导致 1998 年国债发行额高达 3 310.93 亿元，比上年增长了 33.7%。此后国债年发行量就一直节节攀升。2016 年我国国债发行总量达到 91 086 亿元，创下国债发行总量的新高。

为了进一步完善我国国债市场的发展，可以从以下几方面进行改进。

①扩大银行间市场交易主体，促进银行间市场交易与交易所市场的连接。

②完善国债管理制度。

③推进市场信息技术和法治建设，进一步完善市场法规，加强市场监督。加快市场信息建设，提高市场信息集散与揭示的水平，是发展市场、规范市场、提高监管水平的需要。

④加强市场基础设施建设，改进国债的托管清算制度。

⑤加快银行间市场的资信评级制度建设，帮助交易成员控制信用风险。

⑥根据市场环境的变化进行国债新品种和交易形式的创新。

⑦建立国债投资基金,培育专业投资队伍。

### 四、企业债券市场

企业债券是企业为筹集资金,依照法定程序发行,约定在一定期限内还本付息的债券。我国企业债券是指由中央政府部门所属机构、国有独资企业或国有控股企业发行的债券。发债资金主要用于固定资产投资和技术革新改造方面。

我国最早于 1984 年开始发行企业债券。企业债券市场的发展主要分为以下几个阶段。

1. 萌芽阶段(1984—1986 年)

从 1984 年开始,为了筹集发展所需资金,一部分企业开始通过发行债券的方式向企业内部员工或社会进行融资。由于当时没有相关的法律法规,许多企业的债券融资并没有书面凭证,仅仅是在企业内部账簿中挂账开收据,行为极不规范。但是企业通过这样的方式,截至 1986 年年底筹集了 100 亿元的资金。

2. 快速发展阶段(1987—1992 年)

1987 年 3 月 27 日,国务院颁布实施《企业债券管理暂行条例》,标志着我国企业债券市场的建立。从此国家开始对企业债券进行统一的管理,实行总额控制、分级审批的制度。从 1989 年到 1992 年,下达企业债券发行计划分别为 75 亿元、20 亿元、250 亿元和 350 亿元;并安排了 7 个券种,即国家投资债券、国家投资公司债券、中央企业债券、地方企业债券、地方投资公司债券、住宅建设债券、内部债券。从此,我国企业债券在我国资本市场真正开始了其融资功能的使命。

3. 整顿阶段(1993—1995 年)

1993 年 8 月 2 日,国务院修订颁布了《企业债券管理条例》。1993 年年初,国家下达的企业债券发行计划为 490 亿元,当年开始经济治理整顿工作,企业债券发行计划改为新增银行贷款解决(债转贷),实际发行了 20 亿元企业债券。从 1994 年开始,企业债券品种归纳为中央企业债券和地方企业债券两个品种,当年发行规模仅 45 亿元。1995 年安排发行计划 150 亿元,实际下达 130 亿元。

4. 规范发展阶段(1996 年至今)

1996 年、1997 年、1998 年分别安排企业债券发行规模 250 亿元、300 亿元、380 亿元,重点安排了一批国家重点建设项目,如铁道、电力、石化、石油、三峡工程等。1999 年没有安排新的企业债券发行计划。2000 年年初,经批准安排了中国长江三峡工程开发总公司等 7 个发债主体(均为国有大型企业)的企业债券发行计划,共 89 亿元。2001 年上半年,广东移动通信有限责任公司发行 50 亿元企业债券。2001 年发行企业债券仅 5 家共 144 亿元。2002 年全国共发行了企业债券 12 只,总额 325 亿元,全部为固定利率债券。

2008 年,发改委发布了《关于推进企业债券市场发展、简化发行核准程序有关事项的通知》,改革企业债券发行制度,简化了审批手续,降低了企业发债门槛,使企业债券市场的直接融资功能得到更好发挥。企业债券发行效率的提高也为企业债券市场规模的扩大奠定了制度基础。

随着对企业债券的限制因素越来越少,企业债券发行节奏明显加快。2009 年累计发行企业债券 190 支,发行总量 4 252.33 亿元,分别较上年增长 270.42% 和 79.66%,规模和期数创历史新高。2014年企业债发行总量达到6 961.98亿元。

**【思考5】**
企业债和公司债的异同点。
**动动笔**

## 本章小结

通过本章学习，理解什么是债券，知道债券是政府或企业直接向社会借债筹措资金时，向投资者发行的、承诺按一定利率支付利息并按约定条件偿还本金的债权债务凭证；接着，了解债券的基本要素与性质；此外，从债券的概念、基本要素及其性质可以归纳出债券的一般特点；掌握债券不同角度的分类。

通过本章学习，了解债券发行的目的和条件，并理解债券的不同发行方式，知道什么是平价发行、溢价发行和折价发行，什么是私募发行和公募发行，什么是直接发行和间接发行；接着了解债券发行的程序；理解债券发行成本和债券发行价格。

通过本章学习，首先理解债券定价的方法，知道债券定价通常采用收入资本化方法，又称为现金流贴现法。收入资本化法认为任何资产的内在价值取决于该资产预期未来现金流的当前价值；接着学习到期收益率的概念，并理解已知到期收益率可以求得债券价值，已知债券价值也可以求得到期收益率；理解影响债券价值的因素，知道债券价值与债券的某些属性密切相关，这些属性主要包括市场利率、债券息票利率、到期时间、违约风险等；理解债券定价的五个原理。

通过本章学习，了解我国目前债券的交易品种，并理解我国债券的交易方式，我国债券的交易方式大致有债券现货交易和债券回购交易两种；在国债市场部分，先后学习国债市场的定义、分类、功能并了解我国国债市场的发展；在企业债券市场部分，了解我国企业债市场的主要发展阶段。

## 本章思考题

1. 债券的基本要素是什么？
2. 债券的性质是什么？
3. 债券的特点有哪些？
4. 债券发行的条件是什么？
5. 债券发行的形式有哪些？
6. 债券发行的程序是什么？
7. 某息票债券面值为1 000美元，息票利率为10%。债券当前的售价是1 044.89美元，距离到期日还有 2 年，该债券的到期收益率是多少？

 案例分析 5-1　D 公司债券回售风险及处置案例

 案例分析 5-2　媒体报道：穆迪评级将通用汽车债券评级再度下调

# 第六章

# 货币市场

## 学习路径

货币市场现象—思考与问题分解—货币市场理论—应用原理解决问题—反思与总结

## 学习目标

- 了解货币市场的定义及其结构
- 掌握同业拆借市场、票据市场、大额可转让定期存单市场、短期政府债券市场、回购市场的含义、基本交易原理

## 核心概念

货币市场、同业拆借市场、同业拆借利率、Libor、Shibor、支票、汇票、本票、商业票据、银行承兑汇票、承兑、贴现、转贴现、再贴现、可转让大额定期存单、短期政府债券、国库券、回购协议、正回购、逆回购

## 学习要求

- 阅读材料
- 浏览上海银行间同业拆放利率网,查询最新有关 Shibor 行情
- 浏览上海票据交易所网等相关网站,了解我国票据市场发展情况

 金融现象6-1　2013年"钱荒"

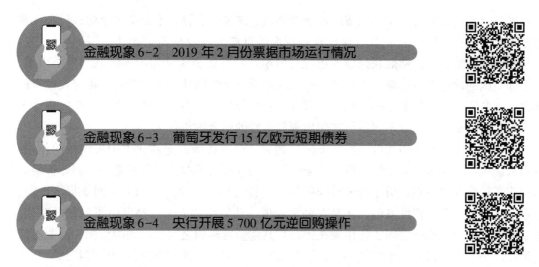

金融现象6-2　2019年2月份票据市场运行情况

金融现象6-3　葡萄牙发行15亿欧元短期债券

金融现象6-4　央行开展5 700亿元逆回购操作

货币市场是一年期以内的短期金融工具交易所形成的供求关系及其运行机制的总和。货币市场的活动主要是为了保持资金的流动性，以便随时可以获得现实的货币。它一方面满足资金需求者的短期资金需要，另一方面也为资金有余者的暂时闲置资金提供能够获取赢利机会的出路。短期金融工具的存在及发展是货币市场发展的基础。短期金融工具将资金供应者和资金需求者联系起来，并为中央银行实施货币政策提供操作手段。在货币市场上交易的短期金融工具，一般期限较短，最短的只有一天，最长的也不超过一年，较为普遍的是3～6个月。正因为这些工具期限短，可随时变现，有较强的货币性，所以，短期金融工具又有"准货币"之称。

货币市场就其结构而言，可分为同业拆借市场、票据市场、大额可转让定期存单市场、短期政府债券市场及回购市场等若干个子市场。

## 第一节　同业拆借市场

同业拆借市场，也可以称为同业拆放市场，是指金融机构之间以货币借贷方式进行短期资金融通活动的市场。同业拆借的资金主要用于弥补短期资金的不足、票据清算的差额以及解决临时性的资金短缺需要。同业拆借市场交易量大，能敏感地反映资金供求关系和货币政策意图，影响货币市场利率，因此，它是货币市场体系的重要组成部分。

### 一、同业拆借市场的形成与发展

同业拆借市场产生于存款准备金政策的实施，伴随着中央银行业务和商业银行业务的发展而发展。为了控制货币流通量和银行的信用扩张，美国最早于1913年以法律的形式规定，所有接受存款的商业银行都必须按存款余额计提一定比例的存款准备金，作为不生息的支付准备存入中央银行，准备数额不足就要受到一定的经济处罚。美国规定，实际提取的准备金若低于应提取数额的2%，就必须按当时的贴现率加2%的利率交付罚息。由于清算业务活动和日常收付数额的变化，总会出现有的银行存款准备金多余，有的银行存款准备金不足的情况，存款准备金多余的银行，一般愿意尽可能地对多余部分加以利用，以获取利息收益，而存款准备金不足的银行,又必须按规定加以补足。这样,在存款准备金多余的银行和存款准备金不足的银行之间,客观上就存在互相调剂的可能,同业拆借市场便应运而生。1921年,在美国纽约形成了以调剂联邦储备银行会员银行的准备金头寸为内容的联邦资金市场,实际上即美国的同业拆借市场。在英国,伦敦同业拆借市场则建立在银行间票据交换过程的基础之上。各家银行在轧平票据交换的差额时,有的银行头寸不足,从而就有必要向头寸多余的银行拆入资金,由此使不同银行之间出现经常性的资金拆借行为。

在经历了20世纪30年代世界性经济危机之后,西方各国普遍强化了中央银行的作用,相继引入法定存款准备金制度作为控制商业银行信用规模的手段。与此相适应,同业拆借市场也得到了较快发展。在经历了较长时间的发展过程之后,当今西方国家的同业拆借市场,无论在交易内容、开放程度方面,还是在融资规模、功能作用方面,都发生了深刻的变化。拆借交易不仅发生在银行之间,还出现在银行与其他金融机构之间。以美国为例,同业拆借市场形成之初,市场仅局限于联储的会员银行之间。后来,互助储蓄银行和储蓄贷款协会等金融机构也参与了这一市场。20世纪80年代以后,外国银行在美分支机构也加入了这个市场。市场参与者的增多,使得市场融资规模迅速扩大。

### 二、同业拆借市场的参与者、交易对象及交易方式

#### (一) 同业拆借市场的参与者

同业拆借市场的参与者包括各类商业性金融机构,主要有商业银行及非银行金融机构,它们根据自身资产负债状况决定对同业拆借的供应或需求。

商业银行是同业拆借市场的主要成员,它既可以作为主要的资金供给者,也可以作为主要的资金需求者,决定商业银行对资金是供给还是需求的因素是商业银行的超额准备金。超额准备金的含义是商业银行对存款负债所持有的现金储备(库存现金与中央银行存款)中,超过法定存款准备所需数额的部分。商业银行的日常经营活动,以及中央银行制定的法定存款准备金率对于商业银行的现金准备数额都会产生影响。当商业银行的现金储备不足以缴付法定存款准备金,或者超额准备金不足以应付流动性需要时,商业银行可以通过同业拆借市场借入短期资金,以弥补法定存款准备金的不足和补充必要的超额准备;反之,若商业银行存在过多的超额准备金,则可以通过在同业拆借市场贷出多余的资金,获得一定的收益。除此之外,商业银行为了扩大放贷资金规模,也会通过同业拆借市场借入资金,充当资金的需求者。拆借市场的存在对于商业银行保持良好的资产负债结构、降低经营风险、保持资产流动性有着重要作用。

非银行金融机构也是同业拆借市场的参与者,主要包括证券公司、基金管理公司、保险公司、信托投资公司、互助储蓄银行、储蓄贷款银行等。这些机构在同业拆借市场里同样既是短期资金的需求者,也是短期资金的供应者,决定因素在于这些机构自身资金的状况。短期资金不足时,可以通过同业拆借市场借入资金;短期资金盈余时,则可以贷出资金。由于商业银行与非银行金融机构之间的业务差异,它们对资金的需求在方向和时间上也有所不同,同业拆借市场的存在不仅增强了不同金融机构之间的横向联系,有助于它们完善自身的资产负债管理,也提高了金融市场的效率。

交易中介机构是同业拆借市场重要的参与者。它们通过给拆借交易的双方充当媒介,获

得一定的手续费收益。交易中介又可以分为两类：一类是专门从事拆借市场及其他货币市场子市场中介业务的专业经纪商；另一类则是非专门从事拆借市场中介业务的兼营机构，多由大的商业银行担当。

### （二）同业拆借市场的交易对象

同业拆借市场主要是银行等金融机构之间相互借贷在中央银行存款账户上的准备金余额，用以调剂准备金头寸的市场。一般来说，任何银行可用于贷款和投资的资金数额只能小于或等于负债额减法定存款准备金余额。然而，在银行的实际经营活动中，资金的流入和流出是经常化的和不确定的，银行时时保持在中央银行准备金存款账户上的余额恰好等于法定准备金余额是不可能的。如果准备金存款账户上的余额大于法定准备金余额，即拥有超额准备金，那么就意味着银行有资金闲置，也就产生了相应的利息收入的损失；如果银行在准备金存款账户上的余额等于或小于法定准备金余额，在出现有利的投资机会而银行又无法筹集到所需资金时，银行就只有放弃投资机会或出售资产，以收回贷款。为了解决这一矛盾，有多余准备金的银行和存在准备金缺口的银行之间可以进行准备金的借贷。这种准备金余额的买卖活动就构成了传统的银行同业拆借市场。

随着市场的发展，同业拆借市场的参与者也开始呈现多样化的格局，交易对象不仅仅限于商业银行的准备金，还包括商业银行相互间的存款以及证券交易商和政府拥有的活期存款。拆借的目的除满足准备金要求外，还包括轧平票据交换的差额，解决临时性、季节性的资金要求等。这些的交易过程都是相同的。

### （三）同业拆借市场的交易方式

同业拆借的交易方式有直接拆借和间接拆借两种。直接拆借是交易双方直接询价、协商成交；间接拆借是通过经纪人进行交易。直接交易大多发生在大银行之间或代理行之间。大银行一般是拆入方，小银行一般为拆出方。大银行之间业务联系密切、市场信誉好，直接拆借可免除经纪人费用，降低交易成本。小银行一般拆出的资金数额较小，不易找到交易对手，可以委托大一些的银行作为代理行。

在市场规模巨大、没有稳定交易关系的情况下，需要借助经纪人完成交易。一些大银行将它们从中小代理行拆入的资金通过经纪人拆出去，外国银行一般也通过经纪人参与拆借交易。通过经纪人交易虽然要支付佣金，但可以节省寻找合适交易对手的时间和费用，交易的速度更快、更安全、效率更高。有时大银行还可以利用不同经纪人所报利率的差异，进行套利活动。交易完成后，经纪人按照交易量收取佣金。通过经纪人进行的同业拆借金额往往较大。同业拆借的经纪人一般是专门的经纪公司，美国称为联邦基金经纪人，英国称为货币经纪商，日本称为短期资金公司。

## 三、同业拆借市场的拆借期限与拆借利率

### （一）同业拆借市场的拆借期限

同业拆借市场的拆借期限一般以 1 天最为常见，最短期的为隔夜拆借，这些时间很短的拆借，又称头寸拆借，因为其拆借资金主要用于弥补借入者头寸资金的不足。其他还有拆借期限比较长的，如 7 天、14 天、28 天等，也有 1 个月、2 个月、3 个月期的，最长的可达 1

年，但通常不会超过1年。时间较长的拆借又称同业借贷，拆借的资金主要用于借入者的日常经营，以获得更多收益，如银行的短期放贷。

**【思考1】**

同业拆借市场的融资期限最常见的是多长时间？

**动动笔**

_____

_____

_____

在发达市场，同业拆借市场的期限发生了一些变化，即不仅有短期拆借，也有长期拆借。一些经常缺乏资金的银行和经常有多余资金的银行，通过签订定期合同或连续合同实现较长期的交易，这种方式每天自动进行隔夜拆借，一天转账两次。连续合同没有固定期限，直至签约双方有一方提出终止合同为止。这样，一些大银行将同业拆借市场视为较长期资金来源和扩大资产业务的场所，成为资产负债管理的重要组成部分。

### （二）同业拆借市场的拆借利率

同业拆借市场按有无中介机构参与，可分为直接交易和间接交易，并由此导致不同的同业拆借利率形成方式。在直接交易情况下，拆借利率由交易双方通过直接协商确定；在间接交易情况下，拆借利率根据借贷资金的供求关系通过中介机构公开竞价或从中撮合而确定，当拆借利率确定后，拆借交易双方就只能是这一既定利率水平的接受者。同业拆借利率根据不同拆入银行和金融机构的信誉而有所不同，信誉较好的大银行支付的利率低于信誉较差的小银行。

目前，国际货币市场上较有代表性的同业拆借利率有以下四种：美国联邦基金利率、伦敦同业拆借利率、新加坡同业拆借利率和香港同业拆借利率。

美国联邦基金利率是指美国商业银行同业之间隔夜拆借资金形成的短期利率。联邦基金是美国银行间的日拆贷款，拆借的资金是它们在联邦储备体系中的存款。联邦基金利率是一个市场化利率，美国联邦储备委员会下属的联邦公开市场委员会及联邦货币政策委员会通常会先设定一个联邦储备目标利率，联邦储备委员会只能通过公开市场操作的方式来影响短期资金的市场供求关系，从而影响实际的利率水平，使其接近由委员会制定的联邦储备目标利率。

伦敦银行同业拆借利率（London Interbank Offered Rate，Libor），是伦敦金融市场上银行间相互拆借英镑、欧洲美元及其他重要国际货币的利率。这些拆借利率是英国银行家协会根据其选定的银行在伦敦市场报出的营业日当天银行同业拆借利率，进行取样并平均计算而确定的伦敦金融市场的基准利率，该基准利率在每个营业日都对外公布。拆借利率有拆出利率和拆入利率的区分，而一家银行的拆出利率，实际就是另一家银行的拆入利率。对于同一家银行来说，它对外公布的拆出利率应该高于拆入利率，其差价就是银行的收益。

新加坡同业拆借利率又称亚洲美元市场利率，是指新加坡的亚洲美元市场上金融同业机构之间拆借短期资金的利率。它以纽约市场及欧洲美元市场前一天的收盘利率作为其当日开盘利率，而后的利率水平则是由市场供求来决定。

香港银行同业拆借利率（Hongkong Interbank Offered Rate，Hibor）是指在中国香港的货币市场上，银行与同业之间在进行以亚洲货币表示的短期货币资金借贷时所依据的利率。20世纪70年代以来，由于亚洲美元市场的兴起，中国香港的国际金融业得到进一步的发展，成为远东国际金融中心之一，因此，中国香港银行同业拆借利率成为东南亚地区银团贷款所采取的基础利率。

同业拆借利率是金融机构融入资金的价格，是货币市场的基准利率。它能够及时、有效、准确地反映货币市场的资金供求关系，对货币市场上其他金融工具的利率具有重要的导向和牵动作用。例如，伦敦同业拆借利率已成为国际金融市场上的关键利率，许多浮动利率的融资工具在发行时都以该利率作为浮动的依据和参照。又如，新加坡同业拆借利率和香港同业拆借利率也可起到同样的作用，只是范围多局限于亚洲金融市场上，其影响程度不如伦敦同业拆借利率。

### 四、我国的同业拆借市场

在我国，同业拆借是指经中国人民银行批准进入全国银行间同业拆借市场（简称"同业拆借市场"）的金融机构之间，通过全国统一的同业拆借网络进行的无担保资金融通行为。全国统一的同业拆借网络包括全国银行间同业拆借中心的电子交易系统、中国人民银行分支机构的拆借备案系统、中国人民银行认可的其他交易系统。

我国同业拆借市场的产生与发展是与金融经济改革的脚步相伴随的。1981年中国人民银行首次提出了开展同业拆借业务，但直到1986年实施金融体制改革，打破了集中统一的信贷资金管理体制的限制，同业拆借市场才得以真正启动并逐渐发展起来。从1986年至今，中国拆借市场的发展大致经历了三个阶段。

1. 起步阶段

1986年至1991年为中国同业拆借市场的起步阶段。这时期拆借市场的规模迅速扩大，交易量成倍增加，但由于缺乏必要的规范措施，拆借市场在不断扩大的同时，也产生了一些问题。如经营资金拆借业务的机构管理混乱、利率居高不下、利率结构严重不合理、拆借期限不断延长等。对此，1988年，中国人民银行根据国务院指示，对同业拆借市场的违规行为进行了整顿，对融资机构进行了清理。整顿后，拆借市场交易量保持了不断上升的势头。

2. 高速发展阶段

1992年到1995年为中国同业拆借市场高速发展的阶段。成交量逐年上升，但在1992年下半年到1993年上半年，同业拆借市场又出现了更为严重的违规现象。大量短期资金被用于房地产投资，用于炒买炒卖股票，用于开发区上新项目，用于进行固定资产投资，导致市场机构重复设置，多头对外，变短期资金为长期投资，延长了拆借资金期限，提高了拆借资金利率。这种混乱状况造成了银行信贷资金大量流失，干扰了宏观金融调控，使国家重点资金需要无法保证，影响了银行的正常运营，扰乱了金融秩序。为扭转这一混乱状况，1993年7月，中国人民银行先后出台了一系列政策措施，对拆借市场全面整顿，大大规范了拆借市场的行为。拆借交易量迅速下降，利率明显回落，期限大大缩短，市场秩序逐渐好转。

### 3. 完善阶段

1996年至今为中国同业拆借市场的逐步完善阶段。1996年1月3日，中国人民银行正式启动全国统一同业拆借市场，同年1月4日开始对外公布同业拆借市场利率（China Interbank Offered Rate，Chibor），中国的拆借市场进入了一个新的发展阶段。最初建立的统一拆借市场分为两个交易网络，即一级网络和二级网络。中国人民银行总行利用上海外汇交易中心建立起全国统一的资金拆借屏幕市场，这是中国银行间同业拆借的一级网络。一级网络包含了全国15家商业银行总行、全国性金融信托投资公司以及35家融资中心（事业法人制）。二级网络由35家融资中心为核心组成，进入该网络交易的是经商业银行总行授权的地市级以上的分支机构、当地的信托投资公司、城乡信用社、保险公司、金融租赁公司和财务公司等。1996年3月1日之后，随着全国35个二级网络与一级网络的连通，同业拆借市场成交量明显跃升。至此，中国统一的短期资金拆借市场的框架基本形成。中国同业拆借市场增强了商业银行潜在的流动性能力，通过同业拆借市场来调剂头寸已成为商业银行的首选方式。至1997年12月，银行间同业拆借市场一级网络成员共96家，其中商业银行总行16家，城市商业银行45家，融资中心35家。

1998年6月，中国人民银行正式决定逐步撤销融资中心。

2002年，人民银行为了加快货币市场的建设，又陆续出台了一系列支持货币市场发展的政策措施。

2007年1月4日，上海银行间同业拆借利率（Shanghai Interbank Offered Rate，Shibor）开始正式运行。上海银行间同业拆借利率是由信用等级较高的银行组成的报价团自主报出的人民币同业拆出利率计算确定的平均利率，是单利、无担保、批发性利率。目前，对社会公布的Shibor品种包括隔夜、1周、2周、1个月、3个月、6个月、9个月及1年。上海银行间同业拆借利率与先前发布的中国银行间同业拆借利率最主要的不同之处在于，Shibor是根据报价行的报价按一定规则进行算术平均计算得出的，报价和计算方法符合国际惯例，已被中央银行确定为我国的基准利率；Chibor是同业拆借市场中交易品种在每一交易日以成交量为权数的加权平均利率，是我国同业拆借市场发展过程中的阶段性产物。

同年8月，中国实行《同业拆借管理办法》，全面调整了同业拆借市场的准入管理、期限管理、限额管理、备案管理、透明度管理、监督管理权限等规定，包括以下三点。①放宽市场准入条件，除银行类金融机构之外，绝大部分非银行金融机构首次获准进入拆借市场，主要包括信托公司、金融资产管理公司、金融租赁公司、汽车金融公司、保险公司、保险资产公司。②放大机构自主权，适当延长了部分金融机构的最长拆借期限，简化了期限管理档次。根据《同业拆借管理办法》，在限额管理上，调整放宽了绝大多数金融机构的限额核定标准，总共分为5个档次；而拆借期限针对不同金融机构分为3档，从7天到1年不等。③规定了同业拆借市场参与者的信息披露义务、信息披露基本原则、信息披露平台、信息披露责任等。《企业拆借管理办法》还明确了同业拆借中心在公布市场信息和统计数据方面的义务，为加强市场运行的透明度提供了制度保障。

**【思考2】**

查询 2019 年 1 月至今我国上海银行间同业拆借利率水平。

**动动笔**

_____

_____

_____

## 第二节 票据市场

票据是一种重要的有价证券，它作为金融市场上通行的结算和信用工具，是货币市场上主要的交易工具之一。而以票据为媒介所产生的票据市场也是货币市场的一个重要组成部分，它成为金融市场参与者进行资金融通的重要场所。依照票据的种类，票据市场主要分为商业票据市场和银行承兑汇票市场。

### 一、票据概论

#### （一）票据的概念和种类

票据是指出票人依法签发的，约定自己或委托付款人在见票时或指定的日期向收款人或持票人无条件支付一定金额并可以转让的有价证券。票据的基本形式有三类：汇票、本票和支票。

1. 汇票

汇票是由出票人签发的，委托付款人在见票时，或者在指定日期无条件支付一定金额给收款人或持票人的一种票据。汇票有三方当事人，即出票人、付款人和收款人。出票人是在票据关系中履行债务的当事人。当其采用票据方式支付所欠金额时，签发汇票给其相对人。收款人，也称受款人，是在票据关系中享有债权的人。收款人是出票人的相对人，在接受汇票时，有权向付款人请求付款。付款人，即受出票人委托，向持票人进行票据金额支付的人。付款人与出票人之间存在一定的资金关系，通常是出票人的开户银行。

按汇票记载权利人的方式，可分为记名汇票、不记名汇票和指定式汇票。在汇票上记载收款人名称的为记名汇票；记载特定人或其指定人为权利人的为指定式汇票；没有记载收款人名称或只记"来人"字样的为不记名汇票。按汇票上记载付款期限的长短，可分为即期汇票和远期汇票。前者指见票即付的汇票，后者指必须在一定期限或特定日期才能请求付款的汇票。按汇票当事人的不同可分为一般汇票和变式汇票。前者指汇票三方基本当事人分别是不同的人；后者指三个基本当事人中有两个是同一主体充当的，如出票人同时为收款人，出票人同时为付款人等。

汇票还能分为银行汇票和商业汇票。银行汇票是指汇款人将款项交存当地银行，由银行签发的汇款人持往异地办理转账结算或支取现金的票据。这种票据的基本当事人三方分别是：出票人为收妥汇款人交存款项后签发票据的银行；收款人为向出票银行交存款项的人或汇款人指定的其他人；付款人为出票人委托的其他兑付银行。在银行汇票的票据关系中，汇款人不一定是票据关系的当事人。商业汇票是指银行以外的其他工商企业、事业单位、机关团体签发的汇票。商业汇票又分为银行承兑的商业汇票和工商企业承兑的商业汇票。在中国，银行汇票和商业汇票必须记名。

汇票按签发和支付的地点，可分为国内汇票和国际汇票。国内汇票指在一国境内签发和付款的汇票；国际汇票是指汇票的签发和付款一方在国外或都在国外，流通范围涉及两个以上国家的汇票。

2. 本票

本票是指出票人签发的，承诺自己在见票时无条件支付确定的金额给收款人或者持票人的票据。本票具有三个特征：一是本票的基本当事人只有两个，即出票人和收款人；二是本票的付款人为出票人自己；三是本票的出票人自己承担无条件付款的责任，故没有承兑制度。

在国际票据分类中，本票的种类与汇票的划分基本相同。以出票人为依据分为银行本票和商业本票；以到期日为依据分为定期付款和见票即付两种。但中国的相关法律制度规定，在中国，本票仅指银行本票，不包括商业本票。本票在中国只能由商业银行签发。这样规定的主要原因是，对于交易性的商业本票而言，它的功能可由汇票代替；而融资性的商业本票需要较严格的宏观监督和信用管理制度，中国市场尚未达到这个要求。中国同时还规定，本票的到期日只有见票即付一种，这在国际上并不多见。

3. 支票

支票是出票人签发的，委托办理支票存款业务的银行或其他金融机构在见票时无条件支付确定金额给收款人或持票人的票据。支票的主要职能是代替现金作为支付工具。支票主要有以下几个特点。

①支票的付款人只限银行或法定金融机构，一般出票人与付款人之间有资金往来关系存在。

②支票的付款日期只有见票即付一种。

③支票的付款提示期间和票据时效期间都比汇票、本票要短。在中国，支票的付款提示期间为出票日期10天内。

④支票无承兑制度。为保证支付的确定性，许多国家的票据法规定了支票的划线制度、保付制度、转账制度以及对签发空头支票予以制裁的制度。

在中国，支票按照支付方式被分为普通支票、现金支票和转账支票。普通支票不限定支付方式，可以支取现金，也可以转账。用于转账时应当在支票上注明，以示该支票只能转账付款。现金支票指专门用于支取现金的支票。持票人持现金支票向票载付款人提示后，即刻取得现金。转账支票就是专门用于转账的支票，其主要付款程序为：当收款人或持票人向付款人提示转账支票后，付款人不以现金支付，而是以记入对方账户的方式支付票载金额，收款人或持票人再从自己的账户提取现金，这样能够避免被别人冒领带来的风险。

（二）票据行为

票据行为是指以产生票据上载明的债权债务关系为目的的要式行为，包括出票、背书、承兑、保证、付款和追索。在中国，汇票可发生上述全部票据行为，而支票和本票是以出票人或银行及金融机构为付款人的，所以无须承兑。

票据行为又可被分为基本票据行为和附属票据行为。基本票据行为仅指出票，它创设票据及其附带的权利和义务。其他票据行为是附属票据行为，它们是建立在出票的前提上的。倘若出票行为无效，即使当事人事后追认也不能使票据行为发生效力。在无效票据上所为的附属票据行为一律无效。

出票又称发票，是指出票人按法定形式签出票据并将它交付收款人的票据行为。出票是一切票据行为的基础，一旦出票，票据的权利义务关系从此产生。

背书是指以转让票据权利或者将一定票据权利授予他人行使为目的，在票据的背面或者粘单上记载有关事项并签章的票据行为。背书是票据权利转让的重要方式。和无记名票据仅以票据交付即可转让不同，记名票据必须经转让人背书后方能转让。但出票人在票据上记载"不得转让"字样的，票据不能转让。

承兑是指票据付款人承诺在票据到期日支付票载金额的行为。承兑是汇票特有的票据行为，主要目的在于明确汇票付款人的票据责任。受出票人委托的付款人在承兑之前，从法律意义上并非汇票债务人。只有经过承兑，表示愿意支付汇票金额，付款人才成为债务人，对持票人负有付款的责任。

保证是指票据债务人以外的任何第三人担保票据债务人履行债务的票据行为。担保票据债务履行的人叫票据保证人，被担保的票据债务人叫被保证人。保证人为票据担保后，票据到期而得不到付款的，持票人有权向保证人请求付款。保证人应当足额支付。

付款是指票据的付款人向持票人支付票载金额，从而消除票据关系的票据行为。票据的付款人仅限于票据上记载的当事人，其他任何人的付款都不具有票据付款行为的性质。只有付款人足额支付后，才能收回票据，消除该票据的债权债务关系。所以付款是票据关系的最后一个环节。

追索是指票据到期不获付款或期前不获承兑，或有其他法定原因出现时，持票人请求背书人、出票人及其他债务人偿还票据金额及有关损失和费用的票据行为。追索权的形式可以是在票据到期之前，也可以在票据到期之后。中国规定追索时必须出示拒绝证书，而在英美等国则没有这种规定。

## 二、商业票据市场

广义的商业票据包括以商品为基础的商业汇票、商业抵押票据及一般意义上的无抵押商业票据等。我们这里讲的商业票据是指以大型企业为出票人、到期按票面金额向持票人付现而发行的无抵押担保的承诺凭证，它是一种商业证券。美国的商业票据属本票性质，英国的商业票据则属汇票性质。

由于是无担保借款，投资者全凭对企业的信心进行投资，因而一般情况下，能发行商业票据的公司都是资金雄厚、运作良好、信誉卓著的大公司。但是也有一些实力较弱的公司希望以发行商业票据的方式筹措资金，它们往往通过争取大公司的支持发行信用支持商业票据，或用高质量的资产抵押发行资产支持商业票据，以吸引投资者。

### (一) 商业票据的历史

商业票据最早出现在 18 世纪的美国,是最初随商品和劳动交易一同签发的一种凭证。交易时买方开出凭证,注明交易双方、交易金额、缴款期限等,从而可在未付款的情况下先接受商品或劳务;而卖方持有凭证后,就可在到期日向买方索取账款。随着世界经济的发展,季节性的运行资本需求逐渐增大,20 世纪 20 年代发展较快。商业票据真正作为货币工具开始大量使用是在 1960 年以后。原先的记名票据由于不便在市场上流通,改成只需签上付款人的单名票据,票面金额也从大小不一演变为没有零碎金额的标准单位,面值多为 10 万美元,期限在 270 天以下。

首家发行商业票据的是美国通用汽车公司。20 世纪 20 年代初期,汽车业在美国发展兴盛,许多大公司为了扩大销售范围、抢占市场,纷纷采取了各种优惠政策,允许商品以赊销、分期付款等方式销售。这种政策容易导致公司资金周转不灵,再加上公司高速发展需要资金,而银行贷款的种种限制无法满足公司的要求,这些大公司就开始发行商业票据,向市场筹集资金。通用汽车公司就自行设立了一个通用汽车承兑公司,专门为公司发行商业票据,从市场上筹集大量资金。此外,其他的高档耐用消费品的进口也使消费者强烈希望得到短期季节性贷款,商业票据的优点得到显示,从而迅速发展起来。20 世纪 60 年代,商业票据发展很快,主要是由于美国经济持续快速发展,美联储为防止通货膨胀实行了较紧的货币政策,银行贷款成本上升,于是相当多的企业转向商业票据市场融资。此外,银行为了满足企业的资金需求,也发行了商业票据。为此,仅 1969 年一年就发行了 110 多亿美元的商业票据。自此,商业票据开始与商品、劳务分离,成为一种建立在信用基础上的单纯的债权债务关系。到 20 世纪 70 年代,集中于伦敦的欧洲商业票据市场也开始形成。现在,不仅商业银行,各大公司、保险公司、银行信托部门、地方政府、养老基金等也购买风险低、期限短、收益高的商业票据。而银行则对滚动式发行商业票据的促进很大,人们大多愿意购买有银行信用支持的商业票据,商业票据市场在全球范围内不断扩大。

### (二) 商业票据的优点

商业票据之所以能够得到迅速发展,主要是源自其不同于其他融资工具的特点。无论是对发行者还是投资者而言,商业票据都是一种理想的金融工具。

对于发行者来说,用商业票据融资主要有以下几个优点。

1. 成本较低

由于商业票据一般由大型企业发行,有些大型企业的信用要比中小型银行好,因而发行者可以获得成本较低的资金,再加上从市场直接融资,省去了中介的费用,因此一般来说,商业票据的融资成本要低于银行的短期贷款成本。

2. 具有灵活性

根据发行机构与经销商的协议,在约定的一段时间内发行机构可以根据自身资金的需要情况,不定期、不限次数地发行商业票据。

3. 提高发行公司的声誉

由于商业票据的发行者多为信用卓著的大型企业,票据在市场上是一种信用的标志,公司发行票据的行动本身也是对公司信用和形象的免费宣传,有助于提高公司声誉。

对于投资者来说，选择商业票据既可以获得高于银行利息的收益，又具有比定期存款更好的流动性。虽然面临的风险要稍大一些，但在通常情况下，风险的绝对值还是很小的，因而商业票据不失为一种受欢迎的投资工具。

(三) 商业票据市场的要素

1. 发行者

商业票据的发行者包括金融公司、非金融公司及银行控股公司。近年来，商业银行通过提供信贷额度支持、代理发行商业票据等促进了商业票据的发行，使这一市场得到长足的发展。能在市场上通过发行商业票据筹集大笔资金的公司都是实力雄厚并且经过评级公司评级的大企业。非金融性公司发行的商业票据较金融公司少，所筹得的资金主要解决企业的短期资金需求，如发放应付工资奖金及缴纳税收等。

2. 投资者

商业票据的主要投资者是中央银行、大商业银行、非金融公司、保险公司、政府部门、基金组织和投资公司等。由于面值较大，通常个人很少参与购买，但近年来个人投资已悄然兴起，个人可以从交易商、发行者那里购买商业票据，也可以购买投资商业票据的基金份额。

历史上，商业银行是商业票据的主要购买者，但它们自己持有的商业票据却很少，它们主要是为信托部门或顾客代理购买票据。自20世纪50年代初期以来，由于商业票据风险较低、期限较短、收益较高，许多公司开始购买商业票据、代保管商业票据，以及提供商业票据发行的信用额度支持。尽管如此，商业银行始终是商业票据市场最主要的卖者与买者。

3. 发行及销售

商业票据的发行渠道通常有两种。一种是直接销售，即由发行者直接发售给最终购买者。金融公司的大部分票据是直接销售的，这种方式降低了发行成本，在经济上是合算的。另一种是经销商销售，就是商业票据的发行要通过中介，由经销商负责发售。经销商收取一定的佣金后，要先分析、考察和评估发行者的信用情况，以帮助确定商业票据的价格并负责寻找买家，它先以某一价格从发行者处购得商业票据，然后再以较高的价格卖给其他商业票据的投资者，从中赚取利润。

虽然商业票据市场是一个巨大的融资工具市场，但它的二级市场却并不活跃，交易量很小。这主要有三点原因。第一，大多数商业票据的期限都非常短，直接销售的商业票据的平均偿还期通常为20~40天，经销商销售的商业票据的平均偿还期通常为30~45天，一般最长不超过270天。第二，典型的投资者都是计划一直拥有票据到期。如果经济形势发生了变化，投资者可以把商业票据卖给经销商，在直接发售的条件下，发行者可以再回购它。第三，商业票据是高度异质性的票据，不同经济单位发行的商业票据在期限、面额、利率等方面各不相同，交易中存在诸多不便。

4. 发行成本

商业票据的发行成本包括利息成本和非利息成本两部分。

利息成本即为按规定利率所支付的利息。非利息成本主要是发行和销售过程中的一些费用，一般有以下费用。①承销费，通常为0.125%~0.25%。②签证费，票据一般由权威中介机构予以签证，证明所载事项的正确性。③保证费，通常按商业票据保证金年利率的1%

计算，支付给为票据发行提供信用保证的金融机构。④评级费，商业票据上市要经过评级，期间也要缴纳一定的费用。

5. 信用评级

商业票据具有一定的风险是由于投资人可能面临票据发行人到期无法偿还借款的局面，因而货币市场对发行公司的信用等级有很严格的要求，只有信用等级达到一定程度的公司才有资格在市场上发行商业票据。

美国对商业票据评级的机构主要有穆迪、标准普尔和惠誉。发行商业票据至少需获得一个评级，大部分获得两个评级。美国证券交易委员会认可两种合格的商业票据：一级票据和二级票据。等级低的票据在发行成本和融资成本上都相对较高，货币市场基金对其投资也会受到限制。

对企业的信用评级包括两方面的内容：一是对企业经营状况主要是财务状况的分析，看它在偿债期间的现金流量是否符合偿债的要求；二是对企业管理阶层管理水平的稳定性进行判断。

### （四）商业票据的收益（利率）

商业票据是低于面值出售，到期得到面值的折扣工具。它的收益计算是以 360 天为基础的。影响商业票据收益的主要因素有以下几点。

（1）发行机构的信用。不同公司的商业票据的收益往往不同，由穆迪或标准普尔公司对各公司的信用评级，各公司发行的商业票据的利率水平基本取决于它们的信用等级。由最大的金融公司直接发售的评级利率相对于不那么著名的公司发行的票据利率要低。因为知名大公司的信用更有保证，风险相对要小些。投资者宁可买安全性好、利率低些的商业票据，也不愿买信誉差、利率高的商业票据。

（2）同期借贷利率。优惠利率是商业银行向它最好的企业顾客收取的贷款利率，商业票据利率与优惠利率之间有着重要的联系。由于大公司始终可以在发行商业票据筹资和向银行借款筹资之间进行选择，因此，在大公司追求低成本资金动机的作用下，两种利率将会经常保持在相当接近的水平上。当然，商业票据同短期国库券与其他利率之间亦有紧密的联系。

## 三、银行承兑汇票市场

银行承兑汇票是由出票人开立的一种远期汇票，以银行为付款人，在未来某一约定的日期，支付给持票人一定数量的金额。当银行允诺负责支付并在汇票上盖上"承兑"字样后，这种汇票就成了承兑汇票。由于银行承担最后的付款责任，实际上是银行将其信用出借给企业，以便于其进行交易，因而要收取一定的手续费。这里，银行是第一责任人，而出票人则只负第二责任。

银行承兑汇票市场就是以银行承兑汇票为交易对象，通过发行、承兑、贴现与再贴现进行融资的市场，是以银行信用为基础的市场。

### （一）银行承兑汇票的产生

银行承兑汇票是为了方便商业上的交易活动而产生的一种信用工具，在对外贸易中使用较多。交易之初，进口商和出口商对对方的信用都缺乏了解，双方又没有可以确保信用的凭证，进口商担心货款支付后收不到货物，出口商又担心货物离岸后拿不到货款，在这种彼此不信任的情况下，交易很难再进行下去。银行承兑汇票的出现解决了这一问题。因为汇票所代表的是银行信用，这比企业信用更令人信赖，一旦企业出现问题，货款仍由银行担保支付。

一般的，交易双方谈判结束达成协议后，进口商首先从本国的银行开立信用证，证明自己的资金实力，作为向外国出口商的保证。出口商银行收到信用证后就通知出口商发货，然后出口商可持发货单据等到本国的指定银行兑取现金，提取货款。出口商银行垫付货款拿到信用证后，就可凭信用证开出汇票，要求进口商银行支付货款。汇票可以是即期的，也可以是远期的。即期的汇票要求开证行（进口商银行）见票即付，远期的汇票由开证行签署"承兑"字样，填上到期日并盖章为凭。这样，银行承兑汇票就产生了。

**（二）银行承兑汇票市场的构成**

银行承兑汇票市场主要由初级市场和二级市场构成。初级市场相当于发行市场，主要涉及出票和承兑；二级市场相当于流通市场，主要涉及汇票的贴现、转贴现与再贴现。

1. 初级市场

在发行市场，银行承兑汇票的整个过程由出票和承兑两个环节构成，两者缺一不可。出票，是售货人为向购货人收取货款而出具汇票的行为。售货人作为出票人，一方面，要按照法定格式做成票据；另一方面，要将所出的汇票交到购货者手上。承兑，是购货者在接到汇票后，将该汇票交由自己的委托银行，由银行通过在汇票上注明"承兑"字样并签章，从而完成承兑确认，并产生银行承兑汇票的环节。银行一旦作出了承兑的承诺，就自然成为此笔款项的主债务人。在银行承兑汇票的发行市场，参与者有两种。一是产生汇票的交易双方。主要是商业性企业，作为售货人，同时又是出票人，通过出票再经过承兑承诺对售货货款提供保证；作为购货人，在委托银行作出承兑承诺前已经收到售货人发出货物的证明，因此，担心售货人不发货的顾虑也基本消失。二是作出承兑承诺的金融机构。在美国、日本及其他很多国家，汇票通常是由银行承兑，而在英国则由专门的票据承兑所进行票据承兑。金融机构的承兑行为是将自己的信用借给购货人，通过承兑行为，承兑机构可以获得一定的手续费。

2. 二级市场

银行承兑汇票被创造后，承兑银行可以自己持有来作为投资，也可以将其作为交易对象进入二级市场流通转让。银行承兑汇票的交易既包括简单的买卖转让，也包括对银行承兑汇票进行贴现、转贴现和再贴现。如果出售转让，银行可以利用自己的销售渠道直接销售，也可以借助货币市场交易商销售给投资者。如果进行贴现、转贴现和再贴现，则在具体交易行为之前，银行承兑汇票必须经过背书程序。背书是以将票据权利转让给他人为目的的票据行为。背书的最终结果是被背书人获得汇票的相应权利。背书之后，若持有汇票的人最终没有收到购货人的付款，汇票持有人可以向背书人追索款项。在完成背书这一程序后，不同背书人对银行承兑汇票可分别进行贴现、转贴现或再贴现。

（1）贴现。贴现是持票人为了取得现款，将未到期的银行承兑汇票向银行或其他贴现机构转让，并支付从贴现日到汇票到期日的利息（贴息）的行为。汇票持有人在将银行承兑汇票背书后，就可通过贴现提前收回款项，银行或其他贴现机构也可以获得贴息作为办理贴现业务带来的收益。当银行承兑汇票到期时，银行或其他贴现机构可以向票据的付款人按票面额索回款项。如果付款人不能付款，银行或其他贴现机构还可向背书人，即贴现人追索款项。银行实际付给贴现人的金额由贴现额、贴现期和贴现率三个因素决定。

贴现额是银行支付实际贴现金额的基数，一般按票据的票面金额核定。贴现期是贴现银行向申请贴现人支付贴现票款之日起至票据到期日之间的期限。贴现率是贴息与票面金额的比率，主要受四个因素影响：一是市场利率水平，它与贴现率正相关；二是汇票的信用级别，信用级别越高的汇票贴现率越低；三是贴现期限，期限越短贴现率越低；四是市场供求关系。实际贴现金额计算公式为：

$$贴息 = 贴现额 \times 贴现期(天) \times (月贴现率/30) \quad (6-1)$$

$$实付贴现金额 = 贴现额 - 贴息 \quad (6-2)$$

【思考3】

一张差半年到期的面额为2 000元的票据，到银行得到1 900元的贴现金额，则年贴现率为多少呢？

**动动笔**

_____

_____

_____

_____

（2）转贴现。转贴现是办理贴现业务的银行或其他贴现机构将其贴现收进的未到期票据，再向其他的银行或贴现机构进行贴现的票据转让行为，这也是金融机构之间的一种资金融通行为。转贴现一方面可以解决提供贴现的银行或其他贴现机构短期资金不足的问题，另一方面也可以使其他有闲置资金的银行或贴现机构获得一定收益。

（3）再贴现。再贴现是持有未到期票据的商业银行或其他贴现机构将票据转让给中央银行的行为，它也是中央银行和商业银行与其他贴现机构之间进行资金融通的一种形式。商业银行或其他贴现机构进行再贴现，主要是希望从中央银行融入资金，以解决临时资金的不足；而中央银行作为货币政策的制定者与实施者，通常将再贴现作为实施货币政策的工具。通过对再贴现率的调整，中央银行可以有效控制商业银行和其他贴现机构的票据再贴现，从而控制再贴现方式的融资行为，进而控制货币供应量，实现货币政策目标。

在银行承兑汇票二级市场，参与者的范围比发行市场更为广泛，包括了个人、企业、商业银行、保险公司、信托公司、货币市场基金、养老基金等金融机构以及中央银行。个人和企业通常只能参与银行承兑汇票的直接买卖，或者贴现活动。商业银行等金融机构，则可以参加银行承兑汇票的直接买卖、贴现、转贴现和再贴现等所有活动。中央银行通常只担当"最终贷款人"的角色，因此只参加银行承兑汇票的再贴现活动。

【思考4】

贴现、转贴现、再贴现的相同点与不同点有哪些？

**动动笔**

_____

_____

_____

_____

## 第三节　可转让大额定期存单市场

存单可分为可转让和不可转让两种，不可转让存单相当于定额定期储蓄存款，到期才能由原存款人支取，如果提前支取，要交纳罚金。在中国，如提前支取定期存款，利率立即降到活期存款利率。可转让的存单则可以在到期日之前拿到货币市场上出售。

可转让大额定期存单，是银行和储蓄机构给存款人按一定期限和约定利率计息，到期前可以流通转让和证券化的存款凭证。

### 一、可转让大额定期存单概述

#### （一）可转让大额定期存单的特点

可转让大额定期存单的发行人通常是资力雄厚、信誉卓著的大银行。虽然也有一些小银行发行存单，但其发行量远远小于大银行。存单虽然是银行定期存款的一种，但与定期存款相比具有以下几个不同点。

①定期存款记名、不可流通转让；而可转让大额定期存单则是不记名的、可以流通转让的。

②定期存款金额不固定；而可转让大额定期存单金额较大，在美国最少为10万美元，在二级市场交易单位为100万美元，在中国香港最小面额为10万港元。

③定期存款利率固定；可转让大额定期存单利率既有固定的，也有浮动的，且一般来说比同期限的定期存款利率高。

④定期存款可以提前支取，支取时要损失一部分贴现的利息；可转让大额定期存单不能提前支取，但是可以在二级市场流通转让。

可转让大额定期存单也不同于商业票据及债券等金融工具。

①商业票据等不属于存款，不需要交纳准备金，也不受存款保险法的保护，而存款则需交纳一定数额的准备金。

②存单的发行人是银行，而商业票据和债券的发行人主要是企业，在信誉方面等级不同，因而利率也有所不同。

#### （二）可转让大额定期存单的作用

①对短期投资者来说，它提供了一个流动性强、收益率比普通定期存单更高的投资

选择。

②对银行来说,它巧妙地规避了条例的限制,有利于稳定和扩大银行资金来源。而且它有助于加强银行资产负债管理,银行可以通过主动调节负债的方式来满足其信贷需求(之前由于条例对利率的限制,负债受外部因素的影响较大)。

③对金融市场来说,它增强了市场流动性,提高了市场化水平,提升了资金配置的效率。

### (三) 可转让大额定期存单的种类

因美国的大额可转让存单比较成熟,也很典型,以美国为例,按照不同的发行者,可转让大额定期存单有不同的种类,它们具有不同的利率、风险和流动性。

①国内存单是四种存单中历史最悠久,也是最重要的一种。它是由美国银行在国内发行的。发行面额在 10 万美元以上,二级市场最低交易单位为 100 万美元。国内存单的期限比较灵活,往往根据投资者的要求安排,一般为 30 天到 12 个月。

②欧洲美元存单是由美国银行的外国和离岸分支机构在国外发行的,最早出现于 1966 年,面额以美元计,到期期限从 1 个月到 12 个月,并且多为固定利率。历史上,这些存单中的大多数是在欧洲美元市场中心伦敦发行的,因此得"欧洲美元存单"之名。1982 年以来,日本银行逐渐成为该类存单的主要发行者,而美国银行过去曾是欧洲美元存单的主要发行者。

③扬基存单是由外国银行分支机构在美国发行的可转让存单,它们中的大多数是由著名的国际银行在纽约的分支机构来发行的。扬基存单的期限一般较短,大多在 3 个月以内。由于国内投资者不太了解外国银行,扬基存单支付的利息要高于国内银行存单,但由于扬基存单在准备金上可以获得豁免,发行扬基存单的成本同发行国内存单的成本不相上下甚至更低。

④储蓄机构存单是由大的储蓄与存款协会发行的,大多以 10 万美元的面额发行,以便能使用联邦存款保险。有时候,不同机构的 10 万美元储蓄机构存单会捆绑成一个大额存单,其优势在于每个大额存单都能得到充分的保险。

### (四) 可转让大额定期存单的风险和收益

对投资者而言,可转让大额定期存单有两种风险,即信用风险和市场风险。信用风险指发行存单的银行在存单期满时无法偿付本息的风险。以美国为例,虽然美联储要求一般的会员商业银行必须在联邦存款保险公司投保,但由于每户存款的最高保险金额只有 10 万美元,对于大额的可转让存单,信用风险依然存在,不同银行的大额存单的风险程度也不同,因为银行的信誉是不同的,一般来说,声誉卓著的大银行发行的大额存单收益率要低于普通银行发行的存单收益率。由于投资者不熟悉外国银行,所以一般扬基银行的存单利率要高于其他国内银行。

市场风险指的是存单持有者急需资金时,存单不能在二级市场上立即出售变现或不能以较合理的价格出售,尽管可转让存单的二级市场非常发达,但其发达程度仍然比不上国债市场,因此也有一定的风险。

大额存单的计息是以 360 天为一年来计算的。存单的收益率取决于 3 个因素:发行银行的信用、大额存单的到期日及存单的供求情况。另外,收益和风险也是息息相关的。大额存单的利率一般要高于类似偿还期的国库券利率，就是因为存单的风险大于国库券，二级市场对其需求较少，并且存单的持有者还须交纳较高的税额（存单在各级均纳税，而国库券在州和地方一级政府不纳税）。

在前述的几种存单中，欧洲美元存单利率高于美国国内存单 0.2%~0.3%；扬基存单与欧洲美元存单利率差不多。平均来说，扬基存单利率略低于欧洲美元存单利率。而储蓄机构存单利率由于较少流通，利率比其他三种存单高一些。

### 二、可转让大额定期存单的由来及发展

可转让大额定期存单是由于 20 世纪 60 年代金融环境变化而产生的。当时美国货币市场利率上升，而银行利率受联邦储备委员会 Q 条款的限制，低于市场利率。这就迫使一些原银行储蓄者（大公司及城乡居民）为增加闲置资金的利息收益，将资金投资于风险较低又具有较好收益的货币市场工具，如国库券等，形成了所谓的存款非中介化现象，时称"脱媒"。这样银行存款急剧下降，对商业银行资金来源形成了很大的威胁。

为了阻止银行存款外流，一些商业银行设计了新的类似于货币市场工具的存单，以避开 Q 条款的限制，并借此开辟新的资金来源。1960 年，美国花旗银行首先推出了可转让大额定期存单，该存单的推出获得了一些大型证券经销商的支持，使得可转让大额定期存单的二级市场得以逐渐形成，也使急需资金的存单持有人能够方便地在市场上出售存单以获得资金，这增强了可转让大额定期存单的流动性。引入大额存单后，投资者可以通过购买存单获得市场利率。并且，实际的利率水平还可通过双方协商决定。可转让大额定期存单的产生大大拓宽了银行在货币市场上筹集资金的渠道，增强了其融资能力。有了大额存单，银行可以靠买入货币以应付意外的贷款需求，而不靠拒绝贷款或出售流动资产来实现。在数月之内，可转让大额定期存单就发展为美国货币市场上的重要交易工具，交易金额也在 20 世纪 60 年代急速升到 200 亿美元，并于 1981 年超过了 1 000 亿美元。

### 三、可转让大额定期存单的发行与流通

可转让大额定期存单市场可分为发行市场（一级市场）与流通转让市场（二级市场）。

在发行市场，可转让大额定期存单的发行方式有直接发行和间接发行。直接发行，即发行人自己发行可转让大额定期存单，并将其直接销售出去；间接发行，即发行人委托中介机构负责发行过程中各类事项的策划，并最终实现成功发行。对于美国的大银行来说，它们在全国各地都有自己的分支机构，因此它们通常采取直接发行的方式，以节约成本费用；其他规模较小的银行，只能通过委托承销商代为办理发行，同时也须向承销商支付一笔费用。

发行市场的主要参与者是发行人、投资者和中介机构。成为可转让大额定期存单发行人的一般是各种规模的商业银行。在美国，不管是国内的大商业银行，还是那些中小银行，都可以发行可转让大额定期存单，而且不少中小银行还会委托大银行作为其发行代理人，因为这样可以借用大银行的信誉使发行成功。

发行市场上的投资者包括企业、金融机构、外国政府及个人。企业往往是可转让大额定期存单的最大买主，而可转让大额定期存单之所以吸引企业进行投资，是因为可转让大额定期存单作为定期存款的创新工具，在期限设计及流通转让功能上都比定期存款更具灵活性。

这一方面可以为企业短期闲置资金提供安全、稳定的投资收益；另一方面也可以使企业将自己资金的固定预付期同可转让大额定期存单的到期日相联系，即使有差异，企业仍可以通过二级市场实现提前兑现，从而将本金与获得的利息用于到期时的支付。金融机构和政府也是大额可转让定期存单的重要投资者，但是发行银行本身不能投资于自己发行的可转让大额定期存单，只能投资于其他银行发行的可转让大额定期存单。货币市场基金、保险公司、信托公司、养老基金等也是可转让大额定期存单的投资者，其中，货币市场基金所占市场份额最为显著。本国政府一般不投资本国银行发行的可转让大额定期存单，参与投资的一般是外国政府。发行市场上还存在个人投资者，但由于可转让大额定期存单的面值都很大，直接对其进行投资的个人数量很少，通常情况下，个人都是通过购买货币市场基金来实现对可转让大额定期存单的间接投资。发行市场上的中介机构一般由投资银行来承担，它们负责承销可转让大额定期存单，并通过向发行人收取一定的费用作为承销收益。

可转让大额定期存单流通转让市场给持有可转让大额定期存单的投资者提供一个可实现存单流通性的场所。通过流通转让，投资者可以将未到期的可转让大额定期存单兑现。该市场上的参与者是在发行市场买入可转让大额定期存单的各类投资者，另外还有新加入流通转让市场的投资者，他们未在发行市场买入存单，而是通过二级市场的交易持有存单。

### 四、我国的可转让大额定期存单市场

我国的可转让大额定期存单产生于20世纪80年代。1986年，中国交通银行首次发行可转让大额定期存单，此后，其他商业银行也先后发行可转让大额定期存单，成为当时我国商业银行一项重要的金融创新业务。1989年，中国人民银行下发了《大额可转让定期存单管理办法》和配套文件，规范了市场行为，在一定程度上促进了市场的发展。1990年5月，中国人民银行对大额可转让定期存单的利率上限加以限制，再加上二级市场发展严重滞后，使这种金融工具的优势无法体现。此后，我国可转让大额定期存单市场逐渐萎缩，到90年代末期基本消失。

2015年，为规范大额存单业务发展，拓宽存款类金融机构负债产品市场化定价范围，有序推进利率市场化改革，中国人民银行制定了《大额存单管理暂行办法》，重新启动了可转让大额定期存单的发行。《大额存单管理暂行办法》的相关规定如下：大额存单采用标准期限的产品形式，个人投资人认购大额存单起点金额不低于30万元，机构投资人认购大额存单起点金额不低于1 000万元。大额存单期限包括1个月、3个月、6个月、9个月、1年、18个月、2年、3年和5年。

【思考5】
查询目前我国可转让大额定期存单的利率。
**动动笔**

## 第四节 短期政府债券市场

短期政府债券市场是发行和流通短期政府债券所形成的市场,在一个发达的货币市场体系中,短期政府债券市场是重要的组成部分。由于短期政府债券是回购协议交易的主要标的物,因此短期政府债券市场与回购协议市场有重要的关系。另外,短期政府债券市场形成的利率,还是其他金融工具收益率的重要参考基准。

### 一、短期政府债券概述

#### (一) 短期政府债券的概念

短期政府债券是政府作为债务人,承诺一年内债务到期时偿还本息的有价证券。短期政府债券主要是中央政府债券,它属于国家信用范畴。政府发行短期国债,一般是为了国库之需,因此又称为国库券。短期政府债券期限一般为3个月、4个月、6个月和12个月。

#### (二) 短期政府债券的特征

短期政府债券与货币市场中的其他工具相比,有以下几个显著特征。

1. 违约风险小

短期政府债券以国家的税收作为担保,信誉好、安全性高,没有或几乎没有违约风险,通常作为无风险证券的代表。货币市场的其他信用工具,如商业票据、银行承兑汇票和大额可转让存单,由于发行人的原因,都存在违约的风险,特别是在经济衰退时期,违约的可能性更大。

2. 流通性强

短期政府债券是一种在高组织性、高效率的竞争市场上交易的短期工具。发达的二级市场使它能在交易成本及价格风险较低的情况下迅速变现,是仅次于现金和存款类货币形态的准货币。

3. 面额小

货币市场的其他金融工具面额很大,短期政府债券的面额较低。在美国,国库券的最小面额是10 000美元,而商业票据和大额可转让定期存单的面额大多在10万美元以上。对于许多小投资者来说,短期政府债券通常是他们能直接从货币市场购买的唯一有价证券。

4. 利息免税

政府债券的利息收益通常免缴所得税,而其他金融工具,如商业票据投资收益必须按照规定的税率缴税。尽管短期政府债券的名义利率没有商业票据高,但由于税收的影响,短期政府债券的实际收益率仍有可能高于商业票据。

#### (三) 短期政府债券的功能

1. 满足中央政府对短期资金的需求

政府的收入以税收为主,税收的收入时间有一定规律,政府支出的时间不一定与税收收入时间相匹配,为应付突发事件或季节性需要经常会出现先支后收的情况,而这些支出并不影响财政收支的平衡。短期国债的发行可以满足财政部对短期资金的需求。

2. 为商业银行提供理想的超额储备资产,并为中央银行提供理想的公开市场业务操作工具

短期政府债券安全性高、流动性强、收益免税,是商业银行和各类非银行金融机构理想的超额储备资产。对中央银行而言,短期政府债券信用风险小、品种多、发行量大、价格变动的利率弹性小,又是商业银行的主要超额储备资产,就成了中央银行公开市场操作的理想工具。

3. 为金融市场提供了低风险的金融工具

短期政府债券不仅因其信用好、流动性强、收益免税而受中小投资者欢迎,而且被视为无风险金融工具的代表,为其他风险资产定价提供了基础。同时,以短期政府债券利率作为基础金融变量,创造出利率期货、利率期权等金融衍生工具。

## 二、短期政府债券市场的运行

### (一) 短期政府债券市场的参与者

短期政府债券一级市场的参与者主要有政府和投资者。发行短期政府债券对于政府来说有两个重要的意义。一是融资以满足政府短期资金周转的需要。尽管政府年前预算力求保证下一年度的收支平衡,但由于季节性收支变动,以及国库经常出现先支后收的情况,仍有可能出现年内短期资金周转缺口,通过发行短期政府债券可以弥补临时性资金短缺。二是规避利率风险。固定利率中长期债券的利率风险较高,如市场利率较发行债券时降低,政府要承担相对高的利息成本。短期政府债券由于期限较短,且政府可以有不同期限的选择,因此利率波动风险小很多。

一级市场中的投资者主要是参与短期政府债券发行投标的一级自营商,它们通常由资金雄厚的大投资银行与商业银行共同组成。一旦获得了短期政府债券一级自营商的资格,该金融机构就有义务连续参加短期政府债券的发行活动。

一级市场还有除自营商以外的金融机构、企业、外国中央政府等参与者。金融机构参与者主要是一些资金实力相对较弱的商业银行和投资银行,它们没能成为一级自营商,但也可以通过竞标获得一级市场直接投资短期政府债券的机会。

短期政府债券一级市场上的企业,主要是指那些在满足了日常生产经营活动资金需要后依然有资金盈余的经济主体,它们主要是希望利用盈余的资金投资于风险较小的短期政府债券,以获得一定的投资收益。

外国中央政府参与一国短期政府债券一级市场主要有两个目的:一个是投资目的,即通过投资一国短期政府债券获得收益,经济发达、币值稳定国家的短期国债已经成为很多国家外汇储备的重要资产;另一个是稳定汇率,即通过购买一国金融资产以稳定两国货币之间的汇率。

短期政府债券二级市场的参与者范围十分广泛,包括了发行国中央银行和各类投资者。发行国中央银行参与二级市场交易主要是进行公开市场业务操作,通过买卖短期政府证券来控制货币供应量,实现其货币政策目标。二级市场上的各类投资者范围很广泛,包括作为短期政府债券承销人的一级自营商、政府证券经纪人、各类金融性与非金融性机构、个人投资者,以及其他国家的政府等。

## （二）短期政府债券的发行市场

短期政府债券市场由发行市场（一级市场）和流通市场（二级市场）构成。

短期政府债券的发行人是中央政府，一般由财政部负责发行。短期政府债券通常采用贴现方式发行，即投资者以低于面值的价格购得短期政府债券，到期时按面额偿还金额，发行短期政府债券的面额与购买价格之间的差额就是投资者的收益。

短期政府债券一般采取公开招标发行的方式，即通过投标人的直接竞价来确定国库券的发行价格（或收益率）。发行人将投标人的报价，自高价向低价或自低利率向高利率排列，并从高价（或低利率）选起，直到达到满足需要发行的数额为止。因此，最终所确定的价格恰好是供求决定的市场价格。目前，美国、意大利、英国等发达国家采取这一形式。

从招标竞争标的物看，存在缴款期招标、价格招标和收益率招标三种形式；从确定中标的规则看，有荷兰式（单一价格）招标与美国式（多种价格）招标之分。

1. 按标的物分类

（1）缴款期招标。这是以缴款时间作为竞争标的物，发行人按由近及远的原则确定中标者，直至募满发行额为止。缴款期招标一般多在发行价格或票面利率已定的条件下使用，适应于招标机制并不健全的环境。

（2）价格招标。这是以发行价格作为竞争标的物，发行人按由高到低的原则确定中标者和中标额。贴现债券多采用这种办法发行。如果附息债券或附有票面利率的零息债券也要实行价格招标，则必须将发行票面利率确定。贴现债券的中标收益率依不同的招标价格而定，附有票面利率的债券的中标收益率则分两种情况：当中标价高于面值时，收益率低于票面利率；反之，则高于票面利率。

（3）收益率招标。这是以债券投资收益率为投标竞争标的物，发行人按由低到高的顺序确定中标者。对于附有票面利率的债券，通过招标过程所确定的票面利率，一般为所有中标收益率的加权平均数，由于发行价格是预先规定好的，所以中标商的盈亏是由其缴款价格相对于面值的差额体现出来的。即当中标收益率低于加权平均中标收益率时，缴款价格高于面值，相对亏损；反之，则相对盈利。

2. 按中标方式分类

（1）荷兰式招标。荷兰式招标也称单一价格招标，即在招标规则中，发行人按募满发行额时的最低中标价格作为全体中标商的最后中标价格，每家中标商的认购价格是同一的。在这种招标形式下，如果市场对债券需求强烈，投标商为了能够多认购债券，往往会将价格抬高。因为就单个投标商而言，即使将价位报得较高，最后与其他中标商同样按最低中标价格认购债券，而且还能满足自己增加认购量的需求。如果所有投标商都抱有这种心理，必然会使最低中标价格较高。这种结果对发行人有利，但容易使新发债券的发行收益率因竞争激烈而被压低，在净价交易制度下，附息债券进入二级市场的交易价格可能低于面值。但当市场对债券需求不大时，最低中标价格可能会很低，新发债券的收益率相应提高，这对发行人不利。因此，从国债发行和管理者的角度来看，当市场需求不大时，不宜采用荷兰式招标。

（2）美国式招标。美国式招标亦称多种价格招标，即在招标规则中，发行人按每家投标商的投标价格确定中标者及其中标认购数量，招标结果一般是各中标商有各不相同的认购价格，每家的成本与收益率水平也不同。这种招标形式因为中标价格各不相同，最能体现各投标商的认购能力。投标商会更加认真地综合考虑每个价位上的认购能力、中标概率，公开竞争性较为明显。但如果没有合理的限额规定，美国式招标也容易出现垄断现象，新发债券的收益率会取决于少数实力雄厚的机构。与荷兰式招标相比，市场需求强烈时，美国式招标所确定的票面利率会相对低些；市场需求不高时，情况则相反。

### （三）短期政府债券的流通市场

在发达国家，短期政府债券因为期限短，一般不进入证券交易所交易，而是分散在场外市场交易。整个市场通过电话、计算机网络等通信系统连接，交易指令由计算机终端传送，由政府证券交易商做市，交易速度快、市场参与者多，是一个高效的市场。

短期政府债券二级市场参与者的范围广泛，其中，政府证券交易商是重要主体，在短期政府债券市场上发挥重要作用。首先，政府证券交易商在一级市场直接参与短期国债的竞标或认购，保证短期国债顺利发行；在二级市场作为中央银行公开市场业务的操作手，可以直接与财政部、中央银行进行交易，是连接财政部、中央银行和其他交易者的纽带。其次，为短期国债做市。作为做市商，不断地向市场提供买价和卖价，并随时以所报价格买卖短期国债，以维持市场的流动性。短期国债市场的报价不直接以价格显示，而是以相应的收益率表示。其中，出价是交易商向客户买入短期国债的价格，要价是交易商向客户出售短期国债的价格，两者的差额是交易商的利润来源。再次，为各类市场参与者提供市场信息、分析交易行情，以增强市场的透明度和效率；政府证券交易商之间的交易因其信息收集和分析能力强、交易量大，而有价格发现作用。

短期国债的买卖一般通过政府证券经纪商进行。有的国家，政府证券经纪商是专营的，即不得做自营买卖，有的则允许兼营自营业务。政府证券交易商通过经纪商交易可以得到最新报价，节省了时间、提高了效率，又可以在必要的时候不公开自己的真实身份。短期国债经纪商的收入来自佣金。

## 三、短期政府债券的价格与收益率计算

由于采取贴现发行，短期政府债券的收益是面值与实际购买价格的差额，该差额称为贴现收益。贴现收益率是贴现收益与票面价值之比按单利法则计算的年收益率。国库券贴现收益率的计算公式为：

$$国库券贴现收益率 = \frac{面值 - 价格}{面值} \times \frac{360}{期限（天）} \times 100\% \quad (6-3)$$

由于短期政府债券市场的报价不以价格直接显示，而是以对应的收益率表示，因此要根据贴现收益率计算市场价格。国库券价格的计算公式为：

$$国库券价格 = 面值 \times \left(1 - 贴现收益率 \times \frac{期限（天）}{360}\right) \quad (6-4)$$

【思考6】

某一182天期的短期政府债券，面值为100元，出售价格为96元，则其贴现收益率为多少？

**动动笔**

_____
_____
_____
_____

### 四、我国的短期政府债券市场

中国国债市场的发展经历了两个阶段。第一阶段是20世纪50年代，当时中国曾短暂地发行过国债，但并未形成国债市场。当时为了迅速、有效地医治战争创伤，尽快恢复发展经济，中国政府先后发行了折实公债和国家经济建设公债，为经济建设筹措资金。第二阶段始于改革开放后的20世纪80年代。1981年发布的《中华人民共和国国库券条例》，为我国在改革开放后重新启动国债市场拉开了帷幕。中国国债市场发展历史较短，但发展速度很快，已成为中央银行开展公开市场操作、各类金融机构进行流动资金管理以及各类投资者投资国债的重要场所。

我国发行的国债以中长期债券为主，1年以下的短期债券数量甚微。我国政府于1994年首次发行期限短于1年的短期国债。1994年初，为配合中国人民银行拟议中的公开市场操作，我国采用无纸化方式，向银行、证券公司等金融机构发行了两期短期国债：第一期是期限半年的50亿元短期国债；第二期是期限1年的80亿元短期国债。1996年，又发行了期限为3个月、6个月和1年期的短期国债，当年的短期国债发行额为649亿元，占国债发行总额的32.99%。到了1997年，由于种种原因，短期国债停止发行，在2003年才开始恢复发行，但短期国债发行规模始终很小。为满足公开市场业务的需要，中国人民银行2003年起正式发行中央银行票据，目前已取代短期政府债券，成为货币政策日常操作的重要工具。尽管当前的短期政府债券场规模不大，但随着我国国债发行规模的扩大，以及国债管理逐渐从"赤字管理"向"余额管理"过渡，短期政府债券市场必然会形成一定的规模。

## 第五节　回购协议市场

回购协议市场是通过回购协议来进行短期货币资金借贷所形成的市场，是货币市场体系的又一重要组成部分。

### 一、回购协议概述

#### （一）回购协议的概念

回购协议是指证券资产的卖方在卖出一定数量的证券资产的同时，与买方签订的、在未来某一特定日期按照约定价格购回所卖证券资产的协议。

逆回购协议是证券资产的买方在买入一定数量证券资产的同时，与卖方签订的、在未来某一特定日期按照约定价格出售所买证券资产的协议。逆回购协议与回购协议实际上属于同一次交易的两个方面。回购协议是从资金需求者，即证券资产的卖方角度出发；而逆回购协议则从买入证券资产的一方,即资金供给者的角度出发。一笔回购交易涉及两个交易主体和两次交易契约行为。两个交易主体,是指以券融资的资金需求方和以资融券的资金供应方;两次交易契约行为,是指交易开始时的初始交易和交易结束时的回购交易。

### (二) 回购交易的性质

回购交易实质上是一种以证券资产作抵押的短期资金融通方式。融资方(正回购方)以持有的证券作质押,取得一定期限内的资金使用权,到期以按约定的条件购回的方式还本付息;融券方(逆回购方)则以获得证券质押权为条件,暂时放弃资金的使用权,到期归还对方质押的证券、收回融出的资金,并取得一定的利息收入。

回购交易是同一交易对象之间两笔方向完全相反交易的组合,即资金借贷和证券买卖的组合。由于在成交时已经确定到期证券购回的价格或资金的偿还额,实际上它也是一笔即期交易和远期交易的组合。

从表面上看,回购交易与短期质押贷款相似,其质押物均为证券资产,但两者的法律含义却有很大区别。当短期质押贷款到期,借款人不能如期偿还贷款时,贷款人须经过法律程序才能处置质押物,收回贷款。在回购交易中,一旦协议到期,融资方不能如期买回证券,融券方即有权处置证券,收回资金。从这一角度说,回购协议比质押贷款还安全。

### (三) 回购协议市场的作用

(1) 对交易双方而言,回购交易是一种灵活方便、安全性较高的融资方式。

由于回购交易在成交时已确定证券回购的价格,回购协议可以使融资方免受购回证券资产时市场价格上升带来的损失,降低市场风险;又可以使融券方在减少债务人无法按期还款的信用风险的同时,免受卖出证券资产时市场价格下降的风险。

(2) 对商业银行而言,回购协议市场的出现和发展改变了传统的资产管理理念,增强了资产组合的灵活性,提高了资金使用效率。

回购协议的出现,一方面降低了银行间同业拆借的风险;另一方面,利用回购协议融入的资金无须向中央银行缴纳法定存款准备金,降低了资金成本,增强了商业银行的资产业务扩张能力。同时,商业银行可以不用保留过多的超额准备金,可以选择投资于可作为回购协议质押物的短期证券,从而在最大限度拓展业务的同时增加盈利。

(3) 回购协议市场扩大了货币市场范围。

回购协议市场的参与者不再局限于金融机构和中央银行,各级政府、企业都可以参与交易,市场的资金来源广泛、流动性强,成了各类企业现金管理的工具。同时,作为一种金融创新,也拓展了货币市场的范围,增加了各类市场主体融通短期资金的渠道。

(4) 回购协议市场丰富了中央银行公开市场业务操作的手段,降低了公开市场操作的成本。

发达国家的中央银行现在经常选择回购协议,而不是以直接买卖政府证券作为公开市场业务的主要方式。这是因为回购协议是约定在较短时间内,以一笔相反的交易收回(或投放)在交易开始的时间投放(或收回)的基础货币。中央银行可以利用回购交易抵消各种意外因素对银行体系准备金暂时性的影响,而且,它比直接买卖政府证券更加灵活、交易成本更低、对公众预期的干扰更小。中央银行可以限定回购协议的利率,以数量招标的方式作为数量控制工具；也可以限定回购协议的资金数量，以利率招标方式作为价格控制工具；还可以将短期的回购交易与长期的政府证券直接买卖组合运用。回购协议市场为中央银行灵活运用公开市场操作提供了条件。

## 二、回购协议市场的运行

### （一）回购协议市场的参与者

回购协议市场的参与者包括商业银行、非银行金融机构、企业、政府或政府机构和中央银行。

商业银行是回购协议市场上的主要参与者，商业银行在短期资金不足的情况下，可以通过回购协议借入资金，弥补不足；也可以在短期资金盈余时，通过逆回购协议贷出资金，获得收益。对商业银行来说，回购交易风险比同业拆借小，资金成本比同业拆借低，期限又比大额存单等灵活。回购协议市场对难以从其他渠道筹措资金的中小银行很有吸引力，而大银行则可与交易对手签订没有具体期限的、连续的回购协议，每天根据需要不断续约，以满足业务扩展的需要。

非银行金融机构同样是回购协议市场上的主要参与者，它们包括证券公司、资产管理公司、基金管理公司、保险公司和储蓄类机构等非银行金融机构。与商业银行相同的是，非银行金融机构因自身的短期资金状况，既可以成为资金需求者，也可以成为资金供给者。但非银行金融机构与商业银行短期资金盈余或不足的产生原因、方向、期限、数额不尽相同，它们往往与商业银行成为交易对手，形成互补交易。

企业作为回购协议市场的参与者，主要是资金供给者。因为企业在日常生产经营活动中可能存在闲置资金，这些闲置资金可以通过回购协议的方式贷出给资金需求者，从而获得高于存款利率的收益，而风险又低于商业票据、大额定期存单。

政府或政府机构大多也作为资金供给者参与回购协议市场。政府或政府机构可以在该国法律允许的范围内，将暂时闲置的资金通过回购协议贷出，从而使资产增值。

中央银行参与回购协议市场则有不同于其他参与者的意图。中央银行参与回购交易并非为了获得收益，而是通过回购协议市场进行公开市场操作，有效实施货币政策。

### （二）回购交易的类型

（1）按回购交易方向，回购交易可以分为正回购和逆回购。

正回购是指证券持有人（回购方）在出售证券的同时，与买方（逆回购方）签订协议，约定在某一时间，以事先确定的价格买回同一笔证券的融资活动。

逆回购是指资金盈余方（逆回购方）在买入证券的同时，与卖方（回购方）签订协议，约定在某一时间，以事先确定的价格卖出同一笔证券的融资活动。

（2）按回购期限，回购交易可以分为隔夜回购、定期回购和不定期限的回购。

按国际惯例，回购交易的期限一般在一个月以内，最长不超过一年。回购协议的期限中最短的为隔夜回购，即回购方在卖出证券的次日将证券购回。定期回购是指回购方在卖出证券至少两天以后再将同一证券买回。不定期限的回购，即回购协议每日经交易双方同意后进行展期，利率依每日隔夜回购利率调整。

回购的期限长短不同，其信用风险也不同。一般说来，期限越长，金融市场因素变动的可能性越大，其信用风险也越大。因此在定期回购中，回购方需要缴纳一定比例的保证金以防违约。

（3）按交易场所，回购交易可以分为场内回购和场外回购。

场内回购（有形市场）是指在证券交易所、期货交易所、证券交易中心、证券报价系统内，由其设计并经主管部门批准的标准化回购业务。

场外回购（无形市场）是指在交易所和交易中心之外市场上通过电话、网络或其他通信工具进行的非标准化的回购业务。

（4）按交易方式，回购交易可以分为直接交易和间接交易。

直接交易是指融资方与融券方直接签订回购协议完成资金融通。

间接交易是指资金的融资方与融券方分别与中介机构签订回购协议，中介机构充当双方的对手方，获取价差收益。

（5）按交易主体、目的和范围，回购交易可以分为中央银行以公开市场业务为目的的回购交易、同业拆借市场上的回购交易及证券市场上的回购交易。

（6）按标的证券所有权转移与否，回购交易可以分为买断式回购和质押式回购。

买断式回购（开放式回购）与质押式回购（封闭式回购）的区别在于，在初始交易时，买断式回购中的证券持有人（正回购方）将证券"卖"给资金盈余方（逆回购方），而不是质押冻结，证券所有权随交易的发生而转移。该证券在协议期内可以由逆回购方自由支配，即逆回购方只要保证在协议期满能够有相同数量的同种证券给正回购方就可以在协议期内对证券自由地进行再回购或买卖等操作。而质押式回购中的逆回购方在对手方不违约的情况下无权处置抵押的证券。

## （三）回购协议的标的证券品种

回购协议的标的证券种类很多，短、中、长期政府债券、金融债券、商业票据、银行承兑汇票、大额定期存单、大公司债券等都可以作为质押物，但政府债券是主要标的证券。这是因为政府债券安全性好、流动性强、发行量大，各金融机构一般都持有相当数量的政府债券，仅政府债券回购已足以满足各金融机构通过回购交易进行流动性管理的需要；同时，政府债券一般集中托管在同一结算体系中，交易方便、效率高。

## （四）回购协议的期限

回购协议期限的性质是短期的，具体是指从卖方卖出证券资产时与买方签订回购协议，直到卖方最终将证券资产购回的这段时间。具体的期限，从1天到数月不等，如1天、7天、14天、21天、1个月、2个月、3个月和6个月等。

## （五）回购协议的报价方式和利率决定

国际通行的回购协议报价方式以年收益率进行报价，这有利于直接反映回购协议双方的收益与成本。在一笔具体的回购交易中，所报出的年收益率对于以券融资方（正回购方）而言，代表其固定的融资成本；对于以资融券方（逆回购方）而言，代表其固定的收益。

回购协议的利率取决于标的证券的种类、交易对手的信誉和回购协议的期限等。通常，标的证券的信用风险越小，流动性越好，回购利率越低，因此，以政府债券作为标的的回购利率低于其他证券。交易对手的信誉越好，回购利率越低，大银行以回购方式融入资金的成本较低。通常，回购期限越短，回购利率越低。但有时期限极短的回购利率，如隔夜回购利率却可能略高于期限较长的回购利率，这是因为期限稍长的回购与商业票据、银行承兑汇票、大额定期存单可以相互替代，有竞争性，而隔夜回购等短期交易除了同业拆借几乎没有竞争对手，此时，回购协议市场的利率结构要视资金供求关系而定。在期限相同的情况下，回购协议市场利率一般低于商业票据、银行承兑汇票、大额定期存单、同业拆借等货币市场工具利率，又略高于政府短期债券利率。这主要是因为回购协议有足额的证券作为质押物，且质押物一般托管在统一的结算系统中，信用风险小于商业票据等；与同业拆借相比，不仅有证券质押，而且企业、政府也能参与回购交易，资金供应较多，因而利率较低；国库券由政府发行，没有信用风险，又有发达的二级市场，流通性好，而回购协议没有二级市场，因此利率高于国库券利率。

例如，某企业账面上一笔资金为 1 000 万元，拟 2 日后用于购进原料。为避免收益损失，它们须选择好投资途径。由于无权放贷、存款利率低，且证券风险大、流动性不佳，因此选择了国债回购的交易方式解决短期投资的问题。

基本操作：作为逆回购方，购买某证券交易商（正回购方）出售的国债，价值为 999.8 万元，回购利率为 3.6%，回购期限为 2 天，2 天后再以 1 000 万元的价格卖给证券商。

回购交易的利息计算公式为：

$$\text{利息} = \text{本金} \times \text{回购利率} \times \text{回购期限} / 360 \tag{6-5}$$

式（6-5）中，回购利息是按 360 天/年来计算的。

本例中，回购利率为 3.6%，期限为 2 天，利息为 2 000 $\left(10\,000\,000 \times 3.6\% \times \dfrac{2}{360} = 2\,000\right)$ 元。

通过回购协议市场的交易，证券交易商获得了成本较低的短期资金，该企业则获得了一种有保证的收益机会，既绕开了放款限制，获取了 0.2 万元的短期资产收益，也避免了一般证券投资的风险。

**【思考7】**

某银行为筹集一笔短期资金，将 100 万元国库券卖给某证券商，出售价格为 9 994 万元，约定 4 天后购回，购回价 100 万元，则应支付证券商利息率为多少？

**动动笔**

___
___
___
___

## 三、我国国债回购协议市场的发展

我国国债回购协议市场的发展分为以下几个阶段。

### (一) 第一阶段 (试点起步阶段，1991年7月—1993年12月)

随着我国国债二级市场的不断发展，我国于1991年引入国债回购交易，逐步建立了国债回购交易的规则制度，并于1991年7月开始在STAQ（全国证券交易自动报价）交易系统下试运行国债回购业务，并于1991年9月完成了国债回购的第一笔交易。国债回购处于发育初期，规模较小，市场容量有限。这一阶段我国国债回购的特点是交易地点分散、规模较小。

### (二) 第二阶段 (初步发展阶段，1993年12月—1997年5月)

1993年12月，上海证券交易所正式推出了国债回购交易。1994年10月，深圳证券交易所也推出了该项交易。拥有充裕资金的国有商业银行积极地参与交易。国债回购协议市场很快就达到了很大的规模。国债回购交易量全面超过同期股票、国债现券和全国银行间同业拆借市场规模，成为我国资金市场中发展最快、规模最大的一个市场，但是仍存在法律机制不健全，监管体系薄弱，市场运作较为混乱的情况。1997年年初，中国人民银行暂时停止了向商业银行融资的国债回购交易。1997年5月26日，中国人民银行恢复了与商业银行间的国债回购业务，但国债回购业务仅限于在全国同业拆借网络中进行，交易对象为包括主要商业银行在内的25家公开市场业务一级交易商，从此形成了交易所国债回购交易市场和银行间国债回购交易市场两个相互平行的回购协议市场。

### (三) 第三阶段 (两大市场并立阶段，1997年5月—2006年5月)

银行间国债回购交易市场形成之后，各商业银行只能在该市场进行国债回购交易，中央银行也在该市场进行公开市场业务。自2000年起，非国有商业银行、证券公司、基金管理公司和其他金融机构等，也可以进入这一市场参与回购交易。我国的货币市场与资本市场之间正式地建立起了资金流通的正规渠道和机制。2004年5月20日，在银行间国债回购协议市场开始买断式国债回购交易，丰富了我国回购协议市场的品种。

### (四) 第四阶段 (不断完善阶段，2006年5月至今)

两个市场的分立，导致市场分割和流动性不足。2005年开始，国债回购制度改革按照稳妥有序、分步实施、新老划断的原则，在保证市场稳定的前提下分步推出新回购，逐步压缩老回购，通过一个新老并行的阶段最终实现顺利转轨。上海证券交易所市场老国债质押式回购所有品种于2007年6月12日终止交易，余额全部到期并正常完成交收。改革的方向是整合债券品种，使银行间市场和交易所市场的债券都能相互挂牌。在时机成熟时，实现市场的合并。

## 本章小结

通过本章学习，理解货币市场是短期资金融通形成的市场，它是一个无形的市场，交易规模大，而且货币市场工具流动性强、风险小和收益低。货币市场就其结构而言，可分为同业拆借市场、票据市场、大额可转让定期存单市场、短期政府债券市场及回购市场等若干个子市场。

通过本章学习，理解什么是同业拆借市场，知道同业拆借市场是指金融机构之间以货币借贷方式进行短期资金融通活动的市场；同业拆借市场的形成与发展；同业拆借市场的参与者、交易对象及交易方式；同业拆借市场的拆借期限与拆借利率，国际货币市场上较有代表性的同业拆借利率包括美国联邦基金利率、伦敦同业拆借利率（Libor）、新加坡同业拆借利率和香港同业拆借利率；学习我国同业拆借市场的发展经历。

通过本章学习，理解什么是票据市场，知道依照票据的种类，票据市场主要可分为商业票据市场和银行承兑汇票市场；了解票据的基本形式有三类：汇票、本票和支票，以及票据行为；在商业票据市场部分，学习商业票据的历史和优点、商业票据市场的要素及商业票据的收益；在银行承兑汇票市场部分，学习银行承兑汇票的产生、银行承兑汇票市场的构成，知道银行承兑汇票市场主要由初级市场和二级市场构成。初级市场相当于发行市场，主要涉及出票和承兑；二级市场相当于流通市场，主要涉及汇票的贴现与再贴现。

通过本章学习，理解什么是可转让大额定期存单市场；学习大额可转让存单的相关基本知识，包括其特点、作用、种类、风险和收益及其由来和发展；学习和理解可转让大额定期存单的发行与流通，了解大额可转让存单市场可分为发行市场（一级市场）与流通转让市场（二级市场）；此外，了解我国的可转让大额定期存单市场。

通过本章学习，理解短期政府债券的概念、特征与功能，知道短期政府债券是政府作为债务人，承诺一年内债务到期时偿还本息的有价凭证；学习短期政府债券市场运行的相关知识，了解短期政府债券市场由发行市场（一级市场）和流通市场（二级市场）构成；理解短期政府债券的价格与收益率计算；此外，了解我国的短期政府债券市场。

通过本章学习，理解回购协议的概念，回购协议是证券资产的卖方在卖出一定数量的证券资产时，同买方签订的在未来某一特定日期按照约定价格购回所卖证券资产的协议；知道什么是正回购与逆回购，理解逆回购协议与正回购协议实际上属于同一次交易的两个方面，也理解回购协议交易实质上是一种以证券资产作抵押的短期资金融通方式；学习回购协议市场的作用和回购协议市场运行的相关知识；此外，了解我国国债回购市场的发展历程。

### 本章思考题

1. 货币市场由哪些子市场构成？
2. 简述同业拆借市场的参与者、交易对象及交易方式。
3. 简述银行承兑汇票市场的构成。
4. 大额可转让存单的特点有哪些？
5. 简述短期政府债券的概念与特征。
6. 什么是正回购与逆回购，它们之间有什么联系？

案例分析6-1　美国票据市场

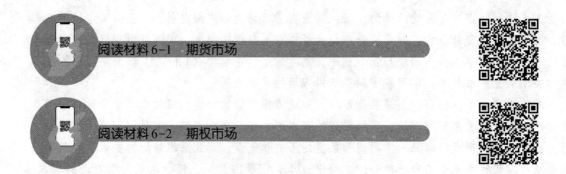

阅读材料 6-1　期货市场

阅读材料 6-2　期权市场

# 第七章

# 金融机构及金融运行

## 学习路径

金融机构体系—思考与问题分析—银行与非银行金融机构—思考与问题分析—货币运行—思考与问题分析—反思与总结

## 学习目标

- 了解金融机构体系
- 了解国内外金融机构体系的构成
- 了解银行和非银行机构的类型
- 熟悉商业银行的业务
- 理解中央银行的概念、职能和对货币运行的影响
- 对比分析财政政策与货币政策的区别

## 核心概念

金融机构、金融机构体系、中央银行、商业银行、政策性银行、保险公司、证券机构、金融信托租赁、投资基金、财务公司、投资银行、期货公司、货币创造、发行的银行、银行的银行、国家的银行、货币政策、财政政策

## 学习要求

- 阅读材料
- 浏览中国人民银行网站最新的金融数据

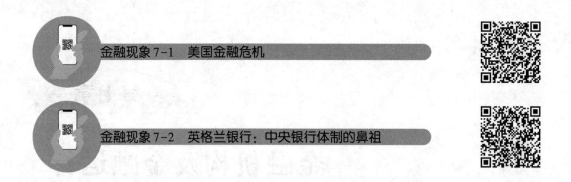

金融现象 7-1　美国金融危机

金融现象 7-2　英格兰银行：中央银行体制的鼻祖

## 第一节　金融机构体系

### 一、金融机构的一般体系

各个国家由于经济发展水平、经济体制、信用发达程度等存在差异，金融机构体系的组成也不完全相同，但一般由银行金融机构和非银行金融机构组成，如中央银行、商业银行、专业银行、非银行金融机构、外资（合资）金融机构等。

**（一）中央银行**

中央银行是在近代银行发展过程中从商业银行中独立出来的一种银行。中央银行是各国金融体系的中心和主导环节，居于特殊的地位。对内，它代表国家对金融机构实行监管，管理金融市场，维护金融体系的安全运行，同时根据国民经济运行和国家经济政策的要求制定与实施国家金融政策，对宏观金融活动进行控制与调节；对外，它是一国货币主权的象征。

**（二）商业银行**

商业银行是最早出现的现代金融机构，具有机构数量多、业务范围广、资本雄厚、体系庞大等特点，是金融体系的骨干和中坚力量，起着其他金融机构所不能代替的重要作用。商业银行的主要业务是经营个人储蓄和工商企业的存款、贷款业务，并为顾客办理汇兑结算和提供多种金融服务。通过办理支付结算，商业银行实现了国民经济中的绝大部分货币周转，同时起着创造存款货币的作用。随着现代金融业的发展，世界上大多数国家的商业银行已经成为全能式银行，从事多种综合性银行服务，被称为"金融百货公司"。

**（三）专业银行**

专业银行是指专门经营指定范围和提供专门性金融服务的银行，其特点有三个。第一，专门性。专业银行是社会分工发展在金融业的表现，其业务具有专门性，服务对象往往是某一特定地区、部门或专业领域。第二，政策性。专业银行往往具有支持和鼓励某一地区、部门或领域发展的政策导向，尤其是开发银行和进出口银行等专业银行的贷款，具有明显的优惠性，如借款和还款期限都较长，含有政府贴息和保险等。第三，行政性。专业银行的建立往往有官方背景，有的本身就是国家银行或代理国家银行。

现代金融机构体系中专业银行种类甚多，名称各异，其中开发银行、储蓄银行、进出口银行最为重要。

### (四) 非银行金融机构

除了上述银行金融机构外，凡从事融资业务活动、又不称为银行的机构，按国际惯例均称为非银行金融机构，主要包括保险公司、证券公司、投资基金、信用合作社等。

### (五) 外资（合资）金融机构

外资金融机构是指在一国境内由外国投资者开设的银行和非银行金融机构。合资金融机构则是指外国资本与本国资本联合投资开设的银行和非银行金融机构。各国一般将这类金融机构纳入本国金融机构体系内，并使其受本国金融当局的管理和监督。随着国际经济交往的发展，一个国家出现了越来越多的外资或合资金融机构。各国根据自身经济发展的需要，对外资或合资金融机构普遍采取放宽限制和管理措施，以便更多地吸引外资，加强国际金融交往，促进本国经济的对外开放。

## 二、国内金融机构体系

### (一) 中华人民共和国成立前的金融机构体系

1. 古代的金融机构体系

我国的金融业务和金融机构产生很早，但大多数属于私人高利贷性质。最早有记载的民间信用机构是南北朝时期（公元524年前后）开办的经营抵押业务的当铺。隋唐时代典当业普遍兴起，唐朝初期，国内、国外贸易发达，产生了经营货物存放、批发、兼营银钱保管、汇兑的商业组织柜坊。唐代还出现了"飞钱"，这是一种异地汇兑业务。北宋时发行了名为"交子"的纸币，为适应纸币流通的需要，陆续开设了专门经营银钱纸币交易的"钱铺"和"质库"。元代的典当业称为"解典库"或"解库"，它们除经营抵押放款外，还办理普遍的信用放款。明朝中叶以后，为适应经济发展的需要，旧有的典当业有了新发展，同时还出现了从事钱币兑换业的"钱庄"。到了清初，一些资力雄厚的钱庄开始经营存款业务，以后又发行庄票，这种庄票被视同现金在市场上流通，可以兑现。晚清的几十年间为"钱庄"最盛时期，其经营的业务范围越来越广泛，如票据贴现、短期拆借、存款、放款、买卖金银及兑换、代收票据和发行汇票等。清代产生的主要信用机构是"票号"，最初"票号"专营汇兑，并只为商人办理不同地区之间的汇款，后来也为政府和官吏办理公款的汇兑，并兼营存放款业务，最有名的当属"山西票号"。此外，清朝还有一种由清政府官方设立的金融机构"官银钱号"，早期设立的官银钱号主要经营兑换银钱、调节钱价和熔铸银锭等业务，后来也从事普通信用业务。辛亥革命后，各省"官银钱号"除倒闭、撤销者外，多数改为省地方银行。"银号""钱庄""票号"是具有银行性质的金融机构，在我国金融史上占据重要地位。

2. 19世纪中后期的近代银行体系

我国第一个银行是1845年由英国人开办的丽如银行。从19世纪40年代到60年代，先后有英、法、德、日、美、俄、意等国在我国开设了42家银行，拥有200多个分支机构，形成了一个外国银行的势力范围。外国资本的入侵，一方面促使我国自给自足的封建经济基础迅速瓦解，另一方面也为资本主义经济发展创造了条件。在中国民族资本经济初步形成的基础上，1897年5月27日上海诞生了我国第一家民族资本银行——中国通商银行，标志着中国近代史上金融业的开端。1905年，清政府设立了官商合办的户部银行，后改称大清银行，这是我国最早的国家银行。1908年设立了交通银行。大清银行和交通银行在清末最后几年里起着中央银行的作用。随后大清银行改组为中国银行，正式作为中央银行开始运作。与此同时，具有封建买办性质的民间商业银行也开始兴起。属于中国民族资本经营而规模较大的有"南四行"，即上海商业储蓄银行、浙江兴业银行、新华信托储蓄银行和浙江实业银行；"北四行"，即盐业银行、金城银行、中南银行和大陆银行；"小四行"，即中国实业银行、中国国华银行、中国通商银行和四明银行。

3. 国民党时期的金融机构体系

1927年以后，国民党政府为了控制中国的金融业，于1928年成立中央银行，赋予其管理国库、发行兑换券和国债、铸造银圆等特权，在国民党统治区银行体系中起中央银行作用。以后又通过渗入官股控制了中国银行和交通银行，由中国银行垄断国际汇兑业务，交通银行垄断实业投资。1935年将豫鄂皖赣四省农民银行改组为中国农民银行，通过农贷和其他农村金融业务为地主和官僚资本服务。邮政储金汇业局于1930年成立，办理储金汇兑业务。1935年设立中央信托局，垄断外贸各项进出口物资和收购业务。1946年成立中央合作金库，垄断了合作金融事业。这样，就形成了一个由"四大家族"控制的、以"四行、两局、一库"为核心的旧中国官僚买办金融机构体系。此外，在各省市还有民族资本银行。中国民族资本银行与民族工商业一样，处于帝国主义、官僚资本主义的双重压力之下，规模小，发展缓慢。

## （二）中华人民共和国金融机构体系的建立与发展

1. 1948—1979年，"大一统"的人民银行体系

1948年12月1日，在原华北银行、北海银行和西北农民银行的基础上，建立了中国人民银行。中华人民共和国成立后，在完成社会主义改造后，我国照搬苏联模式建立了高度集中的计划经济体制。与此相适应，金融机构也按照当时苏联银行模式进行了改造，撤销、合并了除中国人民银行以外的其他银行及非银行金融机构，建立起一个高度集中统一的国家银行体系，俗称"大一统"的金融体系，其基本特征为：中国人民银行是全国唯一一家办理各项银行业务的金融机构，集中央银行和商业银行功能于一身，其内部实行高度集中管理，利润分配上实行统收统支。

2. 1979—1994年，以专业银行为主的金融机构体系

1979年中国银行从中国人民银行中分列出来，作为外汇专业银行，负责管理外汇资金并经营对外金融业务；同年，恢复了中国农业银行，负责管理和经营农业资金；1980年试行基建投资"拨改贷"后，建设银行从财政部分设出来，最初专门负责管理基本建设资金，1983年开始经营一般银行业务。这些金融机构各有明确的分工，打破了中国人民银行一家包揽的格局。但由于中国人民银行仍然集货币发行和信贷于一身，不能有效地对专业银行和金融全局进行领导、调控与管理。因此，有必要建立有权威性的、真正的中央银行。

1983年9月，国务院决定中国人民银行专门行使中央银行职能；1984年1月，单独成立中国工商银行，承担原来由人民银行办理的工商信贷和储蓄业务；1986年以后，又增设了全国性的综合银行如交通银行、中信实业银行等，以及区域性银行如广东发展银行、招商银行等，还批准成立了一些非银行金融机构如中国人民保险公司、中国国际信托投资公司、

中国投资银行、光大金融公司、中国国际财务公司、城乡信用合作社及金融租赁公司等。与此同时，银行业进一步实行对外开放，允许部分合格的营业性外资金融机构在我国开业，使我国金融机构体系从封闭走向开放。

通过这些改革，我国在1994年形成了以中国人民银行为核心，以中国工商银行、中国农业银行、中国银行、中国建设银行四大专业银行为主体，其他各种金融机构并存和分工协作的金融机构体系。

3. 1994年至今，以商业银行为主的多元金融机构体系

为适应建设社会主义市场经济新体制的需要，更好地发挥金融在国民经济中的宏观调控和优化资源配置的作用，1994年国务院决定进一步改革金融体制。改革的目标之一是实现在中央银行宏观调控下的政策性金融与商业性金融分离，建设以国有商业银行为主体的多种金融机构并存的金融机构体系。主要措施有：分离政策性金融与商业性金融，成立三大政策性银行；国家专业银行向国有商业银行转化；建立以国有商业银行为主体的多层次商业银行体系。1995年组建第一家民营商业银行——中国民生银行；同年在清理、整顿和规范已有的城市信用社基础上，在各大中城市开始组建城市合作银行，1998年更名为城市商业银行；大力发展证券投资基金等非银行金融机构；不断深化金融业的对外开放。这一新的金融机构体系目前仍处在完善过程中。

（三）中国现行金融机构体系

经过几十年的改革开放，我国金融业获得了巨大的发展，金融机构体系结构日臻完善，已经形成由"一行三会"为主导、大中小型商业银行为主体、多种非银行金融机构为辅翼的层次丰富、种类齐全、功能完备的金融机构体系，在国民经济发展中发挥了重要作用。

1. 金融调控与监管机构

金融调控与监管机构是依照国家法律法规，对金融机构及其在金融市场上的活动进行监督、约束和管制的国家金融管理机构。其基本任务是根据法律法规的授权，按照分业监管的原则，制定和执行有关金融法律法规，完善金融活动运行规则和提供相关的金融服务，并对有关的金融违法违规行为依法进行调查和处罚，以维护金融业公平有效的竞争环境，防范和化解金融风险，保障国家金融体系的安全与稳健运行。

（1）中国人民银行。中国人民银行是我国的中央银行，处在全国金融机构体系的核心地位。根据《中华人民共和国中国人民银行法》的规定，中国人民银行在国务院领导下，制定和执行货币政策，防范和化解金融风险，维护金融稳定。中国人民银行总行设在北京，实行总行、大区分行、中心支行和县市支行四级管理体制。下设央行上海总部1个，大区分行9个（上海、天津、沈阳、南京、济南、武汉、广州、成都、西安）；营业管理部2个（北京、重庆），在地（市）级设中心支行，县（市）级设支行。

（2）中国银行保险监督管理委员会。为深化金融监管体制改革，解决现行体制存在的监管职责不清晰、交叉监管和监管空白等问题，强化综合监管，优化监管资源配置，更好统筹系统重要性金融机构监管，逐步建立符合现代金融特点、统筹协调监管、有力有效的现代金融监管框架，守住不发生系统性金融风险的底线，国务院机构改革方案提出，将中国银行业监督管理委员会和中国保险监督管理委员会的职责整合，组建中国银行保险监督管理委员会。中国银行保险监督管理委员会（简称"中国银保监会"）成立于2018年，是国务院直

属事业单位,其主要职责是依照法律法规统一监督管理银行业和保险业,维护银行业和保险业合法、稳健运行,防范和化解金融风险,保护金融消费者合法权益,维护金融稳定。2018年5月14日,商务部办公厅发布通知,将制定融资租赁公司、商业保理公司、典当行业务经营和监管规则职责划给中国银行保险监督管理委员会,自4月20日起,有关职责由银保监会履行。

(3) 中国证券监督管理委员会。1992年10月,国务院证券委员会和中国证券监督管理委员会成立。1998年4月,根据国务院机构改革方案,决定将国务院证券委员会与中国证券监督管理委员会合并组成中国证券监督管理委员会(简称"证监会")。证监会隶属于国务院,是我国证券业的监管机构,根据国务院授权,依法对证券、期货业实施监督管理,维护证券期货市场秩序,保障其合法运行。证监会在全国各省、直辖市、自治区和计划单列市设立36个证券监管局,并在上海、深圳设有证券监管专员办事处。

2. 政策性金融机构

政策性金融机构是指由政府或政府机构发起、出资创立、参股或保证的,不以利润最大化为经营目的,在特定的业务领域内从事政策性融资活动,以贯彻和配合政府的社会经济政策或意图的金融机构。

(1) 中国进出口银行。中国进出口银行成立于1994年,是直属国务院领导的、政府全资拥有的政策性银行,其国际信用评级与国家主权评级一致。中国进出口银行总部设在北京。截至2012年年底,在国内设有21家营业性分支机构;在境外设有东南非代表处、巴黎代表处和圣彼得堡代表处;与1 000多家银行的总分支机构建立了代理行关系。中国进出口银行的主要职责是为扩大我国机电产品、成套设备和高新技术产品进出口,推动有比较优势的企业开展对外承包工程和境外投资,促进对外关系发展和国际经贸合作提供金融服务。

中国进出口银行的注册资本金由财政部核拨,资金来源主要是财政专项资金和对金融机构发行的金融债券,也可从国际金融市场筹措资金,人民银行不提供资金。其主要业务范围包括:办理出口信贷和进口信贷;办理对外承包工程和境外投资贷款;办理中国政府对外优惠贷款;提供对外担保;转贷外国政府和金融机构提供的贷款;办理本行贷款项下的国际国内结算业务和企业存款业务;在境内外资本市场、货币市场筹集资金;办理国际银行间的贷款,组织或参加国际、国内银团贷款;从事人民币同业拆借和债券回购;从事自营外汇资金交易和经批准的代客外汇资金交易;办理与本行业务相关的资信调查、咨询、评估和见证业务;经批准或受委托的其他业务。

(2) 中国农业发展银行。中国农业发展银行成立于1994年11月,是直属国务院领导的我国唯一的农业政策性银行。全系统共有31个省级分行、300多个二级分行和1 800多个营业机构,服务网络遍布全国。中国农业发展银行的主要职责是按照国家的法律、法规和方针、政策,以国家信用为基础,筹集资金,承担国家规定的农业政策性金融业务,代理财政支农资金的拨付,为农业和农村经济发展服务。

中国农业发展银行目前已形成以人民银行再贷款为依托,市场发债融资为主体,各类存款及同业拆借、票据交易等为补充,以市场为主的多元化融资格局,其中金融债券已经成为中国农业发展银行最主要的资金来源,信贷业务成为中国农业发展银行的核心业务之一。作为我国唯一的农业政策性金融机构,中国农业发展银行服从并服务于国家粮食调控政策和农业产业政策，通过信贷杠杆履行支农职能，承担了国家规定的农业政策性信贷业务和经批准开办的涉农商业性信贷业务，信贷支持范围已由传统的粮棉油领域延伸到粮棉油之外的农、林、牧、渔等"大农业"领域，为国家实施宏观调控、确保国家粮食安全、保护广大农民利益、促进农业和农村经济发展发挥了不可替代的作用。

（3）金融资产管理公司。金融资产管理公司是以最大限度保全资产、减少损失为主要经营目标，专门从事收购、管理、处置商业银行剥离的不良资产，并实施公司化经营而设立的专业金融机构。我国有四大资产管理公司，即中国华融资产管理公司、中国长城资产管理公司、中国东方资产管理公司、中国信达资产管理公司，分别接收从中国工商银行、中国农业银行、中国银行、中国建设银行剥离出来的不良资产。中国信达资产管理公司于 1999 年 4 月成立，其他于 1999 年 10 月成立。自 2007 年起，这些金融资产管理公司开始商业化运作，不再局限于对应收购上述几家银行的不良资产，同样也接收、处置其他金融机构的不良资产。

3. 商业性金融机构

商业性金融机构是指提供各种金融服务，参与市场竞争，以利润最大化为经营目标的金融企业。

（1）商业银行体系。中国的商业银行大体上可以分为以下几个层次。

①四大国有商业银行。在中国金融机构体系中居于主体地位的一直是四家国有商业银行，即中国工商银行、中国农业银行、中国银行和中国建设银行。它们的前身就是政策性银行组建前的国家四大专业银行。四大国有商业银行的主体地位是在其作为专业银行时期就奠定了的。目前，无论在人员、机构网点数量上，还是在资产规模及市场占有份额上，四大国有商业银行在中国整个金融领域均处于绝对举足轻重的地位，在世界大银行的排序中也处于较前的位置。四大国有商业银行在完成股份制改造后已经先后上市。

②全国性股份制商业银行。1986 年以后，我国在四大国有商业银行之外，先后建立了一批股份制商业银行，如交通银行、招商银行、中信实业银行、深圳发展银行、福建兴业银行、广东发展银行、中国光大银行、华夏银行、上海浦东发展银行、海南发展银行（已于 1998 年清理）、中国民生银行等。交通银行是中国第一家全国性的国有股份制商业银行；中国民生银行是中国第一家民营银行；深圳发展银行是中国银行业中第一家股票上市公司。此外，随着我国经济体制改革的进一步发展，为了加快城市住宅商品化步伐，1987 年还试点成立了两家股份制住房专业银行，即烟台住房储蓄银行和蚌埠住房储蓄银行。

这些商业银行在筹建之初，绝大多数是由中央政府、地方政府、国有企业集团或公司、集团或合作组织等出资创建的，后来则先后实行了股份制改造。就上述商业银行的活动地域看，初建时就明确有全国性商业银行与区域性商业银行之分，不过，随着金融改革的深化，其中一些区域性银行的经营地界已越出原来的指定范围，向其他城市或地域扩展。截至 2012 年年末，我国共有 12 家持全国经营牌照的股份制商业银行：招商银行、中信银行、华夏银行、中国光大银行、上海浦东发展银行、中国民生银行、兴业银行、广发银行、平安银行（原深圳发展银行）、浙商银行、渤海银行、恒丰银行（原烟台住房储蓄银行）。由于没有历史包袱及很少有政策性任务，采取股份制形式的现代企业组织架构，按照商业银行的运营原则灵活经营，这些全国性股份制银行自诞生之日起就迅速成为中国银行业中最具活力的部分。

③城市商业银行。1995年，国务院决定在一些经济发达的城市组建城市商业银行。同年2月，全国第一家城市商业银行——深圳城市商业银行成立。与一般的股份制银行不同，城市商业银行大多是由此前的2 290多家城市信用社、城市内农村信用社及金融服务社合并而来的（前身叫"城市合作银行"），由城市企业、居民和地方财政投资入股组成。城市商业银行的主要功能是为本地区经济的发展融通资金，重点为城市中小企业的发展提供金融服务。不过，随着金融发展，其中一些区域性银行的经营地界也已越出原来的指定范围，向其他城市或地域扩展，其中宁波银行、北京银行、南京银行已经在A股上市。

④邮政储蓄银行。邮政储蓄是指与人民生活有紧密联系的邮政机构，在办理各类邮件投递和汇兑等业务的同时，办理以个人为主要对象的储蓄存款业务。2006年6月26日，中国邮政储蓄银行获得批准，2007年3月正式成立，成为中国第五大银行。

⑤农村商业银行。自2001年年底起，为进一步推进农村金融改革，部分地区的农村信用社改制成为农村商业银行，其是由辖内农民、农村工商户、企业法人和其他经济组织共同入股组成的股份制的地方性金融机构。

⑥村镇银行。村镇银行是指经中国银行业监督管理委员会依据有关法律、法规批准，由境内外金融机构、境内非金融机构企业法人、境内自然人出资，在农村地区设立的主要为当地农民、农业和农村经济发展提供金融服务的银行业金融机构。在规模方面，村镇银行是真正意义上的"小银行"。

阅读材料7-1　首批民营银行试点

（2）证券业体系。

①证券交易所。证券交易所是依据国家有关法律，经政府证券主管机关批准设立的集中进行证券交易的有形场所。内地目前有两家证券交易所：上海证券交易所和深圳证券交易所。

②证券公司。在我国，证券公司是指依照《公司法》和《证券法》的规定设立并经国务院证券监督管理机构审查批准而成立的专门经营证券业务且具有独立法人地位的有限责任公司或股份有限公司。

③投资基金。投资基金是一种利益共享、风险共担的集合投资方式，即通过发行基金单位，集中投资者的资金，由基金托管人托管，由基金管理人管理和运用资金，从事股票、债券、外汇、货币等金融工具投资，以获得投资收益和资本增值。投资基金是一种间接的金融投资机构或工具，其机制特点是组合投资、分散风险、专家理财、规模经济。

④QFII与RQFII。QFII（Qualified Foreign Institution Investor）是合格的境外机构投资者的简称，QFII机制是指外国专业投资机构到境内投资的资格认定制度。RQFII（RMB Qualified Foreign Institution Investor）是指人民币合格境外机构投资者，境外机构投资人可将批准额度内的外汇结汇投资于境内的证券市场。对RQFII放开股市投资，从侧面加速了人民币的国际化。

⑤中介服务机构。中介服务机构有证券登记结算公司、证券评级机构、证券投资咨询机构、会计师事务所、律师事务所等。

(3) 保险业体系。

保险公司是以经营保险业务为主的金融组织，它具有其他金融机构不可替代的重要作用。对于单位和个人，它具有分散风险、消减损失的功能。保险公司的经营原则是大数原则和概率论所确定的原则。保险公司的保户越多，承保范围越大，风险就越分散，也就能够在扩大保险保障范围、提高保险社会效益的同时，聚集更多的保险基金，为经济补偿建立雄厚的基础，保证保险公司自身经营的稳定。

随着我国保险业的迅速发展，市场主体也在不断增加。其中，有大型国有保险龙头企业，如中国人寿保险公司和中国人民保险公司；有全国性经营的股份制保险企业，如平安保险公司和太平洋保险公司；也有规模较小的股份制保险企业，如新华人寿、华泰财产和大众保险等。我国保险市场初步形成了以国有商业保险公司为主、中外保险公司并存、多家保险公司竞争的新格局。目前我国有中国人寿、中国平安、中国太保、新华保险 4 家 A 股上市保险公司。截至 2011 年年末，全国共有保险公司 126 家，其中，外资保险公司 58 家（外资产险公司 21 家，外资寿险公司 32 家，外资再保险公司 5 家）。

(4) 其他商业金融机构。

①信托投资公司。信托投资公司是以资金及其他财产为信托标的，根据委托者的意愿，以受托人的身份管理及运用信托资财的金融机构。就其信托业务而言，主要包括两大类：一类是货币信托，包括信托存款、信托贷款、委托存款、委托贷款、养老金信托、投资信托、养老金投资基金信托等；另一类是非货币信托，包括有价证券信托、债权信托、动产与不动产信托、事业信托、私人事务信托等。信托公司的投资对象一般是国家及地方政府公债、不动产抵押贷款、公司债及股票等。

我国的信托投资公司是在经济体制改革后创办起来的。1979 年 10 月，经国务院批准成立了中国国际信托投资公司，这是中华人民共和国成立后第一家信托投资公司，现已发展为具有金融、投资、贸易、服务相结合的综合性经济实体的金融机构。随后又陆续设立了一批全国性信托投资公司，如中国光大国际信托投资公司、中国民族国际信托投资公司、中国经济开发信托投资公司等，以及为数众多的地方性信托投资公司与国际信托投资公司。目前我国信托投资公司的经营业务主要为信托投资业务、代理业务、租赁业务、咨询业务等。

②财务公司。财务公司是金融业与工商企业相互结合的产物，是以经营消费信贷及工商企业信贷为主的非银行金融机构。财务公司与商业银行在贷款上的区别是，商业银行是小额、分散借入，大额贷出；财务公司则是大额借入，小额贷出。由于财务公司同商业银行相比，实际的管制较松，因而它的业务范围仍在继续扩大，同商业银行的区别逐渐缩小。中国的财务公司多由企业集团内部集资组建，其宗旨和任务是为本企业集团内部各企业筹资和融通资金，促进其技术改造和技术进步，如华能集团财务公司、中国化工进出口财务公司、中国有色金属工业总公司财务公司等。财务公司在业务上受中国人民银行领导、管理、监督与稽核，在行政上则隶属于各企业集团，是实行自主经营、自负盈亏的独立企业法人。它们在支持与促进企业，特别是大型企业集团的改革发展发挥了特定的作用。目前，财务公司的业务包括存款、贷款、结算、票据贴现、融资性租赁、投资、委托以及代理发行有价证券等。

而从规范要求的角度看，财务公司的特点是为集团内部成员提供金融服务，其业务范围、主要资金来源与资金运用都应限定在集团内部，而不能像其他金融机构一样到社会上去寻找生存空间。

③金融租赁公司。金融租赁公司亦称融资租赁公司，是指主要办理融资性租赁业务的专业金融机构。我国的金融租赁业始于20世纪80年代初期。1981年，中国国际信托投资公司组建了东方国际租赁有限公司和中国租赁有限公司。金融租赁公司大多是由银行、其他机构以及一些行业主管部门合资设立的。根据我国金融业实行分业经营及管理的原则，对租赁公司也要求独立经营，与其所属银行等金融机构脱钩。2000年7月25日，中国人民银行颁布了《金融租赁公司管理办法》。该办法从根本上确立了金融租赁公司的法律地位。中国租赁机构的业务经营方式以经营方式为标准，分为自营租赁、合办租赁和代理租赁；以租赁业务的具体方法为标准，则可分为直接租赁、转租赁和售后回租。

④典当行。典当行亦称当铺，是专门发放质押贷款的非正规的边缘性金融机构，是以货币借贷为主和商品销售为辅的市场中介组织。典当行具有浓厚的商业色彩，是中国乃至世界历史上最为古老的非银行性质的金融行业。典当行在改革开放后，得益于国家政策的支持，恢复经营、壮大成长并取得了长足发展。从民品、产权到股权，可以说只要在典当行资金可操作范围内，所有业务都可以囊括，并且不受地域限制。以宝瑞通典当行为例，其业务涵盖房产融资、汽车典当融资和民品融资，以自有资金放贷快速便捷，业务范围辐射京津地区。典当行作为一种辅助性融资手段，以其抵押物多样、放款速度快、业务不受地域限制，受到中小企业融资贷款者的青睐，成为非金融机构中解决中小企业融资难问题的主力军。

⑤信用服务机构。如征信公司、信用评估机构、信用担保机构、信用咨询机构等。

⑥在华外资金融机构。随着对外开放的深入，中国开始引进外资（包括外资独资、中外合资）金融机构。目前在中国境内设立的外资金融机构有两类。一类是外资金融机构在华代表处。一般只可设在北京和经济特区，如有必要，经批准在北京设立代表处后，也可申请在其他指定城市设立派出机构。其工作范围是进行工作洽谈、联络、咨询、服务，不得从事任何直接盈利的业务活动。另一类是外资金融机构在华设立的营业性分支机构；一般主要设在经济特区等经国务院确定的城市。在华外资金融机构的发展目标是逐步建立以外资银行分行为主，以独资、中外合资银行、财务公司为辅，并有少量保险机构和投资银行的多样化结构体系。

4. 合作性金融机构

合作性金融机构是人们在经济活动中，为获取低成本融资和其他便利服务，按照合作制原则，以自愿入股、个人财产联合为基础，以入股者为主要服务对象，以出资者民主管理、联合劳动为经营特色的一种信用组织形式。我国的农村信用合作社是由社员自愿集资结合而成的互助合作性金融机构。作为农村集体金融组织，其特点集中体现在由农民入股，由社员民主管理，主要为入股社员服务，其主要业务活动是经营农村个人储蓄，以及农户、个体经济户的存款、贷款和结算等。在上述活动中，贯彻自主经营、独立核算、自负盈亏、自担风险原则是基本要求。农村信用社是根据经济发展要求，按照方便群体、便于管理、保证安全的原则，在县以下农村按区域（一般是按乡）设立的。此外，一般的县建有县联社，以对本县农村信用社进行管理和服务为活动宗旨。信用社经营目标是以简便的手续和较低的利率，向社员提供信贷服务，帮助经济力量薄弱的个人解决资金困难。信用合作社的职能一般为信用中介、补充功能和服务功能。目前，符合条件的农村信用社正在向农村股份制和合作制商业银行稳步推进。

 阅读材料 7-2　互联网金融是互联网时代金融的新生态

【思考】

互联网金融对我国金融体系产生了怎样的影响？

**动动笔**

_____
_____
_____
_____

### 三、西方国家金融机构体系

金融机构体系是指金融机构的组成及其相互联系的统一整体。在市场经济条件下，各国金融机构体系大多数是以中央银行为核心来进行组织管理的，因而形成了以中央银行为核心，以商业银行为主体，各类银行和非银行金融机构并存的金融机构体系。下面对西方国家的金融机构体系从监管型、存款型、投资型、契约型、政策性及其他类型分类方法加以概述。

**（一）监管型金融机构**

不同的国家对监管型金融机构设置不同，相差悬殊。从全球来看，各国的监管机构设置可分为两类：一是单一的全能型监管机构，即监管职能以中央银行为重心，其他部门和机构参与分工的监管体制下的机构设置；二是多重监管机构，即在中央银行之外同时设立几个部门，分别对银行、证券、保险等金融机构进行监管。从现实来看，无论是哪一类机构设置都不同程度存在着一些问题，没有一个"最理想的模式"可在全球应用。目前各国的金融管理性机构，主要分为四类：一是负责管理存款货币并监管银行业的中央银行或金融管理局；二是按分业设立的监管机构，如银监会、证监会、保监会；三是金融同业自律组织，如行业协会；四是社会性公律组织，如会计师事务所、评估机构等。其中，中央银行或金融管理局通常在一个国家或地区的金融监管组织机构中居于核心位置。

**（二）存款型金融机构**

存款型金融机构是从个人和机构接受存款并发放贷款的金融中介机构。它以经营存贷款业务为主，并为客户提供多种金融服务。商业银行和信用社在此不再赘述，我们以美国为例，重点介绍一下储蓄银行。

美国的储蓄银行主要有储蓄贷款协会、互助储蓄银行两种形式。

(1) 储蓄贷款协会。储蓄贷款协会的主要资金来源是储蓄存款(通常称为股份)、定期存款和支票存款,主要资金运用是发放抵押贷款。在美国,储蓄贷款协会大约有2 500家,资产额在所有的存款机构中位居第二。

(2) 互助储蓄银行。美国的互助储蓄银行和储蓄贷款协会十分相似,也靠接受存款来筹措资金。但是它们在组织结构方面与储蓄贷款协会有很大的不同,它们是合作性质的存款机构,存款人就是股东,拥有银行净资产中的份额。

### (三) 投资型金融机构

投资型金融机构是在直接金融领域内为投资活动提供中介服务或直接参与投资活动的金融机构。投资型金融机构名称各异,但服务方式或经营的内容都以证券投资活动为核心,主要包括投资银行、金融公司、共同基金等。

1. 投资银行

投资银行是最典型的投资型金融机构。投资银行的定义是根据投资银行的业务范围确定的。美国著名金融专家罗伯特·库恩给出了投资银行的定义:投资银行是从事部分或全部资本市场业务的金融机构。其业务范围包括证券承销、公司理财、企业并购、基金管理、风险投资等,但不包括向客户零售证券、消费者房地产经纪业务、抵押银行业务、保险产品经销业务等。

2. 金融公司

金融公司是指通过出售商业票据、发行股票或债券,以及向商业银行借款等方式来筹集资金,并用于向购买汽车、家具等耐用消费品的消费者或小型企业发放贷款的金融机构。金融公司可分为三种类型,即销售型金融公司、消费者金融公司和商业金融公司。

3. 共同基金

共同基金也叫投资基金,是一种以追求投资收益回报为目标,以利益共享、风险共担为原则,由发起人以发行基金单位方式将众多投资者的资金汇集起来,由基金托管人托管,基金管理人以组合投资方式将资金运用于各种金融资产投资的投资组织形式或集合投资制度。其具体组织形态有两种:公司型基金和契约型基金。公司型基金是基金本身为一家股份有限公司,发行自身的股份,投资者通过购买基金股份成为基金的股东,并凭借股份取得股息和红利,基金公司的内部治理结构与一般股份公司相同。契约型基金也称信托基金,由委托者、受托者和受益者三方订立信托投资契约而组织起来。契约型基金本身并不是一个法人,所以不会向投资者发行股份,而只能发行受益凭证。美国的共同基金绝大多数是公司型的,所以通常又称投资公司。

### (四) 契约型金融机构

契约型金融机构是以契约方式定期定量地从契约人手中收取现金,然后按契约规定向契约人履行赔付或资金返还义务的金融机构。这类机构主要有保险公司、养老基金和退休基金等。

1. 保险公司

保险公司是经营保险业务的经济组织。它是以吸收保险费的形式建立起保险基金,用于补偿投保人在保险责任范围内发生的经济损失，同时具有法人资格的企业。西方国家的保险业十分发达，各类保险公司是各国最重要的非银行类金融机构。在西方国家，几乎无人不保险、无物不保险、无事不保险。为此，西方各国按照保险种类分别设有多种多样的保险公司，如财产保险公司、人寿保险公司、意外灾害保险公司、信贷保险公司、存款保险公司、再保险公司等。其中，人寿保险公司以同时兼有保险和储蓄双重性质的特殊优势，在保险业发展中居于领先地位。

2. 养老基金和退休基金

养老基金和退休基金是以年金形式向参加基金计划的职工提供养老金和退休金的金融组织形式。按基金的设立者，可分为私人养老基金、公共养老基金两种形式。私人养老基金通常是由企业为其雇员设立的，养老基金预付款由雇员和雇主共同分摊，同时政府还给予某些税收上的优惠。公共养老基金则包括各级政府为其雇员所设立的养老基金和社会保障系统。社会保障系统是一种依照联邦法案成立和管理的具有社会保障性质的基金，其资金来源主要是雇主和雇员所缴纳的社会保障税。社会保障系统的主要任务是向年老、伤残、疾病、失业人员及死亡者家属提供必要的援助。和私人养老基金不同的是，社会保障系统的资金援助根据需要发放，而不是根据个人所交纳的预付款发放，因此具有再分配的性质。

（五）政策性金融机构

政策性金融机构是指由政府或政府机构发起、出资创立、参股或保证的，不以利润最大化为经营目的，在特定的业务领域内从事政策性融资活动，以贯彻和配合政府的社会经济政策或意图的金融机构。政策性金融机构以其特殊的融资机制，将有限的政府和社会资金引导到重点部门、行业和企业，弥补单一政府导向的财政资金不足和单一市场导向的商业性金融不足。

在各国的金融制度中，政策性银行可以按不同的标准进行划分。如按经济活动范围可划分为国际政策性金融机构（如国际复兴开发银行、国际开发协会、亚洲开发银行等）和国内政策性金融机构。国内政策性金融机构又可分为全国性政策性金融机构和地方性政策性金融机构。按业务领域划分，有农业、中小企业、进出口、住宅业、基础产业、经济开发等领域的政策性银行等。一般而言，政策性银行主要有开发银行、农业政策性银行、进出口政策性银行。

（1）开发银行。开发银行是指那些专门为经济开发提供长期投资或贷款的金融机构。如日本的开发银行、德国的复兴信贷银行、美国的复兴金融公司、印度的工业开发银行、国际复兴开发银行、亚洲开发银行等。开发银行资金来源的渠道有：政府资金；发行债券；吸收存款；借入资金；借入外资。开发银行资金运用主要有：贷款；投资；债务担保。

（2）农业政策性银行。农业政策性银行是指为贯彻、配合政府农业政策，为农业提供低利率中长期优惠贷款，以促进和保护农业生产与经营的政策性金融机构。如美国农民审计局、英国农业信贷公司、法国农业信贷银行、印度国家农业及农村开发银行、亚洲太平洋地区农业信贷协会等。农业政策性银行的资金来源呈多样化，主要包括借入政府资金、发行债券、借入其他金融机构资金、吸收存款和国外借款等。其资金运用主要有：贷款；担保；发放补贴。

（3）进出口政策性金融机构。进出口政策性金融机构是一国为促进出口贸易，促进国际收支平衡以带动经济增长而设立的重要金融机构。如美国的进出口银行、加拿大的进出口发展公司、英国的出口信贷担保局、新加坡的出口信贷保险公司等。进出口政策性金融机构一般承担商业性金融机构和普通出口商不愿或无力承担的高风险贷款，弥补商业性金融机构提供进出口信贷上的不足，改善本国出口融资条件，增强本国商品的出口竞争力。

进出口政策性金融机构的资金来源有政府拨入资金、借入资金、发行债券和其他渠道等。资金运用主要是通过提供优惠出口信贷来增强本国企业的出口竞争力，并且为私人金融机构提供出口信贷保险，承保的范围主要是政治风险。同时，进出口政策性金融机构往往也是执行本国政府对外援助的一个金融机构。

阅读材料7-3　为什么说美国金融体系是"次级"的？

【思考】

在2008年的美国次贷危机中，深受重创的有哪些机构？谁应该对这场危机负责？危机对美国的金融体系乃至全球的金融体系产生了哪些影响？

**动动笔**

---

## 第二节　我国银行金融机构体系

### 一、中央银行

中国人民银行（The People's Bank Of China，PBOC），简称央行，是中华人民共和国的中央银行、中华人民共和国国务院组成部门。

1948年12月1日，在华北银行、北海银行、西北农民银行的基础上合并组成中国人民银行。1983年9月，国务院决定中国人民银行专门行使国家中央银行的职能。1995年3月18日，第八届全国人民代表大会第三次会议通过了《中华人民共和国中国人民银行法》，至此，中国人民银行作为中央银行的地位以法律形式被确定下来。

中国人民银行根据《中华人民共和国中国人民银行法》的规定，在国务院的领导下依法独立执行货币政策，履行职责，开展业务，不受地方政府、社会团体和个人的干涉。

1. 计划经济体制时期的国家银行（1953—1978年）

在统一的计划体制中，自上而下的人民银行体制，成为国家吸收、动员、集中和分配信贷资金的基本手段。随着社会主义改造的加快，私营金融业被纳入公私合营银行轨道，形成了集中统一的金融体制，中国人民银行作为国家金融管理和货币发行的机构，既是管理金融的国家机关，又是全面经营银行业务的国家银行。

2. 从国家银行过渡到中央银行体制（1979—1992年）

1983年9月17日，中华人民共和国国务院决定由中国人民银行专门行使中央银行的职能，并具体规定了人民银行的10项职责。从1984年1月1日起，中国人民银行开始专门行使中央银行的职能，集中力量研究和实施全国金融的宏观决策，加强信贷总量的控制和金融机构的资金调节，以保持货币稳定；同时新设中国工商银行，人民银行过去承担的工商信贷和储蓄业务由中国工商银行专业经营；中国人民银行分支行的业务实行垂直领导；设立中国人民银行理事会，作为协调决策机构；建立存款准备金制度和中央银行对专业银行的贷款制度，初步确定了中央银行制度的基本框架。

3. 逐步强化和完善现代中央银行制度（1993年至今）

1993年，按照国务院发布的《国务院关于金融体制改革的决定》，中国人民银行进一步强化金融调控、金融监管和金融服务职责，划转政策性业务和商业银行业务。

2003年，按照党的十六届二中全会审议通过的《关于深化行政管理体制和机构改革的意见》和十届人大一次会议批准的国务院机构改革方案，将中国人民银行对银行、金融资产管理公司、信托投资公司及其他存款类金融机构的监管职能分离出来，并和中央金融工委的相关职能进行整合，成立中国银行业监督管理委员会。同年9月，中央机构编制委员会正式批准人民银行的"三定"调整意见；12月27日，第十届全国人民代表大会常务委员会第六次会议审议通过了《中华人民共和国中国人民银行法（修正案）》。

## 二、国有股份制商业银行

国有商业银行主要包括中国工商银行、中国农业银行、中国银行和中国建设银行。这些商业银行实行分支行制的组织结构模式，具体有两种情况。一是中国银行实行总行制，即按照经营需要和业务量设置分支机构，总行除负有指挥管理各分支行的职责外，还和各分支机构一样经营具体业务。二是中国工商银行、中国农业银行、中国建设银行实行分层次的总管理处制。基本上按行政区划设置分支机构，这三家银行的首脑机构虽称为总行，但不直接经营各项业务活动，只在业务和内部管理方面对其基层行加以控制和指导，而在总管理处所在地另设对外营业的分行或营业部，因此，其组织结构模式实际上是总管理处制。

商业银行是我国金融体系的主体，现正朝着多样化的业务方向发展。我国的商业银行有四种类型：一是国有独资商业银行；二是按股份制模式组建的商业银行；三是合作性质的商业银行；四是外资或合资银行。

1995年5月，我国颁布了《中华人民共和国商业银行法》，原来的中国银行、中国建设银行、中国农业银行和中国工商银行四大专业银行逐步改造成了国有商业银行，实行企业化经营。并且打破了原来业务分工的界限，可以经营多种金融业务。

1. 中国银行

中国银行成立于1912年2月，原为国民党政府时期四大银行之一。1949年由人民政府接管，没收了其中的官僚资本。此后，中国银行虽然一直保持独立的形式，但实际上只经办中国人民银行所划出的范围及其确定的对外业务，有一段时间则直接成为中国人民银行办理国际金融业务的一个部门。1979年3月，专营外汇业务的中国银行从中国人民银行中分立出来，完全独立经营。

2. 中国建设银行

中国建设银行原名为中国人民建设银行，成立于1954年，1996年3月改为现名。其任务最初是在财政部领导下专门对基本建设的财政拨款进行管理和监督，虽然也组织结算和发放一些有关基建方面的贷款，但就其执行财政拨款的主要任务来说，并不是本来意义的银行，不能算作真正的金融机构。1979年，中国人民建设银行从财政部分立出来，同年下半年开始进行基本建设投资拨款改贷款的试点。1983年进一步明确中国人民建设银行是经济实体，是全国性金融机构，除仍执行拨款任务外，还开展了一般银行业务。1985年，中国人民建设银行的信贷收支计划全部纳入国家综合信贷计划。

3. 中国农业银行

1955年和1963年我国曾两度成立中国农业银行，但很快被并入中国人民银行。1979年恢复了中国农业银行，主要经营农村金融业务。

4. 中国工商银行

中国工商银行成立于1984年1月，主要办理原来由中国人民银行承担的工商信贷业务，中国工商银行现已成为我国最大的商业银行。

### 三、城市股份制商业银行

城市商业银行是中国银行业的重要组成和特殊群体，其前身是20世纪80年代设立的城市信用社，当时的业务定位是为中小企业提供金融支持，为地方经济搭桥铺路。

20世纪80年代初到90年代，全国各地的城市信用社发展到5 000多家。然而，随着中国金融事业的发展，城市信用社在发展过程中逐渐暴露出许多风险管理方面的问题。很多城市信用社逐步转变为城市商业银行，为地方经济及地方居民提供金融服务。

相比大型商业银行，城市商业银行信用等级偏低，其补充资本的能力较弱，发行次级债的利率要比股份制银行、国有银行高，直接导致其融资成本居高不下，城市商业银行过去那种依靠资本消耗的粗放型发展模式已难以为继。

伴随着社会经济转型步伐的加快，传统的社会需求如大企业的融资需求逐渐趋于萎缩，同时新的需求又以出乎预料的速度持续增长。在政府加速推进金融改革的大环境下，城市商业银行转型成功的关键是搜寻和把握住市场的当前需求、潜在需求及新需求。

### 四、村镇银行

村镇银行是指经中国银行保险业监督管理委员会依据有关法律、法规批准，由境内外金融机构、境内非金融机构企业法人、境内自然人出资，在农村地区设立的主要为当地农民、农业和农村经济发展提供金融服务的银行业金融机构。

村镇银行的建立，有效地填补了农村地区金融服务的空白，增加了农村地区的金融支持力度。

在规模方面，村镇银行是真正意义上的"小银行"。

在经营范围方面，村镇银行的功能相当齐全。根据规定，村镇银行可以吸收公众存款，发放短期、中期、长期贷款，办理国内结算，办理票据承兑与贴现，从事同业拆借、银行卡业务，代理发行、兑付、承销政府债券，代理收付款项及保险业务和银监会批准的其他业务。

村镇银行作为新型银行业金融机构的主要试点机构，拥有机制灵活、依托现有银行金融机构等优势，对我国农村金融市场供给不足、竞争不充分的局面起到了很大的改善作用。

### 五、政策性银行

政策性银行是指由政府创立，以贯彻政府的经济政策为目标，在特定领域开展金融业务并不以盈利为目的的专业性金融机构。实行政策性金融与商业性金融相分离，组建政策性银行，承担严格界定的政策性业务，同时实现专业银行商业化，发展商业银行，大力发展商业金融服务以适应市场经济的需要，是我国金融体制改革的一项重要内容。

政策性银行不以营利为目的，专门为贯彻、配合政府社会经济政策或意图，在特定的业务领域内，直接或间接地从事政策性融资活动，充当政府发展经济、促进社会进步、进行宏观经济管理工具。

1994年中国政府设立了国家开发银行、中国进出口银行、中国农业发展银行三大政策性银行，均直属国务院领导。

2015年3月，国务院明确将国家开发银行定位为开发性金融机构，从政策性银行序列中剥离。

政策性银行不同于政府的中央银行，也不同于其他商业银行，它的重要作用在于弥补商业银行在资金配置上的缺陷，健全与优化金融体系的整体功能。

## 第三节  主要非银行金融机构

### 一、保险公司

保险公司是采用公司组织形式的保险人，经营保险业务。保险关系中的保险人，享有收取保险费、建立保险费基金的权利。同时，当保险事故发生时，有义务赔偿被保险人的经济损失。

保险公司的业务分为两类：一类为人身保险业务，包括人寿保险、健康保险、意外伤害保险等保险业务；另一类为财产保险业务，包括财产损失保险、责任保险、信用保险、保证保险等保险业务。我国的保险公司一般不得兼营人身保险业务和财产保险业务。

保险公司的类型主要有股份保险公司、相互保险公司和专属保险公司等。

股份保险公司类似于其他产业的股份公司，由发起人根据《公司法》设立，公司发起人的人数、公司债务的限额、发行股票的种类、税收、营业范围、公司的权力、申请程序、公司执照等依《公司法》的具体规定执行。西方发达国家的公司组织由三个权力集团组成，即股东、董事会、高级经理人员。

相互保险公司也是一种公司组织形式，但这是一种非营利公司，没有股东，公司为保单持有人（投保人）拥有。因此投保人具有双重身份，既是公司所有人，又是公司的客户。

股份保险公司的股东并不一定是公司的顾客，相互公司的投保人作为所有人可以参加选举董事会，由董事会任命公司的高级管理人员专门从事公司的业务经营与管理。投保人能以取得"红利"的形式分享经营成果。

专属保险公司由工商企业自己设立，旨在为该企业、附属企业及其他相关企业的风险保险或再保险。

保险公司的利润来源主要包括承保盈利和投资盈利等。

承保盈利，一个客户一定时期缴纳一次或数次保险费，保险公司将大量客户缴纳的保险费收集起来，一旦发生保险事故，保险公司就支付约定的赔款。如果自始至终保险公司的赔款支出小于保险费收入，差额就成为保险公司的"承保盈利"。

投资盈利，从保险公司收入保险费到保险公司支付赔款之间的时间，保险公司可以将保险基金进行投资盈利。投资盈利是保险公司利润的重要来源。

## 二、信托公司和金融租赁公司

### （一）信托公司

信托公司是以资金或其他财产为信托标的，根据委托人的意愿，以受托人的身份管理及运用信托财产的银行金融机构。现代经济的发展，促使信托公司在经营一般信托业务的同时，也从事投资业务，从而形成信托投资公司。

信托投资公司的资金主要源于委托人的委托资产，其主要业务包括货币信托、非货币信托两类。货币信托主要包括信托存款、信托贷款、委托存款、委托贷款、养老信托、投资信托、养老基金信托等；非货币信托主要包括有价证券信托、债券信托、不动产信托、动产信托等。此外，一些国家的信托公司兼营银行业务、服务性业务、财产保管业务、不动产买卖业务等。信托业务最早出现于美国，西方经济发达国家的信托业较为发达。

### （二）金融租赁公司

金融租赁公司是指经中国银行业监督管理委员会批准，以经营融资租赁业务为主的非银行金融机构。其中，公司自担风险的融资租赁业务包括典型的融资租赁业务（简称"直租"）、转租式融资租赁业务（简称"转租赁"）和售后回租式融资租赁业务（简称"回租"）三个类别。公司同其他机构分担风险的融资租赁业务有联合租赁和杠杆租赁两类。未来的几十年是中国经济发展上台阶的时期，今后市场的巨大需求是租赁业务发展的最好时机。

## 三、证券机构

证券公司是典型的非银行机构，是证券市场重要的参与者，是专门从事各种有价证券经营及相关业务的金融企业，是以营利为目的的企业法人。

投资银行业务、经纪业务和自营业务是我国证券公司的三大传统业务，也是证券公司收益的主要来源。

### 1. 投资银行业务

投资银行业务就是协助政府或工商企业销售新发行证券，为企业充当财务顾问，帮助企业进行资产重组等活动。投资银行业务中最重要的一项就是证券承销。证券承销又称代理证券发行业务，即证券公司代理销售证券发行人的有价证券。

2. 经纪业务

经纪业务是指证券公司替客户买卖已经发行的证券，换言之，经纪业务就是证券公司依照投资者委托买卖证券的行为。投资者在买卖证券的过程中依靠的是证券经纪人。证券经纪人是证券买卖中间人，在交易过程中只是为投资者充当代理人，促成买卖双方达成交易，由此获得经纪佣金。但证券经纪人并不承担投资者的投资风险，也就是说，如果投资失败了，风险由投资者承担。

3. 自营业务

自营业务是指证券公司以自有资金或以自己的名义买卖证券，获取投资收益的行为。自营业务既可以是投资股票，也可以是投资债券、基金等其他权益类的证券。与经纪业务不同的是，自营业务是自负盈亏的，即证券公司在投资中获得的收益归证券公司所有，同时证券公司也要承担投资亏损的风险。

 阅读材料7-4　我国基金管理人的主要职责

### 四、投资基金管理公司

投资基金管理公司是为有效管理操作投资基金而产生的具有独立法人资格的基金资产机构。投资基金管理公司凭借专门的知识经验，进行基金投资，谋求基金资产的不断增值，使基金持有人获取尽可能多的收益。

投资基金管理公司的主要基金资产有投资基金、共同基金、对冲基金和养老基金四大类型。

1. 投资基金

投资基金是随着股票、债券市场的发展而产生的。最早的投资基金产生于19世纪60年代的英国。第二次世界大战后的美国和日本，投资基金达到空前的繁荣，是目前世界金融市场上较为流行的投资工具之一。

投资基金按照投资目标的差异，分为股权基金、债券基金和混合基金。按照基金投资所承担的风险差异，分为成长型基金、收益型基金和平衡基金。

2. 共同基金

共同基金是通过向小额投资者销售份额来聚集资金并购买证券的金融中介机构。

共同基金有两种组织形式，最常见的是开放型基金，其份额可以随时赎回，赎回价格和基金资产的市场价值紧密联系。另一种常见的形式是封闭型基金，封闭型基金首次发行时销售固定数目的不可赎回数额，之后同普通股一样进行交易。这些份额的市场价格随着基金资产的市场价值而波动，但与开放基金不同的是，份额的价格可以高于或低于基金资产的市场价值，这取决于份额的波动性和管理质量等因素。开放型基金可赎回份额的高流动性使其备受青睐。

### 3. 对冲基金

对冲基金属于一种特殊类型的共同基金。对冲基金与共同基金的主要差异在于它通常要求投资者在较长的期限内（通常为几年）放弃资产的使用权，此举意在为经理人制定长期投资战略创造宽松的环境。对冲基金通常会向投资者收取高额的费用，一般按照基金资产收取2%的年费和20%的利润。

### 4. 养老基金

在所有发达经济中，都存在着一定形式的养老基金。养老基金是金融市场中主要的机构投资者和参与者。养老基金主要有两种基本类型：固定收益养老计划、固定缴费养老计划。近年来又出现了一种混合型的养老计划，综合了上述两种养老基金类型的特点，被称为现金余额计划。

## 五、财务公司

财务公司又称财务有限公司或金融公司，是指以加强企业集团资金集中管理和提高企业集团资金使用效率为目的，为企业集团成员单位提供财务管理服务的银行金融机构。

财务公司的经营范围包括以下几点。

（1）发行财务公司债券。
（2）办理同业拆借业务。
（3）对成员单位办理贷款及融资租赁。
（4）办理集团成员单位产品的消费信贷、买方信贷及融资租赁。
（5）办理成员单位商业汇票的承兑及贴现。
（6）办理成员单位的委托贷款及委托投资。
（7）有价证券、金融机构股权及成员单位股票投资。
（8）承销成员单位的企业债券。
（9）对成员单位办理财务顾问、信用鉴定及其他咨询代理业务。
（10）对成员单位提供担保。
（11）境外外汇借款。
（12）经银监会批准的其他业务。

财务公司的经营范围十分广泛，但财务公司的权限却极其有限，从事每一项业务都需要获得银监会的许可。

## 六、投资银行

投资银行是专门对工商企业办理投资和提供长期信贷业务的专业银行。投资银行的主要业务有：对工商企业的股票和债券进行直接投资，为工商企业代办发行或包销股票与债券，参与企业的创建和改组活动，包销本国政府和外国政府的公债券，提供投资及合并的财务咨询服务等。有的投资银行也兼营黄金、外汇买卖及资本设备或耐用商品的租赁业务等。投资银行与商业银行不同，其资金来源主要为发行股票和债券，即使有些国家的投资银行被允许接受存款，也一定是定期存款。此外，投资银行也从其他银行取得贷款，但都不是其主要的资金来源。近年来，投资银行的业务日益多样化，与一般商业银行的差别正在缩小。

**阅读材料7-5　光大证券事件与非银行金融机构风险管理**

## 七、期货公司

期货公司是指依法设立的，接受客户委托、按照客户的指令、以自己的名义为客户进行期货交易并收取交易手续费的中介组织。

期货公司的主要职责如下。

(1) 根据客户指令代理买卖期货合约、办理结算和交付手续。

(2) 对客户账户进行管理，控制客户交易风险。

(3) 为客户提供期货市场信息，进行期货交易咨询，充当客户的交易顾问。

与金融相关联的期货合约品种很多，目前已经开发出来的品种主要有五类。

1. 利率期货

利率期货是指以利率为标的物的期货合约。世界上最先推出的利率期货是于1975年由美国芝加哥商业交易所推出的美国国民抵押协会的抵押证期货。利率期货主要包括以长期国债为标的物的长期利率期货和以两个月短期存款利率为标的物的短期利率期货。

2. 货币期货

货币期货是指以汇率为标的物的期货合约。货币期货是为适应各国从事对外贸易和金融业务的需要而产生的，目的是规避汇率风险。1972年美国芝加哥商业交易所推出第一张货币期货合约并获得成功。其后，英国、澳大利亚等国相继建立货币期货的交易市场，货币期货交易成为一种世界性的交易品种。

3. 股指期货

股指期货是指以股票指数为标的物的期货合约。股指期货是目前金融期货市场最热门和发展最快的期货交易。股指期货不涉及股票本身的交割，其价格根据股票指数计算，合约以现金清算形式进行交割。

4. 外汇期货

外汇期货是交易双方约定在未来某一时间，依据现在约定的比例以一种货币交换另一种货币的标准化合约的交易，是指以汇率为标的物的期货合约，目的是规避汇率风险。外汇期货是金融期货中最早出现的品种，它不仅为广大投资者和金融机构等经济主体提供了有效的套期保值工具，而且也为套利者和投机者提供了新的获利手段。

5. 国债期货

国债期货是指通过有组织的交易场所预先确定买卖价格并于未来持定时间内进行钱券交割的国债派生交易方式。国债期货属于金融期货的一种，是一种高级的金融衍生工具。它是在20世纪70年代美国金融市场不稳定的背景下，为满足投资者规避利率风险的需求而产生的。

## 第四节 商业银行与货币运行

### 一、金融结构的经济分析

在前资本主义社会,货币铸造分散,铸币的重量、成色不统一。为适应贸易的发展需要,必须进行货币兑换,于是逐渐从商业社会中分离出一种专门从事货币兑换的商人,即货币兑换商,后人把他们从事的行业称为货币兑换业。他们最初只是单纯办理铸币的兑换业务,从中收取手续费。随着商品交换的扩大,经常往来于各地的商人,为了避免长途携带货币和保存货币的风险,把货币交给兑换商人保管,并委托他们办理支付、结算和汇款。因此,货币兑换业者手中聚集了大量货币资产,他们就利用这些资产办理贷款业务。这样,货币兑换业就发展成既办理兑换又经营货币存款、贷款、汇款等业务的早期银行了。

早期银行大都利息很高,规模不大,不能满足资本主义工商业的需要,因为高额贷款利息使职能资本利润过低甚至无利可图。因此,客观上迫切需要建立起既能汇集闲置的货币资本,又能按适度的利率向资本家提供贷款的现代商业银行。

现代商业银行是通过两条途径建立起来的:一条是高利贷性质的银行逐渐转变为资本主义商业银行;另一条则是按照资本主义经济的要求组织股份制商业银行。这两条途径在英国,表现得最为明显。现代商业银行一般具备三个特点。①利息水平适度。②信用功能强大。③具有信用创造功能。早期银行只是简单的信用中介,现代商业银行除了接受存款、发放贷款外,还发行银行券,代客办理信托、汇兑、信用证、信托投资、购销有价证券等业务,并且具有创造存款货币用以扩大放款和投资的能力。

### 二、商业银行业务

商业银行的业务很多,根据其在资产负债表上的反映情况,可将其分为表内业务和表外业务。

#### (一) 表内业务

1. 负债业务

负债业务是商业银行最基本和最主要的业务。商业银行通过负债业务来筹集资金,这是商业银行经营的基础。商业银行是经营货币资金的企业,负债规模决定商业银行的资产规模。

(1) 自有资本业务。资本金是商业银行开业、经营和发展的前提条件。商业银行作为金融企业,和其他工商企业一样,必须具备一定数额的自有资本。商业银行拥有的资本越雄厚,越能得到存款人的信任并吸收更多的存款。资本金在商业银行的经营活动中发挥着不可替代的作用,一方面,资本金作为商业银行承受资产风险损失的物质基础,为商业银行债权人的利益提供保障;另一方面,它构成了提高商业银行竞争能力的物质保证。

(2) 存款业务。存款是商业银行负债业务中最重要的业务,是商业银行经营资金的主要来源,在商业银行全部经营中起支配作用。银行资本金主要发挥信用保证的作用,而存款业务体现商业银行的经营水平、信贷规模和竞争能力。

（3）借款业务。借款又称非存款性负债，是商业银行通过金融市场或直接向中央银行融通的资金。由于存款水平的波动，商业银行注重非存款性来源，或将借款作为永久性资金来源，或弥补法定准备金的暂时不足，或应付紧急提款，包括向中央银行借款、银行同业借款、回购协议、市场借款。

2. 资产业务

商业银行的资产业务是指商业银行运用其经营资金从事的各种信用活动。资产业务的形式有现金资产、信贷业务和投资业务。

（1）现金资产。商业银行吸收存款后要保持部分现金，现金资产为银行的一线准备。主要包括在中央银行的存款、库存现金、存放同业的存款和托收未达款。其中，中央银行的存款供结算使用，并为银行提供一定的流动性；库存现金是银行持有的通货，满足客户提现需要；存放同业是同业拆放中在其他银行的活期存款；托收未达款是银行应收的在达资金。现金资产具有完全的流动性，但无收益。为维持银行业务，必须作收益上的牺牲，这是保持银行安全的第一道防线。但现金资产持有量过多，不符合银行盈利原则。

（2）信贷业务。银行的信贷业务是指银行的贷款业务和贴现业务，是商业银行传统的主要业务。

发放贷款是银行主要的收入来源，且通过向信用可靠的借款人发放贷款，建立和加强与客户的关系，能增强银行出售其他金融服务的能力。

贴现业务在形式上是票据的买卖，但实际上是一种特殊形式的放款。票据贴现，是指贷款人以购买借款人未到期商业票据的方式发放的贷款。银行买进票据，等于通过贴现间接地给票据的持票人发放了一笔贷款。

（3）投资业务。商业银行的投资业务是指银行购买有价证券的活动，是商业银行一项重要的资产业务，是银行收入的主要来源之一。目前商业银行投资业务对象主要是政府债券和中央银行、政策性银行发行的金融债券。

**（二）表外业务**

商业银行除了表内业务以外，还有许多不在资产负债表上反映的业务，统称为表外业务。随着金融业竞争的加剧、金融创新的发展，商业银行的表外业务得到迅速发展，成为现代商业银行的重要业务种类。

1. 转账结算

转账结算又称非现金结算或划拨清算。它是指银行为那些用收取或签发书面的收款或付款凭证来代替现金流通完成货币收支行为的企业、单位或个人提供技术性中介服务。用划转客户存款余额的办法来实现货币收付的业务活动，是商业银行主要的中间业务之一。

2. 代理业务

代理业务是指商业银行接受政府、企业单位、其他银行或金融机构以及居民个人的委托，以代理人的身份代表委托人办理一些经双方议定的经济事务的业务。

3. 租赁业务

租赁是指资产的所有权和使用权之间的一种借贷关系，即由所有者（出租人）垫付资金购买设备租给使用者（承租人）使用，并按期以租金形式收回资金。银行租赁业务可分为金融租赁（融资租赁）和经营租赁（服务租赁）两种形式。

4. 保管箱业务

银行诞生后,把单纯保管货币扩展到可代为保管一切物品。出租保险箱是银行为顾客保管物品的较好形式,可靠安全、保密性好、租金低廉。银行设置大大小小的保险箱,供客户保藏贵重物品、重要文件、现金等。

5. 担保类业务

担保类业务是指商业银行接受客户的委托对第三方承担责任的业务,包括担保(保函)、备用信用证、跟单信用证、承兑等。贷款担保是担保银行应借款人的要求,向贷款人出具的一份保证借款人按照贷款协议的规定偿还贷款本息的书面保证文件。

6. 承诺类业务

承诺类业务是指商业银行在未来某一日期按照事先约定的条件向客户提供约定的信用业务,包括贷款承诺和票据发行便利等。贷款承诺是银行与借款客户之间达成的一种具有法律约束力的正式契约,银行将在有效承诺期内,按照双方约定的金额、利率,随时准备按客户的要求向其提供信贷服务,并收取一定的承诺佣金。票据发行便利是一种具有法律约束力的中期周转性票据发行融资的承诺,依据的是事先与商业银行等金融机构签订的一系列协议。

7. 银行卡业务

银行卡是由银行发行、供客户办理存取款业务的新型服务工具的总称,包括信用卡、支票卡、记账卡、智能卡等。银行卡是银行业务与飞速发展的科学技术相结合的产物,使银行业务有了崭新的面貌。

8. 咨询服务业务

商业银行凭借广泛的信息来源、资深专家和现代化设备的优势,向政府、企业或个人提供咨询服务,包括财务分析、验资、资信调查、商情调查、金融情报等,既满足了客户需要,又密切了银行与客户的联系,为银行扩大经营规模、增强竞争力创造了条件。

9. 金融衍生交易类业务

金融衍生交易类业务是指商业银行为满足客户保值或自身头寸管理等需要,而进行的货币和利率的远期、掉期、期货、期权和互换等衍生交易业务。

## 三、商业银行与货币创造过程

在众多不同的金融机构中,只有商业银行才能接受活期存款,是商业银行的一大特色。不仅如此,商业银行还有创造和收缩货币的能力。

银行存款信用的创造过程是根据以下基本方式进行的:客户将资金存入银行,通常不会同时收回其存款,但对于银行来说,每一天都会有若干客户到银行来提取现金,这样银行里客户的存款额将会因为这些客户的提款而减少。同时,也会有其他的客户往银行存入现金,使银行的存款额增加。这个现象,在几世纪以前被英国金匠发现了,他们会保留一部分黄金来满足客户提取黄金的需求,其余的借出去赚取利息,而保留的部分就成为后来的银行准备金。目前各国一般以法律形式规定商业银行必须保留的最低数额的准备金,即法定准备金。准备金超过法定准备金的部分,为超额准备金。

法定准备金($Rd$)是法定准备金率($r$)与活期存款($D$)之乘积,用公式表示为:

$$Rd = D \times r \tag{7-1}$$

超额准备金（E）则是银行实有准备金（R）与法定准备金（Rd）之差，用公式表式为：

$$E = R - Rd \tag{7-2}$$

法定准备金率的高低，直接影响银行创造存款货币的能力。法定准备金率越高，银行吸收的存款中可用于放款的资金越少，创造存款货币的数量也越少；反之，法定准备金率越低，创造存款货币的数额越大。

**（一）银行存款增加的两种方式**

（1）客户往银行存入现金，使银行活期存款增加。现金包括纸币、铸币、票据及其他银行的存款。从整个银行体系看，这些等于中央银行创造的各种现金总额减去市面上流通的现金的差额。因此，某个银行存款的增加，是以流通中现金减少或其他银行存款减少为前提的，社会上现金总额并没有变化。客户往银行存入的这部分现金称为原始存款。

（2）银行获得原始存款后，会将原始存款再贷给客户或用于投资，此时获得现金的客户或原债权持有人在商业银行的活期存款是由银行系统创造出来的，称为派生存款。派生存款增加时，流通中现金和其他银行的活期存款并没有减少，因此货币总量增加了。这就是银行通过信用创造增加了存款货币的供给。

**（二）银行存款减少的两种方式**

银行活期存款的减少，与上述创造或扩张的过程相反。

（1）由储户提取现金造成的流通中现金增加，使银行活期存款减少，但货币供给总量没有变化。如果从商业银行活期存款中提出的现金流入中央银行，等于退出流通，则相当于货币供给量减少。

（2）商业银行收回贷款或出售债券时，借款人或债券购买者需要用活期存款偿付银行，银行活期存款减少，除非银行获得一个新的等额存款人，否则货币供应量将相应减少。

**（三）存款货币的多倍扩张**

假设整个银行体系由中央银行和商业银行构成，中央银行规定的法定存款准备金比率是20%，商业银行只有活期存款而没有定期存款，商业银行并不保留超额准备金，银行的客户并不持有现金。

甲银行接受客户存入的10 000元现金，其资产负债表变化如表7-1所示。

表7-1 甲银行资产负债表变化

| 资产 | | 负债 | |
|---|---|---|---|
| 准备金 | +2 000 | 存款 | +10 000 |
| 贷款 | +8 000 | | |
| 总额 | +10 000 | 总额 | +10 000 |

甲银行贷出8 000元，借款者将这笔款项支付乙银行客户并全部存入乙银行。乙银行的资产负债表变化如表7-2所示。

表7-2 乙银行资产负债表变化

| 资产 | | 负债 | |
|---|---|---|---|
| 准备金 | +1 600 | 存款 | +8 000 |
| 贷款 | +6 400 | | |
| 总额 | +8 000 | 总额 | +8 000 |

乙银行贷款 6 400 元，借款人用于支付给丙银行的客户，从而使丙银行也取得存款 6 400 元。丙银行也同样按照央行规定的法定存款准备金率，提取准备金 1 280 元，并将余下的 5 120 元用于贷款。这样，丙银行的资产负债表变化如表 7–3 所示。

表 7–3　丙银行资产负债表变化

| 资产 | | 负债 | |
|---|---|---|---|
| 准备金 | +1 280 | 存款 | +6 400 |
| 贷款 | +5 152 | | |
| 总额 | +6 400 | 总额 | +6 400 |

以此类推，得到存款货币多倍扩张的公式为：

$$D = R/r = R \times 1/r \tag{7-3}$$

式中，$D$ 表示存款扩张总额；$R$ 表示原始存款；$r$ 表示中央银行所规定的法定存款准备金比率。

上例中，在 20% 的法定准备金率条件下，存款创造总额为（1/20%）×10 000 元，即 50 000 元。所以，这里的存款乘数是 1/20%。

银行存款货币创造机制所决定的存款款货币的最大扩张倍数，即存款乘数。它是法定准备金率的倒数。若以 $K$ 表示存款扩张总额对原始存款的倍数，则可得：

$$K = 1/r \tag{7-4}$$

由上可知，派生倍数即是法定存款准备金率的倒数，法定存款准备金率越高，存款扩张的倍数值越小；法定存款准备金率越低，扩张倍数值则越大。商业银行如果出现超额准备金，可用于发放贷款，同时创造出派生存款。但是如果法定存款准备金不足，则会通过紧缩贷款和投资，使存款的变动出现负数，从而收缩了存款。

## 第五节　中央银行与货币运行

### 一、中央银行的职能

中央银行作为国家干预经济的重要机构，它的职能是由其性质所决定的。若从不同角度观察，中央银行职能可有多种分法。最常见的分类法是将中央银行的职能概括为三种。

1. 中央银行是"发行的银行"

中央银行作为"发行的银行"，是指国家赋予中央银行集中与垄断货币发行的特权，是国家唯一的货币发行机构（在有些国家，硬辅币的铸造与发行由财政部门负责）。从中央银行产生和发展的历史来看，独占货币发行权是其最先具有的职能，也是它区别于普通商业银行的根本标志。货币发行权一经国家以法律形式授予，中央银行就对调节货币供应量、保证货币流通的正常与稳定负有责任。

早期的中央银行取得银行券的发行权，主要是国家为了统一货币，规范流通；现代中央银行则以掌握货币发行为契机来调控货币供应量，保持币值稳定，对国民经济发挥宏观调控作用。可以说，一部中央银行史，就是一部从独占货币发行权到控制货币供应量的发展史。当然，随着货币制度的演化，中央银行的发行保证也发生了很大变化。在金本位下，中央银行发行银行券必须有黄金、商业票据和政府债券作为货币发行的保证，并对黄金保证做特殊

## 第七章 金融机构及金融运行

要求。随着金本位货币制度的崩溃，银行券变成不可兑现的货币。于是，各国纷纷转而以法定准备金或有价证券为发行保证，并以变动法定准备金率为货币供应量的调节手段之一。

2. 中央银行是"银行的银行"

中央银行作为"银行的银行"，是指中央银行只与商业银行和其他金融机构发生业务往来，不与工商企业和个人发生直接的信用关系；它集中保管商业银行的准备金，并对它们发放贷款，充当"最后贷款人"。中央银行的这一职能最能体现其特殊金融机构的性质，也是中央银行作为金融体系核心的基本条件，具体体现在以下几个方面。

（1）集中存款保证金。为了保证商业银行和其他金融机构的支付和清偿能力，从而保障存款人和投资者的资金安全和合法权益，也为了保障商业银行等金融机构自身运营的安全，各国一般通过法律规定存款准备金的提取率，并将这部分准备金交存中央银行；中央银行则以这部分资金进行再贷款或再贴现，使之作为调控货币供应量的有效手段。

（2）充当最后贷款人。如果商业银行资金周转不灵，而其他同业头寸过紧、无法帮助时，便可以求助于中央银行，以其持有的票据请中央银行予以再贴现，或向中央银行申请抵押贷款，必要时还可向中央银行申请信用再贷款，从而获取所需资金。从这个意义上说，中央银行成为商业银行及其他金融机构的最终贷款人和坚强后盾，并保证了存款人和投资者的利益，以及整个金融体系的安全与稳定。

（3）组织、参与和管理全国票据清算

商业银行相互间因为业务关系，每天都会发生大量的资金往来，必须及时清算。与集中准备金制度相联系，由于各家银行都在中央银行开有存款账户，各银行间的票据交换和资金清算业务就可以通过这些账户转账和划拨，整个过程经济又简便。

3. 中央银行是"国家的银行"

中央银行是"国家的银行"，是指中央银行为国家提供各种金融服务、代表国家制定执行货币政策和处理对外金融关系。其具体职能体现为以下几点。

（1）代理国库。

（2）代理政府债券的发行。

（3）为政府融通资金、提供特定信贷支持。

（4）为国家持有和经营管理国际储备。

（5）代表政府参加国际金融组织和各种国际金融活动。

（6）制定和执行货币政策。

（7）对金融业实施金融管理。

（8）为政府提供经济金融情报和决策建议，向社会公众发布经济金融信息。

 阅读材料7-6 欧洲央行应购买国债，以支撑经济

## 二、中央银行的政策工具及其操作

### (一) 货币政策工具

货币政策工具是指中央银行为实现货币政策目标,对金融进行调节和控制所运用的各种策略手段。中央银行的货币政策工具主要有三大类:一般性货币政策工具、选择性货币政策工具和其他政策工具。

1. 一般性货币政策工具

一般性货币政策工具又称经常性、常规性货币政策工具,即传统的三大货币政策工具,包括存款准备金政策、再贴现政策和公开市场业务,俗称"三大法宝"。一般性货币政策工具的特点在于,它是对总量进行调节,实施对象普遍、全面,影响广泛、深入,使用频繁、效果显著。

(1) 存款准备金政策。存款准备金政策是指中央银行对商业银行等存款货币机构的存款规定存款准备金率,强制性地要求商业银行等货币存款机构按规定比例上缴存款准备金;中央银行通过调整法定存款准备金率以增加或减少商业银行的超额准备,从而控制商业银行信用创造能力,间接地影响货币供应量的一种政策措施。

(2) 再贴现政策。再贴现政策就是中央银行通过提高或降低再贴现率来影响商业银行的信贷规模和市场利率,以实现货币政策目标的一种手段。从时间上来看,再贴现政策是中央银行最早拥有的政策工具。再贴现政策一般包括两个方面的内容:一是再贴现率的调整;二是规定向中央银行申请再贴现的资格。前者主要影响商业银行的准备金及社会的资金供求,后者则主要影响商业银行及全社会的资金结构。

(3) 公开市场业务。公开市场业务是指中央银行在金融市场上公开买卖有价证券,以改变商业银行等存款货币机构的准备金,进而影响货币供应量和利率,实现货币政策目标的一种货币政策手段。公开市场业务的内容,主要是中央银行根据货币政策目标的需要及经济情况,选择最佳时机、最适当的规模买进或卖出国库券、政府公债等,增加或减少社会的货币供应量。当金融市场上资金缺乏时,中央银行买进有价证券,向社会投放基础货币,增加社会的货币供应量。

2. 选择性货币政策工具

选择性货币政策工具是指中央银行针对个别部门、个别企业或某些特定用途的信贷而采用的信用调节工具。一般性货币政策工具侧重于从总量上对货币供应量和信贷规模进行控制,属于量的控制。而选择性货币政策工具是在不影响货币供应总量的条件下,调控商业银行的资金投向和不同贷款的利率。属于这类货币政策的工具主要有以下几种。

(1) 证券保证金比率。为了控制证券市场的信用投资规模,防止市场出现过度投机,中央银行实行规定证券购买者在买进证券时必须支付现金的比率并可随时调节的制度。由于全部交易是借助贷款完成的,购买证券时支付现金的部分,实际上就是交易者为获得贷款支持而必须拥有的保证金,因此,这一比率习惯上称为证券保证金比率。证券保证金比率越高,信用规模越小。在中央银行认为证券投机过度,证券价格过高时,提高保证金比率可以抑制市场需求,使价格回落。反之,在证券市场低迷时则可降低证券保证金比率。

(2) 不动产信用控制。不动产信用控制是指中央银行通过规定和调整商业银行等金融机构向客户提供不动产抵押贷款的限制条件，控制不动产贷款的信用量，从而影响不动产市场的政策措施。内容主要包括规定商业银行或其他金融机构房地产贷款的最高限额、最长期限，以及首次付款和分期还款的最低金额。不动产信用控制的目的在于防止房地产行业或其他不动产交易因贷款规模的扩大而发生膨胀，防止产生投机性交易。

（3）消费者信用控制。消费者信用控制就是中央银行对消费者分期购买耐用消费品的信用活动实施管理。其内容主要包括：规定以分期付款形式购买耐用消费品时第一次付现的比率；规定用消费信贷购买商品的最长期限；规定用消费信贷购买耐用消费品的种类。

（4）优惠利率。优惠利率是指中央银行对国家重点发展的经济部门或产业规定较低的贷款利率，目的在于刺激这些部门和行业的生产，调动其积极性，以实现产业结构和产品结构的调整。

（5）预缴进口保证金。在进口过度增长、国际收支出现逆差时，为抑制进口，中央银行要求进口商按照进口商品总值的一定比例，预缴进口商品保证金，存入中央银行，以增加进口商的资金占用，增加进口成本，对于预缴保证金占进口商品总值的比例，中央银行可视国际收支状况的变化灵活调整。

3. 其他政策工具

（1）直接信用控制。直接信用控制是指中央银行从质和量两个方面以行政命令或其他方式对金融机构尤其是商业银行的信用活动进行直接控制。其手段包括利率最高限额、信用配给、流动性资产比率、信贷规模控制等。

①利率最高限额。利率最高限额又称利率管制，是指以法律的形式规定中央银行和其他金融机构存贷款利率的最高水平。利率最高限额是最常用的直接信用控制工具。利率管制的目的在于防止金融机构用提高利率的办法在吸收存款方面进行过度竞争，以及为牟取高额利润进行风险存贷活动。

②信用配给。信用配给是指中央银行根据金融市场的资金供求状况及客观经济形势的需要，权衡轻重缓急，对商业银行系统的信贷资金加以合理的分配和必要的限制。在限制信用方面，主要是对商业银行向中央银行提出的贷款申请，以各种理由拒绝，或者给予贷款但规定不得用于某些领域。

③流动性资产比率。流动性资产比率是指商业银行持有的流动性资产在其全部资产中所占的比重。中央银行对这一比例加以规定，并要求商业银行保持这一规定的比率。商业银行为了保持流动性比率，就必须经常注意压缩长期贷款的比重和扩大短期贷款比重，还必须持有一部分很容易变现的流动性较高的资产和现金。这样，商业银行的风险贷款受到了限制，提高了经营的安全性。

④信贷规模控制。信贷规模控制就是规定贷款量的最高限额。这种管制方法一般较少采用，中央银行只有在战争、严重的经济危机等情况下，才使用这种行政控制手段。

（2）间接信用控制。间接信用控制是指中央银行通过道义劝告和金融宣传的方式对信用变动方向和重点实施间接指导。

①道义劝告。道义劝告是指中央银行利用其在金融体系中的特殊地位向各家银行说明政策、阐明立场，从道义上说服商业银行执行中央银行所要求的信贷政策和投资方向等。运用道义劝告的方式，有助于中央银行与商业银行及其他金融机构保持密切的合作关系，以实现

其货币政策目标。

②金融宣传。金融宣传是指中央银行通过定期公布资产负债表、发表年报、公布金融机构状况、金融市场状况和信贷活动状况，公布对财政、贸易、物价、经济发展趋势的统计分析结果等，向社会各界，尤其是向金融界说明货币政策的重要性及其内容，以得到各方面的理解和支持。也可以利用新闻媒体，利用各种公共场合广泛宣传货币金融政策。

**（二）货币政策工具的运用**

1. 紧缩性货币政策

在经济膨胀阶段，公众受物价上涨的压力日趋沉重，社会逐渐形成相当强烈的抵制通货膨胀的共同愿望，迫使政府不得不采取紧缩政策以对付通货膨胀。在经济膨胀阶段，宏观经济调控的重点在抑制物价上涨率方面，而对物价水平产生直接作用的就是货币政策。

（1）提高法定存款准备金率。中央银行对商业银行提高法定存款准备金率，可以降低商业银行可运用的信贷资金总额，缩小派生存款，减少投资，达到控制货币供应量的目的，从而控制社会各界的需求。实施这种手段应该慎之又慎。

（2）提高再贴现率。中央银行对商业银行提高再贴现率，可以促使商业银行对企业提高贴现率，导致企业利息负担加重，利润减少，从而抑制企业对信贷资金的需求，以此减少投资，减少货币供应量。同时，提高储蓄存款利率，鼓励居民增加储蓄，把更多的消费资金转化为生产资金，减少直接需求，减轻通货膨胀的压力。提高再贴现率是控制货币供应量比较有效的手段，但也有一定的副作用，主要表现在：会直接降低企业的投资，导致经济衰退；直接增加企业贷款成本，容易使企业提高产品成本，出现成本推动，加剧通货膨胀；高利率会诱使大量境外资金涌入，掌握甚至控制本国经济，等等。

（3）加强公开市场业务。中央银行在金融市场上向商业银行、企业及其他社会公众出售手中持有的有价证券，主要是政府公债、国库券、中央银行金融债券等，吸引社会各界资金，回笼至中央银行，减少商业银行、企业及其他社会公众手中的现金或存款，减少需求，从而达到减少市场货币供应量的目的。

2. 扩张性货币政策

在经济衰退、萧条阶段或通货紧缩时期，政府一般会采取强有力的扩张政策，来增加消费、刺激投资，以期把经济带出困境。

（1）降低法定存款准备金率。中央银行对商业银行降低法定存款准备金率，可以提高商业银行可运用的信贷资金总额，扩大派生存款，增加投资，达到扩大货币供应量的目的。

（2）降低再贴现率。中央银行对商业银行降低再贴现率，就意味着中央银行鼓励商业银行通过再贴现来扩张信贷规模，可以促使商业银行降低对企业的贴现率，使企业利息负担减轻，利润增加，从而刺激企业对信贷资金的需求，扩大投资，扩大货币供应量。同时，降低储蓄存款利率，可以刺激居民增加消费和投资，扩大民间投资，以促进全社会投资的增长，从而带动整个社会经济的增长。

3. 公开市场操作

公开市场操作指中央银行在公开市场上从商业银行或社会公众手中买进有价证券，是一种扩张性的货币政策。通过买进证券，中央银行不仅可投放一定量的基础货币，使货币供给量成倍增加，还将使市场利率下降。但是，在经济萧条时期，宏观经济政策重在增加就业和刺激经济增长，实行扩张性的货币政策虽在一定程度上可促进经济增长，但作用有限。

## 第六节 财政收支与货币供给

### 一、财政收支状况与货币流通

#### （一）财政收支状况

中央政府的财政收支状况也会影响基础货币的供给。财政收支状况会影响中央银行对政府债权和债务的差额，这一差额有时是被动变化的，有时是主动变化的。

中央银行对政府债权差额的被动变化主要是指财政收支本身的变化。财政是政府部门对国民收入进行再分配的重要工具，其收支活动与货币供给量之间有着密切关系。财政的各项收入和支出都是以货币形式进行的，而且都与银行存款账户直接相联系。一般而言，财政金库是由中央银行代理的，中央银行按规定的程序办理财政收入的上缴和支出的下拨，政府在中央银行的财政存款对于中央银行而言是负债。当财政收入增加时，政府在中央银行的存款增加，意味着中央银行的负债增加，在其他因素不变的情况下，基础货币就会减少；而当政府的财政支出增加时，中央银行对政府的负债减少，或者说中央银行的资产增加，在其他因素不变时，基础货币就会增加。中央银行对政府债权差额的主动变化主要是为了弥补政府的财政赤字而引起的变化。财政赤字是政府财政支出大于财政收入而形成的差额，由于会计核算中用红字处理，所以称为财政赤字，它反映着一国政府的财政收支状况，是财政收支未能实现平衡的一种表现。理论上，财政收支平衡是政府财政的最佳情况，即财政收支相抵或略有节余。但是，在现实中，政府经常需要大量的资金去解决一些预算以外的问题，这会造成入不敷出的局面。由于中央银行代理国库，当出现财政赤字时，政府有时会依靠中央银行进行资金融通。中央银行为政府提供资金有两条渠道，一是贷款给政府以弥补财政赤字，二是购买政府债券。贷款给政府意味着赤字货币化，政府的财政赤字全部转化为增发的货币，会造成通货膨胀，通常各国会禁止这种做法；购买政府债券意味着中央银行对政府的债权增加，会带来基础货币的增加。

#### （二）货币供给的概念

货币供给是指货币供给主体向货币需求主体供给货币的过程，是一个动态的概念。货币供给会形成一定的货币数量，即货币供给量。货币供给量是一个货币区在某一时点上由非银行部门持有的货币总量，即为社会经济运行服务的货币数量，显然，这是个存量概念。

货币供给量又可以分为名义货币供给量和实际货币供给量，前者是指一定时点上不考虑价格因素影响的货币存量，后者是指剔除价格因素之后一定时点上的货币存量，通常所说的货币供给量是指名义货币供给量。虽然货币供给量和货币供给是有区别的，货币供给量是货币的存量，而货币供给是一种行为或过程，但在不影响理解的前提下，人们常常把货币供量简称为货币供给。

### (三) 货币政策

中央银行货币政策的方向会影响基础货币的供应量：中央银行制定执行宽松的货币政策，会增加基础货币的数量；中央银行制定执行紧缩的货币政策，会减少基础货币的数量。中央银行货币政策主要利用再贴现（再贷款）和公开市场操作两大工具对基础货币产生影响。在再贴现方面，中央银行如果降低再贴现率或再贷款利率，整个金融机构体系向中央银行的贴现和贷款就会增加，则中央银行对金融机构体系的债权增加，即资产项目增加，其结果是基础货币增加；如果中央银行提高再贴现率或再贷款利率，整个金融机构体系向中央银行的贴现和贷款就会减少，则中央银行对金融机构体系的债权减少，即资产项目减少，结果是基础货币减少。在公开市场操作方面，如果中央银行买进有价证券，则中央银行资产增加，资产增加使基础货币增加；反之，如果中央银行卖出有价证券，则中央银行资产减少，资产减少使基础货币减少。

## 二、举借国债与货币供给

举借国债与调整货币供给量分别是从财政政策和货币政策的角度对宏观经济进行的调节。

### (一) 货币政策与财政政策配合的必要性

#### 1. 功能的差异要求二者协调配合

货币政策对经济总量的调控作用突出，而对调控经济结构有较大的局限性。货币政策是中央银行运用各种政策工具来增加或减少货币供应量，从而达到调节社会总需求的一种宏观经济调节手段，对社会总供求矛盾的缓解作用比较迅速、明显。但在经济结构的调整方面，受信贷资金运动规律的制约，中央银行不可能将大量的贷款直接投入经济发展滞后产业，因此，货币政策在调控经济结构方面的作用相对有限。

财政政策对经济结构调控的作用突出，而对调控经济总量有较大的局限性。财政政策对经济结构调控主要表现在：扩大或减少对某部门的财政支出，以鼓励或限制该部门的发展。即使在支出总量不变的条件下，政府也可以通过差别税率和收入政策，直接对某部门进行支持或限制，从而达到优化资源配置和调节经济结构的目的。

正是由于货币政策与财政政策在功能上存在差异，财政政策的强项是对经济结构的调节，弱项是对经济总量的调节；货币政策的强项是对经济总量的调节，弱项是对经济结构的调节，二者才需要取长补短、协调配合，全面完成宏观调控的任务。

#### 2. 作用领域的差异要求二者协调配合

货币政策与财政政策都是以调节社会总需求为基点来实现社会总供求平衡的政策，但二者的作用领域却存在差异。具体表现为：货币政策对社会总需求的影响主要是通过影响流通领域中的货币量来实现的，调节行为主要发生在流通领域；财政政策对社会总需求的影响则主要通过税收、国债、调整支出等手段来实现，主要在分配领域实施调节。从这个意义上讲，货币政策侧重于调节货币在社会各领域效率的发挥，注重解决经济的效率问题；财政政策侧重于调整社会各方面的经济利益关系，注重解决社会的公平问题。而公平和效率的协调是社会稳定发展的必要条件，因此货币政策与财政政策作用领域的差异也提出了配合的必要性。

3. 在膨胀和紧缩需求方面的作用差异要求二者协调配合

在经济生活中，有时会需求不足、供给过剩，有时又会需求过旺、供给短缺。这种供给和需求失衡的原因很复杂，但从宏观经济看，主要是由财政与信贷政策引起的，而财政与信贷在膨胀和紧缩需求方面的作用又是有别的。财政赤字可以扩张需求，财政盈余可以紧缩需求，但财政本身并不具有直接创造需求即创造货币的能力，唯一能创造需求、创造货币的是银行信贷。因此，财政的扩张和紧缩效应一定要通过信贷机制的传导才能发生。

如果货币政策与财政政策各行其是，就必然会产生碰撞与摩擦，从而减弱宏观调控的效应和力度，难以实现预期的目标，因此货币政策与财政政策必须配合运用。

**（二）货币政策与财政政策配合的模式**

1. 松的货币政策和松的财政政策的配合，即"双松"政策

松的货币政策是指通过降低法定存款准备金率和利率来扩大信贷支出的规模，增加货币供应量；松的财政政策，是指政府通过减税（降低税率）和增加财政支出规模等财政分配活动来增加和刺激社会总需求的财政政策。在社会总需求严重不足，生产资源大量闲置，解决失业和刺激经济增长成为宏观调控的首要目标时，宜采用"双松"的政策组合。但这样的政策组合在扩大社会总需求、扩大就业的同时，带来的通货膨胀风险很大。因此，政府推行"双松"政策必须注意时机的选择和力度的控制，以防引起经济过热和通货膨胀。

2. 紧的货币政策和紧的财政政策的配合，即"双紧"政策

紧的货币政策是指通过提高法定存款准备金率和利率来减少信贷支出的规模和减少货币供应量，抑制投资和消费；紧的财政政策是指通过财政分配活动来减少和抑制总需求的财政政策，主要是增税（提高税率）和减少财政支出。在社会总需求极度膨胀，社会总供给严重不足和物价大幅度攀升，政府面临强大的通货膨胀压力时，宜采用这种政策组合。需要注意的是，这种政策组合虽然可以有效抑制需求膨胀与通货膨胀，但容易矫枉过正，带来经济停滞的后果。因此，政府推行"双紧"政策也必须注意时机的选择和力度的控制，以防生产的急剧滑坡和经济萎缩。

3. 紧的货币政策和松的财政政策

紧的货币政策可以避免较高的通货膨胀，减税和增加政府支出等松的财政政策对于刺激需求、克服经济萧条、调整经济结构比较有效。当社会运行表现为通货膨胀与经济停滞并存、经济结构失衡，治理"滞胀"、刺激经济增长成为政府调控经济的首要目标时，宜采用这种政策组合。这种政策组合能够在保持经济适度增长的同时尽可能避免通货膨胀，但长期使用会增大财政赤字，积累大量国家债务。

4. 松的货币政策和紧的财政政策

当经济基本稳定，政府开支庞大，经济结构合理，但是企业投资并不十分旺盛，经济也非过度繁荣，促使经济较快增长成为经济运行的首要目标时，宜采用这种政策组合。松的货

币政策可以保持经济的适度增长；紧的财政政策可以减少政府开支，抑制需求过旺。由于行之有效的松的货币政策不易把握，这种财政货币政策组合难以防止通货膨胀的出现。

在现实生活中，"双松"政策和"双紧"政策都是同向操作，实施起来对经济的震动很大，通常会导致经济的大起大落，不利于社会经济的稳定运行。而且这种同向操作有一个具体问题，就是力度较难把握。因此，在一般情况下，宜采取松紧搭配的方式，同时政府要不断根据具体情况来调整财政政策和货币政策，使其协调配合，最终实现宏观调控目标。

货币政策与财政政策是政府最主要的两项宏观经济政策，两者既紧密联系又存在着功能上的差异，这就需要两者配合运用才能达到宏观调控的目的。

## 本章小结

通过本章学习，掌握我国的金融机构体系。我国形成了以中央银行为核心、以商业银行为主体，各类银行和非银行金融机构并存的金融机构体系。

通过本章学习，掌握国际金融机构的概念。国际金融机构是指由联合国或多国共同建立的，从事国际金融业务和协调国际货币及信用体系正常运行的超国家金融组织。国际金融机构的资本由一国或多国出资组成，是国际金融体系的重要组成部分。

通过本章学习，掌握中央银行的性质是由其在国民经济中所处的地位决定的，而中央银行的职能则是中央银行性质的具体体现。中央银行的职能是中央银行的性质在其业务活动中的具体体现。传统上把中央银行的职能归纳为"发行的银行""银行的银行"和"国家的银行"。

通过本章学习，掌握商业银行是我国金融体系的主体，现正朝着多样化的业务方向发展。我国商业银行的类型：一是国有独资商业银行；二是按股份制模式组建的商业银行；三是合作性质的商业银行；四是外资或合资银行。国有商业银行主要包括中国工商银行、中国农业银行、中国银行和中国建设银行。

通过本章学习，掌握非银行金融机构以提供保险、发行股票和债券、接受信托委托等形式筹集资金，并将所等资金运用于长期性投资的金融机构。非银行金融机构与银行的区别在于信用业务形式不同，其业务活动范围的划分取决于国家金融法规的规定。我国非银行金融机构主要包括在中央银行监管、保险机构、证券机构、金融租赁公司、信托投资公司、财务公司等。

通过本章学习，掌握金融监管的概念，金融监管内容主要有三个方面，即市场准入的监管、市场运作过程的监管、市场退出的监管。

通过本章学习，掌握货币政策是中央银行为实现宏观经济调控目标而采用各种方式调节货币供应量，进而影响宏观经济的各种方针和措施的总称。货币政策与财政政策是政府最主要的两项宏观经济政策，两者既紧密联系又存在着功能上的差异，需要两者配合运用才能达到宏观调控的目的。货币政策与财政政策的配合模式有"双松"政策、"双紧"政策、紧的货币政策和松的财政政策、松的货币政策和紧的财政政策。

## 本章思考题

1. 金融机构的功能是什么？
2. 金融机构的类型有哪些？
3. 西方金融机构体系有何特点？
4. 简述中央银行产生的客观条件和建立的必要性。
5. 比较中央银行和商业银行的性质异同。
6. 简述中央银行具有的职能。
7. 简述中央银行的资产、负债和中间业务。
8. 简述我国非银行金融机构的主要业务和存在形式。

案例分析7-1　存款保险制度

# 第八章

# 金融宏观调控与货币政策

### ▰ 学习路径

货币需求——思考与问题分解—供需理论—应用原理解决问题—反思与总结

### ▰ 学习目标

- 了解什么是有效货币
- 列举货币需求决定理论
- 列举和总结通货膨胀成因
- 列举货币政策目标
- 理解货币政策传导机制及其效果
- 对比分析货币政策与财政政策组合

### ▰ 核心概念

货币需求、预防动机、交易动机、投机动机、通货膨胀、菲利普斯曲线、货币政策、货币政策最终目标、法定存款准备金率、再贴现政策、公开市场业务、货币政策传导机制、货币政策时滞、货币政策有效性

### ▰ 学习要求

- 阅读材料
- 浏览中国人民银行网站中最新的法定存款准备金率和公开市场业务数据

 金融现象8-1 "三档两优"存款准备金率新框架

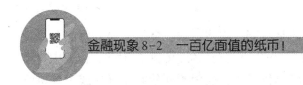 

金融现象 8-2　一百亿面值的纸币！

## 第一节　货币需求

货币理论的基石是货币供求规律，即反映货币需求（$M_d$）与货币供给（$M_s$）的相互关系和互为作用。一部货币史就是货币需求和货币供给如何相适应的历史。这是因为，中央银行货币政策的直接调控对象不是宏观经济本身，而是货币供给和货币需求，或者说中央银行是运用货币政策工具，通过调控货币量，对宏观经济的目标发生影响的。在计划经济时代，我国中央银行侧重于对货币需求面的调节和监管。当今世界，市场成熟和金融深化，客观上要求中央银行从货币需求和货币供给两方面的联系中加以考察。

### 一、货币需求的含义和研究内容

#### （一）货币需求的含义

货币需求是指在一定时期内，社会各阶层（个人、企业单位、政府）愿以货币形式持有财产的需要，或社会各阶层对执行流通手段、支付手段和价值贮藏手段的货币需求。从货币需求的定义可以看出以下几点。

（1）不能将货币需求仅理解为一种纯心理的主观占有欲望。经济学意义上的需求虽然也是一种占有欲望，但它与个人的经济利益及其社会经济状况有着必然的联系，始终是一种能力和愿望的统一。所以，经济学研究的对象应该是客观的货币需求。

（2）人们产生货币需求的根本原因在于货币所具有的职能。在现代市场经济社会中，人们需要以货币方式取得收入，用货币作为交换和支付的手段，用货币进行财富的贮存，由此对货币产生了一定数量的需求。

（3）货币需求主要是一个宏观经济学问题。因为市场需求是由货币所体现的有现实购买力的需求，所以宏观调控主要是需求面的管理。当然，它的实现又必然要通过对货币供给的控制来进行，因此，不能忽视与货币需求相对应的货币供给问题在宏观调控中的突出地位。

（4）货币需求与货币供给大体上对应，研究货币供给，不能超越货币需求这一范畴。

#### （二）货币需求的研究内容

对货币需求的研究必须以货币需求理论为依据。货币需求理论是一种关于货币需求的动机影响因素和数量决定的理论，是货币政策选择的理论出发点。可见货币需求的研究内容是要解决一国经济发展在客观上需要多少货币量，货币需要量由哪些因素组成，这些因素相互之间有何关系，以及一个经济单位（企业、家庭或个人）在现实的收入水平、利率和商品供求等经济背景下，手中保持多少货币的机会成本最小、收益最大等问题。

在很长的一段时间里，学者们在研究货币理论时都只把注意力放在与货币需求有关的问题上,其原因主要有以下几点。

(1) 在漫长的历史进程中,人类所使用的是贝壳、兽皮、铁、金等实物货币和金属货币,而普遍用纸币作货币只是近代的事情。在实物货币与金属货币流通的时代,流通中货币量的形成是一个自发的过程,要由不同的经济单位提供,也为不同的利益群体或个人所收受,一般不会发生流通中的货币量过多或过少的情况。即使这种情况偶有发生,也会通过客观存在于经济生活中的贮藏货币的"蓄水池"作用自发地进行调节。因此,无须花过多的精力去研究货币怎么供给和如何控制的问题。

(2) 在20世纪60年代以前,西方国家的经济学者通常把货币供给量看作中央银行可以绝对控制的外生变量。例如凯恩斯就认为,货币供给是一个由货币当局控制的外生变量,取决于政府的货币政策,因而是一个既定的量。因此,在资本主义国家实行部分存款准备金制度的状况下,也只是把存款准备金数量和存款准备率作为货币供给量的限制因素,形成单纯的货币乘数理论。它的具体操作过程也较简单,就是所谓"逆经济风向行事",即在经济衰退、失业人数增加时,放宽货币供给,以便经济复苏;而在经济过热、发生"需求拉动"型通货膨胀时,则收缩货币供给,以便达到稳定通货的目的。所以,人们长期偏重于货币需求研究并在此研究领域取得较多研究成果。

## 二、货币需求的分类

### (一) 微观货币需求和宏观货币需求

根据动机,货币需求可以分为主观货币需求和客观货币需求。前者是指个人、家庭或单位在主观上希望拥有货币的欲望。后者是指个人、单位或国家在一定时期内能满足其经济发展客观需要的货币需求。货币作为一般等价物具有质上无限、量上有限的特征,主观货币需求在量上是无限制的,是一种无约束性的无效货币需求,这显然不是我们研究的对象。就客观货币需求而言,又可分为微观货币需求和宏观货币需求。前者是指个人、家庭或企业单位在既定的收入水平、利率水平和其他经济条件下所保持的最为合适的货币需求。后者是指一个国家在一定时期内的经济发展和商品流通所必需的货币量。二者的差异性表现在以下几方面。

(1) 研究的动机不同。宏观货币需求从国民经济总体出发,去探讨一国经济发展客观上所需的货币量;而微观货币需求则从一个经济单位着眼,研究每一个经济单位持有多少货币最为合算,即机会成本最低和所得效用最大。

(2) 包含的内容不同。宏观货币需求一般指货币执行流通手段职能和支付手段职能所需要的货币量,它不包括货币发挥贮藏手段职能所需要的货币量;而微观货币需求是指个人手持现金或企业单位库存现金以及各自在银行保留存款的必要量,即指货币执行贮藏手段职能所需要的货币量。

(3) 研究的方法不同。宏观货币需求注重动态的、客观的研究,而微观货币需求则注重静态的、主观的研究。

### (二) 名义货币需求和真实货币需求

所谓名义货币需求是指一个社会或一个经济部门在不考虑价格变动情况下的货币需要

量，一般用 $M_d$ 表示。而真实货币需求则是在扣除价格变动以后的货币需要量，也就是以某一不变价格为基础计算的商品和劳务量对货币的需求。将名义货币需求（$M_d$）用某一具有代表性的物价指数（如 GDP 平减指数）进行平减后，就可以得到真实的货币需求，所以真实货币需求通常可记作 $M_d/p$。

在金属货币流通条件下，流通中的货币需求可以自发调节，所以不存在名义货币需求和真实货币需求的矛盾。在价格水平很少变化的条件下，也没有必要区分名义货币需求和真实货币需求。但在价格水平经常变动且幅度较大的情况下，区分这种货币需求变得非常必要。必须指出，价格变动的情况异常复杂，既有合理因素（如对某些商品合理调价），也有非合理因素（如通货膨胀或通货紧缩）。现实状况往往是：如果根据过高的通货膨胀预计所计算的名义需求量来安排货币供给，过多的货币供给就成为直接加速物价上涨的因素。反之，如果不考虑价格不可避免的波动而简单地按实际需求供给货币，则会因货币供给不足而直接抑制经济增长。且物价往往带有刚性，按既定膨胀或紧缩的价格水平计算名义货币需要量和真实货币需要量，也并非是我们预期的理想货币需要量。所以，区分名义货币需求和真实货币需求固然重要，而根据实际变化了的情况测算这两种货币需求更为重要。

### 三、货币需求和资金需求

#### （一）货币和资金的关系

什么是货币？就它作为一般等价物而言，大家都已形成共识。但真正从质和量上加以把握，并不容易。改革开放以来，随着市场经济的发展，经济学界认识到，生产资料是商品，货币应是包括现金和存款在内的"大货币"，货币流通也应是包括现金和用于转账结算的存款在内的"大货币流通"，货币需求也应是所有为商品、劳务流通服务以及有关一切货币支付所提出的货币需求。

什么叫资金？所谓资金，是指在社会再生产过程中，不断占用和周转的、有特定目的和用途的、可以增值的一定价值量。从资金的含义看，其与"资本"这一概念没有多大差别。

货币和资金的区别主要表现在以下几个方面。①存在形态不同。货币只能存在于货币形态；而资金不仅可存在于货币形态，还可以存在于实物形态。②运动过程不同。货币运动的程序是商品（W）—货币（G）—商品（W），货币作为商品交换的媒介；而资金运动过程截然不同。③需要量的规律不同。货币需要量公式为 $M=PT/V$，该公式将在下文仔细讲述，而资金需要量则等于产品生产总值除以资金周转次数。④货币具有双重性，即它既是作为资金的货币，又是作为货币的货币。

但是，货币和资金也有密切的联系，主要表现在以下几个方面。①资金的总价值总是以一定的货币量来表现的。②资金总有一部分存在于货币形态中，货币具有资金和货币的两重属性。③各种类型的资金和货币在其各自运动中可以转化。④流通中的货币量大部分为资金运动服务，且资金循环的一头一尾都与货币的流通交织在一起。⑤各种类型的资金紧张往往集中表现在货币上。

#### （二）"资金紧"和"货币紧"既有联系也有区别

正因为货币和资金有上述的联系和区别，在具体实践过程中，不能简单地将"资金紧"

看作"货币紧"。例如,一个企业的"资金紧"可能是因为生产不正常造成产品积压、滞销,可能是因为生产成本和费用降不下来,也可能是因为企业将部分贷款用于基本建设或发放奖金,还可能是非企业主观因素所致,如财政部门应拨未拨资金,银行部门应贷未贷款项,购货单位应付未付款项等。所以,不能绝对地说企业资金紧就需要银行贷款,而必须进行深入、细致的调查研究,依据具体情况采取相应的解决办法。在实践中,往往是企业向银行贷款不少,却因为大量资金的挤占、挪用而仍感到货币紧张。

总之,资金需求和货币需求既有联系也有区别,相互的重合只能在特定条件下。确认它们的差异,有利于银行贷款的正常发放,从而有利于防止信用膨胀和通货膨胀的产生。

### 四、货币需求理论

#### (一) 古典经济学派的货币需求理论

古典经济学派的创始人威廉·配第在他的《赋税论》中模糊地提到了货币需要量的问题。18世纪的斯图亚特曾明确提出:"一国的货币数量,和世界上其他部分相比,不论有多大,能够留在流通中的,只能是同富者的消费和贫者的劳动成比例的数量,而这个比例不是决定于国内实际存在的货币量。"斯图亚特关于一国流通只能吸收一定量的货币,流通中的货币需要量决定于商品价格,流通中的货币量同富有者的消费和贫者的劳动成比例等论述,具有极高的科学价值。他揭示了货币流通的一般规律,马克思称他是第一个提出货币流通规律的人。

货币金属论者亚当·斯密指出:"一国每年所流通的货币量,取决于每年在国内流通的消费品的价值。每年在国内流通的消费品,不是本国土地和劳动的直接生产物,就是用本国生产物所买进来的物品。"斯密认为,货币的主要职能是作为流通工具为商品流通服务。那么,为了实现商品流通,究竟需要多少货币量呢?他说:"无论在哪一国,每年买卖的货物要求有一定量的货币来把货物流通和分配给真正的消费者,但不能使用超过必要的量……国内流通的货物既已减少,为流通货物所必需的货币量也必减少。"这些论述明确地告诉我们:一国流通所必需的货币量,取决于该国每年所流通的商品的价值。同时,斯密还发现,货币流通速度的快慢可以使流通中所需货币量减少或增加。

货币数量论的杰出代表大卫·李嘉图依据他的劳动决定价值论,提出了关于流通中所需货币量的主张。他说:"一国所运用的货币量,必然取决于其价值,如果只用黄金来流通商品,其所需的数量将只等于用白银流通商品时所需白银数量的十五分之一。""通货决不会多到泛滥的地步,因为降低其价值,其数量就会相应地增加;而增加其价值,其数量就会相应地减少。"他还更明确地指出:"一国只用铸币时,作为货币用于支付所需的金银数量或用纸币代替铸币对为纸币所代替的金银数量,决定于金属的价值、支付的价(值即数额)和支付时对支付手段的节约程度。"李嘉图的流通中所需货币量的理论是非常正确的。

美国经济学家欧文·费雪(Irving Fisher)在其1911年出版的《货币购买力》一书中,指出货币可以用来交换商品和劳务,以满足人们的欲望,人们手中的货币,最终都将用于购买,因此,在一定时期内,社会的货币支出量与商品、劳务的交易量的货币总值一定相等。据此,费雪提出了著名的交易方程式:

$$MV = PT \qquad (8-1)$$

式中，$M$ 表示货币的数量；$V$ 表示货币流通速度；$P$ 表示物价水平；$T$ 表示交易总量。

这个方程式首先旨在表示交易双方的恒等关系，以及以纸币单位所表示的价格水平 $P$。依据恒等式，$P$ 的值取决于 $M$、$V$、$T$ 三个变量。费雪分析，$V$ 是由制度因素决定的，而制度因素变化缓慢，因而可视它为常数。$T$ 与产出水平保持一定的比例，大体上也是相对稳定的。因此，只有 $P$ 和 $M$ 的关系最重要，所以 $P$ 的值主要取决于 $M$ 的变化。交易方程式虽然说明主要是 $M$ 决定 $P$，但当把 $P$ 视为给定的价格水平时，这个交易方程式就成为货币需求的函数：

$$M = 1/V \times PT \tag{8-2}$$

这一公式表明，在给定的价格水平下，总交易量与所需要的名义货币量具有一定的比例关系。换言之，要使价格保持给定水平，就必须使货币量与总交易量保持一定比例关系。在费雪发展他的货币数量论观点的同时，英国剑桥大学的一些经济学家，如马歇尔、庇古，以及早期的凯恩斯和罗伯逊等人也在研究同样的课题，这批剑桥学派经济学家提出了在货币需求理论探讨中具有转折意义的剑桥方程式。所谓有转折意义，是因为此前的经济学家主要从整个经济的角度考虑货币数量问题，而剑桥学派的着眼点是个人对货币持有的需求，重视微观主体的行为。他们认为，处于经济体系中的个人对货币的需求，实质是选择以怎样的方式保有自己的资产。当然，他们也考虑经济整体的需求，但在他们看来，这个整体需求是个人需求的总和。剑桥学派的货币需求方程是：

$$M_d = KPY \tag{8-3}$$

式中，$M_d$ 表示货币需求量；$P$ 表示物价水平；$Y$ 表示总收入；$PY$ 表示名义总收入；$K$ 表示 $PY$ 与 $M_d$ 的比，也就是一年中人们愿意以现金余额方式持有的货币量占商品交易量的比率。

因此，剑桥方程式也称现金余额方程式。剑桥方程式是交易方程式的变形与发展，它们之间的区别在于以下几点。①交易方程式重视货币作为媒介的功能，认为人们需要货币是为了便于交换；而剑桥方程式强调货币的价值贮藏手段功能，认为货币是具有充分流动性的价值贮藏工具，不仅交换需要货币，而且持有货币也是持有资产的一种形态。②与交易方程式不同，剑桥方程式以收入代替了交易量 $T$，以个人持有货币需求对收入的比率 $K$ 代替了货币流通速度。因为剑桥方程式是以个人货币需求作为考虑的出发点的，其自变量当然是收入而不是社会的交易量，相应地也就必然有一个新的系数 $K$ 来代替 $V$。③交易方程式重视影响交易的金融及经济制度等因素；而剑桥方程式则重视持有货币的成本与持有货币满足程度的比较，重视预期和收益等不确定性因素。④交易方程式没有明确地区分名义货币需求与实际货币需求，所以，交易次数、交易量以及价格水平都影响到货币的需求；而剑桥方程式的货币需求是实际的货币需求，它不受物价水平的影响，因为物价变动只能影响名义货币需求。

需要说明的是，如果孤立地把交易方程式和剑桥方程式对比，只要把 $K$ 与 $1/V$ 相互替代，并强调交易总量与收入之间所存在的紧密相关关系，那就很容易把这两个方程混同起来。由于两个方程式均旨在剖析货币需求，因而有很多相通之处。但必须看到，两个方程式解析同一问题的思路有异，相对于交易方程式而言，剑桥方程式反映的思路更广，它将货币需求理论的研究向前推进了一步。

### （二）马克思的货币需求理论

马克思在研究和总结资产阶级古典经济学各派观点的基础上，在《政治经济学批判》

和《资本论》等著作中深入地研究了货币需求理论问题。马克思的货币需求理论又称货币必要量理论。

马克思在提出问题时，有时是问流通中"有"多少货币，有时是问流通中"需要"多少货币，有时是问流通中"可吸收"多少货币。他的货币必要量理论，集中表现在其货币流通规律公式中，即：

$$M_d = PT/V \qquad (8-4)$$

式中，$M_d$ 代表执行流通手段职能的货币量；$P$ 代表商品价格水平；$T$ 代表流通中的商品数量；$PT$ 代表商品价格总额；$V$ 代表同名货币的流通速度。

这一公式既表达了货币需要量的决定因素，即流通的商品量、价格水平和货币流通速度，也表达了这三个因素的变动与货币需要量变动的关系。这些关系是：货币需要量与商品数量、价格水平进而与商品价格总额成正比；货币需要量与货币流通速度成反比。需要说明的是，这一公式的前提是金币（或金属货币）流通。其论证逻辑是：商品价格取决于商品价值和黄金价值，商品价值决定于生产过程之中，而商品价格是在流通领域之外决定的，商品是带着价格进入流通的；商品价格有多大，就需要有多少金币来实现它；商品与金币交换后，商品退出流通，金币却留在流通之中，所以一枚金币流通几次就可使相应几倍价格的商品出售。所以，商品价格总额是一个既定的值，必要的货币量是根据这一既定值确定的，即这一金币流通公式只能是右方决定左方。在这个公式中，货币流通量总是等于货币必要量。这是因为，马克思认为，"以黄金形式的货币商品的贮藏具有充分的调节功能，它既是排水渠，又是引水渠；因此，货币永远不会溢出它的流通渠道"。在分析了金币流通条件下流通中的货币数量规律之后，马克思紧接着分析了纸币流通问题。他指出，纸币本身没有价值，只有流通才能作为金的代表。由于流通所能吸收的金量是客观决定的，所以无论向流通中投入多少纸币，所能代表的也只是客观所能吸收的金量。马克思概括的纸币流通规律是："纸币的发行限于它象征地代表的金（或银）的实际流通的数量。"这样，纸币投入越多，每一单位纸币所能代表的金量越少，即纸币贬值，物价就上涨。于是，在纸币流通条件下，纸币数量的增减成为商品价格涨跌的决定因素，即把金币流通条件下的货币数量与价格之间的决定关系颠倒过来了，但必须强调的是，这绝不是纸币流通规律对金币流通规律的否定，因为马克思在提出货币流通规律公式的同时就曾指出，这个规律是普遍适用的。也就是说，流通量决定于流通中商品价格总额和货币流通的平均速度这一规律，不仅适用于金属货币流通，也适用于纸币流通和信用货币的流通。只是由于金币流通与纸币流通存在着极为不同的特点，故必然具有某些不完全相同的内容和形式。

马克思的货币必要量公式有着重大的理论指导意义，它揭示了决定货币需要量的本质，反映了货币需要量的基本原理。但我们也应该看到，马克思提出这一著名公式的目的是揭示货币的本质，并且是以金属货币为研究对象的。所以，在具体应用时不能简单照搬，而应当考虑新的、变化了的情况，如信用货币已成为当今流通中的主体，经济的全球化、证券化趋势，虚拟经济形成的货币信用交易的客观存在，人们保存货币和投机因素对货币需求产生影响等。

### （三）凯恩斯学派和后凯恩斯学派的货币需求理论

约翰·梅纳德·凯恩斯（John Maynard Keynes）是英国著名经济学家，宏观经济学的创始人。1936年他的《就业、利息和货币通论》一书出版，标志着其独树一帜的学说的形成，也由此逐步形成了他的货币需求理论。

凯恩斯对货币需求理论的贡献是他关于货币需求动机的剖析，并在此基础上把利率因素引入了货币需求函数。他沿着剑桥学派的思路，从人们持有货币的需求出发并加以论证，把决定人们货币需求行为的动机归结为交易动机、预防动机和投机动机三个方面。

（1）交易动机。这是指个人或企业为了应付日常交易需要而产生的持有货币需要。它决定人们进行交易时持有多少货币。个人保存货币量的多少直接与货币收入的多少及货币收支时间的长短有关。企业持有货币则是为了满足业务上的从支出到收入这一段时间所需的货币需求，它取决于企业当期生产规模的大小及生产周期的长短。可见，交易动机是建立在确认货币流通媒介职能基础上的货币需求论。在这一点上，它与过去的货币需求理论是一脉相承的。

影响交易需求的因素，包括收入规模、收入与支出及其规律性、支出习惯、金融制度、预期因素等。在这些影响因素中，除了收入因素外，其他因素均可视为在短期内不变的常量，因此，凯恩斯将交易需求看作收入的函数。

（2）预防动机。预防动机又称谨慎动机，是指个人或企业为应付可能遇到的意外支出等而持有货币的动机。它的产生主要是因为未来收入和支出的不确定性，为了防止未来收入减少或支出增加这种意外变化而保留一部分货币以备不测。可见，货币需求的预防性动机和交易性动机都与收入（$Y$）有关，货币需求的交易性动机的产生主要是因为在收入和支出之间有一定时差，而货币需求的预防性动机的产生则主要是因为收入和支出的不确定性。所以，就实质来说，预防动机和交易动机可以归入一个范围之内，两者所引起的货币需求都是收入（$Y$）的函数。在实践中，由这两种动机形成的货币余额是难以截然分开的。

（3）投机动机。这是指个人或企业愿意持有货币以供投机之用，因为相信自己对未来的看法较市场上一般人高明，想由此从中得利，所以愿意持有货币以供投机之用。

投机动机的货币需求取决于三个因素，即当前市场利率、投机者正常利率水平的目标值以及投机者对利率变化趋势的预期。其中第三个因素依赖于前两个因素，所以投机动机的货币需求实际上取决于当前市场利率水平与投机者对正常利率目标的取值之差。从总体分析，如果当前市场利率水平较低，那么预期利率上升的投机者就会较多，从而以货币形式持有其财富的投机者就越多，货币的投机性需求也就越大。所以，货币的投机性需求是当前利率水平的递减函数。综上，凯恩斯的货币需求函数如下：

$$M_d = M_1 + M_2 = L_1(Y) + L_2(r) \tag{8-5}$$

式中，$M_1$表示交易动机和预防动机引起的货币需求，它是$y$的函数；$M_2$表示投机动机的货币需求，是$r$的函数；$L$是流动性偏好函数。

因为货币最具有流动性，所以流动性偏好函数也就相当于货币需求函数。这个函数式与此前所有函数式的关键区别在于：如果此前所有的函数式可以最概括地表示为$M=f(Y)$，则凯恩斯的函数式可表示为$M=f(Y, r)$。的确，对利率与货币需求的联系的研究并非始于凯恩斯，如剑桥学派对此亦有分析，但把$r$确定地视为货币需求函数中与$Y$有等同意义的自变量，则始于凯恩斯。

对于任何已知的价格水平，根据$M=f(Y, r)$，可以求出每一收入水平$Y$的货币需求。

同理，对于任何已知的价格水平，我们根据 $L_2=f(r)$。可以求出在每一个利率水平上的货币需求。因此，根据 $L_1=f(Y)$ 和 $L_2=f(r)$，可以求出每一个可能的收入 $Y$ 和利率 $r$ 对货币的总需求。如图 8-1（a）所示，曲线 $L_1$ 与利率无关，所以是一条与货币需求横轴垂直或与利率纵轴平行的直线。但 $L_2$ 则是一向右向下倾斜的曲线，即利率越高，货币需求越少；反之，利率越低，货币需求越多。如果将 $L_1$ 与 $L_2$ 相加，则货币总需求曲线如图 8-1（b）所示。

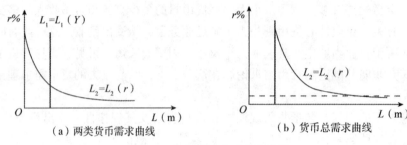

（a）两类货币需求曲线　　　　（b）货币总需求曲线

图 8-1　凯恩斯的货币需求曲线

凯恩斯的后继者从两个方面推进了凯恩斯的货币需求理论。

①论证交易动机和预防动机引起的货币需求同样也是利息率的函数。因为作为交易和意外准备的货币，其中一部分也可能会用来购买可以带来收益的资产，如债券。通过剖析交易需求所建立的"平方根法则"就是有名的一例：

$$M = KY^{1/2}r^{-1/2} \tag{8-6}$$

该方程说明交易的货币需求是 $Y$ 的函数，是正相关。但由于有可能不必自始至终全部以无收益的货币形态保存，所以有规模节约的特点，因而指数为 1/2。有多少货币以有收益的资产形态保存取决于对利率变动的预期，这是负相关的。同时还必须考虑到保存有收益资产的交易成本，其变动幅度将小于利率的变动，因而指数为 -1/2。

②发展了多样化资产组合选择理论。凯恩斯的后继者认为，凯恩斯论证投资者将依据其对利率变动的预期而在货币与债券之间进行选择，但在现实生活中，通常并不会简单地进行非此即彼的选择，而是全面权衡得失，调整两者持有的比例。而且可供选择的对象也并不限于货币、债券两者。这样就发展了多样化资产组合选择理论。

凯恩斯的后继者发展的多样化资产组合理论使货币需求理论更加细微，而对于利率的分析则增强了这个变量在货币需求函数中的分量。

### （四）现代货币主义的货币需求理论

现代货币主义也叫货币学派，它是为对抗凯恩斯的理论而出现的，其代表人物是美国芝加哥大学教授米尔顿·弗里德曼。

现代货币主义同样以微观主体行为作为始点对货币需求进行分析，并吸收了包括凯恩斯在内的经济学家货币需求理论新的成果，在对货币需求量的各种因素进行深入分析的基础上，建立了独具特色的货币需求函数：

$$M/P = F(Y, W; r_m, r_b, r_e, 1/P \cdot dP/dt; U) \tag{8-7}$$

式中，$M$ 为个人财富持有者持有的货币量，即名义货币需求量；$P$ 为一般物价水平；$M/P$ 为个人财富持有者持有的货币所能支配的实物量，即实际的货币需要量；$Y$ 为按不变价格计算的实际收入；$W$ 为物质财富占总财富的比率；$r_m$ 为预期的货币名义收益率；$r_b$ 为固定收益的债券收益率；$r_e$ 为非固定收益债券（股票）的收益率；$l/P \cdot dP/dt$ 为预期的物价变动率，即实物资产的名义报酬率；$U$ 为货币的效用以及影响此效用的因素。

下面具体分析弗里德曼货币需求函数中的各个变量，及它们对货币需求的意义。

①$Y$ 作为收入，在这里不是指当期收入，而是按不变价格计算的实际收入，也可以理解为预期的平均长期收入，是相对稳定的恒久性收入。弗里德曼从自己的实证研究得出的结论是，恒久性收入对货币需求具有重要作用。由此进一步得出，由于恒久性收入较当期收入波动幅度小得多，所以货币存量与恒久性收入的比值（也可称为货币流通速度）是相对稳定的，所以货币需求也是稳定的。弗里德曼将恒久性收入看作一个重要的决定因素，其意义在于货币需求不会随着产业周期的波动有较大的变动。

②$W$ 代表非人力财富占个人总财富的比率，它与货币需求负相关。这是货币主义所列出的独特变量，但并未得到进一步论证。

③$r_m$ 表示货币名义收益率。这一概念在凯恩斯那里是没有的，因为凯恩斯那里的货币指的是 $M_1$，即现钞和业务经营上的活期支票存款，而当时在英国，业务经营上的活期支票存款是无息的，所以货币收益率可视为零。而弗里德曼所讲的货币已扩展到 $M_2$，$M_2$ 中很多形态的存款货币则是有息的。将 $r_m$ 变量纳入其函数式，说明货币主义考察货币的口径已大于过去各学派对货币考察的口径。

④$r_b$ 和 $r_e$ 分别为固定收益的债券收益率和非固定收益债券（股票）的收益率。弗里德曼认为，一个人可以持有几种形式的财富，不仅是货币，还有债券、股票和实物等。持有货币的机会成本就由相对于货币的各种资产的预期报酬率和由分别相对于货币的债券和股权的预期报酬率来表示。当它们增大时，持有货币的机会成本增大，对货币的需求就会减少。

⑤$l/P \cdot dP/dt$ 是预期的物价变动率。它属于机会成本变量，与货币需求负相关。将它明确列入函数式，与强调通货膨胀的发生有关。

⑥$U$ 为货币的效用以及影响效用的因素。上述个人财富持有者的货币需求函数中，只需排除 $W$ 即成为企业的货币需求函数。弗里德曼还认为，如果忽略 $Y$、$W$ 在分配上的影响，则上式就能应用于全社会，即 $M$ 代表社会货币需求总量，$Y$ 代表按不变价格计算的国民收入，则为以财产形式表示的那一部分总财富。若将上式中括号内的决定因素用符号 $K$ 表示，则有：$M/P = KY$ 或 $M = KPY$ 或 $MV = PY$。其中 $V = l/K$，意即货币需求函数是货币流通函数的倒数。

**（五）对货币需求理论的综合评析**

（1）考察对象的演变。马克思以及前人基本上重视贵金属。费雪方程式已将金币本身排除在外，同时开始注意存款通货。凯恩斯较为明确地指出，他说的货币就是现钞和支票存款。而弗里德曼所说的货币已是较大口径的 $M_2$。总之，他们的考察对象是从金到纸币再到一切可称为货币的金融资产，是一个不断演进的过程。

（2）考察范围的扩大。费雪及其前人从宏观总量上考察货币需求，而开始于剑桥学派的思路则着眼于微观主体行为的持币动机，从而扩大了对货币需求考察的范围。

（3）影响货币需求变量的深化。费雪方程式阐明总支出仅仅取决于货币数量的变动，而对利率波动不具有敏感性。剑桥学派认为，对现金余额的需求是与实际收入成比例的，且不排除利率对货币需求的影响。凯恩斯提出了持有货币的三种动机，并将其归结成流动性偏好理论。他认为，货币需求的交易动机和预防动机同收入成比例，而货币需求的投机动机对利率及关于利率未来动向的预期极为敏感。弗里德曼的货币需求理论将货币视作任何一种资产，运用资产需求理论得出了货币的需求是持有货币的机会成本和恒久性收入的函数。由上可以看出，对影响货币需求变量的深化过程，就是从 $f(Y)$ 发展为 $f(Y, r)$ 并不断纳入更多自变量的过程。

几百年来，人们对货币需求的研究经历了一个由粗到细的发展过程；货币需求的研究虽然越来越细，但货币需求的计算却越来越困难，而困难和解决困难的办法是否能随之产生，还需要进行科学的艰苦探索。

 阅读材料 8-1　中国货币流通速度

【思考】

货币流通速度的下降是不是越多越好？

**动动笔**

_____

_____

_____

_____

## 第二节　通货膨胀与通货紧缩

货币均衡既是确保社会经济发展和安定的现实目标，也是实现这一目标必需的前提条件，但事实上货币失衡才是常态。一般情况下货币过多就会引起通货膨胀，货币过少可能造成通货紧缩。无论是通货膨胀还是通货紧缩，都是经济生活中的"病态"现象，对它们的预防、治理尤为重要。

### 一、通货膨胀的含义

通货膨胀是指在纸币流通条件下，流通中的货币量超过实际需要所引起的货币贬值、物价持续上涨的经济现象。从近现代经济史来看，通货膨胀是一种常见的经济现象。

近代西方经济学家对通货膨胀有不同的解释。现代货币主义者弗里德曼认为，物价的普遍上涨就叫作通货膨胀。新自由主义者哈耶克认为，通货膨胀是指货币数量的过度增长，且这种增长合乎规律地导致物价上涨，即仅限于因货币数量增加而引起的物价上升。美国当代经济学家萨缪尔森认为，通货膨胀即物品和生产要素的价格普遍上升。显然，这不同于个别的、偶然的、暂时的物价上涨。

在界定通货膨胀的含义时，我国理论界有一些比较统一的观点。

（1）不能将通货膨胀与货币发行过多画等号。这是因为，货币过多是相对于待实现的商品总量来说的。不可否认，货币过多会引起通货膨胀，但依据马克思的货币流通规律公式，决定流通中货币量的，不仅是商品价格总额，还有货币流通速度，即在商品总量和货币量相适应的情况下，如果货币流通速度加快，也会使流通中货币过多。所以，不能将通货膨胀与货币发行过多简单等同。

（2）不能将通货膨胀与物价上涨画等号。通货膨胀会引起物价上涨，但绝不能引申为，凡是物价上涨都是由通货膨胀引起的。因为引起物价上涨的因素是多方面的，价格运动有其自身的规律性，不能都归咎于通货膨胀。同时，在一些采取物价管制政策的国家，过多的货币供给并非都通过物价上涨表现出来。

（3）不能将通货膨胀与财政赤字画等号。从现实资料分析，通货膨胀对 $M_0$（现金）和 $M_1$ 的影响程度各有不同。财政赤字的弥补方式并非都是靠货币发行，还可以采取压缩银行信贷、举借外债、挖掘库存、发行国家债券等。

通过以上分析，可给现实经济生活中客观存在的通货膨胀下这样的定义：通货膨胀是因流通中注入货币过多而造成货币贬值，以及总的物价水平采取不同形式（公开的或隐蔽的）持续上升的过程。

## 二、通货膨胀的类型

按照不同的标准，通货膨胀可分为以下类型。

### （一）按发生原因划分

1. 需求拉动型通货膨胀

这是指通货膨胀的根源在于总需求过度增长，超过了按现行价格可得到的总供给，导致太多的货币追求太少的商品，因而引起物价全面上涨。

2. 成本推进型通货膨胀

这是指通货膨胀的根源在于总供给方面的变化，如原材料价格上升、工资提高等，导致商品成本上升；或企业为了保持一定的垄断利润水平而抬高商品价格，从而使物价水平普遍上涨。

3. 结构型通货膨胀

这是指虽然整个经济中总供给和总需求处于均衡状态，但由于部分经济部门结构方面的变动因素，比如一些产业和部门在需求方面或成本方面发生变动，导致该部门的物价和工资水平上升，随着部门之间相互看齐的过程，影响到其他部门的物价和工资变动，从而导致一般物价水平的上升。应该说，结构型通货膨胀的原因仍然是需求拉动或成本推进。

4. 混合型通货膨胀

这是指一般物价水平的持续上涨，既不能说是单纯的需求拉动，也不能归咎于单纯的成本推进，又不能笼统地概括为社会经济结构的原因，而是由于需求、成本和社会经济结构共同作用形成的通货膨胀。

5. 财政赤字型通货膨胀

这种通货膨胀本质上属于需求拉动型通货膨胀，但它强调因财政出现巨额赤字而滥发货币,从而引起的通货膨胀。

6. 信用扩张型通货膨胀

信用扩张型通货膨胀,其本质仍然是需求拉动型通货膨胀,但它强调信用过度扩张,即由于贷款没有相应的经济保证,形成信用过度创造,结果货币供给过多,从而引起通货膨胀。

7. 国际传播型通货膨胀

国际传播型通货膨胀,又称输入型通货膨胀,由于引发原因不同分为两种,由于进口商品比如石油价格上涨,是成本推进型的国际传播型通货膨胀;因为国际上对国内产品的需求过多,导致物价上升,是需求拉动型的国际传播型通货膨胀。

可见,通货膨胀从根本上说,要么是需求方面的原因(需求拉动型),要么是供给方面的原因(成本推进型),要么是需求和供给两方面共同作用的结果。

### (二) 按表现状态划分

1. 开放型通货膨胀

开放型通货膨胀也称公开的通货膨胀,即物价可随货币供给量的变化而自由浮动。

2. 抑制型通货膨胀

抑制型通货膨胀也称隐蔽的通货膨胀,即国家控制物价,主要消费品价格基本保持人为平衡,但表现为市场商品供应紧张、凭证限量供应商品、变相涨价、黑市活跃、商品走后门等,其实质是人为抑制物价上涨,是一种隐蔽的通货膨胀。

### (三) 按通货膨胀程度划分

1. 爬行式通货膨胀

爬行式通货膨胀又称温和的通货膨胀,即物价水平每年按一定的比率缓慢而持续上升的一种通货膨胀。

2. 奔腾式通货膨胀

奔腾式通货膨胀又称小跑式通货膨胀,即通货膨胀率达到两位数。在这种情况下,人们对通货膨胀有明显的感觉,不愿保存货币,而是抢购商品,用以保值。

3. 恶性通货膨胀

恶性通货膨胀又称极度通货膨胀,即货币贬值,达到天文数字。

## 三、通货膨胀的度量

虽然对通货膨胀的定义存在诸多争议,但物价上涨是通货膨胀的核心要素。世界各国一般将物价上涨指数看作通货膨胀率,并以此度量通货膨胀的程度。测量物价指数的主要指标有以下三个。

1. 居民消费价格指数

居民消费价格指数即通常所说的 CPI(Consumer Price Index),是最常用来反映通货膨胀程度的指标。它是度量消费品及服务项目价格水平随着时间变动的相对数,反映居民购买的商品及服务价格水平的变动情况。中国 CPI 数据由国家统计局采用抽样调查法进行调查,并统一对外发布,每月一次。CPI 的优点在于消费品的价格变动能及时反映消费品供给与需求的对比关系，直接与公众的日常生活相联系，在检验通货膨胀效应方面有其他指标难以比拟的优越性。其缺点是消费品只是社会最终产品的一部分，不能说明问题的全部。

2. 工业生产者价格指数

工业生产者价格指数即所谓的 PPI（Producer Price Index）。中国 PPI 由工业生产者出厂价格指数和工业生产者购进价格指数两部分组成，并由国家统计局每月统一发布。

工业生产者出厂价格指数是反映一定时期内全部工业产品出厂价格总水平变动趋势和程度的相对数，包括工业企业出售给本企业以外所有单位的各种产品和直接出售给居民用于生活消费的产品。

工业生产者购进价格指数是反映工业企业作为生产投入而从物资交易市场和能源、原材料生产企业购买原材料、燃料和动力产品时，所支付的价格水平变动趋势和程度的统计指标。

3. 国内生产总值平减指数

国内生产总值平减指数又称国内生产总值缩减指数（GDP Deflator），是指按当年价格计算的国内生产总值与按不变价格计算的国内生产总值的比率。它可以反映一定时期内全部生产资料、消费品和劳务费用的价格变动。所以，这一指数能够更加准确地反映一般物价水平和通货膨胀。不过，世界各国一般不会直接公布国内生产总值平减指数，只能根据已公布的名义 GDP 和实际 GDP 计算出来。因此，国内生产总值平减指数是"隐含"的物价指数。

## 四、通货膨胀的效应

由于价格变动在社会经济中的重要性，因此通货膨胀对于经济社会的影响是全面的，具体可概括为五大效应，即经济增长效应、强制储蓄效应、收入和社会财富的再分配效应、资源配置扭曲效应、经济秩序与社会秩序紊乱效应。

### （一）经济增长效应

关于通货膨胀对经济增长的影响，各经济学家有着不同的观点，总的来看可分为三派，即有益论、有害论和中性论。

（1）有益论。有益论认为，通货膨胀对经济增长具有积极的影响作用，其主要理由有三点。①资本主义经济长期处于有效需求不足、实际经济增长率低于潜在经济增长率的状态。因此，政府可通过实施通货膨胀政策，增加赤字预算，扩大投资支出来刺激有效需求，推动经济增长。②通货膨胀有利于社会收入再分配向富裕阶层倾斜，而富裕阶层的边际储蓄倾向比较高，因此会提高储蓄率，从而促进经济增长。③通货膨胀出现后，公众预期的调整有一个时滞过程，在此期间，物价水平上涨而名义工资未发生变化，企业的利润率会相应提高，从而刺激私人投资的积极性，增加总供给，推动经济的增长。

有益论的观点在 20 世纪 60 年代凯恩斯主义理论流行时比较盛行，在我国及其他一些发展中国家也有一定的市场。但 70 年代以来，随着凯恩斯主义货币政策在西方国家的破产，人们已普遍认识到通货膨胀对经济的危害。

（2）有害论。有害论认为，虽然通货膨胀初始阶段对经济具有一定的刺激作用，但长期的通货膨胀会给经济带来严重的消极影响，降低经济体系的运行效率，阻碍经济的正常成长。与有益论主要从需求角度分析通货膨胀的经济增长效应不同，有害论主要从供给角度来分析通货膨胀的不利影响。①持续的通货膨胀会使企业的生产成本上升，不利于调动生产者和投资者的积极性，影响经济增长。②通货膨胀会增加生产性投资的风险和经营成本，从而导致流向生产性部门的资金减少，流向非生产性部门的资金增加，结果产业结构和资源配置不合理，国民经济畸形发展。③通货膨胀会降低借款成本，诱发过度的资金需求，不仅会导致经济虚假繁荣，经济泡沫胀大，还会迫使金融机构加强信贷配额管理，削弱金融体系的营运效率。④通货膨胀会使纸币贬值，妨碍货币职能的正常发挥，既不利于正常的资本积累（货币储藏手段职能），也容易引起市场价格信号紊乱（货币价值尺度职能），导致整个市场机制功能失调。⑤通货膨胀会使国内商品价格上涨并相对高于国际市场价格，阻碍出口、刺激进口，从而加剧国内竞争压力，影响进口替代企业的发展，并导致贸易收支逆差。⑥当通货膨胀有加速发展的趋势时，为防止发生恶性通货膨胀，政府可能采取全面价格管制的办法，从而会削弱经济的活力。此外，通货膨胀还会打乱正常的商品流通渠道，加深供求矛盾，助长投机活动，引起资本大量外流和国际收支的恶化。

（3）中性论。少数经济学家采取通货膨胀中性论的观点，认为通货膨胀对实际产出和经济增长既无正效应又无负效应。其理由是，公众会根据对通货膨胀发展的预期，按照物价上涨水平进行合理的行为调整，因此，通货膨胀的各种影响作用会相互抵消。但是公众对通货膨胀的预期与通货膨胀实际发展的情况往往并不相符，而且每个人、每个企业的预期也不相同，其调整行为很难"合理"或相互抵消。所以，通货膨胀中性论的观点难以自圆其说。

从经济史的数据来看，通货膨胀的经济增长效应存在较大的不确定性。据对全世界170个国家的统计，长期处于双高型（高通货膨胀率、高经济发展速度）的国家几乎没有，即使有，暂时出现的正效应也是以有效需求的不足为前提条件的。而且，短期双高之后，有的国家则长期陷入滞胀状态而不能自拔。

20世纪50—80年代主要发达国家通货膨胀率和经济增长率关系如表8-1所示。从表8-1中可以发现，并没有明显出现通货膨胀与经济增长的正相关关系，比较多的典型例子倒是低高型（低的通货膨胀率伴随着经济的高速增长）或高低型（高的通货膨胀率伴随着经济的低速增长）。大量的实证研究已经指出，现代发达国家的经济增长并非是通货膨胀所致，而主要靠科技进步、经营管理制度完善等。

表8-1 20世纪50—80年代主要发达国家通货膨胀与经济增长关系

| 国别 | 1951—1960 | | 1961—1970 | | 1971—1980 | | 1981—1987 | |
|---|---|---|---|---|---|---|---|---|
| | 工业生产平均年增长率/% | 消费物价平均年增长率/% | 工业生产平均年增长率/% | 消费物价平均年增长率/% | 工业生产平均年增长率/% | 消费物价平均年增长率/% | 工业生产平均年增长率/% | 消费物价平均年增长率/% |
| 美国 | 4.0 | 2.1 | 5.0 | 2.7 | 3.3 | 7.8 | 2.7 | 3.4 |
| 日本 | 16.2 | 4.0 | 13.7 | 5.7 | 4.7 | 9.0 | 3.4 | 0.9 |
| 德国 | 9.8 | 1.9 | 5.2 | 2.6 | 2.0 | 5.1 | 0.6 | 2.9 |
| 法国 | 6.4 | 5.5 | 4.9 | 4.0 | 2.8 | 9.6 | 0.6 | 7.3 |
| 英国 | 2.9 | 4.2 | 2.8 | 3.9 | 1.0 | 10.2 | 1.9 | 5.9 |
| 意大利 | 8.8 | 2.7 | 7.2 | 3.9 | 1.1 | 14.1 | 0.5 | 10.1 |

从我国改革开放以来的发展来看，通货膨胀与经济增长存在一定的正相关关系。但能否由此得出通货膨胀对于我国经济增长具有一定促进作用的结论，尚有争论。这是因为通货膨胀的因素异常复杂，还必须根据客观情况分时段给予具体分析。

### （二）强制储蓄效应

强制储蓄是指政府财政出现赤字时向中央银行借债透支，直接或间接增大货币发行，从而引起通货膨胀。这种做法实际上是强制性地增加全社会的储蓄总量以满足政府的支出，因此又称通货膨胀税。

有害论者认为，虽然通过通货膨胀强制储蓄可以扩大政府投资，但由于物价水平的上涨和实际利率的下降，其结果会使按原来模式和数量进行的民间消费和储蓄的实际额减少，导致民间资本积累速度下降，并使企业历年所累积的折旧不能满足设备更新需要，从而减少民间资本存量。民间资本和投资的减少部分大体相当于政府运用通货膨胀强制储蓄的部分。因此，强制储蓄的结果不会带来社会总投资的扩大，只会压缩和削弱民间投资。

有益论者则认为，虽然一般货币持有者因通货膨胀而失去的货币价值等于政府所获得的通货膨胀税，但如果政府的储蓄倾向高于货币持有者的一般储蓄倾向，整个国家的平均储蓄水平就会提高，从而增加社会投资总额。尤其是在经济尚未达到充分就业水平，存在大量闲置生产要素的情况下，政府运用扩张性财政政策或货币政策强制储蓄来增加有效需求，并不会引发持续的物价上涨。

### （三）收入和社会财富的再分配效应

收入和社会财富的再分配效应是指通货膨胀发生时人们的实际收入和实际占有财富的价值会发生不同变化，有些人的收入与财富会提高和增加，有些人则会下降和减少。在充分预期的情况下，通货膨胀对收入和社会财富的再分配效应并不明显，因为各种生产要素的收益率都有可能与通货膨胀进行同比例的调整。但实际上人们通常不能正确预期通货膨胀，因此就产生了通货膨胀的再分配效应。

一般来讲，通货膨胀会使债务人受益，债权人受损。整个社会最大的债务人是企业群体，最大的债权人是储蓄者群体。因此，在通货膨胀条件下，负债经营的企业是受益者，而持有大量储蓄的居民则要遭受实际财富的损失。

在通货膨胀条件下，工薪阶层和依赖退休金生活的退休人员等固定收入者，其收入调整往往滞后于通货膨胀，因而会使其实际收入减少；而一些非固定收入者，特别是企业主和企业高级管理人员，往往能够及时调整其收入，因而可从通货膨胀中获利。

在累进所得税制度下，名义收入的增长会使纳税人所适用的边际税率提高，应纳税额的增长高于名义收入增长。从这个角度上说，政府也是通货膨胀的受惠者。

另外，债券和票据等固定收益的金融资产，其实际价值会随着物价的上涨而下跌，而股票和房地产等非固定收益的金融资产和实物资产，其价值往往会随物价的上涨而增强。因此，不同形式资产的持有者往往会随着通货膨胀而发生实际财富的不同变化。

### （四）资源配置扭曲效应

通货膨胀在资源配置方面的效应通常是负面的，其主要原因有以下几点。

①在通货膨胀中，各种生产要素、商品和劳务的相对价格会发生很大的变化和扭曲，引

起资源配置的低效和浪费。某些价格上涨较快的商品和劳务往往会吸引过多的资金和生产要素的投入，导致这类商品和劳务的过度供给和浪费。例如，在通货膨胀期间，房地产被认为是最能有效保值的商品，其价格上涨率较高，从而吸引大量财力、人力和物力的投入。但结果往往是房地产的过度开发导致大量房屋、土地的闲置浪费。

②通货膨胀会助长投机并导致社会资源的浪费。在通货膨胀期间，由于投机利润大于生产利润，投机活动大大增加，大量的资源被投机者用于囤积居奇和投机获利，减少了可用于发展生产和技术革新方面的社会资源。

③在通货膨胀期间，为避免金融资产价值的损失，人们会尽量降低持有货币和各种金融资产的比例，购入各种实物资产。实物资产在交易、维护、处置和管理上要花费更多的时间、人力和物力，因而造成了社会资源的浪费。

④通货膨胀会造成市场供不应求的环境，使购买者盲目抢购，不计质量。这种供求失衡的市场状况会掩盖产业结构、产品结构上的矛盾和问题，使企业失去提高产品质量的外在压力，结果使长线产品变得更长，短线产品变得更短，经济结构失衡更为严重。

⑤通货膨胀会使实际利率下降，打击公众的储蓄意愿，使资本积累的速度降低。虽然金融机构会相应提高存贷款利率，但其调整幅度和速度往往赶不上通货膨胀率，因而会降低金融机构动员和分配社会资金的效率。

⑥在通货膨胀期间，中央银行基准利率的调整往往滞后，使金融机构的正常融资渠道受阻，而民间高利贷则得以盛行，因而会改变正常的利率结构，阻碍长期金融工具的发行，影响金融市场的健康发展及其配置社会资源的功能。

### （五）经济秩序与社会秩序紊乱效应

通货膨胀发展到比较严重的程度时，会破坏经济秩序和社会秩序，不仅加大经济发展的不平衡和经济发展的成本，甚至会引发社会经济危机。这方面的效应主要表现为以下几点。

①加剧经济环境的不确定性。在通货膨胀持续发生的情况下，个人和企业的通货膨胀预期将变得难以捉摸，市场行情动荡不定。经济环境的不确定又会影响政府的经济政策目标和宏观调控能力，使政策操作变得无所适从，增加了失误的可能性。

②导致商品流通秩序的混乱。在通货膨胀期间，由于流通领域容易获取暴利，大量资金被吸引到流通中从事投机交易，使商品流通秩序极为混乱，产销脱节、商品倒流、囤积居奇、商品抢购等不正常的交易活动加剧了经济的不平衡。

③败坏社会风气，激化社会矛盾。在通货膨胀期间，劳动者的工资所得赶不上投机活动的利润所得，会挫伤劳动者的劳动积极性，助长投机钻营、不劳而获的恶习，而通货膨胀导致不公平的收入和财富再分配，更有可能激化社会矛盾，引起社会各阶层的经济对立。

④助长贪污腐败，损害政府信誉。在通货膨胀时期，国家公务人员工资奖金增长通常滞后，实际收入水平下降，因而可能导致一些国家公务人员以权谋私、贪污受贿，损害政府形象。通货膨胀严重时，政府会面临要求治理通货膨胀的压力，一旦政府不能有效控制通货膨胀，人民将对政府失去信心，有可能引发货币信用制度危机，甚至会导致政治危机和社会动乱。

### 五、通货膨胀的成因

通货膨胀的成因和机理比较复杂,对此各国经济学家从不同的角度出发做了各种分析,提出了需求拉动说、成本推进说、供求混合推进说、部门结构说和预期说等不同的理论解释。

1. 需求拉动说

早期的西方经济学家主要从需求方面分析通货膨胀的成因,认为总需求扩张超出总供给增长时所出现的过度需求是拉动价格总水平上升、产生通货膨胀的主要原因,通俗的说法就是"太多的货币追逐太少的商品",使得对商品和劳务的需求超出了在现行价格条件下可得到的供给,从而导致一般物价水平的上涨。需求拉动型通货膨胀如图8-2所示。

图8-2中,$AS$表示总供给曲线,$AD_1$表示总需求曲线的初值,二者的交点决定了供求平衡条件下的物价水平$P_1$和收入水平$Y_1$。当总需求增加,曲线$AD_1$移动至$AD_2$时,会使收入水平提高至$Y_2$,同时拉动物价水平上升至$P_2$。由于经济离充分就业差距较大时,总供给曲线$AS$比较平坦,因此收入水平提高较快,而物价水平变动较小。当总需求继续增加,曲线$AD_2$移动至$AD_3$时,收入水平提高至$Y_f$,同时拉动物价水平升至$P_3$。此时$AS$曲线倾斜度增大,物价水平的提高速度加快,进入凯恩斯所说的"半通货膨胀"状况。经济愈是接近充分就业时的收入水平

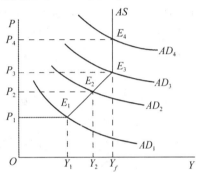

图8-2 需求拉动型通货膨胀

$Y_f$,$AS$曲线愈是陡峭,表示收入水平难以进一步增长,因此,当曲线从$AD_3$移至$AD_4$时,经济达到充分就业,$AS$曲线变为垂直,收入水平不再增长,总需求的增加几乎全部通过物价的上涨(提高至$P_4$)反映出来,即进入凯恩斯所谓"真正的通货膨胀"。

在西方经济学中,凯恩斯学派偏重研究实际因素引起的需求膨胀,货币学派则强调货币因素对通货膨胀的决定作用,认为通货膨胀纯粹是一种货币现象。货币学派的代表弗里德曼指出,只要货币量的增加超过生产量的增加,则物价必然上升。但无论是实际因素还是货币因素,需求拉动说都强调了总需求方面,而忽略了总供给方面的变动,尤其不能正确地解释通货膨胀与失业并存的滞胀现象。因此从20世纪50年代后期起,经济学家的注意力开始转向总供给方面,提出了通货膨胀成因的成本推进说。

2. 成本推进说

成本推进说主要从总供给或成本方面分析通货膨胀的生成机理。该理论认为,通货膨胀的根源并不是总需求过度,而是总供给方面的主产成本上升。因为在通常情况下,商品的价格是以生产成本为基础,加上一定利润而构成的。因此,生产成本的上升必然导致物价水平的上升。成本推进型通货膨胀如图8-3所示。

图8-3中,$AD$表示总需求曲线,$AS_1$表示总供给曲线的初值,并假定二者的交点为经济达到充分就业条件

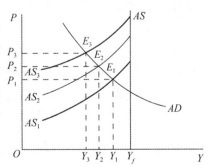

图8-3 成本推进型通货膨胀

下的供求均衡点,由此得到初始时的价格水平 $P_1$ 和收入水平 $Y_1$。当成本增加时,企业会在同等产出水平上提高价格,或在同等价格水平上提供较少的产出,因而总供给曲线会由 $AS_1$ 向上移动至 $AS_2$,甚至 $AS_3$。当总需求不变时,价格水平则由 $P_1$ 上升至 $P_2$,甚至 $P_3$,而收入水平则下降至 $Y_2$ 甚至 $Y_3$。因此,成本推进说认为,正是成本的上升推动了物价水平的上升,并导致了收入水平的下降。

成本推进说还进一步分析了促使产品成本上升的原因,指出在现代经济中,有组织的工会和垄断性大公司对成本和价格具有操纵能力,是提高生产成本并进而提高价格水平的重要力量。工会要求企业提高工人的工资,迫使工资的增长率超过劳动生产率的增长率,企业则会因人力成本的加大而提高产品价格以转嫁工资成本的上升压力,而在物价上涨后工人又会要求提高工资,再度引起物价上涨,形成工资—物价的螺旋式上升,从而导致工资成本推进型通货膨胀。垄断性企业为了获取垄断利润也可能人为提高产品价格,由此引起利润推进型通货膨胀。此外,汇率变动引起进出口产品和原材料成本上升以及石油危机、资源枯竭、环境保护政策不当等造成的原材料、能源生产成本的提高,也会引起成本推进型通货膨胀。

需要说明的是,从图 8-3 可知,工资上涨导致了成本推进型通货膨胀,同时也不利于经济增长,甚至导致经济衰退。这实际上从某种意义上说明了"什么都涨就是工资不涨"具有一定的合理性,或者说,"工资不涨"在一定程度上有利于控制成本推进型通货膨胀,从而在一定程度上有利于提高生产、促进创业的积极性。

3. 供求混合推进说

需求拉动说撇开供给来分析通货膨胀的成因,而成本推进说则以总需求给定为前提条件来解释通货膨胀,二者都具有一定的片面性和局限性。尽管理论上可以区分需求拉动型通货膨胀与成本推进型通货膨胀,但在现实生活中,需求拉动的作用与成本推进的作用常常是混合在一起的。因此人们将这种总供给和总需求共同作用下的通货膨胀称为供求混合型通货膨胀(Hybrid Inflation)。实际上,单纯的需求拉动或成本推进不可能引起物价的持续上涨,只有在总需求和总供给的共同作用下,才会导致持续性的通货膨胀。

4. 部门结构说

一些经济学家从经济部门的结构方面来分析通货膨胀的成因,发现即使整个经济中总供给和总需求处于均衡状态,由于经济部门结构方面的变动因素,也会发生一般物价水平的上涨,即所谓结构型通货膨胀。部门结构说的基本观点是,由于不同国家的经济部门结构的某些特点,当一些产业和部门在需求方面或成本方面发生变动时,往往会通过部门之间相互看齐的过程而影响到其他部门,从而导致一般物价水平的上升。

5. 预期说

通货膨胀预期说主要通过对通货膨胀预期心理作用的分析来解释通货膨胀的发生。该理论认为,在完全竞争的市场条件下,如果人们普遍预期一年后的价格将高于现在的价格,就会在出售和购买商品时将预期价格上涨的因素考虑进去,从而引起现行价格水平提高,直至其达到预期价格以上。这种在市场预期心理作用下发生的通货膨胀称为预期的通货膨胀。

## 六、通货膨胀的治理

由于通货膨胀对一国国民经济乃至社会、政治等各个方面都产生了严重的影响,因此各国政府和经济学家都将控制和治理通货膨胀作为宏观经济政策研究的重大课题,并提出了治理通货膨胀的种种对策措施。

**(一) 宏观紧缩政策**

宏观紧缩政策是各国应对通货膨胀的传统政策调节手段,也是迄今为止在抑制和治理通货膨胀中运用得最多、最为有效的政策措施。其主要内容包括紧缩性货币政策和紧缩性财政政策。

(1) 紧缩性货币政策。紧缩性货币政策又称为抽紧银根,即中央银行通过货币政策工具降低货币供给的增长率,从而降低总需求水平,减轻通货膨胀压力。具体政策工具和措施包括:①通过公开市场业务出售政府债券,以相应地减少经济体系中的货币存量;②提高贴现率和再贴现率,以提高商业银行存贷款利率和金融市场利率水平,缩小信贷规模;③提高商业银行的法定准备金,以缩小货币发行的扩张倍数,压缩商业银行放款,减少货币流通量。在政府直接控制市场利率的国家,中央银行也可直接提高利率,或直接减少信贷规模。

(2) 紧缩性财政政策。紧缩性财政政策主要是通过削减财政支出和增加税收的办法来治理通货膨胀。削减财政支出的内容主要包括生产性支出和非生产性支出。生产性支出主要是国家基本建设和投资支出;非生产性支出主要是政府各部门的经费支出、国防支出、债息支出和社会福利支出等。在财政收入一定的条件下,削减财政支出可相应地减少财政赤字,从而减少货币发行量,并可减少总需求,对于抑制财政赤字和需求拉动引起的通货膨胀比较奏效。但财政支出的许多项目具有支出刚性,可调节的幅度有限,因此增加税收就成为另一种常用的紧缩性财政政策。提高个人的所得税或增开其他税种可使个人可支配收入减少,降低个人消费水平;而提高企业的所得税和其他税率则可降低企业的投资收益率,抑制投资支出,紧缩性货币政策和财政政策都是从需求方面加强管理,通过控制社会的货币供给总量和总需求,实现抑制通货膨胀的目的。但是,政府在实施上述宏观紧缩政策治理通货膨胀的同时,往往会导致失业率上升,这是因为通货膨胀率和失业率往往存在负相关关系。

新西兰统计学家威廉·菲利普斯于1958年根据英国1867—1957年失业率和货币工资变动率的经验统计资料,提出了一条表示通货膨胀与失业率之间负相关关系的曲线,即菲利普斯曲线。通货膨胀与失业率的相关关系的图8-4所示。

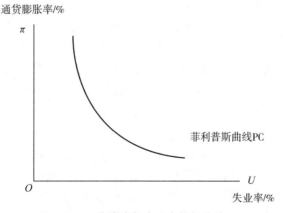

图8-4 通货膨胀与失业率的相关关系

根据该曲线可知,失业率越低,通货膨胀率越高;反之,失业率越高,通货膨胀率就越低。因此，政府在面临通货膨胀和失业两大经济和社会问题时，会遇到两难的困境，即如果要降低失业率就不得不付出高通货膨胀率的代价，而如果要降低通货膨胀率又不免会导致失业率上升。要解决这一难题，政府可运用菲利普斯曲线制定一个适当的宏观紧缩或扩张政策，即首先确定社会可接受或容忍的最大失业率和通货膨胀率，并将其作为临界点。例如，确定4%为失业率和通货膨胀率的临界点。如果失业率和通货膨胀率都低于这一临界点，如图8-5中阴影部分的任何一点（假定为 $B$ 点），则政府不必采取措施进行干预；而当经济处于阴影部分之外（如 $A$ 点或 $C$ 点）时，政府就应采取措施进行干预。例如，当经济处于 $A$ 点时，通货膨胀率超出了临界点，但失业率低于临界点，就应采取宏观紧缩政策；相反，如果经济处于 $C$ 点，则政府应采取扩张性的宏观调控政策。

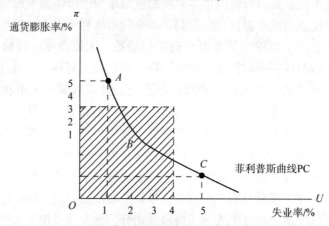

图8-5 根据菲利普斯曲线制定宏观调控政策

在20世纪60年代中期以前，一些国家根据菲利普斯曲线采取需求管理政策，用以治理需求拉动型通货膨胀，取得了较为显著的成效。但是20世纪70年代，西方国家出现了较高的通货膨胀与较高的失业率同时发生的经济状况，即经济中出现了"滞胀"（经济停滞、通货膨胀）现象，此前根据菲利普斯曲线制定的宏观经济调控政策不再奏效，于是一些西方国家又将收入紧缩政策作为治理通货膨胀的重要手段。

### （二）收入紧缩政策

收入紧缩政策主要是根据成本推进论制定的，其理由是：依靠财政信用紧缩的政策虽然能够抑制通货膨胀，但由此带来的经济衰退和大量失业的代价往往过高，尤其是当成本推进引起菲利普斯曲线向右上方移动、工会或企业垄断力量导致市场出现无效状况时，传统的需求管理政策对通货膨胀将无能为力，必须采取强制性的收入紧缩政策。

收入紧缩政策的主要内容是采取强制性或非强制性的手段，限制工资的提高和垄断利润的获取。抑制成本推进的冲击，从而控制一般物价的上升幅度。其具体措施一般包括工资管制和利润管制两个方面。

（1）工资管制。工资管制是指政府以法令或政策形式对社会各部门和企业工资的上涨采取强制性的限制措施。工资管制可阻止工人借助工会力量提出过高的工资要求，从而抑制产品成本和价格的提高。工资管制的办法包括以下几种。①道义规劝和指导。政府根据预计的全社会平均劳动生产率的增长趋势，估算出货币工资增长的最大限度即工资-物价指导线，以此作为一定年份内允许货币工资总额增长的目标数值线来控制各部门的工资增长率。

但政府原则上只能规劝、建议和指导，不能直接干预，因而该办法的效果往往不是很理想。②协商解决。在政府干预下，工会和企业就工资和价格问题达成协议。其效果取决于协议双方是否认可现有工资水平并愿意遵守协议规定。③冻结工资。政府以法令或政策形式强制性地将全社会职工工资总额或增长率固定在一定的水平上。这种措施对经济影响较大，通常只用在通货膨胀严重恶化时期。④开征工资税。对增加工资过多的企业按工资增长超额比率征收特别税款，这一办法可使企业有所依靠，拒绝工会过高的工资要求，从而有可能与工会达成工资协议，降低工资增长率。

（2）利润管制。利润管制是指政府以强制手段对可获得暴利的企业利润率或利润额实行限制措施。通过对企业利润进行管制可限制大企业或垄断性企业任意抬高产品价格，从而抑制通货膨胀。利润管制的办法包括以下两种。①管制利润率。政府对以成本加成方法定价的产品规定一个适当的利润率，或对商业企业规定其经营商品的进销差价。采用这种措施应注意使利润率反映出不同产业的风险差异，并使其建立在企业的合理成本基础上。②对超额利润征收较高的所得税。这种措施可将企业不合理的利润纳入国库，对企业追求超额利润起到限制作用。但如果企业超额利润的获得是通过提高效率或降低成本实现的，则可能会打击企业的积极性。此外，一些国家还制定反托拉斯法，限制垄断高价，并对公用事业和国有企业的产品和劳务实行直接价格管制。

（三）收入指数化政策

收入指数化又称指数联动政策，是指对货币性契约订立物价指数条款，使工资、利息、各种债券收益以及其他货币收入按照物价水平的变动进行调整。这种措施主要有三个作用：一是能借此剥夺政府从通货膨胀中获得的收益，杜绝其制造通货膨胀的动机；二是可以消除物价上涨对个人收入水平的影响，保持社会各阶层的原有生活水平，维持原有的国民收入再分配格局，有利于社会稳定；三是可稳定通货膨胀环境下微观主体的消费行为，避免出现抢购囤积商品、贮物保值等加剧通货膨胀的行为，维持正常的社会经济秩序，防止盲目的资源分配造成的资源浪费和低效配置；四是可割断通货膨胀与实际工资、收入的互动关系，稳定或降低通货膨胀预期，从而抑制通货膨胀率的持续上升。

收入指数化政策对面临世界性通货膨胀的开放经济小国来说尤其具有积极意义，是这类国家对付输入型通货膨胀的有效手段。比利时、芬兰和巴西等国曾广为采用，就连美国也曾在 20 世纪 60 年代初期实施过这种措施。但由于全面实行收入指数化政策在技术上有很大的难度，会增加一些金融机构经营上的困难，而且有可能造成工资与物价的螺旋式上升，反而加剧成本推进型的通货膨胀，因此该政策通常仅被当作一种适应性的反通货膨胀措施，不能从根本上对通货膨胀起到抑制作用。

（四）单一规则政策

货币学派认为，20 世纪 70 年代资本主义国家经济滞胀的主要原因是政府不断采取扩张性的财政政策和货币政策，导致通货膨胀预期提高、总供给曲线左移、菲利普斯曲线右移。因此，对付滞胀的根本措施在于，政府必须首先停止扩张性的总体经济政策，将货币供给的增长速度控制在一个最适当的增长率上，即采取单一规则政策，以避免货币供给的波动对经济的干扰。货币学派强调，在已发生滞胀的情况下，只有严格控制货币供给量，才能使物价稳定，总体经济和社会恢复正常秩序。尽管货币供给量的降低在短期内会引起失业增加、经济衰退加重，但付出这一代价将换来通货膨胀预期的下降和菲利普斯曲线的回落，并最终根除滞胀。

单一规则政策对付通货膨胀确实比较有效，已为20世纪80年代中期以来美国和其他一些发达国家的实践所证明。但是对于一些以经济增长作为首要目标的国家来说，尤其是对那些经济严重衰退、失业率居高不下的国家来说，这一政策有很大的局限性，不顾一切地推行这一政策，会加重经济衰退和失业，甚至会导致社会的动乱。

### （五）增加供给政策

凯恩斯学派和供给学派都认为，总供给减少是导致经济滞胀的主要原因。凯恩斯学派认为，总供给减少的最主要原因是影响供给的一些重要因素发生了变化，如战争、石油或重要原材料短缺、主要农作物歉收、劳动力市场条件变化、产品市场需求结构变化，以及政府财政支出结构、税收结构、转移支付等方面发生了变化。因此，治理经济滞胀必须从增加供给着手。

凯恩斯学派提出的对策主要包括：政府减少失业津贴的支付、改善劳动条件、加强职业培训和职业教育、改进就业信息服务、调整财政支出结构和税收结构等，其目的是降低自然失业率，使总体经济恢复到正常状态。

供给学派则认为，政府税率偏高是总供给减少、菲利普斯曲线左移的主要原因。过高的税率降低了就业者的税后收入和工作意愿，同时也降低了企业的投资意愿，并助长了逃税行为，造成了资源浪费，阻碍了社会生产力的提高和总供给的增长。因此，治理滞胀必须首先降低税率，以此提高劳动者的工作意愿和劳动生产率，增加储蓄和企业投资，提高资金的运用效率，刺激经济增长和降低失业率，从而走出经济滞胀的困境。

## 七、通货紧缩及其理论

通货紧缩是与通货膨胀相对的一个概念，通常意义上是指一般物价水平的持续下跌。在西方经济学教科书中，通货紧缩被定义为一段时期内"价格总水平的下降"或"价格总水平的持续下降"。国际清算银行提出的标准是：一国消费品价格连续两年下降可被视为通货紧缩。

### （一）通货紧缩的分类

对于通货紧缩通常可以按照其持续时间、严重程度、与经济增长状况和形成的原因等进行如下分类。

#### 1. 按持续时间分

按照持续时间，通货紧缩可分为长期性通货紧缩、中长期通货紧缩与短期性通货紧缩。在历史上，一些国家曾经发生历时几十年的长期性通货紧缩（尽管其中包含个别年份价格水平的上升）。英、美两国1814—1849年长达35年的通货紧缩，美国1866—1896年长达30年的通货紧缩，英国1873—1896年长达23年的通货紧缩等，都属于长期性通货紧缩。一般认为，10年以上的通货紧缩为长期性通货紧缩，5～10年为中长期通货紧缩，5年以下为短期性通货紧缩。

## 2. 按严重程度分

按照严重程度，通货紧缩可分为轻度通货紧缩、中度通货紧缩和严重通货紧缩。如果通货膨胀率持续下降并转为物价指数负增长的时间不超过两年即出现转机，可视为轻度通货紧缩；如果通货紧缩超过两年仍未见好转，但物价指数降幅在两位数以内，则可视为中度通货紧缩；如果通货紧缩超过两年并继续发展，且物价指数降幅超过两位数，或者伴随着比较严重的经济衰退，则应视为严重的通货紧缩，例如，美国在第一次世界大战后经济衰退时期的物价下降幅度在15%以上，在20世纪30年代的大萧条时期物价降幅更是在30%以上。

## 3. 按与经济增长状况分

按照与经济增长状况，通货紧缩可分为增长型通货紧缩与衰退型通货紧缩。如果与通货紧缩相伴随的是经济的持续增长，如英国1814—1849年、1873—1896年的通货紧缩，以及美国1814—1849年、1866—1896年的通货紧缩，则属于增长型通货紧缩；如果与通货紧缩伴随的是经济的衰退，如美国1929—1933年的通货紧缩，则属于衰退型通货紧缩。

## 4. 按成因分类

按照成因进行分类，通货紧缩的可分为需求不足型、供给过剩型、政策紧缩型、产业周期型、体制转轨型、外部冲击型和混合型。消费、投资等方面造成的总需求不足，由此引发物价水平持续下跌，可称为需求不足型通货紧缩。产能过剩、技术创新或劳动生产率提高等导致的供给过剩，由此出现物价水平持续下跌，可称为供给过剩型通货紧缩。政策紧缩型、产业周期型、体制转轨型、外部冲击型和混合型的通货紧缩，分别是由于政策紧缩、产业周期性变化、体制转轨、外部冲击等导致总需求不足或总供给过剩，由此引发物价持续下跌的通货紧缩。

### （二）通货紧缩的理论

#### 1. 马克思的经济周期论

有关通货紧缩的最早探讨，可追溯到马克思在《资本论》及其手稿中的论述。马克思在分析流通中货币的膨胀和收缩问题时指出，通货的膨胀和收缩可能由产业周期引起，可能由投入流通中的商品数量、价格变动引起，也可能由货币流通速度的变化引起，还可能由技术因素产生。马克思关于通货膨胀和紧缩的论述主要是建立在货币流通规律，尤其是作为价值符号的纸币流通条件下的货币流通规律的基础上。

#### 2. 凯恩斯的"有效需求不足"论

英国经济学家凯恩斯于1923年在《币值变动的社会后果》一文中联系1914—1923年间英国物价水平的变化与货币政策讨论了通货紧缩问题，并指出从1920年起，重新恢复对其金融局势的控制的那些国家，并不满足于仅仅消灭通货膨胀，因而过分缩减了其货币供给，于是又尝到了通货紧缩的苦果。凯恩斯的代表作《就业、利息和货币通论》不仅是关于通货膨胀的经典文献，也是治理通货紧缩的经典之作。他针对20世纪30年代大危机中存在的大量非自愿性失业和严重通货紧缩提出的"有效需求不足"的论断，抓住了当时资本主义国家经济严重失衡和发生通货紧缩的症结所在。

#### 3. 费雪的"债务-通货紧缩"理论

在美国，经济学家欧文·费雪也于1933年根据对20世纪30年代世界经济危机状况的研究提出了"债务-通货紧缩"理论。他认为：在经济处于繁荣阶段时，企业家追求利润最大化的动机会导致"过度负债";经济繁荣末期,利率上升,债务成本上升,同时资产价格处于泡沫状态,随时面临崩盘风险;由于利率高企和泡沫破裂,企业往往会为了清偿负债被迫降价倾销商品,结果导致物价水平下跌即通货紧缩,进而陷入"债务人被迫清偿债务—资产价格下跌—商品价格下跌—未偿还债务更高"的恶性循环,乃至发生经济危机。费雪这种"债务-通货紧缩"理论实际上将通货紧缩过程看作商业信用被破坏的过程和经济危机的过程,并认为在这一过程中,起关键作用的是货币当局的收缩政策与收缩行为,而促使货币当局奉行收缩政策和发生收缩行为的原因在于预期资本的边际效率下降。

4. 货币学派的货币政策失误论

弗里德曼认为,大萧条的原因在于货币量的外生性变动,即货币的急剧减少。大萧条时期,美国发生了四次银行危机,银行为此一方面惜贷,另一方面不断提高准备金率,而公众则不断提高现金比重,结果导致货币乘数下降,信贷萎缩,货币供应量不断下降,因而进一步导致社会购买力不足和物价下跌(通货紧缩),结果进一步恶化经济危机和恶性循环。弗里德曼认为,美联储当时正确的应对措施是:及时采取扩张货币等政策,救助问题银行,刺激信贷,以抵消货币供给量的下降。

### (三)通货紧缩的危害

从某种意义上说,通货紧缩相对于通货膨胀,更不利于经济发展。通货紧缩对企业和生产极为不利:一方面,当物价水平持续下跌时,个人和企业均趋向增加储蓄,需求下降,导致企业经营困难;另一方面,企业经营困难不仅导致贷款需求上升,名义利率飙升,而且物价下跌导致实际利率也大幅上升,企业债务不断加重。因此,通货紧缩往往对经济产生极大的破坏作用,严重时甚至引发全面的经济危机。具体来说,通货紧缩对社会经济的危害有如下几个方面。

1. 通货紧缩会引发经济衰退

在通货紧缩条件下,由于物价下跌,货币的购买力相对上升,即货币更加"值钱"了。在这种情况下,消费者会增加储蓄而减少支出,而企业由于需求下降,也会缩减投资,特别是由于物价下跌,实际利率上升,这更加抑制了生产投资的积极性。整个经济社会的消费和投资需求出现萎缩,并会引发新一轮的物价下跌。由此,经济陷入"物价下跌—消费减少—企业经营困难—减少投资—物价进一步下跌"的恶性循环。结果经济发展失去了活力,经济增长大幅度放缓,甚至出现经济停滞或负增长,严重时可能会导致全面的经济危机。

2. 通货紧缩会加重失业问题

通货紧缩会导致需求萎缩、投资环境恶化、价格下跌、利润减少等不利于企业生产的状况,企业减员降薪就成为一种必然选择,失业问题随之而来。而且由于经济低迷,失业者再就业难度加大。同时,由于减员降薪和失业问题,消费者收入水平显著下降,这又会抑制消费需求,从而使经济陷入难以摆脱的困境。失业问题严重,还会对社会稳定构成潜在威胁。

3. 通货紧缩会引发国际收支恶化

从表面上看,通货紧缩条件下的价格下跌、需求下降会更有利于出口而不利于进口,但是在经济全球化背景下,各国为了应对通货紧缩刺激出口而可能引发竞争性货币贬值和国际贸易恶性竞争,结果一方面由于货币贬值导致资本外流,另一方面由于国际贸易恶性竞争并不利于出口,反而会引起全球性的通货紧缩,结果可能造成国际收支逆差扩大、资本外流、国家外汇储备减少等国际收支恶化的局面。

4. 通货紧缩会引发金融风险

通货紧缩导致实际利率水平上升,不利于债务人,而企业群体作为经济社会的最大债务人,除了面对不断恶化的经营环境,还要承担更重的债务负担。结果,不少企业无法及时偿还贷款,商业银行的不良资产上升。严重时会导致存款人担心银行破产甚至金融恐慌而出现挤兑,使金融系统濒临崩溃。另外,当商业银行预期通货紧缩情况下企业生产经营困难,可能导致银行不良资产上升时,商业银行一方面会加大收回贷款的力度,同时也会出现"惜贷"行为,即出于风险的考虑而减少贷款。信贷规模增速下滑,整个社会的信用创造和货币供应量增速下降,因而会进一步导致社会购买力不足和物价下跌,结果又陷入"通货紧缩—不良资产上升—惜贷—进一步通货紧缩"的恶性循环,严重时会引发银行危机甚至金融危机。

### (四)通货紧缩的治理

究其本质,通货紧缩不仅是一种货币现象,更是一种总供求出现失衡的实体经济现象,它通常与经济衰退相伴相随,表现为总需求不足、供给相对过剩,由此造成银行信用紧缩,货币供应量增长速度下降,信贷增长乏力,消费投资需求减少,企业普遍开工不足,非自愿失业增加,收入增长放缓,各类市场低迷。因此,治理通货紧缩的对策,一方面要从货币入手,加大信贷投放货币,另一方面从根本上来说,需要分别从需求和供给两方面对实体经济进行治理。

1. 实施宽松的货币政策

货币是经济增长的第一推动力和持续动力,为了缓解通货紧缩下企业资金紧张的状况,应该实施宽松的货币政策,包括加大基础货币投放、扩大信贷、降低存贷款利率和法定存款准备金率。

2. 采取积极的财政政策

经济理论和过去的历史经验显示,在通货紧缩和经济低迷面前,积极的财政政策比货币政策刺激经济的作用更直接、更有效。积极的财政政策有利于减小经济周期的振幅,增强社会收入的稳定性,为投资和消费带来一定的稳定性,增强经济增长的信心和预期,从而有利于缓解有效需求不足的通货紧缩。积极的财政政策的两大法宝是扩大支出和减税。扩大支出政策主要是在基础设施投资、政府采购、社会保障和转移支付等方面加大支出。减税主要是改革增值税等为企业流通交易环节减税,也要改革企业所得税,增强企业盈利能力。另外,作为经济增长动力的消费更多的是由城市中等收入的居民推动的。因此,为了扩大城市居民的收入和消费能力,需要进一步提高个人所得税起征点。

3. 需要对问题银行进行救助,防止出现银行危机

银行是解决通货紧缩的一个核心。通货紧缩会引发银行危机,银行危机导致的信贷萎缩、信用创造萎缩和货币供应量下降,会导致更为严重的通货紧缩。因此,防止出现银行危机,对问题银行进行救助,成为解决通货紧缩的一个重要突破口。

4. 调整外贸政策

调整外贸政策,包括允许货币适度贬值等,扩大出口。为了缓解出口企业的困难,改善出口企业的经营环境,除了提高出口退税率外,还需要允许货币适度贬值。

#### 5. 对暴跌后的股市进行救市

对暴跌后的股市进行救市，改善投资者预期，从而有利于投资和消费。股市是国民经济的晴雨表，股市表现直接影响投资和消费乃至整个国民经济。由于股票市场存在过度反应和非理性行为，在通货紧缩和经济低迷的打击下，投资者容易出现恐慌情绪和"羊群效应"，股市的自我纠错机制难以发挥作用，此时必须借助政府的积极干预，恢复股市的再融资功能，以利于扩大投资支出，稳定股市预期，从而稳定投资的财富预期，稳定消费需求。

#### 6. 控制供给总量，淘汰落后产能，消化过剩产能

除了社会总需求不足外，供给相对过剩也是价格水平持续下跌、通货紧缩的重要原因，尤其是工业领域的产能过剩，是通货紧缩的主要原因。马克思曾指出，无限扩张的生产能力和广大居民有限的需求之间的矛盾是资本主义经济存在的基本矛盾，这一矛盾必然导致周期性的生产过剩危机，是市场经济固有的、不可调和的矛盾。对于这种周期性的产能过剩，需要政府"有形之手"加以干预，采取适当的财政政策、产业政策、投资政策、区域政策等手段淘汰落后产能和过剩产能，对产能过剩严重的行业，从严审批各类新上项目，新上项目必须淘汰相应的落后产能，实行产能等量置换。

#### 7. 改善供给结构，培育和发展新兴产业，有效推进产业结构调整升级

治理供给相对过剩的通货紧缩，除了要淘汰落后产能、消化过剩产能外，还需要培育新兴战略产业，改善供给结构，有效推进产业结构调整和升级。在淘汰落后产能、消化过剩产能过程中，会出现一批企业减产、关停等，会导致失业率上升，不利于经济的持续发展。因此，在淘汰落后产能、消化过剩产能的过程中，需要培育新兴战略产业，有效改善供给结构，保持经济的可持续发展。一是培育新兴战略产业，尤其是高新技术产业，促进技术进步，提高劳动生产率，促进集约式经济增长；二是促进现代服务业的发展，既改善供给结构，也有利于快速扩大就业；三是鼓励创业，增强社会经济活力，同时也可以缓解失业压力。

 阅读材料 8-2　通货紧缩困扰下的日本

【思考】

请谈谈你对通货膨胀的理解？请分析通货膨胀的形成原因。请谈谈怎样治理通货膨胀？

**动动笔**

_____

_____

_____

## 第三节 货币政策

货币政策和财政政策的协调配合是一国经济稳健发展的关键和重要保证。金融学侧重于从货币政策角度,具体从货币政策的目标、工具、传导机制以及有效性等方面加以剖析,这也是一国中央银行宏观调控的核心所在。一国经济的宏观调控、金融宏观调整、货币政策调控三者虽各自的范围和侧重点有异,但其总目标都是对现实货币供求矛盾进行有效的调控,以实现一国总体经济的均衡、持续和科学发展。

### 一、货币政策的含义及其构成要素

货币政策是指中央银行在一定时期内利用某些政策工具作用于某个经济变量,从而实现某种特定经济目标的各种制度规定和措施的总和。它在国家宏观经济政策中居于十分重要的地位。

货币政策有三大构成要素:货币政策工具;货币政策中介目标;货币政策最终目标。三者之间的关系是:货币政策工具作用于货币政策中介目标,通过货币政策中介目标去实现货币政策最终目标。

由于货币政策中介目标的确定在很大程度上取决于货币政策最终目标,货币政策工具的取舍在很大程度上依存于货币政策中介目标,因而货币政策的三要素之间存在一种逆向制约关系。

### 二、货币政策最终目标

#### (一)货币政策最终目标的内容

货币政策最终目标也称货币政策目标,它是中央银行通过货币政策的操作而达到的最终宏观经济目标。货币政策目标的具体内容因国家不同而有所区别,但基本上不外乎下列四种类型。①单一目标型,即货币政策目标只有一个。②双重目标型,如我国长期奉行的货币政策目标是稳定币值和发展经济。③三重目标型,如日本的货币政策目录是实现国内物价的稳定、国际收支的平衡、与资本设备相适应的总需求水平。④四重目标型,如美国的货币政策目标是强调国民经济的稳定和增长、就业水平的提高、美元购买力的稳定、对外贸易收支合理平衡,也就是人们通常所说的经济增长、充分就业、稳定货币和国际收支平衡。

#### (二)货币政策目标的内涵

1. 稳定币值

从字面上理解,稳定币值就是指稳定货币的价值,在纸币流通条件下,也就是稳定货币的购买力。货币购买力是用单位货币所能购买到的商品(或劳务)的数量来衡量的,稳定货币购买力即指单位商品所能换到的货币数量保持不变。因为单位商品所能换得的货币数量就是物价,所以,稳定币值也就等于稳定物价。这也就是人们之所以用物价的变化动态来表示币值的稳定程度与升降幅度的原因所在。不过,有两点需要注意,一是物价稳定只能是相对稳定,并非是通货膨胀率越低越好,因为通货紧缩同样会对经济发展产生不良影响;二是币值稳定也只能是相对稳定，包含一定程度的物价变动，这个变动的上下限究竟是多少，则因时、因地、因人不同而观点不一。

2. 经济增长

货币政策目标所追求的经济增长是指经济发展速度加快、结构优化与效率提高三者的统一。经济增长的速度通常用国民生产总值（GNP）或国内生产总值（GDP）的增长率表示。目前，我国主要采用 GDP 增长率表示经济增长。

中国从近 30 多年的经济高速增长中领悟到，既要重视 GDP 的规模和增长率，也应关注它的质量和可持续性问题。这是因为一国的经济增长既是提高人民生活水平的物质保障，也是提高其经济实力和国际市场竞争力的重要基础和维护国家安全的必要条件。

3. 充分就业

严格意义上的充分就业，不仅包括劳动力的充分就业，还包括其他生产要素的"充分就业"（即充分利用）。但人们通常所说的充分就业仅指劳动力而言，指任何愿意工作并有能力工作的人都可以找到一个有报酬的工作。失业率是衡量就业是否充分的指标。失业率是指失业人数（愿意就业而未能找到工作的人数）与愿意就业的劳动力的百分比。失业率表示与充分就业的差距。失业率愈高，距离充分就业就愈远；反之，就愈接近。同时，劳动力的就业状况还与土地、资本等其他生产要素的利用状况保持着基本一致的关系，即劳动力愈是接近充分就业，其他生产要素的利用程度就愈高；反之，则愈低。

对于充分就业来说，似乎最理想的情况是失业率为零，但这既不是追求的目的，也是不可能的，因为由季节性、技术性、经济结构等原因造成的摩擦性失业和由有些劳动者不愿意接受现行货币工资和工作条件而引起的自愿性失业往往是客观存在的。失业率究竟多低才合适呢？一般认为充分就业就是要把失业率降低到自然失业率水平。

4. 国际收支平衡

国际收支平衡是保证国民经济持续稳定增长和国家安全稳定的重要条件。巨额的国际收支逆差导致外汇供给不足，引起本国货币的汇率大幅下跌，资本大量外流。国家为了维护汇率稳定而被迫出售外汇储备，导致外汇储备急剧下降，而外汇储备的不足会进一步动摇国外投资者对本国的信心，进一步引发本币的大幅贬值，并导致严重的货币金融危机。而长期、巨额的国际收支顺差，往往使大量外汇储备闲置。为应对本国货币可能出现的升值，官方当局不得不购买大量外汇而增加本国货币的投放量，这可能导致国内出现通货膨胀或加剧其程度。一般来说，国际收支逆差的危害比顺差更大。

（三）货币政策目标相互之间的矛盾与统一

1. 稳定币值与充分就业的矛盾与统一

就统一性看，币值稳定了，就可以为劳动者的充分就业与其他生产要素的充分利用提供一个良好的货币环境，充分就业同时又可能为币值的稳定提供物质基础。但是，稳定币值与充分就业之间更多地表现出矛盾性，即当币值比较稳定，通货膨胀率比较低时，失业率往往很高；而要降低失业率，就得以牺牲一定程度的币值稳定为代价。著名的菲利普斯曲线说明两者难以兼顾。

2. 稳定币值与经济增长的矛盾与统一

一般而论，这两个目标是可以相辅相成的。币值稳定，可以为经济发展提供一个良好的金融环境和稳定的货币尺度;经济增长了,币值稳定也就有了雄厚的物质基础。因此,我们可以通过稳定币值来发展经济,也可以通过发展经济来稳定币值。但是,世界各国的经济发展史表明,在经济发展较快时,总是伴随着物价较大幅度的上涨,而过分强调币值的稳定,经济的增长与发展又会受阻。因此,在很多情况下,一国政府和货币管理当局只能在可接受的通货膨胀率内发展经济,在满足经济最低增长需要的前提下稳定币值。

3. 稳定币值与平衡国际收支的矛盾与统一

稳定币值主要是指稳定货币的对内价值,平衡国际收支则主要是为了稳定货币的对外价值。如果国内物价不稳,国际收支便很难平衡。国内商品价格高于国外价格,可能会引起进口增加、出口下降,从而出现贸易赤字。但当国内物价稳定时,国际收支却并非一定能平衡,因为国际收支能否平衡还要取决于国内的经济发展战略、资源结构、生产结构与消费结构的对称状况,以及国家的外贸政策、关税协定、利用外资策略等,同时还受相关国家政策与经济形势等诸多因素的影响。

4. 充分就业与经济增长的矛盾与统一

通常,就业人数越多,经济增长速度就越快;而经济增长速度越快,为劳动者提供的就业机会也就越多。但如果就业增加带来的经济增长伴随着社会平均劳动生产率的下降,那就意味着经济增长是以低效率为前提的,它不仅意味着浪费更多的资源,还会妨碍后续的经济增长,因而是不可取的。只有就业增加所带来的经济增长伴随着社会平均劳动生产率的提高,才是我们所期望的。

5. 充分就业与国际收支平衡的矛盾与统一

如果充分就业能够推动经济快速增长,那么,一方面国内产出的增加可以增加对国内市场的商品供给,实现进口替代,从而减少进口,另一方面还可扩大商品的出口,这有利于改善国际收支。但为了追求充分就业目标,就需要更多的资金和生产资料,当国内供给满足不了需求时,就需要引进外资、进口设备与原材料等,这又可能导致国际收支状况的恶化,对平衡国际收支构成挑战。

6. 经济增长与国际收支平衡的矛盾与统一

当经济增长较快时,国家经济实力也相应增长,这会在扩大出口的同时减少进口,有利于国际收支的改善。但经济的较快增长又总是对各种生产要素产生较大的需求,这往往会增加进口,从而引起国际收支逆差的出现。当逆差很大时,国家就得限制进口,压缩国内投资,这又会妨碍国内的经济增长,甚至引起经济衰退。

## 三、货币政策中介目标

### (一) 货币政策中介目标的含义及其标准

货币政策中介目标是指中央银行为实现特定的货币政策目标而选取的操作对象。通常,合适的货币政策中介目标应该具有如下四个特征。①可测性,即中央银行能够迅速和准确地获得它所选定的中介目标的各种资料,并且易理解、判断与预测。②可控性,即中央银行应该能够有效地控制。③相关性,即中介目标应与货币政策目标之间具有高度的相关关系。④抗干扰性,即作为操作指标和中介目标的金融指标应能较正确地反映政策效果,并且较少受外来因素的干扰。

目前，中央银行实际操作的和理论界所推崇的中介目标主要有利率、货币供给量、银行信用规模、基础货币、超额准备金、股票价值等。但由于中央银行本身不能左右股票价值，超额准备金和基础货币又都属于货币供给量的范畴，而控制了货币供给量，也就基本上控制了银行信用规模，且随着利率市场化的进展，调整后的利率作为中介目标在国内外也有所考虑。由此，货币政策中介目标实质上只有两个，即利率和货币供给量。

由于金融市场上的利率种类多种多样，有时还经常变化，所以，对于中央银行来说，利率的可测性不如货币供给量。同时，对于再贷款利率，中央银行只能施加某种影响，而不能强行干预，只有货币供给量是中央银行直接操纵的。所以，从可控性上看，货币供给量对经济变量的作用比利率更为直接。

由于货币供给量有层次的划分，由此把货币供给量作为货币政策中介目标还有一个以哪一层次的货币供给量作为控制重点的问题。一般而言，在金融市场发育程度低、可用的信用工具少的情况下，现金应作为中央银行控制的重点，中华人民共和国成立至20世纪90年代以前就是如此。而在发达的金融市场条件下，由于$M_2$与国民收入的联系比$M_1$更为紧密，且$M_2$比$M_1$更便于中央银行控制，所以这些国家逐步将货币控制的重点从$M_1$转向$M_2$。随着市场化进程和金融业的逐步发展，中国在20世纪90年代初期和中期以$M_1$作为货币控制的重点，此后特别是中国中央银行建立后开始逐步将控制重点转向$M_2$。目前我国的现金使用还占一定的比重，又难以控制，故仍有必要将其列为控制指标。

（二）货币供给量作为货币政策中介目标的优缺点

货币供给量作为货币政策中介目标，有明显的优点。①货币供给量的变动能直接影响经济活动，即货币供给量与经济的运动方向是一致的，经济繁荣时会增加，经济萧条时会自动收缩。②中央银行对货币供给量的控制力较强，即经济繁荣时，中央银行为防止通货膨胀而压缩货币供给量；经济萧条时，中央银行会扩大货币供给以复苏经济。③与货币政策意图联系紧密，货币供给量增加，意味着货币政策扩张；货币供给量减少，意味着货币政策紧缩。④较为明确地区分政策性效果和非政策性效果。

当然，以货币供给量为货币政策中介目标也并不是十全十美的，其不足之处是：①中央银行对货币供给量的控制能力不是绝对的，影响货币供给量的诸因素中，还有公众和商业银行的行为；②中央银行通过运用货币政策工具实行对货币供给量的控制，存在一定的时滞。

（三）中国货币政策中介目标的调整

自1998年取消信贷规模控制后，中国货币当局一直把中介目标锁定在单一货币供给量指标之上，而忽略对以股票为代表的金融资产价格，其理由有以下几个。①股票价格大多不被央行宏观调控的直接对象所持有。央行宏观调控不能左右股票价格，股票价格变动也不能直观地测度央行宏观调控的效果。②当时中国居民参与股票市场的人数较少，通过股票价格的变动不足以测度货币政策效果。但随着改革开放的深入，上述情况正发生较大的变化。

①股票持有者正呈现出向机构集中的趋势。如2000年之前，中国股票市场的股票70%以上为散户所持有。而现在，在大部分为机构所持有的情况下，央行宏观调控可以影响其价格的变动，其价格变动也能测度中央银行宏观调控的效果。

②参与股票市场的群众基础较为雄厚。2014年底中国A股和B股的股票账户总数超过

1.8亿户，其中有效账户超过1.4亿户。同时，随着开放式基金的推出，特别是随着商业银行设立股票投资基金政策的落实，间接参与股票市场的人数更会迅速增长。

③随着中国股市的完善和发展，股票价格已初步具备了作为货币政策中介目标的基本条件。一是它具有可测性。股票价格有明确的内涵，有及时、完整的数据资料，能够被人们分析、理解和判断。二是它具有相关性。一方面，它作为测度货币政策最终目标能否实现的指标，不仅可以反映整个国民经济的运行状况，而且可以反映企业的经营状况；另一方面，它不仅可以反映宏观经济等基本面的信息，也可以反映投资者对经济前景的预期。基于此，货币政策的制定和实施有必要兼带考虑资本市场，尤其是股票市场的因素。

其实，主张将股票价格作为货币政策中介目标制定的重要依据早已被西方学者所重视。如美国经济学家欧文·费雪在其《货币的购买力》一书中，就主张政策制定者不仅要致力于生产、消费、服务价格的稳定，而且要致力于股票价格的稳定。因此，从发展趋势看，有必要将中国央行的货币政策中介目标由单一的货币供给量指标转向货币供给量与金融资产价格（股票价格）并重。

### 四、货币政策工具

货币政策工具是中央银行为实现货币政策目标而使用的各种策略手段。货币政策工具可分为一般性货币政策工具、选择性货币政策工具和其他补充性货币政策工具三类。

**（一）一般性货币政策工具**

一般性货币政策工具亦称为"三大法宝"，是指对货币供给总量或信用总量进行调节，且经常使用，具有传统性质的货币政策工具。

1. 法定存款准备金政策

（1）法定存款准备金的政策内容。存款准备金是银行及某些金融机构为应付客户提取存款和资金清算而准备的货币资金。准备金占存款或负债总额的比例就是存款准备金率。存款准备金分为法定存款准备金和超额存款准备金两部分。法定存款准备金是金融机构按中央银行规定的比例上交的部分；超额存款准备金指存款准备金总额减去法定存款准备金的剩余部分。法定存款准备金政策是指由中央银行强制要求商业银行等存款货币机构按规定的比率上缴存款准备金，中央银行通过提高或降低法定存款比率达到收缩或扩张信用的目标，实行存款准备金制度的本意是银行所吸收的存款不能都贷放出去，而要留下一部分以应对存款人随时支取。在现代银行，实行法定比率的准备金制度，其主要目的已经不是应付支取和防范挤兑，而是作为控制银行体系总体信用创造能力和调整货币供给量的工具。最早实行存款准备金制度的是美国，其在20世纪初就颁布法律，规定了商业银行向中央银行缴纳准备金的制度。目前，这一制度被世界各国广泛推行。中国实施这一制度始于1984年中国人民银行专门行使中央银行职能之后。

（2）法定存款准备金政策的效果和局限性。法定存款准备金政策的效果表现在：它对所有存款银行都会产生影响，对货币供给量具有极强的影响力，通常称它是一服"烈药"。因为它力度大、反应快，所以也存在明显的局限性。①对经济的震动大，不宜轻易采用作为中央银行日常调控的工具。②存款准备金对各类银行和不同种类存款的影响不一致，如提高法定存款准备金，可能使超额存款准备金率低的银行立即陷入流动性困境，从而迫使中央银行通过公开市场业务或贴现窗口向其提供流动性支持。

(3) 我国法定存款准备金制度的完善。

①按经济发展需要及时调整存款准备金率。如1985年为克服法定存款准备金率过高带来的不利影响，央行将其统一调整为10%；1987年，为紧缩银根，抑制通货膨胀，从10%上调为12%；1988年，为紧缩银根，抑制通货膨胀，进一步上调为13%；1998年3月21日，为应对通货紧缩，将法定存款准备率从13%下调到8%；1999年11月21日，进一步下调到6%；2003年9月21日，针对经济过热的苗头，将法定存款准备率由6%调高至7%；2004年4月25日，将资本充足率低于一定水平的金融机构存款准备金率提高到7.5%；从2007年1月至2008年6月，为应对通货膨胀，中央银行在一年半的时间里连续15次调高存款准备金率，至17.5%，连创1985年以来的历史最高水平。中国法定存款准备金率的调整（1984—2015年）如表8-2所示。

表8-2 中国法定存款准备金率的调整（1984—2015年）

| 次数 | 时间 | 调整前 | 调整后 | 调整幅度 |
| --- | --- | --- | --- | --- |
| 1 | 1984年 | 央行按存款种类规定法定存款准备金率，企业存款准备金率为20%，农村存款准备金率为25% | — | — |
| 2 | 1985年 | 央行将法定存款准备金率统一调整为10% | — | — |
| 3 | 1987年 | 10% | 12% | 2% |
| 4 | 1988年9月 | 12% | 13% | 1% |
| 5 | 1998年3月21日 | 13% | 8% | -5% |
| 6 | 1999年11月21日 | 8% | 6% | -2% |
| 7 | 2003年9月21日 | 6% | 7% | 1% |
| 8 | 2004年4月25日 | 7% | 7.50% | 0.5% |
| 9 | 2006年7月5日 | 7.50% | 8% | 0.5% |
| 10 | 2006年8月15日 | 8% | 8.50% | 0.5% |
| 11 | 2006年11月15日 | 8.50% | 9% | 0.5% |
| 12 | 2007年1月15日 | 9% | 9.50% | 0.5% |
| 13 | 2007年2月25日 | 9.50% | 10% | 0.5% |
| 14 | 2007年4月16日 | 10% | 10.50% | 0.5% |
| 15 | 2007年5月15日 | 10.50% | 11% | 0.5% |
| 16 | 2007年6月5日 | 11% | 11.50% | 0.5% |
| 17 | 2007年8月15日 | 11.50% | 12% | 0.5% |
| 18 | 2007年9月25日 | 12% | 12.50% | 0.5% |

续表

| 次数 | 时间 | 调整前 | 调整后 | 调整幅度 |
|---|---|---|---|---|
| 19 | 2007年10月25日 | 12.50% | 13% | 0.5% |
| 20 | 2007年11月26日 | 13% | 13.50% | 0.5% |
| 21 | 2007年12月25日 | 13.50% | 14.50% | 1% |
| 22 | 2008年1月25日 | 14.50% | 15% | 0.5% |
| 23 | 2008年3月18日 | 15% | 15.50% | 0.5% |
| 24 | 2008年4月25日 | 15.50% | 16% | 0.5% |
| 25 | 2008年5月20日 | 16% | 16.50% | 0.5% |
| 26 | 2008年6月7日 | 16.50% | 17.50% | 1% |
| 27 | 2008年9月25日 | （大型金融机构）17.50% | 不调整 | — |
|  |  | （中小金融机构）17.50% | 16.50% | −1% |
| 28 | 2008年10月15日 | （大型金融机构）17.50% | 17.00% | −0.5% |
|  |  | （中小金融机构）16.50% | 16.00% | −0.5% |
| 29 | 2008年12月5日 | （大型金融机构）17.00% | 16.00% | −1% |
|  |  | （中小金融机构）16.00% | 14.00% | −2% |
| 30 | 2008年12月25日 | （大型金融机构）16.00% | 15.50% | −0.5% |
|  |  | （中小金融机构）14.00% | 13.50% | −0.5% |
| 31 | 2010年1月18日 | （大型金融机构）15.50% | 16.00% | 0.5% |
|  |  | （中小金融机构）13.50% | 不调整 | — |
| 32 | 2010年2月25日 | （大型金融机构）16.00% | 16.50% | 0.5% |
|  |  | （中小金融机构）13.50% | 不调整 | — |
| 33 | 2010年5月10日 | （大型金融机构）16.50% | 17.00% | 0.5% |
|  |  | （中小金融机构）13.50% | 不调整 | — |
| 34 | 2010年11月16日 | （大型金融机构）17.00% | 17.50% | 0.5% |
|  |  | （中小金融机构）13.50% | 14.00% | 0.5% |
| 35 | 2010年11月29日 | （大型金融机构）17.50% | 18.00% | 0.5% |
|  |  | （中小金融机构）14.00% | 14.50% | 0.5% |
| 36 | 2010年12月20日 | （大型金融机构）18.00% | 18.50% | 0.5% |
|  |  | （中小金融机构）14.50% | 15.00% | 0.5% |
| 37 | 2011年1月20日 | （大型金融机构）18.50% | 19.00% | 0.5% |
|  |  | （中小金融机构）15.00% | 15.50% | 0.5% |
| 38 | 2011年2月24日 | （大型金融机构）19.00% | 19.50% | 0.5% |
|  |  | （中小金融机构）15.50% | 16.00% | 0.5% |

续表

| 次数 | 时间 | 调整前 | 调整后 | 调整幅度 |
|---|---|---|---|---|
| 39 | 2011年3月25日 | （大型金融机构）19.50% | 20.00% | 0.5% |
|  |  | （中小金融机构）16.00% | 16.50% | 0.5% |
| 40 | 2011年4月21日 | （大型金融机构）20.00% | 20.50% | 0.5% |
|  |  | （中小金融机构）16.50% | 17.00% | 0.5% |
| 41 | 2011年5月18日 | （大型金融机构）20.50% | 21.00% | 0.5% |
|  |  | （中小金融机构）17.00% | 17.50% | 0.5% |
| 42 | 2011年6月20日 | （大型金融机构）21.00% | 21.50% | 0.5% |
|  |  | （中小金融机构）17.50% | 18.00% | 0.5% |
| 43 | 2011年12月5日 | （大型金融机构）21.50% | 21.00% | -0.5% |
|  |  | （中小金融机构）18.00% | 17.50% | -0.5% |
| 44 | 2012年2月24日 | （大型金融机构）21.00% | 20.50% | -0.5% |
|  |  | （中小金融机构）17.50% | 17.00% | -0.5% |
| 45 | 2012年5月18日 | （大型金融机构）20.50% | 20.00% | -0.5% |
|  |  | （中小金融机构）17.00% | 16.50% | -0.5% |
| 46 | 2014年4月25日 | 下调县域农村商业银行人民币存款准备金率2个百分点，下调县域农村合作银行人民币存款准备金率0.5个百分点 | | |
| 47 | 2014年6月16日 | 对符合审慎经营要求且"三农"和小微企业贷款达到一定比例的商业银行下调人民币存款准备金率0.5个百分点 | | |
| 48 | 2015年2月5日 | （大型金融机构）20.00% | 19.50% | -0.5% |
|  |  | （中小金融机构）16.50% | 16.00% | -0.5% |
| 49 | 2015年4月20日 | （大型金融机构）19.50% | 18.50% | -1.0% |
|  |  | （中小金融机构）16.00% | 15.00% | -1.0% |
| 50 | 2015年6月28日 | 对"三农"贷款占比达到定向降准标准的城市商业银行、非县域农村商业银行降低存款准备金率0.5个百分点；对"三农"或小微企业贷款达到定向降准标准的国有大型商业银行、股份制商业银行、外资银行降低存款准备金率0.5个百分点；降低财务公司存款准备金率3个百分点，进一步鼓励其发挥好提高企业资金运用效率的作用 | | |

资料来源：中国人民银行网站

2008年9月，鉴于国际金融危机对我国经济负面影响日益凸显，中央银行转而采取了放宽货币、降低利率和存款准备金率的政策。截至2009年1月，我国法定存款准备金率已降低至14%～16%的水平。降低法定存款准备金率的现实意义在于：一是造成资金适度宽松的局面，有力支持经济的适度增长；二是体现央行对商业银行和其他金融机构自我约束及控制水平的要求更高；三是降低了金融机构的资金运营成本，有利于金融机构自身的经营发展。

## 第八章 金融宏观调控与货币政策

②增加调整法定存款准备金率的频率。1998年以前，中国法定存款准备金率往往是一旦确定就多年不变。如1984—1997年的十几年时间里，我国法定存款准备金率只作过3次调整；1998—2004年的6年时间里，我国法定存款准备金率只调整了4次。而2007—2008年两年间就调整18次之多，且这种情况已延续至今。

③实行差别存款准备金制度。2004年4月25日之前，我国实行的是统一存款准备金制度，即所有存款金融机构按统一的比率缴存法定存款准备金。但自2004年4月25日起我国开始实行差别存款准备金率制度，即根据存款金融机构资本充足率、金融机构不良贷款比率、金融机构内控机制状况、发生重大违规及风险情况、支付能力明显恶化及发生可能危害支付系统安全的风险情况等因素确定不同的存款准备率。如2015年4月20日，中国的大型金融机构的法定存款准备金率为18.50%，而其他中小型金融机构为15.00%。实行差别存款准备金率制度可以制约资本充足率不足且资产质量不高的金融机构的贷款扩张。

④改革存款准备金考核制度。2015年9月15日起，中国存款准备金考核制度由现行的时点法改为平均法考核，即在维持期内，金融机构按法人存入的存款准备金日终余额算术平均值与准备金考核基数之比，不得低于法定存款准备金率。同时，为促进金融机构稳健经营，存款准备金考核设每日下限，即维持期内每日营业终了时，金融机构按法人存入的存款准备金日终余额与准备金考核基数之比，可以低于法定存款准备金率，但幅度应在1个（含）百分点以内。存款准备金考核制度的改革是对存款准备金制度的进一步完善，能够为金融机构管理流动性提供缓冲机制，也有利于平滑货币市场的波动。

2. 再贴现政策

（1）再贴现政策的含义及其作用。再贴现政策，是指央行通过正确制定和调整再贴现率来影响市场利率和投资成本，从而调节货币供给量的一种货币政策工具。

再贴现政策是国外央行最早使用的货币政策工具，早在1873年，英国就用其调节货币信用。美国的贴现率制度始于20世纪30年代，1946年美国《就业法》确定了统一的官方贴现率（再贴现率），以便于谋求政策目标的实现。德国的再贴现起源于普鲁士银行时期，至今，再贴现仍是德意志联邦银行重要的货币政策工具，再贴现贷款约占其中央银行总贷款的三分之一。20世纪70年代初，日本银行开始较频繁地调整官方贴现率，即再贴现率，以调节社会信贷总量。在第二次世界大战以后的经济重建过程中，日本银行的再贴现政策对日本经济的恢复和发展起到了积极作用，它不仅对办理贴现的银行提供了优惠的资金来源和流动性，且对于出口导向型企业的发展、经济结构的重建都有十分重要的推动作用。

再贴现政策在一些国家之所以得到广泛运用，主要是因为它能发挥以下五个作用。①融资。这一作用与中央银行的再贷款具有形式上的相通性和本质上的区别性。再贷款只是中央银行的一种金融直接调控手段，而再贴现则是一种重要的货币政策工具。②货币政策告示。因为再贴现政策的核心是调整再贴现率。中央银行调整再贴现率，实际上是向商业银行和社会公众传达其货币政策的动向，从而改变商业银行的信用量，使货币供给量发生变化，进而影响市场利率的升降。③宏观间接调控。一方面，中央银行可以控制再贴现总量，同时又可适时调节再贴现率，产生控制货币供给总量和调节利率水平的双重效应。另一方面，中央银行通过调整再贴现率，促使金融机构紧缩或扩张信贷，最终导致市场利率水平发生变化。④激励商业信用票据化。中央银行通过开办再贴现业务，提供最终信用，使金融机构能够通过再贴现随时取得资金而提高办理票据贴现的积极性；而票据贴现市场的发展，又会激励企业经营活动的票据化。⑤加速资金周转。按我国规定，贴现一般为4个月，同银行其他贷款相比，再贴现期限明显较短，这样可减少信贷资金占用，提高信贷资产的使用效率。

(2) 再贴现政策的优缺点。再贴现政策的最大优点是中央银行可利用它来履行最后贷款人的职责，通过再贴现率的变动影响货币供给量、短期利率，以及商业银行的资金成本和超额准备金，达到中央银行既调节货币供给总量又调节信贷结构的政策意图。再贴现政策的缺点在于以下几点。①中央银行固然能够调整再贴现率，但借款与否和借款多少的决定权在商业银行，所以这一政策难以真正反映中央银行的货币政策意图。②当中央银行把再贴现率确定在一个特定水平上时，市场利率与再贴现率中间的利差将随市场利率的变化而发生较大的波动，它可能导致再贴现贷款规模甚至货币供给量发生非政策意向的波动。③相对于法定存款准备金政策来说，再贴现率虽然易于调整，但调整频繁会引起市场利率的经常波动，从而影响到商业银行的经营预期。

(3) 我国拓展再贴现政策的思路。我国运用再贴现货币政策工具的进程大致经历了三个历史阶段：第一个阶段是将商业票据作为一种结算手段，通过办理贴现、再贴现以推广使用票据，从而帮助企业解决拖欠问题；第二个阶段是把再贴现作为调整信贷结构的一种手段，对某些行业、部门或商品实行信贷倾斜政策；第三个阶段是把再贴现作为货币政策工具体系中的重要组成部分。这一进程呈现出从简单到规范、从初级到高级的发展过程。就目前看，开户行在办理贴现和向央行申请再贴现方面还存在诸多缺陷，为此必须采取有效措施加以完善。

3. 公开市场业务

(1) 公开市场业务的含义及其特点。公开市场是指各类有价证券（包括政府债券、中央银行证券或私人票据等）自由议价，其交易量和交易价格都必须公开显示的市场。公开市场业务则是指中央银行利用在公开市场上买卖有价证券的方法，向金融系统投入或撤走准备金，用来调节信用规模、货币供给量和利率，以实现其金融控制和调节的活动。其传递机制是：当货币管理当局从任何有价证券持有者手中购进有价证券的时候，货币管理当局签发支票支付价款，证券出卖人将支票拿到自己的开户银行，开户银行收到这张支票后将它送交货币管理当局请求支付，货币管理当局承兑这张支票，并在证券出卖人开户银行在货币管理当局的准备金账户上增记支票金额。这时，证券出卖人开户银行的准备金增加了，而其他账户的准备金并没有减少，结果是准备金总额增加（表现为超额准备金增加即基础货币增加），从而货币供给量增加了。公开市场业务引起货币供应量增加如图8-6所示。当货币管理当局抛售有价证券的时候，情况则恰恰相反。

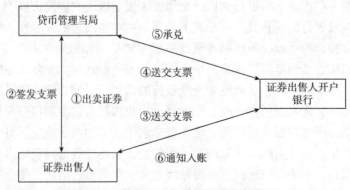

图8-6　公开市场业务引起货币供应量增加

公开市场有四个特点。①公开性。中央银行在公开市场上买卖各类有价证券，是根据市场原则，通过众多交易对手竞价交易进行的。这既为商业银行公平竞争创造了条件，也有利于消除幕后交易。②灵活性。中央银行在公开市场上可灵活地选择买卖的时间和数量，这有利于中央银行根据经济发展形势、货币市场利率走向、资金稀缺程度及货币政策的需要随时操作。③主动性。中央银行在公开市场上始终处于主动地位，即它可根据一定时期货币政策的要求和该时期银根的趋紧情况，主动招标和买卖政府债券，所以它日益受到货币当局的青睐，成为最常用的调控手段。④直接性，即公开市场操作直接性强，中央银行的有价证券买卖可直接影响商业银行的准备金状况，从而直接影响市场货币供给量。

（2）公开市场业务的优缺点。同前两种货币政策工具相比，公开市场业务具有明显的优越性。①运用公开市场业务操作的主动权在中央银行，中央银行可以经常性、连续性地操作，并具有较强的弹性。②公开市场业务操作可灵活安排，可以用较小规模进行微调，不至于对经济产生过于猛烈的冲击。③通过公开市场业务，货币政策和财政政策能有效结合和配合使用。当然，公开市场业务操作也有其局限性。①需要以发达的金融市场作背景，如果市场发育程度不够，交易工具太少，则会削弱公开市场业务操作的效果。②必须有其他政策工具的配合。可以设想，如果没有存款准备金制度，这一工具是无法发挥作用的。

（3）中国公开市场业务的操作。中国公开市场业务的操作包括外汇操作和人民币操作两部分。外汇公开市场操作于1994年3月启动，人民币公开市场操作于1998年5月26日恢复交易。中国人民银行从1998年开始建立公开市场业务一级交易商制度，选择了一批能够承担大额债券交易的商业银行作为公开市场业务的交易对象，目前公开市场业务一级交易商共40家商业银行。从交易品种看，中国人民银行公开市场业务债券交易主要包括回购交易、现券交易和发行中央银行票据。其中回购交易分为正回购和逆回购两种。正回购是中国人民银行向一级交易商卖出有价证券，并约定在未来特定日期买回有价证券的交易行为。正回购是央行从市场收回流动性的操作，正回购到期则为央行向市场投放流动性的操作。逆回购是中国人民银行向一级交易商购买有价证券，并约定在未来特定日期将有价证券卖给一级交易商的交易行为。逆回购是央行向市场上投放流动性的操作，逆回购到期则为央行从市场收回流动性的操作。现券交易分为现券买断和现券卖断两种。前者为央行直接从二级市场买入债券，一次性地投放基础货币；后者为央行直接卖出持有债券，一次性地回笼基础货币。发行中央银行票据即中国人民银行发行短期债券。央行通过发行央行票据可以回笼基础货币，央行票据到期则体现为投放基础货币。

根据货币调控需要，近年来中国人民银行不断开展公开市场业务工具创新。2013年1月，立足现有货币政策操作框架并借鉴国际经验，中国人民银行创设了"短期流动性调节工具"（SLO），作为公开市场常规操作的必要补充，在银行体系流动性出现临时性波动时使用。这一工具的及时创设，既有利于央行有效调节市场短期资金供给，熨平突发性、临时性因素导致的市场资金供求大幅波动，促进金融市场平稳运行，也有助于稳定市场预期和有效防范金融风险。这一短期流动性调节工具被中国人民银行频繁使用。

近年来，在外汇占款持续大量增加的情况下，中国人民银行通过发行中央银行票据予以对冲，如2005年上半年，通过人民币公开市场操作回笼基础货币7 616亿元，通过外汇公开市场操作投放基础货币10 000亿元，全部公开市场业务净投放基础货币2 384亿元。其间，共发行68期央行票据，发行总量为13 580亿元，央行票据余额为16 630亿元，比年初增加 6 888 亿元；正回购余额为 700 亿元。并综合考虑财政库款、现金、债券发行与兑付等影响流动性的其他因素，合理安排央行票据的发行方式、期限结构和发行规模，同时灵活开展正回购操作，有效控制了银行体系流动性的过快增长和过度波动。又如，2007 年 6 月 27 日我国财政部发行 1.55 万亿元特别国债，用于购买外汇及调整 2007 年国债余额限额，以拓展央行实施公开市场业务操作空间，增强财政政策和货币政策调控合力，这对缓解外汇储备过快增长起到重要的作用。

### （二）选择性货币政策工具

选择性货币政策工具是指中央银行针对某些特殊的经济领域或特殊用途的信贷而采用的信用调节工具。主要有以下几种。

1. 消费者信用控制

这是指中央银行对不动产以外的各种耐用消费品的销售融资予以控制，如规定分期购买耐用消费品首期付款的最低限额、规定消费信贷的最长期限、规定可用消费信贷购买的耐用消费品的种类等。

2. 证券市场信用控制

这是指中央银行对有关有价证券交易的各种贷款进行限制，目的在于限制用借款购买有价证券的比重。如规定应支付的保证金限额，一方面是为了控制证券市场信贷资金的需求，稳定证券市场价格；另一方面是为了调节信贷供给结构，通过限制大量资金流入证券市场，将较多的资金转入生产和流通领域。

3. 不动产信用控制

这是指中央银行对商业银行等金融机构在房地产方面放款的限制。例如，为进一步完善个人住房信贷政策，支持居民自住和改善性住房需求，促进房地产市场平稳健康发展。2015 年 3 月 30 日，中国人民银行联合住房城乡建设部和中国银行业监督管理委员会发布通知，规定使用公积金贷款购买首套普通自住房，最低首付比例从 30% 下调到 20%。

4. 优惠利率

这是指中央银行对按国家产业政策要求重点发展的经济部门或产业，规定较低贴现利率或放款利率的一种管理措施，如基础产业、高科技产业、出口创汇企业等。优惠利率大多在欠发达国家运用。

### （三）其他补充性货币政策工具

1. 直接信用工具

这是指中央银行从质和量两个方面以行政命令或其他方式对商业银行等金融机构的信用活动进行直接控制，如规定利率最高限额、信用配额、流动性比率和直接干预等。

2. 间接信用指导

这是指中央银行通过道义劝告、窗口指导等办法对商业银行和其他金融机构的信用变动方向和重点实施间接指导。道义劝告是指中央银行利用其声望和地位，对商业银行和其他金融机构发出通告、指示或与各金融机构的负责人进行面谈，交流信息，解释政策意图，使商业银行和其他金融机构自动采取相应措施来贯彻中央银行的政策。窗口指导是指中央银行根据产业行情、物价趋势和金融市场动向，规定商业银行的贷款重点投向和贷款变动数量等。

## 五、货币政策的传导机制

货币政策传导机制,是指货币管理当局确定货币政策之后,从选用一定的货币政策工具进行现实操作开始,到实现最终目标之间所经过的各种中间环节相互之间的有机联系及因果关系的总和。

如何运用货币政策工具,实现既定的货币政策目标,既涉及货币政策的传导机制,也与中介指标的选择有关。而有关传导机制的观点,往往构成货币政策中介指标选择的理论基础。本节主要介绍西方国家有关这方面的理论和实践。

### (一) 早期凯恩斯学派的货币政策传导机制理论

用一定的货币政策工具引起社会经济生活的某些变化,并最终实现预期的货币政策目标,就是货币政策的传导机制。对货币政策传导机制的分析,在西方早期主要有凯恩斯学派的传导机制理论和货币学派的传导机制理论,此后经济学家在此基础上进行了深入研究,提出了一些新的研究成果。

凯恩斯学派的货币政策传导机制理论最初思路可以归结为:通过货币供给 $M$ 的增减影响利率 $r$,利率的变化则通过资本边际效益的影响使投资 $I$ 以乘数方式增减,而投资的增减将影响总支出 $E$ 和总收入 $Y$。用符号可表示为:

$$M \to r \to I \to E \to Y \tag{8-8}$$

在这个传导机制发挥作用的过程中,主要环节是利率:货币供应量的调整首先影响利率的升降,然后才使投资乃至总支出发生变化。对于上述分析,在初期,凯恩斯学派称为局部均衡分析,因为该分析只显示了货币市场对商品市场的初始影响,未能反映它们之间循环往复的作用。考虑到货币市场与商品市场的相互作用而进一步所做的分析,凯恩斯学派称为一般均衡分析。

①假定货币供给增加,当产出水平不变时,利率会相应下降;下降的利率刺激投资,并引起总支出增加,总需求的增加推动产出上升。这与原来的分析是一样的。

②但产出的上升,提出了大于原来的货币需求;如果没有新的货币供给投入经济生活,货币供求的对比就会使下降的利率回升。这是商品市场对货币市场的作用。

③利率的回升,又会使总需求减少、产量下降;而产量下降、货币需求下降,利率又会回落。这是往复不断的过程。

④最终会逼近一个均衡点,这个点同时满足了货币市场供求和商品市场供求两方面的均衡要求。在这个点上,可能利率较原来的均衡水平低,而产量较原来的均衡水平高。

对于这些传导机制的分析,凯恩斯学派还在不断增添内容,主要集中在货币供给到利率之间和利率到投资之间更具体的传导机制以及一些约束条件。现实经济生活是复杂的,新的问题不断出现,因而有必要使分析具体化。但不论有何进展,凯恩斯学派传导机制理论特别重视利息这一环节。

### (二) 托宾的 q 理论

以托宾为首的经济学家沿着一般均衡分析的思路扩展了凯恩斯的模型。他们把资本市场、资本市场上的资产价格,特别是股票价格纳入传导机制,认为货币理论应看作微观经济行为主体进行资产结构管理的理论。也就是说,沟通货币和金融机构与实体经济的,并不是货币的数量或利率,而是资产价格以及关系资产价格的利率结构等因素。传导的过程是:货币作为起点,直接或间接影响资产价格,资产价格的变动导致实际投资的变化,并最终影响实体经济和产出。资产价格,主要是股票价格,影响实际投资的机制在于:股票价格是对现存资本存量价值的评估,是企业市场价值得以评价的依据,而企业的市场价值与资本的重置成本按现行物价购买机器、设备进行新投资的成本相比较,将影响投资行为。托宾把 $q$ 定义为企业的市场价值与资本的重置成本之比。如果 $q$ 值高,意味着企业的市场价值高于资本的重置成本,厂商将愿意增加投资支出,追加资本存量;相反,如果 $q$ 值低,厂商对新的投资就不会有积极性。因此,$q$ 值是决定新投资的主要因素。这一过程可以表示为:

$$M \to r \to P_E \to q \to I \to Y \tag{8-9}$$

式中,$P_E$ 为股票价格;其他符号的含义同前。

### (三) 早期货币学派的货币政策传导机制理论

与凯恩斯学派不同,货币学派认为,利率在货币传导机制中不起重要作用。他们更强调货币供应量在整个传导机制上的直接效果。货币学派论证的传导机制可表示如下:

$$M \to E \to I \to Y$$

其中,$M \to E$ 表明货币供给量的变化直接影响支出。原因有以下几点。

①货币需求有其内在的稳定性。

②货币需求函数中不包含任何货币供给的因素,因而货币供给的变动不会直接引起货币需求的变化;至于货币供给,在货币供给一章中介绍了货币学派把它视为外生变量的观点。

③当作为外生变量的货币供给改变(比如增大)时,由于货币需求并不改变,公众手持的货币量会超过他们愿意持有的货币量,从而增加支出。

$E \to I$ 是指变化了的支出用于投资的过程,货币学派认为,这是资产结构的调整过程。

①超过意愿持有的货币,或用于购买金融资产,或用于购买非金融资产和人力资本的投资。

②不同取向的投资会相应引起不同资产相对收益率的变动,如投资于金融的资产偏多,金融资产市值上涨,从而会刺激非金融资产,如产业投资;产业投资增加,既可能促使产出增加,也会促使产品价格上涨,等等。

③这就引起资产结构的调整,而在这一调整过程中,不同资产收益率的比值会趋于相对稳定的状态。

最后,名义收入 $Y$ 是价格和实际产出的乘积。由于 $M$ 作用于支出,导致资产结构调整,最终引起 $Y$ 的变动,那么这一变动究竟在多大程度上反映实际产量的变化,又有多大比例反映在价格水平上?货币学派认为,货币供给的变化短期内对两方面可发生影响;就长期来说,则只会影响物价水平。

### (四) 信贷传导机制理论

信贷传导机制理论是较晚发展起来的理论。这种理论强调信贷传导有其独立性,不能由类如利率传导、货币数量传导的分析所代替,需要专门考察。这方面的分析主要侧重于紧缩效应。

①对银行传导机制的研究。银行信贷传导机制理论首先明确的是,银行贷款不能全然由其他融资形式,如资本市场的有价证券发行所替代。特定类型的借款人,如小企业和普通消

费者，它们的融资需求只能通过银行贷款来满足。如果中央银行能够通过货币政策操作影响贷款的供给，那么就能通过影响银行贷款的增减变化影响总支出。

假设中央银行决定实施紧缩性的货币政策，售出债券，则商业银行可用的准备金 $R$ 相应减少，存款货币 $D$ 的创造相应减少，其他条件不变，那么银行贷款 $L$ 的供给也不得不同时削减。其结果是使那些依赖银行贷款融资的特定借款人必须削减投资和消费，于是总支出下降。该过程可以描述如下：

$$\text{公开市场的紧缩操作} \to R \to D \to L \to I \to Y \tag{8-10}$$

这一过程的特点是不必通过利率机制。此外，商业银行的行为绝不仅仅体现为对利率的支配作用。例如，在经济顺畅发展之际，银行不太顾虑还款违约的风险而过分扩大贷款；在经济趋冷时，银行会过分收缩贷款。如果判断货币当局有紧缩的意向，它们会先行紧缩贷款。要是货币当局采取直接限制商业银行贷款扩张幅度的措施，商业银行有可能会立即自行紧缩。这就是说，商业银行所提供的信用数量并不一定受中央银行行为的制约，有时候会主动改变其信用规模。对于商业银行自我控制贷款供给的行为有一个专门名词，称作信贷配给。对于银行信贷传导的论述，在西方是较新的理论。在我国，这样的传导机制却并不陌生。

②对资产负债表渠道的研究。20 世纪 90 年代，有的经济学家从货币供给变动对借款人资产负债状况的影响角度来分析信用传导机制。他们认为，货币供给量的减少和利率的上升，将影响借款人的资产状况，特别是现金流的状况。利率的上升直接导致利息等费用支出的增加，会减少净现金流；同时又间接使销售收入下降，也会减少净现金流。同时，利率的上升将导致股价的下跌，从而恶化其资产状况，并且也使可用作借款担保品的价值缩小。由于这些情况，贷款的逆向选择和道德风险问题趋于严重，并促使银行减少贷款投放。一部分资产状况恶化和资信状况不佳的借款人不仅不易获得银行贷款，也难以从金融市场直接融资。其结果将导致投资与产出的下降。该过程可描述如下：

$$M \to r \to P_E \to NCF \to H \to L \to I \to Y$$

式中，NCF 为净现金流；$H$ 为逆向选择和道德风险；其他符号的含义同前。

（五）财富传导机制

资本市场的财富效应及其对产出的影响可表示如下：

$$P_E \to W \to C \to Y \tag{8-11}$$

式中，$W$ 为财富；$C$ 为消费；其他符号的含义同前。

对于这样的效应传递，人们是普遍认同的。此外，随着资本市场作用的迅速增强，这一传导机制无疑会起越来越大的作用。问题是，要把它确定为货币政策的传导机制，如下过程的确定性得到必须先论证：

$$M \to P_E \text{ 和 } M \to r \to P_E \tag{8-12}$$

货币供给和利率会作用于资本市场是没有疑问的。但是，货币当局通过对货币供给和利率的操作，有可能以怎样程度的确定性取得调节资本市场行情特别是股票价格的效果，并不十分清楚。至少目前还没有取得较为一致的见解。

（六）开放经济下的货币传导机制

在开放经济条件下，净出口（即一国出口总额与进口总额之差）是总需求的一个重要组成部分。货币政策可以通过影响国际资本流动来改变汇率，并在一定的贸易条件下影响净出口。

在实行固定汇率制度的国家，中央银行可以直接调整汇率；在实行浮动汇率制度的国家，中央银行必须通过公开市场操作来改变汇率。当一国实行紧缩的货币政策，利率随之上升，外国对该国生息的金融资产（如债券）的需求会增加；而该国对国外类似资产（如外国生息的金融资产）的需求会下降。为了购买该国金融资产，外国人必须先购买该国货币，因而外国对该国货币的需求增加。相应地，该国对外国货币的需求减少。这就使该国货币在外汇市场上升值。本币的升值不利于本国商品的出口，却会提升外国商品在本国的市场竞争力，导致该国贸易差额减少、净出口下降。当一国实行扩张的货币政策时，则有相反的过程。这样的机制可以描述如下：

$$M \to r \to r_e \to NX \to Y \tag{8-13}$$

式中，$r_e$ 为汇率；$NX$ 为净出口；其他符号的含义同前。

在金融全球化的趋势下，国际资本的流动对本国货币政策的操作具有抵消作用。比如正当本国需要提高利率以限制对本国商品和服务的总需求时，外国资本的流入却抑制了利率的上升。与此相反，当中央银行期望降低利率时，资本的流出会阻碍利率的下降。

### 六、货币政策中介指标的选择

从货币政策工具的运用到货币政策目标的实现之间有一个相当长的作用过程。在这个作用过程中有必要及时了解政策工具是否得力，估计政策目标能不能实现，这就需要借助中介指标的设置。事实上，货币当局本身并不能直接控制和实现诸如稳定、增长这些货币政策的目标。它只能借助货币政策工具，并通过对中介指标的调节和影响，最终实现政策目标。因此，中介指标就成了货币政策作用过程中一个十分重要的中间环节。对它们的选择是否正确，以及选定后能不能达到预期调节效果，关系到货币政策的最终目标能否实现。通常认为，中介指标的选取要符合如下标准。

①可控性。可控性是指是否易于为货币当局所控制。通常要求中介指标与所能运用的货币政策工具之间要有密切的、稳定的和统计数量上的联系。

②可测性。其含义包括两个方面：一是中央银行能够迅速获取有关中介指标的准确数据；二是有较明确的定义并便于观察、分析和监测。

③相关性。相关性是指只要能达到中介指标，中央银行在实现或接近实现货币政策目标方面不会遇到障碍和困难。也就是说，要求中介指标与货币政策的最终目标之间要有密切的、稳定的和统计数量上的联系。

④抗干扰性。货币政策在实施过程中常常会受到许多外来因素或非政策因素的干扰。只有选取那些受干扰程度较低的中介指标，才能通过货币政策工具的操作达到最终目标。

⑤与经济体制、金融体制有较好的适应性。经济及金融环境不同，中央银行为实现既定的货币政策目标而采用的政策工具不同，选择作为中介指标的金融变量也必然有区别。这是不言自明的。

根据以上条件，尤其是根据前三个条件所确定的中介指标一般有利率、货币供应量、超额准备金和基础货币等。根据这些指标对货币政策工具反应的先后和作用于最终目标的过程，又可分为两类：一类是近期指标，即中央银行对它的控制力较强，但离货币政策的最终目标较远；另一类是远期指标，即中央银行对它的控制力较弱，但离政策目标较近。西方国家货币政策中介指标的操作过程如图 8-7 所示。

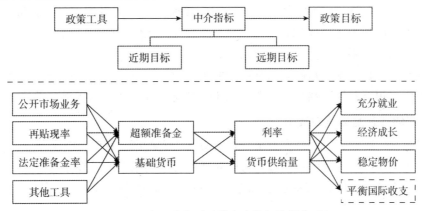

图 8-7  西方国家货币政策中介指标的操作过程

### （一）利率指标

作为中介指标，利率的优点有三个。①可控性强。中央银行可直接控制对金融机构融资的利率；而通过公开市场业务或再贴现政策，也能调节市场利率的走向。②可测性强。中央银行在任何时候都能观察到市场利率的水平及结构。③货币当局能够通过利率影响投资和消费支出，从而调节总供求。但是，利率作为中介指标也有不理想之处。作为内生经济变量，利率的变动是顺循环的：经济繁荣时，利率因信贷需求增加而上升；经济停滞时，利率随信贷需求减少而下降。然而，作为政策变量，利率与总需求应沿同一方向变动：经济过热，应提高利率；经济疲软，应降低利率。这就是说，利率作为内生变量或政策变量往往很难区分。例如，确定一个利率提高的目标，为的是抑制需求；但若经济过程本身把利率推到这个高度，作为一个内生变量，它是难以直接抑制需求的。在这种情况下，中央银行很难判明自己的政策操作是否达到了预期目的。

### （二）货币供应量

以货币供应量作为中介指标，首先遇到的困难是确定哪种口径的货币供给作为中介指标，是现金，还是 $M_1$，抑或是 $M_2$。就可测性、可控性来说，这三个指标均可满足。它们随时都反映在中央银行和商业银行及其他金融机构的资产负债表上，可以进行测算和分析。现金直接由中央银行发行并注入流通；通过控制基础货币，中央银行也能有效地控制 $M_1$ 和 $M_2$。问题在于相关性，到底是哪一个指标更能代表一定时期的社会总需求和购买力，并通过对它的调控直接影响总供求？就抗干扰来说，货币供应量的变动作为内生变量是顺循环的，而作为政策变量则应是逆循环的。因此，政策性影响与非政策性影响，一般不会相互混淆。

是选用货币供应量还是选用利率，不存在哪个绝对好、哪个绝对差。如何选择要看条件，并且也只有根据经验的积累才能判断怎样的选择对本国条件来说较为理想。比如 20 世纪 70 年代中期以后，西方各国中央银行纷纷将中介指标由利率改为货币供应量；而进入 90 年代以来，一些发达国家又先后放弃以货币供应量作为中介指标，转而采用利率。其原因是 80 年代末以来的金融创新、金融放松管制和全球金融市场一体化，使得各层次货币供应量之间的界限更不易确定，以致基础货币的扩张系数失去了以往的稳定性，也使得货币总量与最终目标的关系更难把握，其结果是中央银行失去了对货币总量强有力的控制。

此外，有一些经济、金融开放程度高的国家或地区，以汇率作为货币政策的中介指标。这些国家或地区的货币当局确定其本币与另一个较强国家货币的汇率水平，并通过货币政策操作，保持在这一水平，以此实现最终目标。

上述的利率和货币供应量两种指标一般视为远期指标。这类中介指标离货币政策最终目标较近，但中央银行对这些指标的控制力弱于像超额准备金和基础货币这样的短期指标。

### (三) 超额准备金和基础货币

超额准备金对商业银行的资产业务规模有直接决定作用。存款准备金率、公开市场业务和再贴现率等货币政策工具，都是通过影响超额准备金的水平而发挥作用的。但是，作为中介指标，超额准备金往往因其取决于商业银行的意愿和财务状况而不易被货币当局测度、控制。

基础货币是流通中的现金和商业银行的存款准备金的总和，它构成了货币供应量倍数伸缩的基础。与超额准备金不同，它可以满足可测性和可控性的要求，数字一目了然，数量也易于调控。不少国家把它视为较理想的近期指标。

## 七、货币政策时滞

货币政策时滞，亦称货币政策的作用时滞、货币政策时差，是指货币政策从研究、制定到实施后发挥实际效果的全部时间过程。按发生源和性质分类，可以分为内部时滞和外部时滞两大类。

### (一) 内部时滞

内部时滞是指中央银行从制定政策到采取行动所需要的时间。内部时滞又可以细分为认识时滞和决策时滞两个阶段。认识时滞是指从确实有实行某种政策的需要，到货币当局认识到存在这种需要所耗费的时间过程。这段时滞的存在，一是因为收集各种信息资料需要耗费一定的时间；二是对各种复杂的经济现象进行综合分析，做出客观的、符合实际的判断需要耗费一定的时间。决策时滞是指从认识到需要改变政策，到提出一种新的政策所需耗费的时间。这部分时滞的长短取决于中央银行占有各种信息资料的时间和对经济形势发展的预见能力。

### (二) 外部时滞

外部时滞是指从中央银行采取行动到这一政策对经济过程发生作用所需要的时间过程。外部时滞可细分为操作时滞和市场时滞两个阶段。操作时滞是指从调整政策工具到其对中介目标发生作用所需要的时间过程。这段时滞的存在，是因为在实施货币政策过程中，无论何种货币政策工具都要通过影响中介目标才能起作用。究竟能否生效，主要取决于商业银行及其他金融机构对中央银行政策的态度、对政策工具的反应能力和金融市场对央行政策的敏感程度。市场时滞是指从中介目标发生反应到其对最终目标产生作用所需要的时间过程。这是因为企业部门对中介目标变动的反应有一个滞后过程，而且投资或消费的实现也有一个滞后过程。这一时滞长短取决于调控对象对中介目标变动的反应。

外部时滞与内部时滞不同，内部时滞可由中央银行掌握，而外部时滞的长短主要取决于政策的操作力度和金融部门、企业部门对政策工具的反应大小，是一个由多种因素综合决定的复杂变量。因此，中央银行对外部时滞很难进行实质性的控制。

### 八、货币政策效应的衡量

衡量货币政策的效应，一是看效应发挥的快慢，二是看发挥效力的大小。

对货币政策数量效应的判断，一般着眼于实施的货币政策所取得的效果与预期所要达到的目标之间的差距。以评估紧缩性货币政策为例，如果通货膨胀是由社会总需求大于社会总供给造成的，而货币政策以纠正供求失衡为目标，那么这项紧缩性货币政策是否有效及效应的大小，可以从以下几个方面考察。①如果通过货币政策的实施，紧缩了货币供给，并平抑了价格水平的上涨，或者促使价格水平回落，同时又不影响产出或供给的增长率，那么可以说这项紧缩性货币政策的有效性最大。②如果通过货币供应量的紧缩，在平抑价格水平上涨或促使价格水平回落的同时，也抑制了产出数量的增长，那么紧缩性货币政策有效性的大小，则要视价格水平变动与产出变动的对比而定。若产出数量虽有减少，但减少规模还不算大，而抑制价格水平的目标接近实现，可视为紧缩性货币政策的有效性较大；若产出量的减少非常明显，而价格水平目标的实现并不理想，紧缩性货币政策的有效性只能判定为较小。③如果紧缩性货币政策无力平抑价格上涨或促使价格回落，却抑制了产出的增长甚至使产出的增长为负，则可判定紧缩性货币政策无效。衡量其他取向的货币政策效应，也可采用类似的思路。

但在现实生活中，宏观经济目标的实现往往有赖于多种政策（如收入政策、价格政策等）的配套进行。因此，要准确地检验货币政策效果，必须结合与其他政策之间的相互作用及作用的大小进行分析。

#### （一）西方对货币政策总体效应理论评价的演变

西方市场经济国家用来干预经济生活的现代宏观经济政策包括货币政策，始于 20 世纪 30 年代的凯恩斯主义。凯恩斯否定了西方古典经济学派关于经济人是理性人的假设，否定了关于供给可以创造同等需求以及市场机制本身即可实现充分就业均衡的论点。他认为，有效需求不足是必然的，因而必须由国家干预经济生活予以补足。至于国家所应采取的政策，他认为在当时应是财政政策，而不是货币政策——货币政策无力扭转过度萧条的局面。通过财政政策所实现的需求扩张，在达到充分就业以前，不会引起通货膨胀。

被西方各国奉为经典的凯恩斯主义，在第二次世界大战后有进一步的发展，就其政策主张来说，认为财政政策与货币政策两者的配合采用，有可能熨平资本主义的周期波动，消灭危机，并实现成长、就业和稳定诸目标的协调一致。但是第二次世界大战后的一些实践说明，国家干预的结果是经济增长与通货膨胀并存。在这样的背景下，出现了认为这两者具有相互替代关系的菲利普斯曲线。到了 70 年代，又出现了"滞胀"的局面，即已不能用通货膨胀的代价来换取就业——通货膨胀存在的同时，仍有经济停滞和突出的失业问题。

货币学派反对凯恩斯学派关于国家干预经济生活的主张，认为国家的过多干预阻碍了市场自我调节机发制作用的发挥，造成经济紊乱。就货币政策来说，凯恩斯学派主张实施"逆向"调节的方针。货币学派认为，调节货币供给的金融政策，由于要在长期时滞之后才能生效，那么是否有效实际上难以肯定，而且多变的金融政策还会加剧经济的波动。货币学派论证，货币需求函数的变动，从长期看是相当稳定的，因而其主张是保持货币供给按"规则"增长。在20世纪70年代批判凯恩斯主义的还有供给学派，他们同样强调充分发挥市场本身的调节作用，同时还重新确认供给决定需求这一古典原理，认为经济具有足够的能力购买它的全部产品。所以，他们主要的政策主张是通过降税等措施刺激投资和产出。由于不认为在需求方面应该采取什么行动，他们的货币政策主张是单一的稳定。

随后，理性预期学派得到了很大的发展，他们重新确认西方古典经济学关于经济生活中的主体是"理性人"的假设。所谓理性人是指他们都会尽力收集有关信息，进行合理的预测，并按效用最大化和利润最大化的原则进行决策。他们认为，只有靠出乎微观主体的预料，宏观政策才能生效，但要使所有人长期受骗是不可能的。前面讲的微观主体预期对货币政策的对消作用，就是他们的宏观经济政策无效命题的注解。他们也强调市场机制的作用，反对相机抉择的政策主张，认为这只会造成政策不稳定的感觉并加剧波动。他们的货币政策主张与货币主义一样，强调政策的连续性，要求货币供给量的增长保持稳定。

自由资本主义时期的货币政策是要求创造稳定的金融环境，以保证市场机制发挥作用。凯恩斯主义的货币政策是要求主动通过金融工具逆向地调节有效需求，并认为在与其他政策配合作用下可以克服经济波动。现代批判凯恩斯主义的各流派，则是在凯恩斯主义政策虽曾一度取得某种成功但也同样陷入困境的背景下，反对相机抉择的政策，主张货币政策稳定，并相信只有依靠市场机制才能走出困境。这个过程提示我们，如何估量货币政策的总体效应，还是一个应该不断深入探索的课题。

（二）对治理通货膨胀与治理通货紧缩所起作用迥然不同

虽然导致通货膨胀的初始原因可能不尽相同，但通货膨胀最终都表现为货币供给过多。所以，只要中央银行采取适当的紧缩政策，控制货币供给增长，通货膨胀会程度不同地得到抑制。而中央银行在抑制货币供给增长方面的作用是强有力的，中央银行有很多可以运用的工具，对于创造存款货币的商业银行能够起强有力的制约作用，并制约投资支出和消费支出。严峻的紧缩性货币政策也能实现压缩现有货币供给量的要求。在20世纪，各国利用货币政策治理通货膨胀取得了比较丰富的经验。

在治理通货紧缩方面，货币政策的效果不很明显，主要原因可从两方面分析。一是从经济基本面分析，导致需求不足、物价下跌的原因本身比较复杂，货币政策不大可能直接作用于这些基础层面。例如，收入差距拉大、消费者未来收支预期改变等，可能导致消费增长缓慢；技术进步、产品创新等，加快了老产品的淘汰速度，导致新产品价格降低；某些改革措施，如降低关税等，也必然降低进口产品的价格等。二是从中央银行扩张货币供给的能力来看，与紧缩货币供给的能力来比，不可同日而语。

货币政策目标的实现，除了货币当局的决心和行动，还取决于两个环节：一是商业银行；二是厂商和消费者。为了扭转经济的过冷，货币当局力求扩张；而在过冷的经济形势下，商业银行缺乏扩大信贷业务的积极性，厂商缺乏扩大投资支出的积极性，消费者同样缺乏扩大消费支出的积极性。不仅他们的行为意向与货币当局不一致，而且也不听命于货币当局。所以，即使中央银行执行扩张性的货币政策，也不易收到扩张的实际效果。我国改革开放四十多年的情况基本支持这个判断。

（三）必须有其他金融政策配合

货币政策能较好地起作用，也要靠其他金融政策的配合。货币政策传导的信贷渠道说明，货币政策有时可以通过商业银行的信贷政策起作用。所以，信贷政策对货币政策的效果有一定的影响。例如，在实行扩张性的货币政策时，如果商业银行的信贷政策趋于保守，比如说"惜贷"，中央银行扩大货币供给的目的就难以达到。再如，在实行紧缩性的货币政策时，如果商业银行受企业投资饥渴症的影响，"倒逼"中央银行扩大再贷款规模，则中央银行的目的也难以完全达到。

在开放经济的条件下，一国货币政策往往会受到对外金融政策（如汇率政策、资本管制政策）的影响。例如，在资本自由流动的情况下，一国中央银行降低或提高利率的努力经常要被国际游资的频繁流出与流入所抵消。在开放经济的条件下，中央银行既要保持货币对内价值的稳定，同时又要保持本币对外价值的稳定，历次世界性的金融危机证明了这事实上是很难兼顾的。所以，对于广大发展中国家而言，要保持货币政策的独立性必须要有一道防火墙，用来化解国际金融危机的冲击。这一点在东南亚金融危机之后，得到了大多数经济学家的认可。

货币政策与金融监管的关系也极为紧密。比如要实行紧缩性货币政策，同时强化监管，会使紧缩效应加强，这也是各国常用的做法。如果货币政策与金融监管作用力的方向不一致，就会使力量抵消。以我国为例，把 1997 年视为始点，在我国金融领域中事实上存在着两个并行的走势：一个是宏观决策的取向，自 1996 年年中以后，中央银行实际上执行的是扩张取向的货币政策；另一个与之并行的趋势则是金融领域中伴随着"整顿金融机构""规范金融行为""化解金融风险"的日益强化的紧缩效应。两个方向相逆的取向同时起作用。于是，金融整顿措施的紧缩效应在相当大的程度上抵消了货币政策的扩张意向。

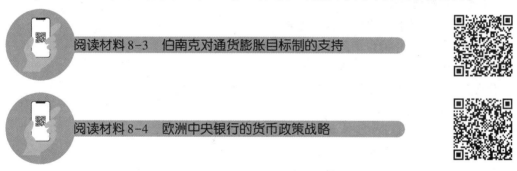

阅读材料 8-3　伯南克对通货膨胀目标制的支持

阅读材料 8-4　欧洲中央银行的货币政策战略

【思考4】

我国现行的货币政策有哪些？部分国家实施通货膨胀目标制的原因是什么？欧洲中央银行的货币政策战略的主要特征是什么？

**动动笔**

## 本章小结

首先就货币需求问题即货币需求的定义、类型及其理论、货币需求量等问题加以阐述，为之后研究货币供求均衡、通货膨胀与通货紧缩，以及货币政策的调控等做一铺垫；同时，从理论和实际的结合上对通胀和通缩问题进行剖析，通过阐述通货膨胀的含义、类型、成因、效应、治理措施，以及通货紧缩理论，进一步认识实现货币均衡的重要意义和应该采取的相应对策；此外，通过阐述货币政策最终目标及其彼此之间的矛盾统一关系，采用货币政策工具，分析了货币政策的传导机制及其时滞与政策效果；了解通过财政政策与货币政策的搭配使用，最终要达到服务并调控经济的作用。

## 本章思考题

1. 什么是货币需求及其包含内容？
2. 比较名义货币需求和真实货币需求理论，并解释这一问题的现实性。
3. 试述马克思的货币需求理论。
4. 试述费雪交易的方程式和剑桥方程式的区别。
5. 试述凯恩斯的货币需求理论。
6. 试述货币主义的货币需求理论。
7. 什么是通货膨胀？为什么不能将它与货币发行过多、物价上涨画等号？
8. 试述通货膨胀的类型、成因、度量及治理措施。
9. 试述通货紧缩的内涵。
10. 什么是货币政策？它有哪些构成要素？
11. 试述货币政策目标的内涵及诸多目标的对立和统一。
12. 试述货币政策工具体系包括的内容。
13. 什么是法定存款准备金率？其效果和局限性是什么？
14. 什么是再贴现政策？它有哪些优缺点？
15. 什么是公开市场业务？它有哪些优缺点？
16. 什么是货币政策传导机制？
17. 什么是货币政策时滞？怎么评判货币政策效应？

 案例分析 8-1　利用贴现政策防止金融恐慌

# 第九章

# 国际金融

### 学习路径

外汇与汇率现象—思考与问题分析—外汇市场机制—外汇市场运作—反思与总结

### 学习目标

- 理解与外汇、汇率相关的基本概念及外汇在全球经济中的作用
- 掌握外汇的不同标价方法与汇率的分类差异
- 掌握影响汇率的主要因素,理解汇率变动的经济影响
- 了解金本位制的演进历程,理解购买力和利率平价原理的内涵,理解货币主义汇率理论、货币政策对于外汇市场的作用机制
- 掌握即期外汇交易及远期外汇交易的基本规则,掌握外汇期货及期权交易在现实生活中的应用
- 理解外汇风险的相关概念
- 了解国际收支的相关概念,国际收支平衡表,以及导致国际收支不平衡的原因及调节政策
- 掌握国际储备的相关概念及其基本特征和主要构成,国际储备的作用
- 掌握国际资本流动的相关概念,理解国际资本流动的主要原因

### 核心概念

外汇与汇率、直接标价法、间接标价法、汇率的种类、即期外汇交易、远期外汇交易、外汇掉期交易、外汇期货交易、外汇期权交易、货币互换、国际收支平衡表、国际储备、国际资本流动

> **学习要求**
> - 阅读材料
> - 浏览中国银行网站中的外汇牌价表

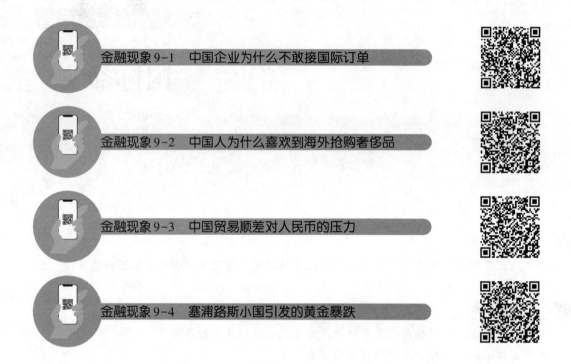

金融现象9-1　中国企业为什么不敢接国际订单

金融现象9-2　中国人为什么喜欢到海外抢购奢侈品

金融现象9-3　中国贸易顺差对人民币的压力

金融现象9-4　塞浦路斯小国引发的黄金暴跌

## 第一节　外汇与汇率

### 一、外汇与汇率

#### （一）外汇的定义和特征

外汇（Foreign Currency）是国际经济发展的必然产物，当商品可以跨越国界进行流通，当资金可以在世界范围流转、融通，就必然推动不同国家的居民使用不同类型的货币进行交易，这也产生了不同货币之间的兑换需求，外汇由此作为国际交易的交换媒介而产生，并推动着国际贸易与跨国资金流动的发展。

按照国际货币基金组织（International Monetary Fund，IMF）的规定，外汇是货币行政当局（中央银行、货币管理机构、外汇平准基金组织和财政部）以银行存款、财政部国库券、长短期政府证券等形式所保有的在国际收支逆差时可以使用的债权。从国际货币基金组织与我国对外汇的定义来看，外汇具有以下基本特征。

①外汇是用外国货币表示的金融资产，具有国际性。正如通常每一个国家的货币会根据其流动性的差异分为 $M_0$、$M_1$、$M_2$ 等不同类型一样，外汇也根据流动性的差异具有不同的类型和范畴，只是它必须用于国际支付或国际交易，因此其货币单位必须超越原有的国家货币

范畴，成为一种跨越国境进行资金转移或商务交易的媒介。

②外汇是一种用于国际支付的金融资产。外汇必须代表一定的金融资产的价值，从而可以用于国际债权债务的偿付，如果某一资产不具有现实的经济价值，如空头支票或被拒付的国际汇票，则不能被纳入外汇的范畴。

③外汇必须在国际经济交易中得到广泛的认可与接受，可以自由兑换为其他货币资产。事实上，尽管当前世界经济中存在着上百种不同类型的货币，但是由于其可兑换性的差异，真正能够得到国际市场广泛认可，被视为外汇的货币却并不太多，主要包括美元（USD）、欧元（EUR）、日元（JPY）、加拿大元（CAD）、澳大利亚元（AUD）和港元（HKD）等。

（二）自由外汇和记账外汇

由于不同国家的经济发展水平与金融发展水平不同，不同国家货币的可兑换性也存在较大的差异。国际货币基金组织根据不同国家或地区的外汇管制程度，根据其外汇的兑换性，把货币分为三种类型。

1. 可自由兑换货币（Convertible Currency）

一些经济发展水平较高的国家，对于国际收支与外汇交易的管制基本不加任何限制，持有者随时可以通过市场交易的方式，实现该货币与其他可自由兑换货币之间的兑换。目前在国际结算领域，只有最为常见的十多种货币是可自由兑换货币。

2. 不可兑换货币（Inconvertible Currency）

一些经济发展水平较低的国家，特别是一些计划经济国家，往往对于国民经济，特别是金融领域实行较为严密的管制，如果不经过这些国家的金融管理部门的同意，其货币往往无法兑换为其他货币，也就成为通常所说的不可兑换货币。由于其货币不能自由兑换为其他货币，必然影响各国交易者持有该国货币进行国际经济活动的积极性，制约其在国际经济活动中的应用。

3. 有限度的自由兑换货币（Currency with Limited Convertibility）

对于很多国家来说，金融领域的开放，往往选择先开放较为容易管理的经常性项目，而后开放经济规模更大、管理难度更大的资本性项目，从而通过有步骤、有计划的开放，实现本国金融市场的逐步开放。而正处于金融开放过程中，已经放开了经常性项目，但是对于资本性项目仍然实施较强管制的国家，其货币的可兑换性往往介于上述两种货币之间，从而成为有限度的自由兑换货币。

根据一个国家的外汇的可兑换性，可以把外汇分为自由外汇（Free Convertible Exchange）和记账外汇（Exchange of Account）。那些可兑换性较强，外汇管制较弱，不需要货币发行国当局的批准就可以自由兑换成为其他国家或地区的货币，或者用于向第三国办理支付的外国货币及其支付手续，就是自由外汇。上述的可自由兑换货币，如美元、欧元、日元等常见货币，都为自由外汇。记账外汇，是指两国政府间签订的支付协定或清算协定中规定使用的货币。未经货币发行国批准，记账外汇不得自由兑换成其他货币，或向第三国支付货币，只能根据贸易双方的协定，在相互清偿债权债务时使用，故又称为协定外汇。在实际结算中，两国政府可以通过签订支付协定的方式，规定其双方在进行贸易结算时，使用记账外汇；两国所有的国际贸易的货款都必须记入在双方银行所开立的专门账户，并按规定的货币、汇率、记账方法和运用范围进行结算，到结算年度终了，根据协定将双方的国际收入差额以现汇或货币进行清偿，其收支差额也可以转入下一年度或者折算为双方认可的第三国货币。根据记账外汇制度，一国的贸易顺差通常只能用于支付从对方国家进口商品或劳务等国际收支活动，而不能向第三国支付结算，也不能自由兑换为其他货币，这也等于由逆差国无偿地占有了顺差国的资金，或者是顺差国为逆差国提供了无息贷款。

### （三）外汇的作用

外汇作为一种重要的结算工具与储备资产，在全球经济中扮演着非常重要的角色。

①推动国际购买力的转移，促进经济全球化的发展。不同国家使用不同的货币，如果缺乏具有较强的可兑换性与广泛认可度的外汇，不同国家的居民之间的经济联系，特别是债权债务关系的清偿就难以建立起来。特别是建立于外汇业务基础之上的各种信用工具的大量涌现，更是推动了现代国际结算的发展，实现了不同国家的购买力的转移，进而推动了国际货币流通与金融交易。

②推动国际贸易与跨国投资的发展。外汇的存在消除了国际商品流动的结算障碍，使国际贸易从早期的物物交易，演进到现金结算，进而又发展为当前的非现金结算，极大地便利了国际贸易的发展，扫清了资金跨国流动的障碍，最终促进了投资与资本的跨国转移，推动了全球经济的快速发展。

③调节国际资金供求平衡。外汇作为一种国际支付手段，可以通过国际资金借贷与融通，加速跨国资本的转移，以此调节不同国家与地区的资金失衡，实现全球资本市场的均衡发展。

④通过国际储备实现国际收支失衡的自发调整。外汇作为一种储备资产，往往与一个国家的国际收支结合在一起，当一个国家存在国际收支顺差时，其拥有的外汇储备就会增加，从而提升其在对外经济活动中的地位与支付能力。而在出现逆差时，又会导致一国的国际储备下降。通过国际储备的增减，可以实现对一国国际收支失衡的自发调整。

⑤为宏观经济调控的重要手段。国家可以通过在公开市场中买卖外汇干预外汇市场的供求关系，实现其调节汇率水平，据此实现影响其利率与产出的调控目标。

### （四）汇率的概念

在外汇市场上，人们需要按一个基本的标准，进行不同货币之间的兑换，而这种标准就是通常所说的汇率（Foreign Exchange Rate）。这里所说的汇率，就是不同货币进行兑换时的交换比例，或者就是以一种货币单位所表示的另一种货币的兑换关系。如果把外汇视为一种特殊的商品，那么汇率其实就是这种特殊商品的市场价格。在通常的外汇市场中，汇率水平往往会根据国际经济形势的变化、货币市场的供求变化而进行适时的变化。在世界各国的外汇市场中，人们总需要根据外汇市场上挂牌的最新的外汇牌价（Posted Price），进行不同货币的兑换，从而发展国际经济关系，或者实现债权债务关系在国际领域的清偿。

### （五）汇率的标价方法

尽管汇率都是反映不同货币的购买力，或者不同货币之间的兑换比例关系的一种表示方法，但是在不同外汇市场中，由于市场传统或商务习惯的差异，也会选择不同的汇率标价方法。

1. 直接标价法（Direct Quotation）

无论在哪个外汇市场上，根据不同货币在汇率表示过程中的作用的区别，可以划分基准货币（Base Currency）和报价货币（Quoted Currency）。基准货币是指在汇率表示过程中，作为常量，数量固定不变的货币，有时也被称为被报价货币（Reference Currency）。而报价货币则是指在汇率表示过程中，作为变量，数量会随着汇率水平的不同而随时发生变化的货币。

在当今绝大多数国家的外汇市场中，通常会选择以一定单位（1，100或者10 000）的外国货币为标准，折算为若干数量的本国货币。我国外汇市场所公布的外汇牌价表现形式如$100＝¥621.53，这就是典型的直接标价法。

在直接标价法中，外国货币为常量，不会随着汇率水平的变化而发生变化，汇率的涨跌完全以固定的外国货币能够兑换的本国货币数量变化来表示，这种标价方法也被当今世界绝大多数国家所采用，成为最常见的汇率标价方法。

在直接标价法下，外国货币作为基准货币，数量是保持不变的，而本国货币则作为报价货币，根据其数量的变动，反映不同外国货币的汇率关系变化。汇率上升，表明固定数量的外国货币能够兑换更多的本国货币，意味着外汇升值，而本币贬值；反之，汇率下降则意味着外币贬值，本币升值。

2. 间接标价法（Indirect Quotation）

与绝大多数国家不同，在英美等国，由于其货币都扮演过国际关键货币，为了突出本国货币在全球金融领域的传统优势，这些国家在汇率表示过程中，更愿意把本国货币视为基准货币，而利用固定数量的本国货币能够兑换的外国货币的数量变化，反映外国货币的汇率水平。这样的外汇标价法就是间接标价法。如在欧洲外汇市场中，EUR 1＝USD 1.023 0，就是典型的间接标价法下的汇率表示方法。

在间接标价法下，本国货币数额始终固定不变，汇率的涨跌完全根据其兑换的外国货币数量变化来表示。汇率上升，意味着固定数量的本国货币可以兑换的外国货币数量上升，本币升值，外币贬值；反之，汇率下降则意味着本币贬值，外币升值。

3. 美元标价法（U. S. Dollar Quotation）

由于美元在当今国际金融市场中占据领导性地位，在很多金融市场，逐渐形成了通过各种不同货币来表示美元价格的美元标价法。在这种标价方法下，所有外汇市场上交易的货币都对美元报价，以固定单位的美元可以兑换的不同货币的数量来表示各种货币的汇率关系，以便于在外汇交易中对不同货币的汇率进行比较。如在瑞士外汇市场，就可以看到以下外汇牌价：USD 1＝CHF 1.725 0。尽管美元不是瑞士的法定货币，但是在该国外汇市场中，仍然选择以美元作为衡量各种其他货币的价值标准。

在美元标价法下，汇率上升，意味着一美元可以兑换更多的其他货币，因此表示美元升值，报价货币贬值；反之，汇率下降，表示美元贬值，报价货币升值。综合起来，不同货币标价方法的差异如表9-1所示。

表9-1 不同货币标价方法的差异

|  | 基准货币 | 报价货币 | 汇率上升 | 汇率下降 |
| --- | --- | --- | --- | --- |
| 直接标价法 | 外国货币 | 本国货币 | 外币升值<br>本币贬值 | 本币升值<br>外币贬值 |
| 间接标价法 | 本国货币 | 外国货币 | 本币升值<br>外币贬值 | 本币贬值<br>外币升值 |
| 美元标价法 | 美元 | 其他货币 | 美元升值 | 美元贬值 |

（六）汇率的种类

汇率可以按照不同的标准，从不同的角度或根据不同需要划分为不同的种类。

1. 从银行买卖外汇的角度划分

从银行买卖外汇的角度划分，可将外汇汇率划分为买入汇率、卖出汇率、中间汇率和现钞汇率。

买入汇率（Buying Rate）也称买入价，是银行从同业或客户处买入外汇时所使用的汇率。卖出汇率（Selling Rate）又称卖出价，是银行向同业或客户卖出外汇时所使用的汇率。在直接标价法下，外汇买入价在前，卖出价在后；在间接标价法下则相反。例如，2019年9月3日，中国银行英镑兑人民币的报价为8.613 8/8.856 9，即 GBP 1 = CNY 8.613 8 为买入价，GBP 1 = CNY 8.856 9 为卖出价。又如，某日纽约某银行美元兑加拿大元报价为1.025 7/1.028 9，即 USD 1 = CAD 1.025 7 为卖出价，USD 1 = CAD 1.028 9 为买入价。买入价和卖出价的差价是银行经营外汇买卖的收益，两者的差价一般在1‰~5‰。

现钞汇率（Bank Note Rate）又称现钞价，是银行从客户那里买卖外币现钞时使用的汇率。外币现钞的价格又分现钞买入价和现钞卖出价。由于外币现钞不能在其发行国以外流通，故需要将外币现钞送回到各发行国才能充当支付手段。这必然涉及为运送外币现钞而产生的运费、保险费，故银行在收兑现钞时使用的汇率，要从外汇汇率中扣除这些费用。因此，现钞买入价要低于现汇买入价，卖出现钞时的汇率和现汇卖出价相同。如，中国银行外汇牌价（2019年7月6日）如表9-2所示，某日国际外汇市场即时行情如表9-3所示。

表9-2 中国银行外汇牌价（2019年7月6日）

| 货币名称 | 现汇买入价 | 现钞买入价 | 现汇卖出价 | 现钞卖出价 | 中行折算价 |
| --- | --- | --- | --- | --- | --- |
| 英镑 | 860.73 | 833.98 | 867.07 | 869.17 | 864.39 |
| 欧元 | 771.34 | 747.37 | 777.03 | 778.76 | 775.25 |
| 美元 | 688 | 682.41 | 690.92 | 690.92 | 686.97 |

【思考4】

根据表9-2中国银行外汇牌价表，2019年7月6日，一位客户欲将10 000英镑现钞兑换等值的人民币，该客户能兑换多少元人民币？

**动动笔**

_____

_____

_____

表9-3　某日国际外汇市场即时行情

| 货币组合 | 最新价 | 最高价 | 最低价 |
| --- | --- | --- | --- |
| EUR/USD | 1.308 0/91 | 1.311 0 | 1.307 1 |
| EUR/JPY | 130.33/45 | 132.45 | 130.14 |
| USD/JPY | 99.63/78 | 100.09 | 99.47 |
| USD/CHF | 0.946 4/89 | 0.949 7 | 0.943 9 |
| AUD/USD | 0.921 0/34 | 0.928 7 | 0.919 6 |

在表9-3第二列最新价中，采用的是双向报价，即同时报出买入价和卖出价，同时采用的是点数报价法。那么，外汇汇率中的"点"指的是什么？按市场惯例，外汇汇率标价通常由五位阿拉伯数组成，不论小数点在什么位置，习惯将最后一个数字称为一个点，如美元与日元报价中，将0.01视为一点，其他大多数货币汇率的报价中，以0.000 1为一点，汇价的变化也通常用点数来表示。如表9-3中USD 1=JPY 99.63，如果汇价变为USD 1=JPY 99.33，我们就认为美元兑日元下跌了30个点。对于EUR 1=USD 1.308 0，如果变化为EUR 1=USD 1.304 4，我们就认为欧元兑美元下跌了36点。

双向报价中用点数报价是什么含义？如EUR/USD的报价为1.308 0/91，则意味着买入价为1.308 9，卖出价为1.309 1，即如果客户有1欧元被银行买入，银行付给客户1.308 0美元；如果银行将欧元现汇出售给客户，则每1个单位的欧元，收取客户1.309 1美元，银行赚取差价为11个点。

2. 按外汇交易的对象划分

按外汇交易的对象，可将外汇汇率划分为银行间汇率和商业汇率。

银行间汇率（Inter Bank Rate）也叫同业汇率，是指银行同业之间买卖外汇时所使用的汇率。银行是外汇市场的主要参与者，银行间的外汇交易是整个外汇交易的中心，故银行间汇率又称为市场汇率。银行间汇率由外汇市场供求关系决定，买卖差价很小。

商业汇率（Commercial Rate）是指银行与非银行客户之间买卖外汇时所使用的汇率。商业汇率是根据银行同业汇率适当增（卖出价）减（买入价）而形成的，所以，买卖差价要大于同业汇率。

3. 按外汇交易的结算方式划分

按外汇交易的结算方式，可将外汇汇率划分为电汇汇率、信汇汇率和票汇汇率。

电汇汇率（Telegraphic Transfer Rate）也称电汇价，是指用电信方式通知付款的外汇价格。在电汇方式下，银行一般用电传、传真等方式通知国外分支行或代理行支付款项，外汇付出迅速，银行很少占用客户的资金，因此，电汇汇率较高。目前，外汇交易大多采用电汇方式，电汇汇率成为外汇市场的基准汇率，其他汇率都是以电汇汇率为基础计算出来的。各国公布的外汇汇率，一般是指电汇汇率。

信汇汇率（Mail Transfer Rate）也称信汇价，是指用信函方式通知付款的外汇汇率。由于航邮比电信通知需要的时间长，银行在一定时间内可以占用客户的资金，因此，信汇汇率比电汇汇率低一些。

票汇汇率（Demand Draft Rate）是以汇票作为支付工具的外汇交易所使用的汇率。同信汇汇率一样，由于票汇从卖出到支付外汇有时间间隔，票汇汇率也比电汇汇率低。票汇有短期票汇和长期票汇之分，其汇率也不同。长期票汇汇率比短期票汇低，其原因是银行可以更长时间地占用客户资金。

4. 按外汇交易的交割期限划分

按外汇交易的交割期限，可将外汇汇率划分为即期汇率和远期汇率。

即期汇率（Spot Rate）也叫现汇汇率，是指在外汇买卖成交后的两个营业日内办理交割的汇率。外汇市场汇率和官方汇率未注明远期字样的，都是指即期汇率。一般即期外汇交易通过电话、电报、电传方式进行，因此，即期汇率就是电汇汇率，同时，也是外汇市场上的基本汇率。

远期汇率（Forward Rate）也叫期汇汇率，是指外汇买卖成交后，买卖双方不是立即交割，而是约定在将来某一时间进行交割时所使用的汇率。远期汇率与即期汇率的差额为远期差价。如果远期汇率高于即期汇率，就是升水；反之，则是贴水。远期汇率可以在即期汇率的基础上加升水或减贴水而计算出来。由于汇率的标价方法不同，按远期差价计算远期汇率的方法也不同。在直接标价法下，远期汇率等于即期汇率加上升水或减去贴水，用公式表示为：

$$远期汇率 = 即期汇率 + 升水$$

$$远期汇率 = 即期汇率 - 贴水$$

在间接标价法下，远期汇率等于即期汇率减去升水或加上贴水，用公式表示为：

$$远期汇率 = 即期汇率 - 升水$$

$$远期汇率 = 即期汇率 + 贴水$$

【思考2】

远期汇率一定比即期汇率高吗？

**动动笔**

_____
_____
_____
_____

【思考3】

某日香港外汇市场外汇报价，美元的即期汇率为 USD 1 = HKD 7.795 8，3 个月美元升水 200 点，6 个月美元贴水 250 点。请计算 3 个月、6 个月美元的远期汇率分别为多少？

**动动笔**

_____
_____
_____
_____

**5. 按外汇市场营业时间划分**

按照外汇市场营业时间，可将外汇汇率划分为开盘汇率和收盘汇率。

开盘汇率（Opening Rate）又称开盘价，是指银行在每一营业日刚开始营业时进行的首笔外汇买卖的汇率。开盘汇率通常是由报价银行根据正在营业的异地外汇市场的汇率报出。

收盘汇率（Closing Rate）又称收盘价，是外汇银行在一个营业日终了，最后进行外汇买卖时使用的汇率。在营业日将要结束前，市场上某种货币可能有几种价格，把这几种价格加权平均后称为收盘价格。

**6. 按外汇管制情况划分**

按照外汇管制情况，可将外汇汇率划分为官方汇率和市场汇率。

官方汇率（Official Rate）又称法定汇率，是指在外汇管制比较严格的国家，由政府授权的官方机构（如财政部、中央银行或外汇管理当局等）制定并公布的汇率。在这些国家，一切外汇收入必须按官方汇率结售给银行，所需外汇必须向国家指定的银行申请购买。官方汇率一般比较稳定，但缺乏弹性。

市场汇率（Market Rate）是指在外汇管制比较松的国家，自由外汇市场上买卖外汇的实际汇率。市场汇率受外汇供求关系影响而自发地、经常地变化，官方机构只能通过参与外汇市场活动来干预汇率的变化。

**7. 按汇率制度划分**

按照汇率制度，可将外汇汇率划分为固定汇率和浮动汇率。

固定汇率（Fixed Rate）是指一个国家的货币与另一个国家的货币的汇率基本固定，汇率仅在一定的幅度内波动。所谓固定比价，并不是一成不变的，而是一般没有大的变动，小变动则被限制在一定幅度内。

浮动汇率（Floating Rate）是指一国货币当局不规定本国货币对外国货币的官方汇率，外汇汇率随市场供求关系的变化而上下波动。

**8. 按汇率是否受到通货膨胀的影响划分**

按照按汇率是否受到通货膨胀的影响，可将外汇汇率划分为名义汇率和实际汇率。

名义汇率（Nominal Exchange Rate）是指外汇市场上的市场汇率或官方所公布的官方汇率。

实际汇率（Actual Exchange Rate）测度有两种途径：一是以价格指数来衡量，则实际汇率=名义汇率−通货膨胀率；二是以政府补贴或税收减免来衡量，则实际汇率=名义汇率−财政补贴或税收减免。

## 二、影响汇率变动的因素

外汇市场中汇率变动频繁，对于汇率变动趋势及幅度的判断，是学习汇率理论的一个难点。从根本上来说,导致外汇汇率变动的基本因素就是外汇市场的供求关系,而改变外汇市场供求平衡的因素则有很多,不仅包括经济因素,也会涉及政治因素、社会因素,以及心理因素。影响汇率变动的各因素会相互作用,相互影响,从而对外汇市场的汇率走势造成不同的影响。

(一) 国际收支

在现代全球经济体系中,国际收支状况是衡量一个国家汇率压力的重要指标,一个国家的国际收支状况会对该国货币的汇率变动产生直接的影响。如果政府不对外汇市场施加额外的干预,那么一旦一个国家产生巨大的国际收支顺差,也就意味着该国的外汇收入大于支出,在外汇供求市场上,外汇供给大于需求,从而导致外币贬值,本币升值。20世纪80年代的日本,以及21世纪以来的中国都面临着类似的国际收支状况:由于对外贸易的迅速扩张,两国不断地积累贸易顺差,给两国货币带来了巨大的升值压力。与此同时,贸易伙伴贸易逆差的积累,也会给顺差国带来更大的国际压力,迫使顺差国的货币升值。

(二) 通货膨胀

如果单从货币的购买力标准来看,一个国家出现通货膨胀,而其他国家的物价水平不变,就意味着该国货币的购买力水平下降,往往会导致该国货币在外汇市场上相较于其他货币贬值。这种由于通货膨胀所造成的货币对内价值的下降,通常会对该货币在国际市场的地位及信用状况产生冲击,进而引起该货币的对外价值下降。

当然,由国内通货膨胀所引发的货币内部贬值转化为外部贬值,通常需要一定的过程,而不会伴随本国通货膨胀,出现本国货币在外汇市场上同方向、同幅度的适时贬值。但是从长期来看,国内的通货膨胀必将传导到外汇市场,从而影响外汇市场中汇率变动的方向,汇率必然会根据通货膨胀所带来的货币购买力水平的变动而进行自发的调整。

如果从国际贸易所引发的国际收支的变动来看,一国出现通货膨胀,就表现为国内物价水平普遍上涨,当国际市场价格不变时,该国居民就会选择进口外国商品以替代价格持续上涨的本国商品,从而引起出口需求的持续扩张。与此同时,本国物价的持续上涨,又会极大地降低本国商品与劳务在国际市场上的竞争力,导致本国出口规模的压缩,最终导致本国国际收支恶化,进而传导到外汇市场,引起本币贬值,外币升值。

从货币市场上看,当一个国家的通货膨胀持续高涨,在资本名义利率没有发生变动的时候,必然会造成资本市场上资本的实际利率水平降低,由此导致国内外资本市场的收益失衡。追求更高利润的投资者,必然会将本国资本抽逃出去,从而导致资本外流,引起资本账户中的国际收支逆差,进而导致该国货币汇率贬值。

(三) 利率水平

在现代全球经济中,资本市场的规模早已超越了传统的国际贸易市场规模,在资本市场中,众多跨国公司、银行等金融机构,以及投资者的资金为了追求收益的最大化,而找寻着合适的投向,每天都有大量的资本跨越国境在全球资本市场中流动,这也对全球外汇市场产生了巨大的冲击。而在各国货币市场中,利率恰恰是衡量资本收益水平,进而改变不同资本市场的资金平衡,引发资金跨越国境流动的重要因素,它也对外汇市场中的汇率水平产生了巨大的影响。

正如宏观经济理论所分析的那样，各国政府采取不同的财政政策与货币政策时，必然反映在该国的资本市场上，从而引起利率水平的变动。事实上，利率恰恰是金融市场中最为敏感、最为基础的经济指标，它会通过自身的变动，传导到资本市场、外汇市场，最终改变一个国家的经济平衡。

如果一个国家采取信贷紧缩政策，通常会引起利率水平上升，导致本国资本市场的收益率高于国外市场，必然会引起外汇市场供求关系的变化，从而导致资本流入、本币升值、外币贬值。

如果一个国家采取货币扩张政策，导致市场利率降低，又会降低该国货币在国际货币市场上对于投资者的吸引力，引发资金外流，导致本币贬值、外币升值。

### （四）中央银行对汇率的干预

在现代自由浮动货币体制下，尽管各国央行不再承担把货币汇率维持在一个稳定范围的义务，但是各国央行仍然会积极参与外汇市场，通过在公开市场中买入或卖出外汇，避免汇率剧烈波动给国民经济造成巨大冲击，维持汇率的相对稳定。

为了避免货币汇率的大幅波动，各国中央银行都会选择采取各种措施，参与外汇市场交易，或者通过一些货币政策、汇率政策，以影响外汇市场的走势，从而稳定经济。

### （五）市场预期

在外汇投资市场中，资本市场的很多基本因素，如宏观经济数据、关键行业的数据、重要企业的财务报表、各国政府的政策走势，甚至一些国际事件、政府人事变动，乃至一些难以解释的突发性的市场交易行为，都可能使众多投资者对于未来资本市场，包括外汇市场的走势产生新的预期，而这种预期如果能够形成市场的合力，就足以改变资本市场的运行。

在外汇市场上，国际收支、通货膨胀、市场利率、政府政策或市场预期都会对外汇市场的走势产生重要的影响，而市场的真正趋势则依赖于所有对市场造成影响的因素的合力。因此在预测外汇市场走势时，不能简单关注某一个因素对市场的影响，而需要从整体上、宏观上把握多种因素的共同作用。也许在某一时期，一些因素会导致货币贬值，而另一些因素又会推动货币升值，那么汇市的走势就必须研究不同因素对外汇市场影响力的差异，从而判断其共同影响的整体趋势，这恰恰是外汇市场趋势判断的难点所在。

## 三、汇率变动的经济影响

汇率作为一个重要的经济指标，受到众多经济因素的影响；它的变动也会对一个国家的国民经济，乃至国际经济关系产生重要的影响。

### （一）汇率变动对国际贸易的影响

按照一般的经济规律，当一个国家货币贬值时，其出口产品在国际市场上的相对价格水平下降，也就是其出口商品的外币价格下降，从而导致外国市场对于该国产品的市场需求扩张，出口数量增大；与此同时，本币贬值又会导致本国进口商品的相对价格水平上升，本国的进口需求下降，进口数量下滑。反之，一国货币升值会导致出口数量下降，进口数量增加。

案例分析 9-1 人民币升值的烦恼

除了汇率的变动幅度，进出口的价格需求弹性也会对国民收支产生影响。因为如果一国出口商品富有价格需求弹性，也就是价格需求弹性大于1，那么当本币贬值时会刺激出口数量，使其更大比例地增长，出口总金额也会有所上升；当该国进口商品富有价格弹性时，本币贬值导致进口商品价格上升，从而引发进口数量以更大的比例下降，由此带来进口总金额的下降。因此，当一个国家的进出口贸易富于弹性时，本币贬值，会使该国的国际收支得以改善。这就是国际金融领域著名的马歇尔-勒纳条件（Marshall-Lerner Condition），即当一个国家进口弹性的绝对值和出口弹性的绝对值之和大于1时，货币贬值才能使该国的国际收支改善；当进出口弹性的绝对值之和等于1时，汇率变动会导致进口数量向相反方向同比例变动，从而导致进出口金额不变，国际收支不会有所改变；当进出口弹性的绝对值之和小于1时，贬值反而会导致出口总金额下降和进口总金额上升，使国际收支恶化。

汇率市场的汇率变动会通过两个机制对进出口贸易造成影响。以本币贬值为例，当一个国家选择本币贬值时，从价格效应来看，在其他条件不变的情况下，本币贬值会导致在进出口规模不变时，出口价格下降，进口价格上升，最终造成国际贸易条件恶化，使得该国的国际收支恶化。而从数量效应来看，本币贬值会导致出口数量增长，进口数量减少，在不考虑汇率变动造成的进出口商品价格水平变动的情况下，会改善该国的国际收支。当该国符合马歇尔-勒纳条件时，货币贬值所造成的数量效应所带来的收益足以弥补价格效应所造成的损失，因此，最终使得该国的国际收支状况改善。

除了少数进出口过于依赖少数农产品、矿产品等价格弹性不高的国家，当前世界绝大多数国家符合马歇尔-勒纳条件，因此，当本国经济面临危机时，采取竞争性的货币贬值是很多国家的共同选择。

在符合马歇尔-勒纳条件时，当一个国家选择货币贬值，也许贬值国可以从中获得国际收支改善的收益，然而，当更多的国家共同选择货币贬值，就会发生明显的众合悖论，导致各国不但无法从汇率变动中获益，反而使国民经济遭受更大的损害。因此，尽管2005年以来，人民币已经升值超过30%，美元实现了相对人民币贬值的预期，但其对华贸易逆差却没有明显的改善。而次贷危机，特别欧债危机之后，美欧相继采取货币量化宽松政策，希望实现竞争性贬值，消除危机对本国经济的影响，然而，尽管美元和欧元相继贬值，但是美欧各国的国际收支仍难以得到明显的改善。

在实际经济生活中，即使符合马歇尔-勒纳条件，考虑到进出口供求变化对由汇率变动所造成的价格变化的反应程度，贬值也不一定会立即改善一个国家的国际收支情况。事实上，在货币贬值之后，该国的国际收支往往会先恶化，经过一段时间的时滞之后才逐渐改善。之所以会出现这样的情况，首先，国际贸易合同从签订到完成往往需要一定的时间，在货币贬值初期，市场尚不能根据当前的汇率作出及时的反应，此时，国际贸易执行的往往是此前已经签订的贸易合同，而本币贬值之后，这些贸易合同数量尽管没有发生变化，但是却必须按贬值之后的新价格执行，由此带来出口总额的下降与进口总额的增加，本国的国际收支由此出现恶化迹象。其次，在国际市场中，市场主体对于价格的反应往往存在一定的时滞。一方面，消费者对汇率带来的价格变动的认识反映到其需求量的变动上，通常需要一定的时间，如果消费者把本轮货币的贬值视为一轮大规模货币贬值的开端，不仅不会因此增加市场需求，反而造成其观望的情绪，导致市场需求进一步压缩。只有消费者认识到贬值造成的价格变动，并随之作出反应，才会增加贬值国的出口规模，通过数量增加弥补货币贬值所造成的价格下降。而另一方面，当生产者认识到贬值所造成的国际市场价格变动后，也需要改变原材料采购规模，重新安排生产，调节生产规模，而这也是需要时间的。因此，由于在需求与供给过程中都存在着明显的时滞现象，即使符合马歇尔-勒纳条件，贬值往往也先带来国际收支的恶化，而后，伴随着国际市场供需的调整，国际收支才会逐渐改善，这样的变动恰似英文字母"J"，因此被称为J曲线效应（J-curve Effect）。J曲线效应如图9-1所示。

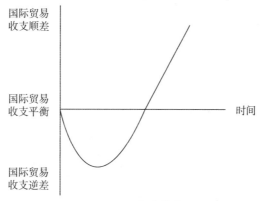

**图9-1 J曲线效应**

人民币升值以来，中国对外的旅游服务贸易与教育服务贸易都有了明显的增长，这在很大程度上验证了汇率变动对于服务贸易的影响。

**（二）汇率变动对国际资本流动的影响**

在当前的国际收支中，资本流动所造成的资本账户规模早已经超过传统的由于国际贸易，特别是有形商品贸易所产生的经常账户规模，因此，一个国家汇率变动所造成的资本跨境流动，对一国整体经济的影响远超其对该国对外贸易的影响。

汇率变动对国际资本流动的影响极为复杂，从整体上来说，汇率对资本流动的影响，不仅仅取决于汇率变动所造成的货币购买力的差异，还会受市场对于汇率进一步变动的预期，以及宏观经济前景的判断等因素的影响。

1. 短期影响

我们通常所说的热钱，或者游资，指的就是国际资本市场中的一些追求短期收益的跨境流动资本。它们往往以投机获利为基本目的，其流动性非常强。众多的短期投资者，一旦发现市场的不平衡可能带来的盈利机会，就会在短时间内，迅速实现跨国流动，从而对一个国家的金融市场，乃至宏观经济的运行秩序产生极大的冲击。

2. 长期影响

货币升值会导致该国货币的国际购买力上升，在限制本国商品出口竞争力的同时，出口替代型的对外直接投资反而变得更加有利，这也会鼓励该国投资者到外国消费、投资，相反，货币贬值会导致该国货币的国际购买力下降，不仅限制了该国的对外投资能力，也会影响外国投资的进入。仅以中国为例,2005年人民币汇率制度改革后,人民币汇率大幅升值,也大大地鼓励了中国投资者对外投资,以联想收购IBM的PC业务部门、吉利汽车收购沃尔沃为代表的一连串中国企业的跨国并购行为,也极大地震惊了世界。

### (三) 汇率变动对国内经济的影响

通常而言,一个国家的汇率下降,一方面会导致出口规模扩张,减少国内商品的供应数量,从而改变国内商品的供求平衡,造成国内物价水平上涨;另一方面,本币贬值又会造成本国进口商品的本币价格上升,进而推动本国的物价水平提升,如果该国的主要进口商品是农产品、矿产品等初级产品或原材料、中间产品,其进口生产资料价格水平上升,还会推动社会整体的物价水平上升,而加剧国内的通货膨胀压力。与之相对,如果本国汇率上升,按道理会导致进口商品价格下降,减轻本国通货膨胀压力,但是在实际生活中,由于国际市场的定价策略,本币升值更多会导致在进出口商之间的利润分配增多,物价的下降却并不明显。

当一个国家没有实现充分就业,国内存在生产资源的闲置时,选择货币贬值,往往会导致出口规模扩张,从而鼓励国内厂商加大生产投入,扩大生产规模,闲置资源将得到更为充分的利用。由于某种原因投资的乘数作用,国民收入和就业将会相应得以提升。但是如果本国已经实现充分就业,国内生产能力已经得到充分利用,再出现本币贬值的话,即使增加了该国商品在国际市场上的需求量,由于生产无法扩张,也只会导致国内的通货膨胀加剧。

相反,如果一个国家的货币升值,在出口需求下降的同时,会导致本国市场的供需失衡,如果由此带来大量商品积压,甚至可能会导致该国出现经济衰退,随之而来的将是大量的失业。这在很大程度上解释了为什么即使存在贸易顺差,很多国家包括中国仍然不愿意本币升值。

## 第二节 汇率决定理论

### 一、金本位制下的汇率理论

#### (一) 金币本位制下的汇率决定

作为社会财富的重要表现形式,黄金可以伴随国际贸易的开展而自由出入国境。因为金币只代表其自身的黄金的价值,因此尽管不同国家所铸造的货币形态不一样,但是可以根据不同国家货币的重量,即其含金量或铸币比价(Mint Par),来比较其交换比率,这就形成了最早意义上的汇率。在金本位制初期,英国规定1英镑为123.274 47格令,成色为22K (Karat),即含金量为113.001 6格令。而根据1792年美国发布的铸币法案,1美元折合371.25格令纯银或24.75格令纯金。根据二者的含金量之比,就可以直接推算出它们的汇率平价,即1英镑=113.001 6/24.75=4.565 7美元。

金币本位制时期,外汇市场上不同货币的汇率波动是由黄金在两国之间的运输成本决定的。因为各国的黄金开采量相对稳定,而且相较于其他商品,黄金在国家间的运输成本(包括运输费、包装费、保险费和利息)也相对偏低,因此各国货币的汇率相对稳定,波动幅度并不大。假设在英美两国之间每运送 1 英镑，所需要花费的运输成本为 2 美分。那么外汇市场中英镑与美元的汇率就应该在每个英镑兑换 4.545 7 美元至 4.585 7 美元波动，这就是黄金的输送点，包括黄金输入点和黄金输出点。

$$黄金输出点（汇率波动上限）= 铸币平价 + 黄金运输费用$$
$$黄金输入点（汇率波动下限）= 铸币平价 - 黄金运输费用$$

## 【思考 4】

金本位制下，为什么黄金输出点和黄金输入点是汇率波动的上限和下限，如何证明？

**动动笔**

_____
_____
_____
_____

铸币平价和黄金输送点构成了金币本位制下两种货币的汇率波动范围。如果外汇市场上外汇的汇率超过了黄金输出点，对于本国对外债务人来说，利用输出黄金，而不是直接使用本国货币兑换外汇来进行国际结算，支付对外债务，将会变得更为便宜，因此本国就会发生黄金的外流。而黄金外流则意味着本国可以用作铸币的黄金数量的减少，从而导致本国流通的货币数量减少，本币升值，外币贬值，通过黄金的自发流出，外汇市场上外汇的汇率又会自动地降到黄金输出点之下。

同样的道理，如果外汇市场中外汇的汇率低于黄金输入点，对于本国对外债权人来说，通过直接输入黄金的方式结算对外债权所获得的价值将会超过通过输入外汇的方式结算的价值，因此，自然就会引发黄金的内流，导致本国流通的货币数量增加，本国出现通货膨胀，货币的购买力下降，本币贬值，外币升值，汇率自动调整到黄金输入点之上。国际收支的失衡会引起黄金的内流与外流，从而传导到外汇市场上，使得汇率自动发生调节，进而引起国家间进出口规模的变动，保证了各国的国际收支自发地恢复平衡。

在金币本位制下，国家往往允许黄金跨越国境的自由流动，一个国家国际贸易带来的收支失衡往往反映为该国黄金的净流入或净流出，从而引起国内价格的变动，实现对国际收支失衡的自发调节，这就是大卫·休谟（David Hume）所提出的价格-现金流动机制（Price-Specie-Flow Mechanism）。当一国出现持续的国际收支逆差时，必然需要使用大量的黄金货币结算国际收支逆差，对外汇需求的上升会把外汇的汇率推动到黄金输出点，并出现黄金外流，由此导致本国的货币供给减少，通货紧缩，物价下跌，最终提高本国产品的国际竞争力，导致出口增加，进口减少，国际收支改善，当汇率调整到使国际收支实现平衡时，黄金的外流将停止。而当一国出现持续的国际收支顺差时，又会导致黄金的大量流入，外汇的汇率将跌破黄金输入点，由此带来本国的货币供给增加，物价上涨，本国将因此而出现通货膨胀，降低本国产品在国际市场上的国际竞争力，导致出口减少，进口增加，国际收支恶化，最终实现国际收支平衡。这就是金币本位制下汇率决定的最大优点，通过黄金在国家之间的自发流动，就可以自动实现汇率的调节，从而保证每一个国家的国际收支都处于平衡状态。

### (二) 金块本位制与金汇兑本位制下的汇率决定

在金币本位制下，一个国家流通货币的多少完全取决于其拥有的黄金的多少，如果无法通过开采金矿，或者贸易顺差的方式获得黄金，就有可能导致金荒，也就是由于缺乏足够的黄金供给，而导致流通的黄金无法满足经济发展的需要。因此随着经济的发展，越来越多的国家开始通过国家的强制力发行纸币，代替黄金充当流通的货币。传统的金币本位制崩溃，开始进入金块本位制与金汇兑本位制时期。

金块本位制（Gold Bullion Standard）下，由国家储存金块作为储备，限定流通中的货币与黄金的兑换关系，不再保证货币与黄金之间的自由兑换，但可以在需要的时候，按限定的数量，以纸币向中央银行兑换金块。金块本位制实质上是一种附有限制条件的金币本位制，在 20 世纪二三十年代相对盛行。

伴随着英镑与美元在国际货币市场的统治地位的确定，一些国家不再发行建立在黄金价值基础上的纸币，纸币不再可以保证兑换为黄金，但是可以兑换为金币本位制或金块本位制国家的外汇，从而在国际市场上建立起该货币与黄金之间的联系，这就是通常所说的金汇兑本位制（Gold Exchange Standard）。为了保证这样的货币价值的稳定，实行金汇兑本位制的国家不仅需要储存一定数量的黄金作为储备资产，还需要储备相当数量的金币本位制或金块本位制国家的外汇，并利用政府政策手段保证本国纸币与外汇的固定兑换关系，通过无限制买卖外汇来保证本国货币币值的稳定。第二次世界大战后所确立的布雷顿森林体系其实就是建立在金汇兑本位制基础上的货币体系。

在金块本位制或者金汇兑本位制下，如果国家仍然规定纸币的含金量，此时流通的纸币其实仍然是代表黄金在充当交易媒介，因此仍然可以沿用以往金币本位下的外汇汇率决定规律，根据不同国家对于其货币所规定的含金量计算汇率平价，而由国家强制力来保证汇率的波动幅度。

然而，在纸币流通阶段，纸币的价值已经虚拟化，不再像金币本位制下完全由金币中所包含的黄金数量来决定，在缺乏实物保证的情况下，货币的购买力水平，甚至汇率平价完全是政府人为规定。在利益的驱动下，很多国家为了追求国际收支顺差，更倾向于人为执行货币扩张，从而导致货币竞争性贬值。因此，此时的汇率不再像金币本位制下那么稳定，国家间货币的汇率波动明显加剧。

## 二、购买力平价原理

### (一) 购买力平价的提出

购买力平价是建立在货币作为交易媒介这一功能的基础之上的，它的基本思想是人们对于外汇的需求缘于用其购买外国的商品与劳务，因此外汇市场上外汇的交易实际上只是两国居民的购买力的交换。作为外汇的价格表现形式，汇率受两国购买力水平变化的影响。

在存在套购行为的基础上，人们总会根据两国货币的汇率与市场的价格水平，去决定如何购买，以保证其利益最大化。作为理性人，总会选择在低价市场买入，高价市场卖出，因此，如果两国的同一商品的购买力价格水平不一致，必然会导致单向式的套购行为，这又会改变两国货币和货币市场的供求平衡，因此，也就保证了无论按照哪种货币计算，不同国家同一种商品的购买力价格水平应该是相同的,购买力平价原理也由此被称为"一价定律"(Law of One Price)。

### (二)购买力平价的理论假设

作为一种重要的汇率理论,购买力平价原理自提出之初就受到理论界的极大关注,但是其过于严格的理论假设条件,影响了该理论对于现实生活的指导意义,成为该理论饱受争议的原因。总体上来说,购买力平价原理的理论假设主要包括以下内容。

1. 完全竞争的市场属性

在卡塞尔提出购买力平价原理时,经济学界主流的经济思想属于古典经济学,现代微观经济学关于不同市场形态的划分的理论尚未建立,因此在分析不同国家的商品和劳务时,往往认为不同国家的商品与劳务具有完全的可替代性,不考虑商品与劳务的差异性,而把其视为同质的,从而抹杀了非完全竞争市场中产品的差异性。

2. 国际贸易中不存在交易费用

购买力平价原理的生效取决于同一商品在国际市场上套购行为的广泛存在,然而,事实上,考虑到运输成本及信息不完全等因素的存在,纯粹意义上的套购并不会大量出现,即使出现套购机会,在信息不完全的情况下,也很难在短时期内出现足以改变市场价格的广泛的套购行为。同时,即使在现代国际贸易中,服务贸易已经成为不容忽视的力量,诸如理发、家政等服务仍然是非贸易品,难以进入国际贸易市场。这些非贸易品独立地存在于不同的严格分割开的市场,以致无法保证其价格的统一。事实上,这些非贸易性的服务劳动在不同市场的价格差异最为明显。

3. 自由贸易

购买力平价原理把不同国家的商品视为可充分替代的,它需要保证每一个人可以自由地从不同国家购买商品与劳务,然而,实际经济中,几乎所有的国家会在国际贸易中,制定关税、配额、补贴等贸易政策,以期对本国的贸易收支产生影响,这些政策足以改变市场的原有平衡,以致难以保证不同市场的同一商品的价格统一。

4. 金融市场自由化

购买力平价原理的生效依赖于完全自由的市场,不仅仅包括自由的国际贸易市场,还应该包括自由的金融市场。如果一个国家通过严格的外汇管制限制其他国家货币兑换为本国货币,或者限制外资流动的话,保证商品价格一致的自由贸易也就难以实现。

5. 每个国家的生产与消费结构大致相当

在利用购买力平价原理衡量不同国家的汇率水平时,不仅仅要考虑单一商品在不同市场中的价格水平,还要考虑一篮子商品的整体价格水平,并以此来判断不同国家的物价变动水平。而比较其汇率差异的一篮子商品种类的选择,取决于每一个国家的生产、收入与消费情况,只有生产、收入与消费水平大致相当的国家,一篮子商品的选择才会相同或者相似,如果经济发展水平差异较大,衡量其居民消费结构的物价指数的测定就会存在明显差异,比如食品在发展中国家的居民消费中处于相对重要的地位,而在发达国家居民消费中的重要性就会低很多。在这种情况下,只有经济发展水平相近的国家的物价指数才有可比较性,才能保证购买力平价原理在这些国家之间能够实现。

## (三) 绝对购买力平价与相对购买力平价

根据研究视角的差异，购买力平价可以分为绝对购买力平价和相对购买力平价。绝对购买力平价（Absolute purchasing power parity，Absolute PPP）是建立在自由市场中的，商品套购行为的存在会把同一商品的价格推向均等化的理论假设的基础之上，因此，两国货币的均衡汇率就应该等于两国的购买力水平或者物价之比，公式为：

$$E = P/P^*$$

式中，$E$ 即为以直接标价法表示的两国汇率，$P$ 是本国一篮子商品的一般价格水平，$P^*$ 是外国同样一篮子商品的一般价格水平。

绝对购买力平价的逻辑思想是，假设中国根据人们生活基本需要确定的一篮子商品在美国的市场价格为 100 美元，而同样的商品在中国却需要 500 元人民币，那么，中美两国的汇率就应该是 1 美元=5 元人民币，因此，如果市场汇率高于 5，比如 1 美元=6 元人民币，那么美国人会发现，到中国购买同样的商品只需要 500/6 美元，已经不到 100 美元，美国人会争相到中国购买该商品，因此在外汇市场上，对于人民币的需求上升，美元的供应上升，从而推动人民币升值而美元贬值，直到两国汇率回到 1∶5 的均衡水平。同样的道理，如果市场汇率低于 5，中国人又会选择去美国套购商品，最终把商品价格推回到 1∶5 的均衡水平。通过绝对购买力平价原理，可以建立起外汇市场上货币的汇率与实际市场中可贸易商品的物价水平之间的关系。

如果考虑不同国家的物价变动因素，根据绝对购买力平价原理的公式，外国如果发生了通货膨胀，导致物价上涨，必然反映为汇率水平的下降，也就是通货膨胀国的货币出现贬值，其通货膨胀的幅度也就转变为其货币贬值的幅度。由此可以推导出相对购买力平价（Relative Purchasing Power Parity，Relative PPP）公式：

$$E1 = E0 \times [(P1/P0)/(P^*1/P^*0)]$$

式中，在绝对购买力平价原理下，当前的汇率 $E1$ 就等于前一期的汇率 $E0$ 与两国物价指数变动比率之比的乘积。其中 $P1$、$P0$ 分别代表本国的报告期和基期的物价指数，$P^*1$ 和 $P^*0$ 则代表外国的报告期和基期的物价指数。此外，在核算过程中，两国物价指数的变动比率可以用常用的居民消费价格指数（CPI）、商品零售价格指数（RPI）、工业品出厂价格指数（PPI）等进行计算。

购买力平价原理提供了利用货币购买力的差异来反映不同货币所代表的价值量关系的分析方法，如果不考虑短期内影响汇率变动的诸多因素，货币的汇率走势与其购买力走势基本一致，因此在汇率决定理论中，购买力具有最为基础的地位，其他的汇率理论以及很多宏观经济模型是在它的基础之上扩展而来的。

案例分析 9-2　巨无霸指数

## (四) 购买力平价原理在中国的应用

实践证明，购买力平价原理在通货膨胀率较高国家的汇率生成机制中表现更为明显。中华人民共和国成立初期,经济与财政基本处于瘫痪之中,所拥有的少量黄金与外汇,不足以像金汇兑本位制国家那样,充当我国的货币发行与汇率稳定的储备资产。因此中国人民银行在确定人民币汇率时,更多采用购买力平价原理的基本思想,根据大宗出口商品的国内外价格比,确定汇率平价。为了发展统一战线,争取众多华侨支持,鼓励吸收侨汇,根据购买力平价原理的基本思想,确定了保证华侨所持外汇的实际购买力的基本原则,把汇率制定在保证国内外华侨在国内买到的商品价格高于在国外的价值量的范围内,因此把华侨日常的生活所需产品确定为划定购买力平价的一篮子商品,并借此保证利用外汇与人民币所能购买到的商品的总量平衡。这样的汇率确定原则直到20世纪60年代中期我国经济秩序稳定后才基本取消。

近年来,通过购买力平价理论,判断人民币的均衡汇率水平,进而确定人民币在外汇市场的市场趋势,已经成为国际金融领域的一个研究热点。虽然根据巨无霸指数,可以判定出中国的人民币存在明显的汇率低估迹象,但是很多学者指出,像中国这样的发展中国家在经济的起飞阶段往往存在明显的通货膨胀,而外汇市场的汇率却很少出现相同比例的贬值,导致中国的通货膨胀更多发生在非贸易品领域,如房地产或者服务业,而贸易品的价格上涨幅度却并不明显,因此,虽然国内居民感受到明显的国内物价上涨,但是人民币在国际贸易领域对于贸易品的购买力下降幅度远远小于国内的通货膨胀率,这也导致通货膨胀对于外汇市场影响力的弱化。

次贷危机发生以来,经济仍然保持高速增长的中国也出现了较为明显的通货膨胀,很多商品的国内价格水平明显高于国际市场,甚至出现了海外代购的新行业,与此同时,国内加工制造业企业的生产成本也出现了明显的上涨。此时的人民币一方面在内部表现出明显的购买力下降的贬值趋势,另一方面却在外汇市场上保持了相对强势的升值,这样的"内贬外升"在很大程度上需要归结于中国产业体系在全球价值链中仍然处于低端,无法获得市场定价权,而掌控国际价值链高端和市场定价权的西方发达国家借此可以获得更大的市场利益。

 阅读材料9-1　路虎在中国为什么卖得贵?

### 三、利率平价理论

**(一)利率平价原理的提出与发展**

在现代全球资本市场中,伴随着国际资本跨国转移的规模的扩大,利率变动已经成为影响市场汇率,特别是短期汇率变动的重要因素,这也催生了利率平价原理(Interest Rate Parity Theory)的诞生。

1923年,凯恩斯在《论货币的改革》一书中就利率对汇率的影响进行了初步研究。他指出,当两个金融市场的利率水平不相等时,投资者为了追求更高的回报,在汇率不发生变动的前提下,往往倾向于把资本转移到利率更高的市场,以获取利息差额。但是在资本的转移过程中,如果汇率发生了对投资者不利的变动,那么投资者也许不仅无法实现更高的利息收益,反而会遭受损失。因此,投资者会倾向于在远期外汇市场,按远期汇率把在高收益国家的投资所得兑换为本国货币，从而通过抵补套利的方式，锁定其投资收益。在这过程中，远期汇率与即期汇率的差价会持续扩大。只有当远期与即期之间的升贴水率和两个市场的利率差相同，抵补套利才会中止，这时就实现了利率平价。

在凯恩斯的汇率体系中，决定远期汇率的基本因素是不同国家货币短期存款利率之间的差额，一方面，即期汇率与远期汇率之间的差额会倾向于等于两个国家金融市场的利率差额，而另一方面，即期汇率与远期汇率之间的差额还会根据供求状况，围绕利率平价上下波动。远期汇率与利率平价偏离，可以诱使投资者进行资本跨国转移的套利行为，但套利资金的有限性，又不能保证远期汇率恰好调整好利率平价。

在凯恩斯之后，英国学者艾因齐格进一步提出利率平价的"互交原理"，从而标志古典利率平价理论的最终完成。他指出，远期利率和利率平价是一种互相作用的关系，通过套利行为，远期利率将取决于利率平价，而与此同时，利率平价也受套利的影响，从而受远期汇率的影响。但是在国际市场中，远期汇率和利率很难作出迅速的调整，因此二者出现在均衡状态是很偶然的。20世纪50年代以后，一些学者在研究利率平价原理时，不仅继承了凯恩斯市场套利行为的思维，还增加了套利者市场预期对远期汇率变动的影响的研究，从而提出现代利率平价原理。

现代利率平价原理的基本思想是在资本自由流动，且不存在交易成本的情况下，外汇市场中即期汇率与远期汇率的差价是由两国的利率差所决定的，高利率货币在远期市场上必然贴水，而低利率货币在远期市场上必然升水。在两国存在利率差异时，投资者往往倾向于通过在外汇市场的抵补套利来规避汇率风险，而大规模套利交易的结果则是，低利率货币的现汇汇率贬值，远期汇率升值，而高利率货币的现汇汇率升值，远期汇率贬值，因此低利率货币远期升水，高利率货币远期贴水。伴随着抵补套利的不断进行，远期差价会持续拉大，直到两种货币资产的收益率完全相等时，抵补套利才会停止，此时即期与远期的差价恰好等于两国的利率差，利率平价原理成立。

（二）利率平价的主要内容

利率平价原理的核心思想是不同外汇市场的利率差会导致套利资本的跨国流动，从而改变不同外汇市场的供求平衡，对即期汇率与远期汇率的变动产生影响。它是从资本流动的角度分析利差和汇率差的关系。

假设英国1年期英镑的存款利率为$i_{UK}$，美国1年期美元的存款利率为$i_{US}$，即期汇率为$E$，即£1 = $$E$，对于美国投资者来说，他有两个选择，一是把所拥有的资金投放于本国资本市场，获得按本国利率$i_{US}$计算的利息收入；二是把资金投放于英国的资本市场，获得相应的利息收入，然而，在这过程中涉及美元与英镑之间的外汇兑换，如果即期汇率与远期汇率发生变动，就可能会影响投资收益。投资者就可以利用即期外汇市场与远期外汇市场的结合，来抵补未来汇率变动的不确定性，从而锁定英镑投资收益，并通过权衡这两种投资的收益，来决定自己的资金投向。

假设投资者的投资资金为1美元，将其投放于本国资本市场，一年后的本金加利息总额为$(1+i_{US})$，而他如果希望把资本投放到英国资本市场，则首先需要按即期汇率£1 = $$E$，将其拥有的1美元在即期外汇市场中兑换为£$(1/E)$，并按利率$i_{UK}$获得利息收入，其本金加利息总额为£$(1/E) \times (1+i_{UK})$。我们无法简单地比较这两种投资方式的收益大小，只能等投资到期，也就是一年后，按当时的即期外汇市场的汇率，将英镑所得兑换为美元，然后进行比较。在这过程中，汇率的变动具有很大的不确定性，这将给投资者的投资行为带来很大风险。如果投资者只是单纯根据自己对于外汇市场趋势的预判来进行投资，这一类投资者往往是风险偏好型投资者，他们宁愿承担汇率变动的风险，选择套利方向，实现资本越境转移，进行套利投资，这被称为非抵补利率平价（Uncovered Interest Parity，UIP）。

而对于更多的风险厌恶型投资者，他们往往选择在资本转移的同时，在远期市场签订与套利方向相反的远期外汇合同，锁定未来的远期汇率，从而达到控制风险，实现套期保值的目的，这种情况被称为抵补利率平价（Covered Interest Parity，CIP）。我们可以结合抵补利率平价原理，介绍利率平价原理的基本生效过程。

假设当前外汇市场中，1年期的远期汇率为 $F$（即 £1 = $F$），那么投资者在把资本投放到英国市场后，就可以在远期市场上卖出相应的资本 £$(1/E) \times (1+i_{UK})$，以锁定其投资收益 $[(1/E) \times (1+i_{UK})] \times F$。通过比较相同金额的资本在英国与美国的投资所得，投资者自然会把资本投向能够给他带来更多收益的市场，从而通过资本在英美两国之间的自由流动，改变两个市场的资金供求平衡，进而通过汇率与利率的调整，实现两个市场之间的平衡，也就是相同资本在两个市场中获得等额回报，即：

$$\$(1 + i_{US}) = \$[(1/E) \times (1 + i_{UK})] \times F \tag{9-1}$$

重新整理后得：

$$(1 + i_{US})/(1 + i_{UK}) = F/E \tag{9-2}$$

等式两边同减 1 得：

$$(i_{US} - i_{UK})/(1 + i_{UK}) = (F - E)/E$$

即：

$$(i_{US} - i_{UK}) = (F - E)/E + [(F - E)/E] \times i_{UK} \tag{9-3}$$

因为一般情况下，$[(F-E)/E] \times i_{UK}$ 是一个较小的数，因此可以将其省略，将方程式近似地表示为：

$$i_{US} - i_{UK} = (F - E)/E \tag{9-4}$$

这也就是利率平价原理的基本含义：在相对自由的资本市场中，利率高的货币远期贴水，利率低的货币远期升水，其升贴水的幅度应该近似于两个市场的利率差。

 阅读材料 9-2　次贷危机后的日元套利

## 四、货币主义汇率理论

### （一）货币主义汇率理论的产生

在布雷顿森林体系下，各国货币仍然直接或间接地与黄金挂钩，决定汇率变动的仍然是金本位制下的金平价，在这样的汇率体系下，经济学家研究汇率更多从国际收支角度，研究汇率对国际收支的调整作用。然而，20世纪70年代，布雷顿森林体系崩溃，世界进入浮动汇率制汇率体系，全球外汇市场上的汇率波动更加频繁，且波动幅度加大，各国的货币政策选择也成为影响汇率波动的重要因素。在这样的历史背景下，70年代，以哈里·约翰逊、蒙代尔为代表的一些经济学家，开始在购买力平价原理的基础之上，结合货币学派的货币理论，尝试从货币因素解释汇率的变动，从一个国家货币政策的变化角度考虑该国货币的汇率走势。

在货币主义之前，购买力平价原理已经研究了通货膨胀率与汇率之间的关系，而在很多情况下，通货膨胀率的变化往往是由货币市场的供求平衡被打破造成的，因此，从理论演变上，购买力平价原理成为货币主义汇率理论的理论基础。货币主义理论在继承购买力平价原理与利率平价原理等传统汇率理论的基础上，构建了"一般货币模型"，揭示了汇率与相对货币供应量、相对产出和相对利率等经济指标之间的关系，其经济思想也被广泛地应用于汇率预测和政府的政策制定，成为20世纪中后期最为重要的汇率理论。

**（二）货币主义汇率理论的理论前提**

货币主义汇率理论与其理论基础购买力平价原理一样，都对理论的生效机制，特别是各种市场的发达程度，设置了极为严格的理论前提，主要包括以下内容。

（1）拥有高度发达的资本市场。货币主义要求资本具有完全的流动性，不存在限制资本跨境流动的政策，从而能够保证资本在不同国际市场之间的自由流动。

（2）拥有高度发达的商品市场，商品在国家间的自由套购可以保证"一价定律"始终可以实现。正如购买力平价原理假设商品的套购可以保证同一商品在不同国际市场的价格均等化一样，货币主义仍然不考虑交易成本、贸易保护等因素对于商品跨境流通的限制，从而保证购买力平价原理始终成立。

（3）拥有高度发达的外汇市场。各种外汇可以自由兑换，资本可以自由流动，市场的参与者可以根据市场信息作出合理的预期，进而采取足以改变市场汇率趋势的交易行为。货币主义假设投资者具有完全的理性，可以根据市场信息，对于外汇汇率趋势产生理性预期，进而指导自身的市场交易行为。

除此之外，即使在货币主义内部也存在一些理论上的分歧，而这种分歧更多集中于资产的可替代性。如货币决定理论往往不考虑投资者对于本国，或者其他特定国家资产的特殊偏好，强调本国资产与外国资产可以充分替代，这也保证投资者能够随时根据自己的市场预期，在资本市场交易不同国家的金融资产，转移资本，从而对市场产生足够的影响。而资产组合理论则认为，国内外金融资产并不具有完全的可替代性。

**（三）弹性价格货币模型**

弹性价格货币模型是货币主义汇率理论中最早建立和最基础的模型，其代表人物为弗伦克尔、穆萨、比尔森等人，他们认为商品价格和资产价格都是完全有弹性的，可以通过国际商品市场的套购行为，利用汇率和各国货币市场的供求变化反映商品价格的变动，保证各个市场处于均衡状态，通过把购买力平价与货币数量方程结合起来，推出了货币主义的汇率方程。剑桥方程式是最为基本的货币需求函数，它把货币需求与一般价格水平和总产出联系在一起。它也可以视为货币主义货币函数的基础形式。其公式为：

$$M = kPY$$

货币主义认为，剑桥方程式仅仅考虑了货币的交易动机，却忽略了其投资动机，根据凯恩斯的货币理论，货币的投资动机与利率是表现出负相关关系的，因此货币主义在剑桥方程式的基础上，又加入了利率因素，此时的货币函数变为：

$$M/P = kY - hi$$

式中，$M/P$ 为实际的货币供应量，$i$ 为利率，$h$ 为利率系数。

引入利率变量之后，货币主义的广义货币模型变为：

$$M/P = kY\alpha i - \beta \tag{9-5}$$

将上式代入购买力平价表达式，再求自然对数，就可以得到：

$$de/e = (dMS/MS) - (dMS^*/MS^*) - \alpha[(dy/y) - (dy^*/y^*)] + \beta[(di/i) - (di^*/i^*)] \tag{9-6}$$

式中，$e$ 为外汇市场的汇率，$MS$ 和 $MS^*$ 为两国的货币供给，$y$ 和 $y^*$ 是两国的产出水平，$i$ 和 $i^*$ 是两国货币市场的名义利率，$\alpha$、$\beta$ 为常数，分别代表货币需求的收入弹性和利率弹性。

根据式 (9-6)，可以得出以下结论。

(1) 如果本国的货币供给增长率高于外国，即上式中的 $(dMS/MS) - (dMS^*/MS^*) > 0$，在其他条件不变时，本国的物价水平会上涨，并因为购买力平价原理，传导到外汇市场，导致汇率同比例上升（本币贬值）。

(2) 如果本国的经济增长率高于外国，即 $(dy/y) - (dy^*/y^*) > 0$，在其他条件不变时，本国的货币需求就会上升，在名义货币供给量不变的情况下，国内的物价水平就会下降，并通过购买力平价原理，传导到外汇市场，导致汇率下降（本币升值）。

(3) 如果本国的名义利率高于外国，即 $(di/i) - (di^*/i^*) > 0$，本币利率水平的上升会降低市场对于货币的需求，在货币供给和实际收入不变的情况下，就会出现物价水平的上升，以恢复货币市场的平衡，从而导致汇率市场中，本币的贬值，或者是汇率水平的上升。同时，本国名义利率的上升也意味着本国拥有更高的预期通货膨胀率，从而降低本国的货币需求，提高本国的物价水平，导致外汇市场中，本币汇率趋于上升（本币贬值）。

在所有影响汇率变动的因素中，货币主义更看重货币供给量的变动，认为两个国家货币供给的增长率的差异是导致汇率波动的根本因素，在给定利率和收入的情况下，本国货币的贬值幅度就等于货币增长率的差异，从而突出了货币因素在汇率决定中的作用，这也是其被称为"货币主义"的根本原因。

## 第三节　外汇市场与外汇交易

### 一、外汇市场概述

#### (一) 外汇市场的概念

外汇市场有广义和狭义之分。广义外汇市场是指所有进行外汇交易的场所。由于不同国家货币制度不同，一个国家的商人从另一个国家购进商品，支付本国货币一般是不被接受的，这个商人必须支付卖出商品者国家所能接受的货币。因此，为了进行贸易结算，这个商人须到市场上进行不同货币之间的交换，这种买卖不同国家货币的场所就是广义的外汇市场。狭义的外汇市场是指外汇银行之间进行外汇交易的场所。外汇银行买卖外汇，要产生差额，形成外汇头寸的盈缺。由于市场上汇率千变万化，银行外汇头寸的多缺都会带来损失，因此外汇银行要对多余的头寸进行抛出，或对短缺的头寸进行补进。各外汇银行都进行头寸的抛补，就形成了银行间的外汇交易市场。

在外汇市场上进行买卖的货币主要是美元、日元、欧元、英镑、瑞士法郎、加拿大元、港元等。

**（二）外汇市场的类型**

1. 按外汇市场的外部形态进行分类

按外汇市场的外部形态进行分类，分为无形外汇市场和有形外汇市场。

无形外汇市场也称抽象的外汇市场，是指没有固定、具体场所的外汇市场。这种市场最初流行于英国和美国，故其组织形式被称为英美方式。这种组织形式不仅扩展到加拿大、东京等其他地区，而且也渗入到欧洲大陆。无形外汇市场的主要特点是：第一，没有确定的开盘与收盘时间；第二，外汇买卖双方无须进行面对面的交易，外汇供给者和需求者凭借电传、电报和电话等通信设备进行与外汇机构的联系；第三，各主体之间有较好的信任关系，否则，这种交易难以完成。目前，除了个别欧洲国家的一部分银行与顾客之间的外汇交易还在外汇交易所进行外，世界各国的外汇交易均通过现代通信网络进行。无形外汇市场已成为今日外汇市场的主导形式。

有形外汇市场，也称具体的外汇市场，是指有具体的固定场所的外汇市场。这种市场最初流行于欧洲大陆，故其组织形式被称为大陆方式。有形外汇市场的主要特点是：第一，固定场所一般指外汇交易所，通常位于世界各国金融中心；第二，从事外汇业务经营的双方在每个交易日的规定时间内进行外汇交易。在自由竞争时期，西方各国的外汇买卖主要集中在外汇交易所。但进入垄断阶段后，银行垄断了外汇交易，外汇交易所日渐衰落。

2. 按政府的外汇管制程度进行分类

按政府的外汇管制程度进行分类，分为自由外汇市场、外汇黑市和官方市场。

自由外汇市场是指政府、机构和个人可以买卖任何币种、任何数量外汇的市场。自由外汇市场的主要特点是：第一，买卖的外汇不受管制；第二，交易过程公开。美国、英国、法国、瑞士的外汇市场皆属于自由外汇市场。

外汇黑市是指非法进行外汇买卖的市场。外汇黑市的主要特点是：第一，是在政府限制或法律禁止外汇交易的情况下产生的；第二，交易过程具有非公开性。由于发展中国家大多执行外汇管制政策，不允许自由外汇市场存在，所以这些国家的外汇黑市比较普遍。

官方市场是指按照政府的外汇管制法令来买卖外汇的市场。这种外汇市场对参与主体、汇价和交易过程都有具体的规定。在发展中国家，官方市场较为普遍。

3. 按外汇买卖的范围进行分类

按外汇买卖的范围进行分类，分为外汇批发市场和外汇零售市场。

外汇批发市场是指银行同业之间的外汇买卖行为及其场所，其主要特点是交易规模大。

外汇零售市场是指银行与个人及公司客户之间进行的外汇买卖行为及场所。

**（三）外汇市场的参与者**

一般而言，凡是在外汇市场上进行交易活动的人都可定义为外汇市场的参与者。但外汇市场的主要参与者大体有以下几类：外汇银行、政府或中央银行、外汇经纪人和顾客。

1. 外汇银行

外汇银行是指由各国中央银行或货币当局指定或授权经营外汇业务的银行。外汇银行通常是商业银行，可以是专门经营外汇的本国银行，也可以是兼营外汇业务的本国银行或在本国的外国银行分行。外汇银行是外汇市场上最重要的参加者，其外汇交易构成外汇市场活动的主要部分。

2. 政府或中央银行

政府或中央银行也是外汇市场的主要参加者，但其参加外汇市场的主要目的是维持汇率稳定和合理调节国际储备量，它通过直接参与外汇市场买卖，调整外汇市场资金的供求关系，使汇率维持在一定水平上或限制在一定水平上。中央银行通常设立外汇平准基金，当市场外汇求过于供，汇率上涨时，抛售外币，收回本币；当市场上供过于求，汇率下跌时，就买进外币，投放本币。因此，从某种意义上讲，中央银行不仅是外汇市场的参加者，而且是外汇市场的实际操纵者。

3. 外汇经纪人

外汇经纪人是指促成外汇交易的中介人。他介于外汇银行之间、外汇银行和外汇市场其他参加者之间，代洽外汇买卖业务。其本身并不买卖外汇，只是连接外汇买卖双方，促成交易，并从中收取佣金。外汇经纪人必须经过所在国的中央银行批准才能营业。

4. 顾客

在外汇市场中，凡是在外汇银行进行外汇交易的公司或个人，都是外汇银行的顾客。主要有以下几种类型。

一是交易性的外汇买卖者。这类客户买卖外汇是为了商品交易的正常进行。例如，进口商需要从银行买入外汇支付进口商品货款，出口商则需要把外汇收入卖给银行。

二是保值性的外汇买卖者。这类客户买卖外汇不是为了买卖实物商品，而是为了通过外汇买卖，回避汇率风险或追求较高的利息收入，从而避免所持有的外汇贬值。

三是投机性的外汇买卖者。这类客户进行外汇买卖的目的是通过在同一外汇市场赚取不同时间汇率波动的差价，或者在不同的外汇市场进行套汇交易来赚取市场之间的汇率差价。投机性的外汇买卖者能够增强外汇的流动性，同时也加大了外汇汇率的波动性。除了以上三类客户以外，还有一些零星的外汇供求者，这类客户的外汇买卖金额不大，买卖次数较少，一般是个人外汇供求者。

**（四）外汇市场的功能**

1. 充当国际金融活动的枢纽

国际金融活动包括由国际贸易、国际借贷、国际投资、国际汇兑等引起货币收支的一系列金融活动。这些金融活动必然会涉及外汇交易，只有通过在外汇市场上买卖外汇才能使国际金融活动顺利进行。同时，货币市场、资本市场上的交易活动经常需要进行外汇买卖，两者相互配合才能顺利完成交易，而外汇市场上的外汇交易在很大程度上进一步带动和促进其他金融市场的交易活动。因此，外汇市场是国际金融活动的中心。

2. 调剂外汇余缺，调节外汇供求

任何个人、企业、银行、政府机构，甚至国际金融机构都可在外汇市场买卖外汇，调剂余缺。调剂余缺还包括出售某种或某些多余货币，换取某种或某些短缺货币。通过外汇市场上的外汇交易，调节外汇供求。

3. 便于不同地区间的支付结算

通过外汇市场可以完成不同货币的汇兑，结清国际间的债权债务关系，实现不同国家或地区之间货币购买力的转移。通过外汇市场办理支付结算，既快速又方便，而且安全可靠。

4. 运用操作技术规避外汇风险

外汇市场的存在，为外汇交易者提供了可以运用某些操作技术如买卖远期外汇期权、掉期、套期保值等来规避或减少外汇风险的便利，从而使外汇买卖受行市波动的不利影响降至最小，达到避险保值的目的。

## 二、即期外汇交易

### （一）即期外汇交易的概念

即期外汇交易（Spot Exchange Transactions）又称现汇交易，是指外汇买卖成交后，交易双方于当天或两个交易日内办理交割手续的一种交易行为。即期外汇交易是外汇市场上最常用的一种交易方式，占外汇交易总额的大部分，主要是因为即期外汇买卖不但可以满足买方临时性的付款需要，也可以帮助买卖双方调整外汇头寸的货币比例，避免外汇汇率风险。

### （二）即期外汇交易根据交割日的分类

交割日，又称结算日或有效起息日，是指进行资金交割的日期。根据交割日的不同，即期外汇交易可以分为以下三种类型。

1. 标准交割日（Value Spot or VAL SP）

标准交割日是指在成交后第二个营业日交割，如果遇上非营业日，则向后顺延到下一个营业日。目前大部分的即期外汇交易采用这种方式，因为国际货币的收付不仅受时差的影响，还需要时间对交易的细节进行仔细核对等。

2. 隔日交割（Value Tomorrow or VAL TOM）

隔日交割是指在成交后第一个营业日进行交割。如港元兑日元、新加坡元、澳元当日交割采取这种交割方式。

3. 当日交割（Value Today or VAL TOD）

当日交割是指在成交当日进行交割的即期买卖。如在香港外汇市场用美元兑换港元的交易，可在成交当日进行交割。

根据国际金融市场惯例，交割日必须是两种货币的发行国家或地区的各自营业日，并且交易双方必须在同一时间进行交割，以免任何一方因交割的不同时而蒙受损失。另外，假如即期外汇交易是在周末或节假日成交的，其交割日一般也应顺延。

### （三）即期外汇交易的汇率报价

在即期外汇市场上，一般把提供交易价格（汇价）的机构称为报价者，通常由外汇银行充当这一角色；与此相对，外汇市场把向报价者索价并在报价者所提供的即期汇价上与报价者成交的其他外汇银行、外汇经纪、个人和中央银行等称为询价者。外汇报价如表9-4所示。

表 9-4　外汇报价

| 货币 | 汇率 | 最高 | 最低 | 波动 | 买价 | 卖价 |
|---|---|---|---|---|---|---|
| 美元/日元 | 102.44 | 102.57 | 102.4 | -0.08% | 102.44 | 102.46 |
| 美元/瑞郎 | 0.899 8 | 0.900 9 | 0.899 6 | -0.09% | 0.899 8 | 0.900 2 |
| 美元/加元 | 1.100 6 | 1.101 4 | 1.098 3 | 0.04% | 1.100 6 | 1.101 1 |
| 欧元/美元 | 1.360 1 | 1.360 2 | 1.368 4 | 0.07% | 1.360 1 | 1.260 3 |
| 英镑/美元 | 1.661 8 | 1.661 9 | 1.659 | 0.15% | 1.661 8 | 1.660 2 |
| 澳元/美元 | 0.894 4 | 0.903 1 | 0.893 5 | -0.89% | 0.894 4 | 0.894 9 |

在外汇市场上，为了保证外汇交易的正常运行，各地外汇市场逐步形成了一些约定俗成的交易惯例，所以，对于投资者来说，了解这些惯例是十分必要的。

1. 外汇银行同时报出买价和卖价

在外汇市场上，报价银行在报出外汇交易价格时一向采用双向报价法，即同时报出银行买价与卖价（注意，这里的买价与卖价是对于银行来说的），在直接标价法和间接标价法下，报价是不相同的。

在直接标价法下，银行报出的外汇交易价格是买价在前，卖价在后。如，2019 年 3 月 19 日，日本东京银行报出美元对日元的开市价为 USD=JPY 77.70/77.80，其中前面这个数（77.70）表示报价银行买入美元（外汇）付出日元的价格，后面的数（77.80）表示报价银行卖出美元收回日元的价格。

在间接标价法下，银行报出的即期外汇交易价格是卖价在前、买价在后。如，2019 年 3 月 17 日，伦敦外汇市场英镑对美元的收市价是 GBP 1=USD 1.661 5/1.662 5，前面一个数（1.661 5）是英国银行卖出美元的价格（即客户用 1 英镑只能买到 1.661 5 美元），后面一个数（1.662 5）是英国银行买入美元的价格（即客户要用 1.662 5 美元才能买到 1 英镑）。在即期外汇交易中，报价的最小单位（市场称基本点）是标价货币最小价格单位的 1%，如美元的最小价格单位是 1% 美元，则英镑兑换美元的交易价格应标至 0.000 1 美元，假如英镑兑美元的汇率从 1.641 0/20 上升到 1.643 0/40，则外汇市场称汇率上升了 20 个基本点或 20 个点。又如人民币，其最小单位是 1% 元（即分），则美元兑人民币的交易价格应标至 0.000 1 元。

2. 采用以美元为中心的报价方法

除特殊标明外，所有货币的汇价都是针对美元的，即采用以美元为中心的报价方法。在外汇市场上，外汇交易银行所报出的买卖价格，如没有特殊说明，均是指所报货币与美元的比价。如，东京银行 2019 年 3 月 18 日报出日元的开市价是 77.30/40，这一价格就是指日元与美元的即期买卖价格。

除英镑、澳大利亚元、新西兰元和欧洲货币单位的汇价采用间接标价法以外（以一单位货币等值多少美元标价），其他可兑换货币的汇价均采用直接标价法表示（以一单位美元等于多少该币标价）。此外，任何标价法下，报价银行报出的买价是指其愿意以此报价买入标的货币的价格，反之亦然；买价与卖价之间的价格差别称为价差。在通过电信（如电话、电传等）报价时，报价银行只报汇价的最后两位数。如，英镑对美元的汇价如果是 GBP1=

USD1.661 5/20，报价银行的交易员一般只报为 15/20。

阅读材料 9-3　银行报价的依据

#### （四）即期外汇交易的应用

1. 满足客户临时性支付需要

即期外汇交易在外汇交易中是最基本的，可以满足客户对不同货币的需求。例如，某进出口公司持有美元，但要对外支付商务合同的货币是日元，可以通过即期外汇买卖，卖出美元，买入日元，满足对外支付日元的需求。

2. 调整各种货币头寸

即期外汇交易可以用于调整持有外汇头寸的不同货币的比例，以避免外汇风险。例如，某国家外汇储备中美元比重较大，但为了防止美元下跌带来的损失，可以卖出一部分美元，买入日元、欧元等货币，避免外汇风险。同样，投资者可以通过即期外汇交易调整手中各种外币的币种结构，优化投资组合。

3. 进行外汇投机

在汇率剧烈波动的条件下，可以利用汇率的暴涨暴跌进行外汇投机。但是投机者的投机行为具有很大的风险性，可能为其带来丰厚的利润，也可能面临巨额亏损。例如，纽约外汇市场上，某公司欲利用美元与日元之间汇率的变动，通过美元与日元的买卖赚取收益。2013年 2 月 12 日，美元的即期汇率为 USD/JPY=98.30/40，该公司预测一个月后美元的即期汇率将下跌，于是现在卖出 100 万美元，买入 0.983 0 亿日元。如果一个月后美元汇率下跌，跌至 USD/JPY=96.50/60，则该公司再次进入现汇市场，卖出 0.983 0 亿日元买入美元，可以获得 101.76 万美元。通过这次投机交易，该公司赚取 1.76 万美元。但是假设该公司预测错误，一个月后美元汇率上升，那么该公司将蒙受损失。

### 三、远期外汇交易

#### （一）远期外汇交易的含义

远期外汇交易（Forward Exchange Transaction）又称期汇交易，是指交易双方在成交后并不立即办理交割，而是事先约定币种、金额、汇率、交割时间等交易条件，到期才进行实际交割的外汇交易。从交割日来看，即期交易是在两个交易日之内交割，远期外汇交易的交割通常是在两个交易日之后、一年以内进行。伴随着现代外汇市场的发展，一些银行又针对客户的需求，推出了交割期在一年以上的超远期外汇交易。但是从世界各国外汇远期市场的发展来看，通常意义上的远期外汇交易仍然是在一年以内的，如 1 个月、2 个月、3 个月、6 个月或者 12 个月。

与即期外汇交易相比，通常情况下，远期外汇交易的规模更大，市场参与者主要是一些具有较高信誉水平的大公司、大企业和大银行。因为在远期外汇市场中，交易双方在签订合同后无须在第一时间办理相应的资金交割，真实的资金交割被延时到未来的某个时间；而远期汇率与即期市场中真实汇率的变动肯定会有偏差，这个偏差如果较大，就可能会给交易者带来较大的风险或收益，因此，为了规避信用风险，外汇银行往往更加愿意与信誉水平较高的客户进行远期外汇交易。

在银行同业交易中，也更多采用基点报价法，在即期汇率的基础上，只报出远期汇率与即期汇率之间的差价，客户可以自行计算出远期汇率水平。通常情况下，远期汇率与即期汇率之间的差价可以分为升水（At Premium）、贴水（At Discount）和平价（At Par）三种情况。如果远期汇率高于即期汇率，即为升水，否则就为贴水，远期汇率与即期汇率相等则为平价。

在点数报价中，银行所报出的远期汇率与即期汇率的差价往往有前小后大与前大后小两种不同方式。在计算过程中，通常采取前小后大方式，表明基准货币相对于报价货币升水，从而以差价的点数加入即期汇率报价，得出远期汇率；而如果差价报价为前大后小，则意味着基准货币相对于标价货币贴水，应该从原有的即期汇率中减去差价的点数，得出远期汇率。在不同标价法下，远期汇率的计算方法基本一致，但是其含义略有差异。

### （二）远期外汇交易的功能

远期外汇交易是最为常见的规避外汇风险，锁定外汇成本的方法。在现代全球经济中，当一个客户由于国际贸易、国际投资、资金结算以及外汇交易而导致其账户中，以某种外汇表示的未来资产或负债的头寸出现不平衡时，就有可能出现其未来资产价值与当前资产价值的偏差，从而给其带来潜在的汇率风险或收益。通过远期外汇交易，客户可以提前锁定其未来资产或者负债的价值，从而避免外汇市场汇率变动给其带来的汇率风险。它的常见功能包括以下内容。

**1. 进出口商可以通过外汇远期交易规避进出口贸易结算中的汇率风险**

在国际贸易中，进出口商在签订贸易合同后，往往需要一定的交货周期之后，才会安排交货付款。从签订合同到交货付款的周期越长，外汇市场中汇率变动可能给其带来的汇率风险就越大，为了避免在此期间汇率变动给自己带来的汇率风险，进出口商可以通过远期外汇交易，锁定未来结算时的汇率水平，从而提前锁定出口收益或者进口成本。

对于国际贸易中的出口商来说，如果其合同货币非本国货币，那么一旦合同货币出现贬值，就会导致出口贸易合同的价值下降，进而给其带来额外的汇率风险。因此可以在签订合同后，根据合同所约定的未来交货付款的周期，在远期外汇市场卖出未来可以收到的货款，从而把合同货币与本国货币之间的汇率锁定在远期外汇交易中的远期汇率上，无论从签订贸易合同到交货付款期间，即期外汇市场的汇率发生多大的变动，都不会对其造成损失。

**2. 短期投资者或者固定收益投资者，可以利用远期外汇交易锁定投资收益**

在当前国际资本市场中，如果不存在资本流动的管制，并且两个市场中同种投资的收益率存在明显的差异，逐利资本就会自动流向收益更高的市场中。次贷危机发生后，美国的一年期存款收益跌至接近零利率。而我国资本市场中的一年期存款收益普遍高于3%，巨大的利差把大量的国外热钱吸引进中国。假设某国外投资者通过合法途径将其资本从美国调入我国，必然可以获得高于美国投资收益的利息收入。然而，如果考虑外汇市场的汇率变动，其增加利息收入可能会由于美国的升值和人民币的贬值而缩水，甚至遭受损失。因此，通过抵补套利的方式资本转移的同时，为了防止汇率波动，在远期外汇市场中，通过买卖相应外汇，就可以在投资之初锁定投资收益。

3. 外汇银行可以通过远期外汇市场平衡自己的外汇头寸

在外汇市场中，外汇银行总是应客户的需求，进行相应的外汇买卖业务，从而影响自己的外汇持有额，即外汇头寸（Foreign Exchange Position）。与其他客户相似，如果银行在进行远期外汇交易后，出现了期汇的超买或超卖，以致出现净暴露（Net Exposure），或者说出现了某种外汇的头寸不平衡，也会面临汇率变动的风险，因此外汇银行也需要针对不同期限、不同币种的外汇头寸，在远期外汇市场上，采取相应的外汇交易，以规避汇率风险。

必须强调的是，为了控制汇率风险，外汇银行应该在形成未轧平头寸的第一时间，或者说同时，进行反向交易，以保证汇率风险得到最大限度的控制。如果轧平行为发生滞后，哪怕只有几分钟，只要外汇市场的远期汇率发生了变化，那都有可能给银行带来额外的汇率风险。

4. 投机者也可以基于对未来汇率的判断，利用远期外汇交易进行投机

远期外汇交易除了可以用于控制汇率风险外，也可以为外汇投机者的投机创造条件。只要投机者预测到未来汇率的变动方向，就可以通过有意地保持特定外汇的多头或空头，从汇率变动中获得收益。利用远期外汇交易控制风险的基本原则是轧平外汇头寸，而利用远期外汇交易投机，则是人为地制造外汇头寸的不平衡。而且由于远期外汇交易签订合同时，并不需要相应的资金支付，而只有在合同到期时，交易双方才会按合同中的远期汇率与当时的即期汇率的差价计算盈亏，办理结算，因此，利用远期外汇交易进行投机的资金需求并不大，但是由于持有外汇头寸的不平衡，投机者仍然需要承担对市场价格走势判断失误而遭受损失的风险。

投资者利用远期外汇市场进行投机交易时，如果判断美元在未来 3 个月内将出现升值，就会在远期市场中买入 3 个月期的美元，从而持有美元多头。如果 3 个月后，美元汇率的确出现预期的升值，那么就可以在未来 3 个月后的即期外汇市场上，以更高的汇率出售这笔美元资金，获得低买高卖的利差。这种先买后卖的投机交易通常就为买空（Long Sale）。当然，如果到期后，美元没有升值，甚至出现了贬值，投机者就必须承担持有该美元多头的风险，承受一定的损失。

## 四、外汇掉期交易

### （一）外汇掉期交易的概念与种类

外汇掉期交易（Swap Transaction），是指在买入或卖出某种货币外汇的同时，卖出或买进不同期限的同种货币的外汇交易。这两笔外汇交易中，币种相同、交易金额相等，但是交易方向相反，交易期限不同。根据起息日，外汇掉期交易主要划分为三种类型。

1. 即期对远期的掉期交易（Spot-Forward Swaps）

即期对远期的掉期交易，是指在买进或卖出某种即期外汇的同时，卖出或买进同种货币的远期外汇。它是掉期交易里最常见的一种形式。根据远期外汇期限，可以将即期对远期的掉期交易分为以下三种。

（1）即期对次日掉期交易（S/N，Spot/Next），是指前一个交割日是即期交割日，也就是成交后的第二个营业日，后一个交割日是即期交割日后的第一个营业日。

(2) 即期对一周掉期交易（S/W，Spot/Week），是指前一个交割日是即期交割日，后一个交割日是从即期交割日算起 1 个星期远期。

(3) 即期对整数月掉期交易，是指前一个交割日是即期交割日，后一个交割日是从即期交割日算起 1 个月、2 个月或 3 个月等整数月远期。

2. 即期对即期的掉期交易（Spot Against Spot）

即期对即期的掉期交易，是指买进或卖出一笔即期外汇的同时，卖出或买进另一种同种货币的即期外汇。即期对即期的掉期交易主要有以下两种形式。

(1) 今日掉明日（Today/Tomorrow），今日掉明日掉期的第一个到期日在今天，第二个掉期日在明天。

(2) 明日掉后日（Tomorrow/Next），明日掉后日掉期的第一个到期日在明天，第二个到期日在后天。

3. 远期对远期的掉期交易

远期对远期的掉期交易，是指买进并卖出两笔同种货币不同交割期的远期外汇。该交易有两种方式，一是买进较短交割期的远期外汇（如 30 天），卖出较长交割期的远期外汇（如 90 天）；二是买进期限较长的远期外汇，而卖出期限较短的远期外汇。假如一个交易者在卖出 100 万 30 天远期美元的同时，又买进 100 万 90 天远期美元，这个交易方式即远期对远期的掉期交易。由于这一形式可以使银行及时利用较为有利的汇率时机，并在汇率的变动中获利，因此越来越受到重视。

**（二）外汇掉期交易的报价**

掉期率是掉期交易的价格，采用双向报价的方式，即同时报出买入价与卖出价。远期外汇交易也采用掉期率，但掉期交易中的掉期率与远期外汇交易中的掉期率不同。远期外汇交易中的掉期率是指远期外汇交易和即期外汇交易价格之间的差价，通常以点数代表。买入价表示即期卖出基准货币与远期买入基准货币的汇率差额；卖出价表示即期买入基准货币与远期卖出基准货币的汇率差额。

在外汇掉期交易中，可用下列方法判断升贴水：如果掉期率是按照左小右大排列，则表示升水，此时远期汇率等于即期汇率加上掉期率；如果掉期率是按照左大右小排列，则表示贴水，此时远期汇率等于即期汇率减去掉期率。

例如，某日伦敦外汇市场外汇报价为：即期汇率 GBP/USD=1.552 0/40，3 个月 15/30。

因为掉期率是按照左小右大排列，所以表示升水，此时远期汇率等于即期汇率加上掉期率。15 买入价表示即期卖出基准货币与远期买入基准货币的汇率差额，30 卖出价表示即期买入基准货币与远期卖出基准货币的汇率差额。

即期买入英镑价为 1.552 0，3 个月远期卖出英镑为 1.555 0（1.552 0+0.003 0）；即期卖出英镑价为 1.554 0，3 个月远期买入英镑为 1.555 5（1.554 0+0.001 5）。

**（三）外汇掉期交易的应用**

掉期交易实际上由两笔外汇买卖组成，两笔业务外汇买卖的金额相同，但方向相反，所依据的汇率不同。因此，外汇掉期交易可以用来套期保值和转换货币，规避由于汇率变动带来的损失；也可以轧平交易中的资金缺口，利用汇率的变动进行投机，调节外汇交易的交割日等。

1. 进行套期保值

在短期资本投资或在资金调拨活动中，如果将一种货币调换成另一种货币，为避免外汇汇率波动的风险，常常运用掉期业务，以防止可能发生的损失。

2. 轧平交易中的资金缺口

若客户目前持有甲货币而需使用乙货币，但在经过一段时间后又收回乙货币并将其换回甲货币，也可通过外汇掉期交易来固定换汇成本，防范风险。

银行平衡外汇头寸也是掉期交易的一项重要内容。例如，某银行分别承做了四笔外汇交易：卖出即期美元300万；买入3个月远期美元200万；买入即期美元150万；卖出3个月远期美元50万。银行外汇头寸在数量上已经轧平，但是资金流量在时间上存在明显缺口。为了规避资金缺口可能带来的利率风险，可以承做一笔即期对远期掉期交易：买入即期美元150万，卖出3个月远期美元150万，从而平衡资金流量。

3. 利用汇率的变动进行投机

外汇掉期交易中的远期汇率在掉期交易进行时已经确定，但受各种因素的影响，未来的市场利率与汇率都有可能发生变化，人们可以对未来某个时刻市场汇率作出预期，并根据这种预期进行投机性的掉期交易，赚取利润。

4. 调节外汇交易的交割日

例如，一家美国贸易公司在1月份预计4月1日将收到一笔欧元货款，为防范汇率风险，公司同银行做了一笔3个月远期外汇买卖，买入美元卖出欧元，起息日为4月1日。但到了3月底，公司得知对方将推迟付款，在5月1日才能收到这笔货款。于是公司可以通过一笔1个月的掉期外汇买卖，将4月1日的头寸转换至5月1日。

## 五、外汇期货交易

### （一）外汇期货交易的概念

外汇期货交易也称货币期货交易，是指买卖对象是以外汇及汇率为标的物的标准化期货合约的交易。外汇期货交易的主要外汇品种有美元、英镑、欧元、日元、瑞士法郎、加拿大元、澳元等。之所以称为标准化期货合约，是因为该合约的币种、合约金额、交易时间、交割月份、交割地点、交割方式由交易所统一规定，只有交易价格由市场决定。

### （二）参与外汇期货交易的主体

参与外汇期货交易的主体是期货交易所、场内经纪人、期货佣金商、清算所及市场参与者。

1. 期货交易所

期货交易所是具体买卖期货合同的场所。目前，世界各国期货交易所一般是非营利性的会员组织。只有取得交易所会员资格的人才能进入交易所场地内进行期货交易，而非会员则只能通过会员代理进行期货交易。期货交易所的管理机构通常由董事会、执行机构和各种委员会组成。董事会由会员董事和非会员董事选举产生；执行机构协助董事会履行与业务有关的职责，设总裁和执行官；下属委员会有交易管理委员会、教育与营销委员会、会员委员会、仲裁委员会、期货合同委员会等,负责具体业务工作。期货交易所本身不参加期货交易,运营资金主要靠创立者的投资、会员费和收取的手续费。它的职能是提供交易场地,确定、监督和执行交易规则,拟定标准的期货合同,解决交易纠纷。

2. 场内经纪人与期货佣金商

凡是拥有会员资格、进入期货交易所内进行交易的人员,都称为场内交易人。场内交易人有些专为自己的利益进行交易,而更多的是从交易所外接受交易指令,按场外客户的交易指令进行期货交易。我们把前者称为专业投机商,把后者则称为场内经纪人。

而期货佣金商是代表金融、商业机构或一般公众进行期货交易的公司或个人组织,其目的是从代理交易中收取佣金。它是广大非会员参加期货交易的中介,其主要职能是向客户提供完成交易指令的服务;记录客户盈亏,并代理期货合同的实际交割;处理客户的保证金;向客户提供决策信息以及咨询业务。

外汇期货交易主要是靠期货交易所内的场内经纪人和代替非会员的期货佣金商来完成的。

3. 清算所

清算所是负责对期货交易所内进行的期货合同进行交割、对冲和结算的独立机构,是期货市场运行机制的核心。通过清算所,期货合同的转让、买卖以及实际交割可以随时进行,不用通知交易对方,由它负责统一的结算、清算以及办理货物交割手续,这就是清算所特殊的"取代功能"。清算所的这一切行为能得以顺利实现,是因为它财力雄厚,而且实行了保证金制度,这是一套严格的、无负债的财务运行制度。

4. 市场参与者

按照交易目的,市场参与者有套期保值者和投机者。两者均是期货市场不可或缺的组成部分,没有套期保值者,则无期货交易市场;无投机者,套期保值无法实现。

(三) 外汇期货交易的规则

1. 合约标准化

外汇期货合约是由交易所制定的标准化合约。标准化合约的内容包括交易币种、交易单位、交割月份和交割日期、最后交易日等。

(1) 交易币种。交易币种一般为英镑、欧元、瑞士法郎、加元、澳元、日元、欧洲美元等,并在不断地推出新的货币合约。

(2) 交易单位。交易单位由交易所根据各种标的货币同结算货币的某一正常汇率确定。如英镑合约62 500英镑,日元合约12 500 000日元,澳元合约100 000澳元,加元合约100 000加元、欧元合约125 000欧元,瑞士法郎合约125 000法郎。

(3) 交割月份和交割日期。交割月份欧洲美元集中在3月、6月、9月、12月,其他合约集中在1月、3月、4月、6月、7月、9月、10月、12月。具体交割日期为每个交割月份的第三个星期三。

(4) 最后交易日。最后交易日是指已经临近交割月份的合约最后可以交易的日期,通常是在交割日前的两个营业日。

(5) 交割地点。交割地点是指结算公司指定的货币发行国银行。

(6) 标价方式。标价方式统一以每种外币折合多少美元标价,采取小数形式,小数点后一般为四位数（日元例外）。

（7）最小变动价位。通常以一定的"点"表示（"点"指外汇汇率中小数点之后的最后一位数字，注意日元含义不同）。每一单位标的货币的汇率变动一次的最小幅度与交易单位的乘积，即为每份外汇期货合约的最小变动单位。

（8）每日交割波动限制。每日交割波动限制是每日价格波动的最大允许幅度，可以用每日点数最大波动幅度表示，也可以用每份合约的价格最大波动幅度表示。每日每份合约价格最大波动幅度根据每日点数最大波动幅度和每份合约交易单位来计算。例如，英镑期货合约规定每日价格波动幅度为400点，每份合约交易单位是62 500，所以，每日每份合约价格最大波动幅度＝0.040 0×62 500＝2 500（美元）。外汇期货交易合约的有关规定如表9-5所示。

表9-5　外汇期货交易合约的有关规定

| 币种 | 交易单位 | 最小变动价位 | 每日价格波动限制 |
| --- | --- | --- | --- |
| 英镑 | 62 500 英镑 | 0.000 2（每合约12.5美元） | 400点（每合约2 500美元） |
| 瑞士法郎 | 125 000 法郎 | 0.000 1（每合约12.5美元） | 150点（每合约1 875美元） |
| 加元 | 100 000 加元 | 0.000 1（每合约10美元） | 100点（每合约1 000美元） |
| 日元 | 12 500 000 日元 | 0.000 001（每合约12.5美元） | 150点（每合约1 875美元） |
| 澳元 | 100 000 澳元 | 0.000 1（每合约10美元） | 150点（每合约1 500美元） |

2. 保证金制度

外汇期货合约在成交时，只是确定了交易双方在未来确定日期按照合约规定的条件进行外汇交割的责任，而没有实际支付。由于时间的延长会产生风险导致一方无法履约，期货交易无法成功。为保证合约的履行和对冲，交易各方需要缴纳一定数量的保证金。非会员向经纪公司交付，会员向交易所的清算机构缴纳。其高低一般取决于外汇行市的变动情况，通常为5%。保证金制度是清算所结算制度的基础。

保证金分为初始保证金和维持保证金。初始保证金是期货交易者买入或卖出一份合约最初需要缴纳的保证金。维持保证金是保证金账户余额的最低水平。如果由于汇率变动，期货持有者的保证金账户上资金减少并低于维持保证金，交易所会立即要求交易者追加保证金，并于次日补足至初始交易金水平，否则，交易所会强制平仓。

3. 价格制度

价格制度包括交易单位的规定、最小变动单位的规定和每日价格最大波动限制的规定。如果报价超过了每日价格最大波动幅度，则不能成交。

4. 每日结算制度

每日结算制度又称逐日盯市制度，是指以每种期货合约在交易日收盘前最后30秒或60

秒交易的平均价作为当日的结算价，与交易所会员进行每笔交易的价格比较，计算出会员们当日交易中的损益，并将损益记入交易者的保证金账户。盈利者可以将高于初始保证金的部分提出，亏损者必须保证账户上的余额高于维持保证金，否则将强制平仓。这样，结算所成了所有成交合约的履约保证者，并承担了所有的信用风险，保证了期货交易的效率和安全性。

【思考5】

远期外汇交易与外汇期货交易的相同点与不同点有哪些？

**动动笔**

___

___

___

___

### （四）外汇期货交易的程序

**1. 开户**

客户要参与市场外汇期货合约的买卖，需要委托期货经纪公司进行。所以，客户一般要在期货经纪公司开设账户，并缴纳足额的原始保证金。

**2. 委托下单**

委托下单就是客户向期货经纪公司下达交易指令，内容一般包括交易品种、买卖方向、买卖价格、买卖数量、日期、交易所名称、客户编码和账户等。客户可以通过期货经纪公司规定的委托方式（如电话委托、网上委托等）向期货经纪公司下达委托指令。

**3. 竞价成交**

期货经纪公司接到客户的交易指令后，首先会对客户的指令进行审核。审核无误后，期货经纪公司通过交易系统将指令传达给期货交易所场内经纪人，场内经纪人根据客户指令在交易所内进行竞价。我国期货交易竞价方式为计算机撮合成交的竞价方式，这与股票是一致的，并遵循价格优先、时间优先的原则；但在出现涨跌停板的情况时，则要遵循平仓优先的原则。

**4. 清算**

竞价成交后，场内经纪人将交易记录通知结算所，由结算所进行当日结算。结算分为两个层次：一是结算所与期货经纪公司结算，二是期货经纪公司与客户结算。期货经纪公司要将执行指令的结果通知客户，由客户确认。客户可以通过电话或者交易网络主动查询成交结果。

### （五）外汇期货交易的应用

**1. 套期保值功能**

外汇期货的套期保值分为卖出套期保值和买入套期保值两种。它的主要原理是利用期货市场和现货市场价格走势一致的规律，在期货市场和现汇市场上做币种相同、数量相等、方向相反的交易。不管汇率如何变动，利用期货市场上盈与亏和现货市场上的亏与盈相补平，使其价值保持不变，实现保值。

（1）买进套期保值。买进套期也称多头套期，就是在预期未来某一时间会买入某种外币的情况下，在期货市场上预先买入同一外币的期货合约，即先在期货市场上买入而后卖出。进口商或需要付汇的人因担心付汇时本国货币汇率下浮，往往采用买进套期保值。

（2）卖出套期保值。卖出套期也称空头套期，就是在预期未来某一时间会卖出某种外币的情况下，在期货市场上预先卖出同一外币的期货合约，即先在期货市场上卖出后再买进。出口商和从事国际业务的银行预计未来某一时间会得到一笔外汇，为了避免外汇汇率下浮造成的损失，一般采用卖出套期保值。

2. 投机获利

投机者可以根据对外汇汇率变动趋势的预测，在期货市场上谋取汇率差额。

2017年3月5日，芝加哥期货交易所加元3月份到期的期货合约价格为 CAD 1 = USD 1.102 4，刘某预测加元价值将下跌，于是开仓卖出20手加元期货，每手加元期货100 000加元。3个月后，加元期货价格跌到 CAD 1 = USD 1.045 2，刘某按照此汇率平仓对冲，买入20手加元合约。不考虑交易成本，刘敏的损益是多少？

损益 = 2 000 000 × (1.102 4 - 1.045 2) = 114 400（美元）

## 六、外汇期权交易

### （一）外汇期权交易的概念与种类

1. 外汇期权交易的概念

外汇期权（Foreign Exchange Options）也称货币期权，指合约购买方在向出售方支付一定期权费后，所获得的在未来约定日期或一定时间内，按照规定汇率买进或者卖出一定数量外汇资产的选择权。外汇期权是期权的一种，相对于股票期权、指数期权等其他种类的期权来说，外汇期权买卖的是外汇，即期权买方在向期权卖方支付相应期权费后获得一项权利，期权买方有权在约定的到期日按照双方事先约定的协定汇率和金额同期权卖方买卖约定的货币，同时期权的买方也有权不执行上述买卖合约。

外汇期权交易是指交易双方在规定的期间按商定的条件和一定的汇率，就将来是否购买或出售某种外汇的选择权进行买卖的交易。外汇期权交易是20世纪80年代初期的一种金融创新，是外汇风险管理的一种新方法。

2. 外汇期权的种类

（1）按期权合约的内容，外汇期权分为看涨期权和看跌期权。

看涨期权也称买进期权或多头期权。期权购买者支付期权费，取得以执行价格从期权出卖者手里购买特定数量外汇的权利。看涨期权的购买者一般是为了在外汇上涨期间对其所负外汇债务进行保值，也可以进行外汇投机，即在外汇价格上涨期间有权以较低价格（执行价格）买进外汇，同时以较高的价格（市场价格）抛出，以赚取利润。

看跌期权也称卖出期权或空头期权。期权购买者支付期权费，取得以执行价格向期权出卖者出售特定数量外汇的权利。看跌期权购买者或为了使其所持有的外汇债权在外汇价格下跌期间得以保值，或为了以较低的市场价格买入外汇，以较高的价格（执行价格）卖出而进行投机。

（2）按行使权利的条件，外汇期权分为欧式期权和美式期权。

欧式期权是指购买者只能在到期日行使权利。

美式期权是指购买者可在合约规定期限内的任何一天行使权利。与欧式期权相比，美式期权的买方在执行合同上更具灵活性，但支付的期权费更高。

（3）按交易场所，外汇期权分为场内期权交易与场外期权交易。

场内期权交易是指在交易所内交易的期权。清算所介入期权交易，并向期权卖方收取保证金防止其违约，而且只有交易所会员才有权进行交易，非会员不得直接参与。

场外期权交易是指在交易所外交易的期权。无清算所介入交易，同时，交易的币种、金额及条件灵活，能满足客户的特殊需要。

（4）根据外汇交易和期权交易的特点，可以把外汇期权交易分为现汇期权交易和外汇期货期权交易。

现汇期权交易是指期权买方有权在期权到期日或以前以协定汇价购入一定数量的某种外汇现货，称为买进选择权，或售出一定数量的某种外汇现货，称为卖出选择权。经营国际现汇期权的主要是美国的费城证券交易所、芝加哥国际货币市场和英国的伦敦国际金融期货交易所。

外汇期货期权交易是指期权买方有权在到期日或之前，以协定的汇价购入或售出一定数量的某种外汇期货，即买入延买期权可使期权买方按协定价取得外汇期货的多头地位；买入延卖期权可使期权卖方按协定价建立外汇期货的空头地位。与现汇期权不同的是，外汇期货期权的行使有效期均为美国式，即可以在到期日前任何时候行使。经营外汇期货期权主要有芝加哥的国际货币市场和伦敦的国际金融期货交易所两家。

（二）外汇期权交易的特点

①不论是履行外汇交易的合约还是放弃履行外汇交易的合约，外汇期权买方支付的期权交易费都不能收回。

②外汇期权交易的协定汇率以美元为报价货币。

③外汇期权交易一般采用设计化合同。外汇期权交易双方必须签订期权合约。在交易所内进行期权交易，其期权合约的所有要素由交易所制定，属于标准化合约。在交易所外进行的期权交易，其期权合约由买卖双方自行决定，只要买卖双方对交易的币种和金额、交易价格等合同内容同意即可，属于非标准化的合约。

④外汇期权交易的买卖双方权利和义务是不对等的，即期权的买方拥有选择的权利，期权的卖方承担被选择的权利，不得拒绝接受。

⑤外汇期权交易买卖双方的收益和风险是不对称的，对期权的买方而言，其成本是固定的，而收益是无限的；对期权的卖方而言，其最大收益是期权费，损失是无限的。

（三）外汇期权交易的应用

外汇期权交易比外汇期货交易能更大限度地回避价格风险，具有更大的投入收益比率，因而外汇期权交易具有更良好的套期保值作用，同时也刺激了金融市场上的投机活动。

例如，美国某公司向法国一家公司进口价值 250 000 欧元的一批货物，3 个月后付款。

该美国公司不能确定未来欧元汇率的变动趋势,所以,决定通过外汇期权交易进行套期保值。假设6月10日的9月份欧元看涨期权的期权费为每欧元0.02美元,协议汇率为1欧元=1.138 8美元,该公司买入250 000欧元的9月份欧式看涨期权。若9月17日欧元兑美元的即期汇率为1.153 0/40,包括期权费在内该公司需支付多少美元?若9月17日欧元兑美元的即期汇率为1.128 0/90,包括期权费在内该公司需支付多少美元?

该公司按协议汇率买入250 000欧元的9月份看涨期权的期权费支出为250 000×0.02＝5 000(美元)。

若9月17日欧元兑美元的即期汇率为1.153 0/40,该公司实施期权,加上期权后,总换汇成本为250 000×1.138 8+5 000＝289 700(美元)。

若9月17日欧元兑美元的即期汇率为1.128 0/90,该公司放弃实施期权,在即期外汇市场上按较低的欧元汇率买入250 000欧元,加上期权后,总换汇成本为250 000×1.129 0+5 000＝287 250(美元)。

## 七、外汇风险

**(一) 外汇风险及其类型**

(1) 外汇风险的概念。外汇风险的含义有广义与狭义之分。广义的外汇风险是指国际经济交易主体在从事外汇相关业务时,由于汇率及其他因素的变动而蒙受损失或将丧失预期收益的可能性。广义的外汇风险包括在从事外汇相关业务时所面临的一切风险,如汇率风险、利率风险、政策风险、信用风险、决策风险、道德风险等。狭义的外汇风险是指国际经济交易主体在从事外汇相关业务时,由于外汇汇率的变动而蒙受损失或将丧失预期收益的可能性。狭义的外汇风险实际上只包括汇率风险。本书所指的外汇风险就是狭义的外汇风险。

国际经济交易主体一般是指从事对外贸易、投资及国际金融活动的公司、企业、政府或个人,他们在国际范围内大量收付外汇,或者保有外币债权债务,或者以外币标示其资产或负债的价值。由于汇率频繁剧烈地波动,外汇风险随时会发生。一般而言,外汇风险仅仅意味着交易主体蒙受损失的可能性,但从国际经济交易实际的最终结果来看,风险承担者可能遭受损失,也可能获利。

承受外汇风险的外币金额称为受险部分或外汇暴露,即外汇风险被暴露部分的意思。受险部分有直接与间接之分。直接的受险部分是指交易主体因直接从事外汇相关业务所产生的具体受险部分,所承担的外汇风险金额是确定的;间接的受险部分是指因汇率变动对国内经济的影响而间接形成的受险部分,它不是由交易主体自己引起的,因此,它所承受的外汇风险金额是不确定的。以下所称的受险部分仅指直接的受险部分。

(2) 外汇风险的构成。企业在国际经济活动中,一方面要经常使用外币来进行收付,因而会发生外币与本币(或A外币与B外币)之间的实际兑换,由于从交易的达成到账款的实际收付及借贷本息的最后偿付均有一段期限,兑换时如果汇率在这一期限内发生不利于企业的变化,则企业将单位外币兑换本币(或单位A外币兑换B外币)的收入就会减少,或以本币兑换单位外币(或B外币兑换单位A外币)的成本就会增加,于是就产生了交易风险和经济风险;另一方面,本币是衡量企业经济效益的共同指标,即使企业的外币收付不与本币或另一外币发生实际兑换，也需要在账面上将外币折算成本币，以考核企业的经营成果，而随着时间的推移，汇率发生波动，单位外币折算成本币的账面余额也会发生变化，于是也就产生了折算风险。

由此可知，外汇风险的构成包括两个要素——外币和时间。只要企业在经营活动中以外币计价结算，且存在时间间隔，就会产生外汇风险。一般说来，未清偿的外币债权债务金额越大，间隔的时间越长，外汇风险也就越大。在浮动汇率制度下，由于汇率的波动更频繁、更剧烈，又没有波动幅度的限制，因此企业所面临的外汇风险比在固定汇率制度下更经常、更明显、更难以预料。

（二）外汇风险的类型

1. 交易风险

交易风险是指在以外币计价的交易中，由于外币和本币之间汇率的波动使交易者蒙受损失的可能性。交易风险又可分为外汇买卖风险和交易结算风险。

（1）外汇买卖风险。外汇买卖风险，又称金融性风险，产生于本币和外币之间的反复兑换。这种风险的产生是由于交易者买进或卖出外汇后又反过来卖出或买进外汇。外汇银行所承担的外汇风险主要就是这种外汇买卖风险，工商企业所承担的外汇买卖风险主要存在于以外币进行借贷或伴随外币借贷而进行的外贸交易中。

（2）交易结算风险。交易结算风险又称商业性风险，当进出口商以外币计价进行贸易或非贸易的进出口业务时，即面临交易结算风险。

进出口商从签订进出口合同到债权债务的最终清偿，通常要经历一段时间，而这段时间内汇率可能会发生变化，于是，以外币表示的未结算的金额就成为承担风险的受险部分。交易结算风险是由进出口商承担的，基于进出口合同在未来通过外汇交易将本币与外币或外币与本币进行兑换时汇率的不确定性所带来的风险。

2. 会计风险

会计风险又称外汇评价风险或折算风险，它是指企业进行外币债权、债务结算和财务报表的会计处理时，对于必须换算成本币的各种外汇计价项目进行评议所产生的风险。企业会计通常是以本国货币表示一定时期的营业状况和财务内容的，这样企业的外币资产、负债、收益和支出，都需要按一定的会计准则换算成本国货币来表示，在换算过程中，因所涉及的汇率水平不同、资产负债的评价各异，损益状况也不一样，因而会产生外汇评价风险。

3. 经济风险

经济风险是指未预料的汇率变化导致企业未来的纯收益发生变化的外汇风险。风险的大小取决于汇率变化对企业产品的未来价格、销售量及成本的影响程度。一般而言，企业未来的纯收益由未来税后现金流量的现值来衡量，经济风险的受险部分就是长期现金流量，而国内货币值受汇率变动的影响具有不确定性。潜在的经济风险直接关系到海外企业经营的效果或银行在海外的投资收益，因此对于一个企业来说经济风险较之其他外汇风险更为重要。分析经济风险主要取决于预测能力，预测是否准确直接影响生产、销售和融资等方面的战略决策。

4. 储备风险

外汇业务活动交易者不论是国家政府、外汇银行还是企业，为弥补国际收支和应对国际支付的需要，都需要有一定的储备，其中相当大的部分是外汇储备。在外汇储备持有期间，若储备货币汇率变动引起外汇储备价值发生损失，就称为储备风险。在一般情况下，外汇储备中货币品种适当分散，保持多元化，根据汇率变动和支付需要，随时调整结构，使风险降到最低限度。

### （三）外汇风险的经济影响

#### 1. 对国际贸易的影响

一国的货币汇率下浮（本币贬值），有利于出口，不利于进口，这是因为在其他条件不变时，等值本币的出口商品在国际市场上会折合比贬值前更少的外币，使国外销售价格下降，竞争力增强，出口扩大；若出口商品在国际市场上的外币价格保持不变，则本币贬值会使等值的外币兑换成比贬值前更多的本币，国内出口商品的出口利润增加，从而促使国内出口商积极性提高，出口数量增加。而以外币计价的进口商品在国内销售时折合的本币价格比贬值前提高，进口商成本增加，利润减少，进口数量相应减少；如果维持原有的国内销售价，则需要压低进口品的外币价格，这又会招致外国商人的反对，因此，本币贬值会自动地抑制外国商品的进口。与上述情况相反，一国的货币汇率上浮（本币升值），不利于出口，但可以增加进口。

#### 2. 对非贸易收支的影响

一般来讲，一国货币汇率下浮，会增加该国的非贸易收入；汇率上浮，会减少非贸易收入。在其他条件不变的情况下，一国货币汇率下浮，以本币所表现的外币价格上涨，而国内物价水平不变，外国货币购买力相对增强，本国的商品、劳务、交通、导游和住宿等费用就变得相对便宜，这对外国游客便增加了吸引力，促进本国旅游和其他非贸易收入的增加。本币贬值后，国外的旅游和其他劳务开支对本国居民来说相对提高，进而抑制了本国的对外劳务支出。当一国货币汇率上浮，以本币表现的外币价格下降，而国内物价水平不变，外国货币购买力减弱，从而减少本国旅游等其他非贸易项目的收入。本币升值后，国外的旅游和其他劳务开支对本国居民来说相对减少，从而促进了本国的对外劳务支出。

#### 3. 对国际资本流动的影响

外汇市场汇率变动对国际资本流动特别是短期资本流动有很大的影响。当一国货币汇率下浮时，国内资金持有者为了规避因汇率变动而蒙受的损失，就要把本国货币在外汇市场上兑换成汇率较高的货币，导致资本外流；同时，将使在本国的外国投资者调走在该国的资金，这不仅使该国国内投资规模缩减，影响其国民经济的发展，而且由于对外支出增加，本国的国际收支恶化。反之，本国货币汇率上升对资本流动的影响，则与上述情况相反。

#### 4. 对国内物价的影响

汇率变动对国内经济的直接影响，集中表现在对物价的影响上。一方面，一国货币汇率下跌引起进口商品以本币表示的价格上涨，其中进口消费品的价格上升会直接引起国内消费品价格某种程度的上升，进口原材料、中间品和机器设备等的价格上升还会造成国内非贸易品生产成本上升，也导致非贸易品的价格上升；另一方面，汇率下跌引起出口扩大，进口缩减，加剧国内供需矛盾，使国内整个物价水平提高，加剧通货膨胀，导致经济恶化。相反，如果一国货币汇率上升，则会降低国内物价水平，减缓本国的通货膨胀。

5. 对涉外企业的影响

涉外经济部门及涉外企业由于在日常经营活动中涉及两种或两种以上的货币，因此不可避免地处于各种外汇风险之中。这里仅讨论外汇风险对涉外企业经济活动的影响。

（1）对涉外企业经营效益的影响。在汇率频繁波动的今天，企业预期的本币现金流量和以外币计价的各种资产、负债的价值常因汇率变动而发生变化，可能使企业遭受损失，也可能给企业带来收益。事实上，收益与损失是并存的一对互为消长的矛盾，避免了损失便意味着收益，放弃或丧失了可能获取的收益便是一种损失。涉外企业只有了解和预测外汇风险，提高对外汇风险的管理水平，才有可能承受外汇风险所带来的收益损失。

（2）对涉外企业长远经营战略的影响。企业经营战略是指企业人力、物力和财力的合理配置及产供销活动的总体安排。如果汇率变动有利于涉外企业的资金营运，企业就会采取大胆的、开拓性的、冒险的经营战略，如扩张海外投资、扩大生产规模，开辟新产品、新市场。相反，如果汇率变动不利于涉外企业的资金营运，企业就会采取保守的、稳妥的、谨慎的经营策略，尽量避免使用多种外汇，把海外市场、海外融资缩小一定范围。因此，这一影响在某种程度上关系到企业的兴衰成败。

（3）对涉外企业税收的影响。一般来说，对涉外企业已经实现的外汇损失可享受所得税减免，已经实现的外汇盈利才构成应纳税收入。因交易风险造成的外汇亏损，往往会降低当年的应纳税收入；因经济风险造成的外汇亏损，往往会降低将来几年的应纳税收入；会计风险由于不是实现的亏损，因此是不能减免税收的。涉外企业应设法将外汇风险所造成的税后结果降到最低，使税后收益达到最大。由于税收政策是由企业所在国决定的，作为一个跨国经营企业，应从全局着眼制定其外汇风险管理战略。

## 第四节　国际收支

### 一、国际收支与国际收支平衡表

#### （一）国际收支的含义

国际收支（International Balance of Payment）是指一个国家或地区在一定期间之内（通常为一年）与其他国家或地区所发生的所有国际经济交易的总和。它反映了该国居民在发生对外经济交易时的国际收入与国际支出的总和。

国际收支通常包括两层含义。在现代全球经济领域内，每个国家在发展对外经济活动需要办理资金结算时，都不可避免地会造成资金的跨国转移，从而引起不同国家经济主体之间债权债务关系的变化，表现为外汇资本的流入或流出，也就形成了狭义概念的国际收支。因此，从狭义上来说，国际收支反映为一个国家或地区在一定时间内，与其他国家与地区所发生的贸易、投资、资本跨国转移等国际经济交易所引起的国际债权债务的结算，或者说是对外经济交易所引起的外汇收入与支出的结算。狭义的国际收支更多地关注使用现金进行国际债权债务关系的结算。

广义上的国际收支不再局限于国际经济活动中的现金结算，而更强调国际经济交易的业务基础。一些不需要使用现金进行结算的国际贸易，以赊销赊购为基础的信用交易，以及无须货币偿付的如国际援助、捐赠等国际经济交易，都可以纳入广义的国际收支。

国际货币基金组织就采用广义的国际收支概念，根据2008年12月IMF公布的最新版《国际收支和国际投资头寸手册（第六版）》（BPM6），"国际收支是某个时期内，居民与非居民之间的交易汇总统计表"。

对于国际收支的理解，必须注意以下几个方面。

首先，国际收支是一个流量概念。它考察的是一个国家或地区在一定的时间内所有对外经济交往的价值总量，而不仅考察其期末的存量。它反映经济价值的产生、转化、交换、转移或消失，并涉及货物或金融资产所有权的变更、服务的提供或劳务及资本的提供。目前对于国际收支的统计通常都是以一年为周期，有时也会选择按季度或者半年进行统计。

其次，国际收支反映的是一个国家或地区的居民与非居民之间的交易。通常所说的居民是指在本国居住或者经营一年或以上的政府、个人、企业或者相关单位，它既包括在本国居住满一年的自然人，也包括经营办公场所在本国超过一年期限的法人。凡是在本国经营一年以上的外国跨国公司分支公司，都应该视为本国的居民，其与母国的跨国公司总部，或者在其他国家的分支机构之间的业务往来，都应该纳入国际收支的考核范畴。

需要注意的是，外国政府、外国在本国的代表机构，以及居住或经营场所不在本国的个人与企业，都属于一个国家的非居民。比如我国驻外国的外交人员，即使在外国居住时间超过一年，也仍然属于我国居民，而不属于所驻国家的居民。而联合国、世界银行、国际货币基金组织等国际性机构是任何一个国家的非居民。

此外，国际收支还必须反映以货币记录的经济交易的价值。狭义概念上的国际收支考察的是一个国家与地区在特定时期内以现金方式实现的对外债权债务的结算，其考核对象必须是真实的经济交易所造成的现金结算。而广义概念的国际收入固然包含一些不涉及现金结算的交易，如易货交易、实物报酬和实物支付、实物补偿和实物转移，但是这些交易仍然会导致价值在国家之间的重新分配，会实现经济资产从一个国家向另一个国家的转移，尽管不存在真实的现金支付，但是价值的转移是真实存在的，因此需要对非货币交易价值进行间接测算，或者用其他方式加以估计。

### （二）国际收支平衡表

根据国际货币基金组织《国际收支手册》（第5版）的规定，国际收支平衡表主要包括以下内容。以2018年中国国际收支平衡表为例，2018年中国国际收支平衡表如表9-6所示。

表9-6 2018年中国国际收支平衡表

单位：亿元人民币

| 项目 | 2018Q1 | 2018Q2 | 2018Q3 | 2018Q4 |
| --- | --- | --- | --- | --- |
| 1. 经常账户 | -2 170 | 340 | 1 581 | 3 776 |
| 贷方 | 41 195 | 46 801 | 52 441 | 52 617 |
| 借方 | -43 365 | -46 461 | -50 860 | -48 841 |
| 1.A 货物和服务 | -1 390 | 1 906 | 1 355 | 5 182 |

续表

| 项目 | 2018Q1 | 2018Q2 | 2018Q3 | 2018Q4 |
| --- | --- | --- | --- | --- |
| 贷方 | 37 251 | 42 526 | 46 978 | 48 939 |
| 借方 | -38 641 | -40 619 | -45 623 | -43 757 |
| 1.A.a 货物 | 3 291 | 6 609 | 6 850 | 9 617 |
| 贷方 | 33 653 | 38 764 | 43 177 | 44 644 |
| 借方 | -30 362 | -32 156 | -36 327 | -35 027 |
| 1.A.b 服务 | -4 680 | -4 702 | -5 495 | -4 435 |
| 贷方 | 3 599 | 3 761 | 3 801 | 4 296 |
| 借方 | -8 279 | -8 464 | -9 296 | -8 730 |
| 1.A.b.1 加工服务 | 256 | 261 | 303 | 318 |
| 贷方 | 259 | 264 | 309 | 323 |
| 借方 | -3 | -3 | -6 | -5 |
| 1.A.b.2 维护和维修服务 | 84 | 73 | 60 | 90 |
| 贷方 | 112 | 121 | 102 | 141 |
| 借方 | -28 | -48 | -42 | -50 |
| 1.A.b.3 运输 | -928 | -1 118 | -1 320 | -1 063 |
| 贷方 | 618 | 642 | 722 | 823 |
| 借方 | -1 546 | -1 760 | -2 042 | -1 887 |
| 1.A.b.4 旅行 | -4 012 | -3 643 | -4 256 | -3 747 |
| 贷方 | 619 | 712 | 664 | 673 |
| 借方 | -4 630 | -4 355 | -4 920 | -4 420 |
| 1.A.b.5 建设 | 70 | 90 | 41 | 126 |
| 贷方 | 229 | 214 | 187 | 267 |
| 借方 | -159 | -123 | -146 | -141 |
| 1.A.b.6 保险和养老金服务 | -95 | -79 | -142 | -125 |
| 贷方 | 55 | 116 | 67 | 88 |
| 借方 | -150 | -194 | -208 | -213 |
| 1.A.b.7 金融服务 | 22 | 17 | 18 | 25 |
| 贷方 | 49 | 53 | 51 | 67 |
| 借方 | -27 | -36 | -33 | -42 |
| 1.A.b.8 知识产权使用费 | -490 | -564 | -477 | -460 |
| 贷方 | 82 | 93 | 94 | 99 |
| 借方 | -572 | -657 | -571 | -559 |

续表

| 项目 | 2018Q1 | 2018Q2 | 2018Q3 | 2018Q4 |
|---|---|---|---|---|
| 1.A.b.9 电信、计算机和信息服务 | 101 | 120 | 84 | 123 |
| 贷方 | 448 | 489 | 490 | 561 |
| 借方 | -346 | -369 | -406 | -438 |
| 1.A.b.10 其他商业服务 | 368 | 231 | 311 | 356 |
| 贷方 | 1 081 | 1 017 | 1 075 | 1 204 |
| 借方 | -713 | -786 | -764 | -848 |
| 1.A.b.11 个人、文化和娱乐服务 | -30 | -35 | -42 | -54 |
| 贷方 | 13 | 15 | 16 | 20 |
| 借方 | -44 | -50 | -57 | -74 |
| 1.A.b.12 别处未提及的政府服务 | -25 | -55 | -75 | -24 |
| 贷方 | 35 | 27 | 24 | 30 |
| 借方 | -60 | -83 | -99 | -54 |
| 1.B 初次收入 | -615 | -1 319 | 117 | -1 577 |
| 贷方 | 3 480 | 3 825 | 4 988 | 3 234 |
| 借方 | -4 094 | -5 144 | -4 872 | -4 811 |
| 1.B.1 雇员报酬 | 184 | 129 | 132 | 91 |
| 贷方 | 349 | 286 | 296 | 262 |
| 借方 | -165 | -157 | -164 | -171 |
| 1.B.2 投资收益 | -860 | -1 460 | -43 | -1 683 |
| 贷方 | 3 065 | 3 523 | 4 660 | 2 948 |
| 借方 | -3 925 | -4 983 | -4 703 | -4 632 |
| 1.B.3 其他初次收入 | 62 | 12 | 28 | 15 |
| 贷方 | 66 | 16 | 32 | 23 |
| 借方 | -4 | -4 | -5 | -8 |
| 1.C 二次收入 | -166 | -248 | 109 | 171 |
| 贷方 | 464 | 451 | 475 | 444 |
| 借方 | -629 | -698 | -366 | -273 |
| 1.C.1 个人转移 | -2 | -36 | 11 | 1 |
| 贷方 | 124 | 88 | 111 | 85 |
| 借方 | -126 | -124 | -100 | -84 |
| 1.C.2 其他二次收入 | -164 | -212 | 98 | 170 |

续表

| 项目 | 2018Q1 | 2018Q2 | 2018Q3 | 2018Q4 |
|---|---|---|---|---|
| 贷方 | 339 | 362 | 364 | 359 |
| 借方 | −503 | −574 | −265 | −190 |
| 2. 资本和金融账户 | 4 616 | 382 | 1 143 | 1 090 |
| 2.1 资本账户 | −8 | −3 | −12 | −15 |
| 贷方 | 3 | 2 | 3 | 13 |
| 借方 | −11 | −5 | −14 | −27 |
| 2.2 金融账户 | 4 624 | 385 | 1 155 | 1 105 |
| 资产 | −6 251 | −7 469 | −7 161 | −3 555 |
| 负债 | 10 875 | 7 854 | 8 316 | 4 660 |
| 2.2.1 非储备性质的金融账户 | 6 291 | 1 911 | 952 | −848 |
| 资产 | −4 584 | −5 944 | −7 363 | −5 508 |
| 负债 | 10 875 | 7 854 | 8 316 | 4 660 |
| 2.2.1.1 直接投资 | 3 502 | 1 581 | 5 | 1 877 |
| 2.2.1.1.1 资产 | −1 141 | −1 778 | −1 709 | −1 765 |
| 2.2.1.1.1.1 股权 | −1 111 | −1 173 | −1 378 | −1 583 |
| 2.2.1.1.1.2 关联企业债务 | −30 | −605 | −331 | −182 |
| 2.2.1.1.1.a 金融部门 | −303 | −323 | −350 | −399 |
| 2.2.1.1.1.1.a 股权 | −285 | −280 | −347 | −415 |
| 2.2.1.1.1.2.a 关联企业债务 | −19 | −43 | −3 | 16 |
| 2.2.1.1.1.b 非金融部门 | −838 | −1 455 | −1 359 | −1 366 |
| 2.2.1.1.1.1.b 股权 | −826 | −892 | −1 031 | −1 168 |
| 2.2.1.1.1.2.b 关联企业债务 | −12 | −562 | −328 | −198 |
| 2.2.1.1.2 负债 | 4 643 | 3 359 | 1 714 | 3 642 |
| 2.2.1.1.2.1 股权 | 3 164 | 2 083 | 1 378 | 3 578 |
| 2.2.1.1.2.2 关联企业债务 | 1 479 | 1 275 | 336 | 63 |
| 2.2.1.1.2.a 金融部门 | 366 | 197 | 281 | 318 |
| 2.2.1.1.2.1.a 股权 | 297 | 154 | 282 | 256 |
| 2.2.1.1.2.2.a 关联企业债务 | 69 | 43 | −1 | 61 |
| 2.2.1.1.2.b 非金融部门 | 4 277 | 3 162 | 1 433 | 3 324 |
| 2.2.1.1.2.1.b 股权 | 2 867 | 1 930 | 1 096 | 3 322 |
| 2.2.1.1.2.2.b 关联企业债务 | 1 410 | 1 232 | 337 | 2 |

续表

| 项目 | 2018Q1 | 2018Q2 | 2018Q3 | 2018Q4 |
|---|---|---|---|---|
| 2.2.1.2 证券投资 | 654 | 3 891 | 2 305 | 105 |
| 2.2.1.2.1 资产 | −2 133 | −272 | −624 | −453 |
| 2.2.1.2.1.1 股权 | −1 180 | 245 | −261 | 58 |
| 2.2.1.2.1.2 债券 | −952 | −517 | −363 | −511 |
| 2.2.1.2.2 负债 | 2 786 | 4 162 | 2 929 | 558 |
| 2.2.1.2.2.1 股权 | 760 | 1 364 | 1 023 | 849 |
| 2.2.1.2.2.2 债券 | 2 026 | 2 798 | 1 905 | −291 |
| 2.2.1.3 金融衍生工具 | −4 | −120 | −17 | −273 |
| 2.2.1.3.1 资产 | 12 | −96 | −15 | −226 |
| 2.2.1.3.2 负债 | −16 | −24 | −2 | −47 |
| 2.2.1.4 其他投资 | 2 140 | −3 441 | −1 340 | −2 557 |
| 2.2.1.4.1 资产 | −1 322 | −3 798 | −5 016 | −3 064 |
| 2.2.1.4.1.1 其他股权 | 0 | 0 | 0 | 0 |
| 2.2.1.4.1.2 货币和存款 | −575 | −3 305 | −710 | −126 |
| 2.2.1.4.1.3 贷款 | −3 438 | 220 | −1 346 | −791 |
| 2.2.1.4.1.4 保险和养老金 | −63 | 6 | 15 | 7 |
| 2.2.1.4.1.5 贸易信贷 | 1 915 | −1 110 | −3 309 | −2 026 |
| 2.2.1.4.1.6 其他 | 838 | 391 | 335 | −127 |
| 2.2.1.4.2 负债 | 3 462 | 357 | 3 675 | 507 |
| 2.2.1.4.2.1 其他股权 | 0 | 0 | 0 | 0 |
| 2.2.1.4.2.2 货币和存款 | 1 910 | −446 | 720 | 1 232 |
| 2.2.1.4.2.3 贷款 | 1 874 | −45 | 325 | −98 |
| 2.2.1.4.2.4 保险和养老金 | 15 | −18 | −9 | 28 |
| 2.2.1.4.2.5 贸易信贷 | −490 | 587 | 2 209 | 470 |
| 2.2.1.4.2.6 其他 | 154 | 280 | 431 | −1 126 |
| 2.2.1.4.2.7 特别提款权 | 0 | 0 | 0 | 0 |
| 2.2.2 储备资产 | −1 667 | −1 526 | 203 | 1 953 |
| 2.2.2.1 货币黄金 | 0 | 0 | 0 | 0 |
| 2.2.2.2 特别提款权 | −1 | 0 | −3 | 6 |
| 2.2.2.3 在国际货币基金组织的储备头寸 | 23 | −67 | −4 | 0 |
| 2.2.2.4 外汇储备 | −1 690 | −1 458 | 209 | 1 947 |

续表

| 项目 | 2018Q1 | 2018Q2 | 2018Q3 | 2018Q4 |
|---|---|---|---|---|
| 2.2.2.5 其他储备资产 | 0 | 0 | 0 | 0 |
| 3. 净误差与遗漏 | −2 446 | −722 | −2 724 | −4 866 |

资料来源：国家外汇管理局

1. 经常账户

经常账户（Current Account）反映一国与他国之间实际资产的流动，与该国的国民收入账户有密切联系，是国际收支平衡表中最基本、最重要的部分。经常账户包括货物（Goods）、服务（Services）、收益（Income）和经常转移（Current Transfer）四个项目。

（1）货物（Goods）。货物是指商品贸易或有形贸易，主要指一般商品的进口与出口。除此之外，有时商品所有权已经转移，但商品尚未出入国境，也应列入商品进出口项目中，其中包括船舶、飞机、天然气和石油钻机与钻井平台等；本国船只打捞的货物及捕获的鱼类等水产品并直接在国外出售者；本国政府在国外购进商品、供应本国在另一国的使用者；进口上已取得商品所有权、但在入境前已湿或损坏者。有的商品虽已出入国境，但所有权并未改变的，不列入商品进出口项目，例如经过加工转制、包装、修理、改装后再运往国外销售的商品；但经加工增加的价值，应作为向外国人提供的劳务。此外，列入商品进出口项目的还有作为一般商品的黄金等贵金属和宝石、政府的进出口商品、直接投资企业的进出口商品、移民的随身携带财物、走私货物等。

（2）服务（Services）。服务包括劳务贸易或无形贸易，是指由提供或接受劳务服务以及无形资产的使用所引起的收支，主要包括商品的运输费、保险费和其他附属费用，如港口费用、客运的车、船票及车、船上的其他劳务费用等；旅游，即旅游者在该国停留期间为本人或他人购买的商品和劳务。此外，商品进出口以外的商业销售、专业服务和技术服务，如通信和计算机服务、金融服务、版权及许可证费、乘客保险等非商品保险等，也包括在劳务费用项目中。

（3）收益（Income）。收益指的是生产要素国际流动引起的要素报酬收支。收益包括非居民职工的报酬、投资收益等，如非居民工作人员的工资、薪金、福利；跨国投资所获股息、利息、红利、利润等。属本国的收入记入贷方，属本国的支出则记入借方。

（4）经常转移（Current Transfer）。经常转移又称无偿转移或单方面转移，属非资本性所有权的转移。从国外转移到本国的资金记入贷方，从本国转移到国外的资金则记入借方。经常转移包括政府转移或私人转移，如无偿援助、战争赔款、侨汇、捐赠等。单方面转移包括经常转移和资本转移，其中经常转移放在经常项目里，资本转移放在资本与金融项目的资本项目中。经常转移包括所有非资本转移的转移项目，即包括排除下面三项的所有转移。①固定资产所在权的资产转移。②同固定资产收买或放弃相联系的或以其为条件的资产转移。③债权人不索取回报而取消的债务。经常转移包括各级政府的转移（如政府间经常性国际合作，对收入和财产支付的经常性税收）和其他转移（如工人汇款）。

2. 资本与金融账户

资本和金融账户（Capital and Financial Account）反映一国资产所有权在国际间转移的

状况,包括资本项目和金融项目两类子项目。

(1) 资本项目 (Capital Account)。资本项目包括资本转移和非生产、非金融资产的收买或放弃。资本转移包括投资捐赠和债务注销。投资捐赠,即固定资产所有权的无偿转移,以及同固定资产的收买或放弃相关联系或以其为条件的转移;债务注销,即债权人不索取任何回报而取消的债务。非生产、非金融资产的收买或放弃是指非生产创造的有形资产与无形资产,即土地或地下资产、无形资产的买卖。需要注意的是,资本项目无形资产的记录与经常账户中服务项下无形资产的记录不同。这里记录的是各种无形资产如专利、版权、商标、经销权以及租赁和其他可转让合同的交易,而服务项下记录的是由专利权、特许权的使用所发生的费用。

(2) 金融项目 (Financial Account)。金融项目反映国际间投资与借贷的增减变化。金融项目包括直接投资、证券投资、其他投资和储备资产四个部分。

①直接投资 (Direct Investment)。直接投资的主要特征是投资者对另一经济体的企业拥有永久利益。这一永久利益意味着直接投资者和企业之间存在着长期关系,投资者可以对企业经营管理施加相当大的影响。直接投资可以采取在国外直接建立分支企业的形式,也可以采用购买国外企业一定比例以上股票的形式。在后一种情况下,《国际收支手册》中规定这一比例最低为百分之十。

②证券投资 (Portfolio Investment)。证券投资的主要对象是股本证券和债务证券,后者又可以进一步细分为期限在一年以上的中长期债券、货币市场工具和其他派生金融工具。

③其他投资 (Other Investment)。其他投资是指所有直接投资、证券投资或储备资产未包括的金融交易,包括长期和短期贸易信贷、贷款、货币和存款,以及其他可收支项目。

④储备资产 (Reserve Assets)。储备资产是指一国货币当局为弥补国际收支赤字和维持汇率稳定而持有的在国际间可以被普遍接受的流动资产,包括货币性黄金、特别提款权、在基金组织的储备头寸、外汇资产和其他债权。

3. 错误与遗漏账户

错误与遗漏账户 (Errors and Omissions Account) 是为了轧平国际收支平衡表借贷方总额而设立的项目。按照复式记账原则,国际收支账户的借方总额和贷方总额应该相等,借贷双方的净差额应为零,但在实际中并非如此。由于不同账户的统计资料来源不一、记录时间不同以及一些人为因素(如虚报出口),国际收支账户出现净的借方或贷方余额,这就需要人为设立一个平衡账户——错误与遗漏账户,在数量上与该余额相等而方向相反与之相抵消。当经常账户、资本和金融账户总计贷方总额大于借方总额,从而出现贷方余额时,则在错误与遗漏项下的借方记入与该余额相同的数额;反之,当出现借方余额时,则在错误与遗漏项下的贷方记入相同数额。

## 二、国际收支不平衡及其调节

### (一) 国际收支不平衡的含义

国际收支平衡表采用复式计账法,每一笔经济交易都会同时在借方和贷方各记一笔相同金额的交易,这也保证了在国际收支平衡表中,借方总额与贷方总额总是可以相等的。但是,国际收支平衡表的这种平衡更多地表现为会计账面的一种平衡,是人为调整的结果,并不能保证国际收支真正实现平衡。

国际收支平衡表所记载的各种国际经济交易可以分为自主性交易和补偿性交易。自主性交易（Autonomous Transaction）亦称事前交易（Ex-ante Transaction），是指各经济主体出于自身动机，为了实现自身的利益，而独立进行的交易。它主要包括经常项目和资本与金融项目中的交易，如商品和劳务的进出口主要取决于不同国家的商品成本、价格差异和技术差异；直接投资、长期资本流动取决于不同国家的投资收益差异；短期资本流动主要取决于投机动机；侨汇、国际捐赠等单方面转移则取决于个人、家庭及政府关系，或者源于一些人道主义动机。自主性交易主要包括经常项目、资本项目和金融项目的交易，它的平衡与否是判断一个国家国际收支是否平衡的基本依据。

调节性交易（Adjustment Operation/Accommodating Transactions）也称事后交易（Ex-post Transactions），它是在一个国家出现自主性交易收支不平衡之后，出于国际收支调节的目的而进行的弥补性交易（Compensatory Transactions）。常见的调节性交易包括一国的进口商取得出口商或外国银行延期付款的权利，逆差国得到顺差国或国际货币基金组织等国际金融机构的短期资金融通，或动用本国的黄金、外汇储备以弥补国际收支逆差等。

当一个国家出现自主性交易不平衡之后，一方面，国际收支差额会在外汇市场上，对外汇施加升值或贬值的压力，从而利用汇率调整来自发地实现对国际收支差额的调节；另一方面，政府也可以综合运用各种财政、金融、外汇等政策以平衡本国的国际收支，像通过在公开市场中买卖外汇储备或者国际市场融资等调节性交易来弥补国际收支差额，就是常见的政策选择。

### （二）国际收支差额分析

通常情况下，国际收支不平衡是通过国际收支中的一些差额来表示的。比如，如果一个国家在自主性交易下，借方总额大于贷方总额，或者说该国在一定时期内，对外的支出总额大于对外收入总额，通常就称为逆差（Unfavorable Balance）或赤字（Deficit）；反之，如果贷方总额大于借方总额，或者对外收入总额大于对外支出总额，就称为顺差（Favourable Balance）或盈余（Surplus）。

贸易差额是反映一个国家国际收支差额的基本指标，它是指一国在一定时期内（如一年、半年、一季、一月）出口总值与进口总值之间的差额；当出口总值与进口总值相等时，称为"贸易平衡"。当出口总值大于进口总值时，出现贸易盈余，称"贸易顺差"或"出超"；当进口总值大于出口总值时，出现贸易赤字，称"贸易逆差"或"入超"。通常，贸易顺差以正数表示，贸易逆差以负数表示。一国的进出口贸易收支是其国际收支的重要组成部分，是影响一个国家国际收支的重要因素，贸易差额往往决定了一个国家经常项目差额的情况，并对该国的货币汇率、经济增长和就业都产生重要的影响。

经常账户差额（Current Account Balance）是指一个国家在一定时期内在商品、劳务、收益、单方面转移等账户上的借方总值和贷方总值之差。经常项目由三个部分构成，分别为货物与服务账户（又称贸易账户）、收益账户和经常转移账户，因此经常账户差额就可以表示为：

$$经常账户差额 = 贸易账户差额 + 收益差额 + 经常转移差额$$

如果差额为正，则经常账户盈余；如果为负，则经常账户赤字；如果为零，则经常账户平衡。经常账户差额的变化受其子账户差额的影响,其子账户和内部结构的变化都将直接影响经常账户的变化。如果出现经常账户顺差,则意味着由于有商品、服务、收入和经常转移的贷方净额,该国的国外财产净额增加,该国成为国际资金的供应方,从而增加该国的对外净投资,或者减少对外负债。而如果出现经常账户逆差,则意味着由于存在商品、服务、收入和经常转移的借方净额,该国的国外负债净额增加,该国成为国际资金的需求方,需要通过对外借债或者出售对外资产的方式筹集逆差资本,从而导致该国的对外净资产减少,或者对外净投资减少。

在开放宏观经济中,经常项目差额概括了一国的净债务人或债权人的地位,能够清楚地反映出与国内外经济的紧密联系。因此,经常项目差额又被国际银行家视为评估向外国贷款的重要变量之一。

基本差额(Basic Balance)是一个国家在一定时期内,经常项目和长期资本金融项目借方总值和贷方总值之差。基本差额可以反映一个国家国际收支的长期趋势,反映一个国家的经济实力,如商品贸易和服务贸易往往取决于一个国家的技术水平与生产成本所导致的生产效率的差异,长期资本流动关注的是一个国家长期投资利润率的变动。它们更多地是由相关国家在国际经济领域的经济实力和发展潜力所决定的,也是相对稳定的。而短期资本流动更多地着眼于不同国家资本市场的汇率、利率的短期变动,出于投机动机而进行资本的短期跨国流动,更多地受政府的政策或者宏观经济局势的变化影响,稳定性较差。

国际收支总差额(Overall Balance)又称综合差额,是指经常项目、长期资本项目和短期资本项目的借贷双方总值之差,它包括了国际收支账户中除官方储备项目之外的其他国际收支项目。具体由经常项目差额和资本项目差额以及直接投资、证券投资、其他投资项目的差额构成。

国际收支总差额=经常项目差额+资本项目差额+金融项目差额+净差错与遗漏

国际收支总差额的状况将导致该国国际储备量的变化,如果总差额表现为盈余,则国际储备增加;如果总差额呈现为赤字,则国际储备相应减少。目前看来,国际收支总差额是分析国际收支状况时最常用的指标。按惯例,在没有特别说明的情况下,国际收支差额通常指的是总差额。

尽管在统计之中,会按不同的统计口径对国际收支平衡表的差额进行分析,从而揭示一个国家国际收支的总体概况,但是考虑到统计的误差,在国际收支平衡表中往往还会设立"误差和遗漏"项目,从而通过会计手段,保证国际收支平衡表的平衡。

(三)国际收支不平衡的原因

一般来说,尽管每个国家的国际收支平衡表从会计核算上都是平衡的,但这种平衡并非真正意义上的收支平衡。实际上,每个国家的国际收支不平衡才是一种常态,而国际收支平衡却是极为偶然的。一般而言,常见的国际收支失衡包括以下几种类型。

1. 经济周期性不平衡

每一个国家的经济发展总是处于一定的周期性变化之中,依次出现繁荣、衰退、萧条、复苏的周期性变化,进而引起国民收入、物价水平、就业水平的周期性变化,这种周期性波动也会对该国的国际收支产生明显的冲击。如当一个国家处于经济繁荣时,国民收入增加,居民消费能力提升,就会增加对于进口商品的消费需求,国内的物价飙升又会进一步导致民众消费进口商品以替代价格上升的本国商品，同时高企的价格又会进一步削弱本国商品在国际市场的竞争力，从而导致国际收支恶化，进而催生国际收支逆差。改革开放以来，中国经济保持了30多年的高速增长，高速增长的中国经济带来了中国居民消费能力的极大提升，使中国成为仅次于美国的全球第二大奢侈品消费国，消费在很大程度上缓解了长期贸易顺差带来的人民币升值的压力。

2. 货币性不平衡

一个国家在货币政策选择方面与其伙伴国具有明显的差异，也会导致由两国的货币供求关系不平衡所带来的通货膨胀或者通货紧缩，进而传导到国际贸易市场中，影响国家之间的国际收支状况。如一个国家选择货币扩张，引起本国严重的通货膨胀后，必然引起本国出口商品价格的上涨，进而降低本国商品在国际市场的竞争力水平，同时，又会引起进口规模的扩张，导致一国的国际收支恶化。

3. 结构性不平衡

每一个国家都会在长期的经济发展中，形成具有自身特色的产业结构与经济结构，确立自身在国际分工体系中的地位。如果在某一时期某一外部冲击打破原有的平衡，对该国现有的生产体系与贸易体系产生冲击，则该国就需要逐步调整其经济结构与产业结构，以适应新的经济环境，而这种调整往往是长期的、渐进的。在其经济结构调整到位之前，该国就可能出现结构性的国际收支失衡。

4. 收入性不平衡

根据国际收支恒等式，一个国家国民收入会直接影响其消费与进口规模。国民收入增加，通常会带来居民消费能力的提升，一方面反映为对于本国生产产品的消费数量的增加，另一方面则表现为进口需求扩张，从而导致进口贸易规模增大。而本国的出口则更多受进口国居民的消费能力影响，在一般情况下，不会受本国国民收入增长的影响。我国为出口扩张型经济增长模式，经济的增长在很大程度上得益于出口扩张，出口成为带动国民收入增长的核心动力，也会出现出口规模与国民收入之间的正相关关系，但是这种关系源于出口扩张对国民收入增长的推动，而非反向的国民收入增长带来出口规模的扩大。正基于以上因素，一个国家的国民收入增长会导致进口增长，却不会直接作用于出口，因此会引发国际收支的收入性不平衡。

5. 政策性不平衡

在现代经济中，每个国家都会采用一定的经济政策对国民经济进行调节，可能因此对国际收支产生重大的影响。如次贷危机后，美国选择连续四轮的量化宽松货币政策，极大地增加了美元的发行量，以致在危机初期产生美元贬值的市场预期，导致美元外流，国际收支恶化。与此同时，美国政府还通过直接向民众发放经济补贴的方式，消除危机对民众生活水平的影响，而这种财政政策增加了美国民众对于外国相对廉价商品的购买需求，其中对中国彩电和韩国冰箱的需求量上升明显，也在很大程度上催生了政策性的国际收支不平衡。

（四）国际收支的自动调节机制

当一个国家出现国际收支不平衡时，并不一定必须依赖于政府立即采取措施，事实上，一些经济机制可以在不需要政府政策支持的基础上，自发地发挥作用，从而自动调节国际收支失衡，甚至使本国的国际收支重新恢复平衡。

1. 金本位制下的国际收支自动调节机制

早在1752年,英国哲学家和古典政治经济学家大卫·休谟就提出利用物价的涨落和黄金在国家间的流动,实现一个国家国际收支的自动调节,从而保证国际收支平衡,这就是著名的"物价—现金流动机制"。

"物价—现金流动机制"是建立在黄金可以在国家之间自由流动,不会受到政府政策限制的基础之上的。休谟指出,如果一个国家出现国际收支逆差,导致对于外汇的需求上升,外汇供不应求,就会引起外汇汇率上升,如果外汇的汇率涨到了黄金输送点之上,则本国商人会发现,直接用黄金支付给外国出口商会比使用本币购买外汇用于国际收支结算更为节约,从而导致黄金的大量外流。黄金外流导致本国银行存款准备金提高,进而导致本国流通的黄金数量减少,货币流通量减少,货币购买力上升,物价下降,又会导致本国的出口商品价格水平的下降,增强本国的出口竞争力,从而导致出口增长,国际收支改善。在这样的机制下,即使政府不对国际收支施加任何的影响,国际收支的不平衡也能够得到自发调节。

同样,如果一个国家出现国际收支顺差,外汇汇率跌至黄金输入点之下,则又会导致外国黄金大量流入本国,本国流通货币数量增加,本国物价上升,国际收支恶化,从而自动消除原有的国际收支顺差,使得国际收支恢复平衡。

金本位制下的国际收支自动调节机制如图9-2所示。

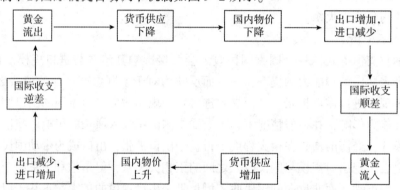

图9-2 金本位制下的国际收支自动调节机制

在休谟时代,黄金是铸币的主要材料,因此休谟的理论把黄金的流入流出所造成的一个国家的黄金持有量的变化视为影响价格变动的唯一因素,这固然有其合理之处,但是由于存在黄金的自发调节机制,黄金的流入流出并不一定会引起物价的变化,这其实在很大程度上影响了"物价—现金流动机制"结论的科学性。但是其理论却是现代国际收支调节理论的基础,其理论价值在现代金融学发展史上得到广泛认可。

2. 纸币本位制度下,固定汇率的国际收支自动调节机制

在金本位制下,尽管一些国家也发行纸币代替金属货币充当流通手段,但是,纸币只是作为金属货币的替代物而进行流通,往往由国家强制力规定纸币的含金量,并保证纸币与金银货币的可兑换。由于每一个国家的纸币发行必须拥有充足的金属货币作保证,每一个国家的货币发行量受其金属供给量的严格限制,从而维持了货币价值的相对稳定。但是伴随着资本主义根本矛盾的激化和经济危机的频繁出现,货币政策成为很多国家应对经济衰退、解决财政赤字的有效手段,在金本位制下,货币发行的金银限制成为限制政府使用货币政策工具的重要因素,因此金本位制逐渐被世界各国所摒弃。

在纸币本位制下，政府金融管理当局也可以通过外汇储备的变动干预外汇市场，来保持固定汇率水平。在这样的汇率制度下，当出现国际收支不平衡时，仍然会存在一定的自动调节机制，国际收支失衡会对外汇储备、货币供应量、国民收入、物价水平、利率水平等产生影响，进而使国际收支恢复平衡。

(1) 利率效应。通常情况下，国际收支失衡会对货币市场的利率产生影响，而利率的变动又反过来会对国际收支失衡产生一定的调节作用。一个国家国际收支出现逆差，则表明其持有的外国货币及其他外国资产减少，国际储备资产减少，外债增加，进而本国信用紧缩，货币供给量减少，金融市场银根趋紧，市场利率因货币市场供求关系的变化而趋于上升。本国利率水平的上升，会进一步减少本国资本的外流，吸引更多的外国资本流入，因此，国际收支的资本项目将改善，国际收支的不平衡得到缓解。同样的道理，一个国家出现国际收支顺差会引起市场利率下降，资本项目恶化，从而对原有的国际收支顺差产生自动的调节作用。

(2) 收入效应。国际收支失衡通常会导致一国的国民收入和社会总需求的变化，进而形成对国际收支的自动调节机制。当存在国际收支逆差时，外汇支出增加，本国货币供给减少，市场利率上升，从而导致本国的总需求水平下降，国民收入减少。国民收入的减少反过来又会进一步减少本国的进口需求，从而导致国际收支改善。反之，国际收支顺差会导致本国总需求水平上升，进口需求扩张，国际收支恶化，同样对国际收支失衡产生自动的调节作用。

(3) 价格效应。国际收支失衡也会引起各国物价水平的变动，从而实现国际收支的自动调整。当出现国际收支逆差时，本国货币供给的减少将引起本国价格水平的下降，降低本国出口商品的价格水平、本国产品的相对价格，从而增强本国商品在国际市场的竞争力。与此同时，进口商品的相对价格上升，又会进一步压缩本国的进口规模，本国的国际收支逆差逐渐改善。

必须注意的是，在纸币本位制下，固定汇率自动调节机制的生效还必须依赖于相对自由的经济秩序、较高的进出口价格弹性，以及国内总需求、资本流动对利率的灵敏反应。如果政府采取一定的宏观经济政策调节国际收支，进出口价格弹性过低，或者市场对利率反应迟钝，就会限制其自动调节机制的作用过程，导致理论中的国际收支自动调节机制难以在现实经济生活中得到验证。

3. 纸币本位制下，浮动汇率的国际收支自动调节机制

在浮动汇率制下，政府不再对外汇市场施加干预，而由外汇市场供求的变动引起汇率变动，进而对国际收支失衡产生自动的调节作用。在这样的制度下，当一国出现国际收支逆差时，外汇市场中对外汇的需求将超过外汇供给，外汇汇率上升，本币贬值，进而引起本国商品的相对价格下降，外国商品相对价格上升，导致本国的出口扩张和进口减少，国际收支改善。反之，当该国出现国际收支顺差时，又会引起外汇汇率下降，本币升值，国际收支恶化。

必须注意的是，在纸币本位制下，对固定汇率制国家，国际收支失衡的自动调节机制是通过影响一国的货币供给、物价水平、市场利率等经济指标而发生作用的，因此其对外失衡的调节在很大程度上是通过影响国内经济目标的平衡而实现的，甚至有时是通过牺牲国内经济平衡而实现对外国际收支平衡。而对于浮动汇率制国家来说，仅仅通过外汇市场的供求变化引起汇率变动就能实现对外经济平衡，这就减少了对国内经济的干扰，更有利于经济的平

稳运行。

### (五) 国际收支的调节政策

通过对国际收支进行自动调节，固然可以减少政府政策对于宏观经济的干预，但是其作用机制所需要的时间相对较长，而且其作用机制还取决于特定的市场环境与经济条件，因此通常一个国家不会完全依赖自动机制对国际收支的调节作用，而更多地选择综合运用各种政策手段，主动对宏观经济与国际收支进行调节，实现其政策目标。通常用来调节国际收支的政策包括外汇缓冲政策、财政与货币政策、汇率政策与直接管制。

1. 外汇缓冲政策

每个国家都会持有一定的黄金或者外汇作为储备资产，以应对日常的国际收支不平衡。通常在出现国际收支失衡时，政府就可以利用其储备资产作为缓冲，通过中央银行在货币市场中买卖外汇或者储备性黄金，消除国际收支失衡所产生的外汇供求缺口，使国际收支失衡的影响仅限于外汇储备资产规模的增减，避免引起进一步的汇率变动或宏观经济失衡，影响本国的经济稳定。在执行外汇缓冲政策时，若一个国家的储备资产不足以应对国际收支失衡，也可以通过临时向外筹措短期资金来弥补其储备资产的不足，缓解市场上的外汇供需失衡。

然而，任何一个国家的外汇储备规模总是有限的，对所有的国际收支失衡都通过外汇储备来应对是不现实的，特别是对于那些拥有经常性的、长期的、巨额的国际收支失衡的国家。所以单纯依赖外汇缓冲政策，必然很快导致储备资产枯竭，外债的积累或者储备资产大量积压，最终仍然无法有效实现国际收支调节。因此，外汇缓冲政策更多地用于季节性的国际收支失衡或者突发性的、不正常的资本流动导致的国际收支失衡。

对于一些进出口类型较为单一且具有明显的季节性变化的国家来说，外汇缓冲政策会特别有效。比如，一些拉美国家对咖啡的出口依赖很大，而咖啡出口通常集中在特定的两三个月，这就导致在咖啡收获的月份，这些国家的出口规模会迅速扩大，货币市场中外汇供给急速增加，而在其他月份中，外汇供给则相对紧张。而咖啡生产商与出口商都需要大量的本国货币用于日常经营，因此这些咖啡出口国的政府就可以在咖啡收获的季节积累储备资产，而在其他时间，则通过出售储备资产以应对国际收支的季节性变化。

2. 财政与货币政策

当一个国家出现经常性的国际收支失衡而外汇缓冲政策已经无力进行调节时，由政府适当地制定一些财政、货币政策，改变市场总需求水平与经济总支出水平，进而改变对于外国商品、服务与金融资产的需求，也可以实现对国际收支失衡的调节作用。

当一个国家出现国际收支逆差时，政府就可以选择紧缩性的财政政策与货币政策，通过减少政府财政支出，提高税率，调高再贴现率，提高法定存款准备金率，以及在公开市场出售政府债券等方式减少市场总需求，降低本国对于外国商品的需求量。与此同时，紧缩性的货币政策还会导致本国商品的价格下降，提升本国商品在国际市场上的出口竞争力，提高市场利率水平，吸引更多的外国资本流入，通过一系列的政策效应，实现缓解国际收支压力的目的。同样，当一个国家出现国际收支顺差时，又可以通过扩张性的财政政策与货币政策对国际收支进行主动调节。

当然，财政、货币政策在调节国际收入平衡的同时，又会给本国经济带来一定的压力，如调节国际收支逆差的紧缩性财政、货币政策在缓解本国对外收支失衡的同时,又会导致本国的经济紧缩,从而引起失业增加和经济下行,这在很大程度上,又限制了政府调节国际收支平衡的政策目标。

3. 汇率政策

正如前面所述,浮动汇率制度可以通过外汇市场中汇率水平的变动自发地实现对国际收支失衡的调节。当一个国家出现国际收支失衡时,就可以主动地调节其汇率水平,从而改变外汇市场的供求关系,实现对国际收支的调节作用。

当然,是否通过汇率政策实现对国际收支的调节还取决于相关国家的进出口需求弹性能否符合马歇尔-勒纳条件,本国的生产能力是否得到充分利用,以及汇率变动带来的贸易品与非贸易品之间的价格差能否长期维持,汇率变动带来的国内价格水平的变化能否被民众接受等。通常如果一个国家已经处于充分就业,那么选择通过货币贬值来调节国际收支逆差,就必须辅以相应的经济紧缩性政策,以避免出现严重的通货膨胀。

4. 直接管制

如果一个国家由于经济结构的问题导致国际收支失衡长期存在,通过上述经济政策进行调节都难以在短时间内取得良好的政策效果,那么就可以通过直接管制的方式,对国际经济活动实施直接的行政干预,从而保证国际收支恢复平衡。

直接管制可以分为外汇管制和贸易管制。外汇管制是指国家通过颁布外汇管理法令、法规和条例,对外汇买卖、国际结算、资本流动和外汇汇率等直接加以管制,以控制外汇供给或需求,维持本国货币汇率的稳定,调节国际收支。当一国国际收支发生长期逆差时,一般要加强外汇管制,使逆差减少。当一国国际收支发生长期顺差时,则放松外汇管制,使顺差减少。常用的外汇管制一般包括限制私人持有和购买外汇、限制资本输出输入、实行复汇率等。贸易管制是指一国政府通过实行"奖出限入"政策,对商品输出输入实行管制,旨在增加外汇收入,限制外汇支出,改善国际收支。常采用的限制进口的手段有进口配额制、进口许可证制、苛刻的进口技术要求、歧视性采购政策与税收政策等。

直接管制较为灵活,易操作,通常能起到迅速改善国际收支的效果,同时又不会牵动整个经济,因此深受众多发展中国家的青睐。但是,直接管制并不能真正解决国际收支失衡问题,只是将显性国际收支赤字变为隐性国际收支赤字,一旦取消管制,除非经济结构得到改善,否则国际收支赤字仍会出现。此外,管制政策的实行容易引起他国报复,导致贸易伙伴国之间的贸易战,使管制措施不能达到预期效果。

## 第五节 国际储备

### 一、国际储备概述

#### (一) 国际储备的概念和特点

1. 国际储备的概念

国际储备是一国货币当局所持有的、用于弥补国际收支赤字以维持本国货币汇率稳定的、各种形式的、国际间可以接受的一切资产。对于国际储备的定义,学术界一直存在争论,认为它有狭义和广义之分。狭义的国际储备是指一国货币当局所持有的主要用于弥补国际收支逆差与维持汇率稳定的可自由兑换资产；广义的国际储备是指一国货币当局可以动用的用于弥补国际收支逆差及维持汇率稳定的流动性资产，包括官方储备和非官方储备。20世纪60年代中期后，国际储备的定义逐渐趋于统一，主要是从狭义的角度来定义国际储备。例如，1965年十国集团对国际储备作出了如下定义：国际储备是指"该国货币当局占有的那些在国际收支出现逆差时可以直接或通过同其他资产有保障的兑换来支持该国汇率的所有资产"。根据国际货币基金组织的解释，国际储备是"中央货币当局实际直接有效控制的那些储备资产，由黄金、外汇、特别提款权、在基金组织的储备头寸、使用该组织的信贷和非居民现有的债权组成"。国际货币基金组织不但规定了国际储备的性质，也明确了它的构成。

2. 国际储备的特点

国际储备一般应该具有以下特性。

（1）普遍接受性。国际储备应该是能为世界各国在事实上普遍承认、接受和使用的资产，如果一种金融资产仅在小范围或区域内被承认、接受和使用，尽管这种资产也具备可兑换性和充分流动性，仍不能称为国际储备。

（2）充分流动性。国际储备必须具有充分的流动性，各国政府或货币当局必须能无条件地获得并在必要的时候动用这些资产。例如，当一个国家的国际支出超过国际收入时，就可以动用国际储备来弥补国际收支逆差。再如，当一个国家的货币当局认为该国的货币对外汇率的上涨或下跌幅度过大时，该国货币当局就可以动用国际储备，通过在外汇市场上的操作来维持本国货币汇率的稳定。

（3）可自由兑换性。作为国际储备的资产必须可以与其他金融资产自由兑换，充分体现储备资产的国际性。如无自由兑换性，这种储备资产在国际间就不能被普遍接受，也就无法用于弥补国际收支逆差及发挥其他作用。

（4）官方持有性。国际储备必须是中央货币当局直接掌握并予以使用的。非官方金融机构、企业及私人持有的黄金、外汇等资产，不能算作国际储备。这个特性使国际储备与国际清偿力区分开来，也正是如此，国际储备也称为官方储备。

### （二）国际储备与国际清偿力的关系

1. 国际清偿力的概念及内容

国际清偿力，又称国际流动性，是指一国的对外支付能力，具体指一国直接掌握或在必要时可以动用的，作为调节国际收支、清偿国际债务、支持本币汇率稳定的一切国际流动资产。国际清偿力的内涵比国际储备广得多，它不仅包括所持有的国际储备，还包括可以利用的各种贷款。具体地说，包括下面几个方面。

①从国际金融机构和国际金融市场借款的能力。

②一国发生国际收支逆差时，外国人持有逆差国货币的愿望。

③利率提高或利率期限结构的变化，在未发生不利的国内影响的条件下，对于鼓励资金内流的程度。

④商业银行持有的外汇资产。这些资产的所有权非政府所有，但政府可以通过政策、道义的手段来诱导其流动方向，从而间接地达到调节国际收支的目的，因此，这些资产称为诱导性储备资产。

2. 国际储备与国际清偿力的关系

就一国而言，不难看出，国际清偿力既包括现有的国际储备，也包括一国向外借款的能力。因此，国际清偿力和国际储备之间既相互联系又相互区别。

①国际清偿力是自有国际储备、借入储备及诱导性储备资产的总和。其中，自有国际储备是国际清偿力的主体。所以，国内学术界把国际储备看成狭义的国际清偿力。

②作为由一个国家货币当局直接掌握、持有的国际储备，其使用是直接的和无条件的；而对于国际储备以外的、并非由货币当局直接持有的国际清偿力的构成部分，其使用通常是有条件的。因此，从总体来讲，可以认为一个国家国际清偿力的使用是有条件的。

③一个国家的国际清偿力是该国政府在国际经济活动中所能动用的一切外汇资源的总和，而国际储备只是其中的一个部分。在判断一个国家的国际清偿力的时候，除了要考虑该国的国际储备额外，还必须考虑另外两个因素，即该国政府获得国际流动资金的能力及筹集和使用该资金时的限制条件。

正确认识国际清偿力和国际储备的关系，对一国货币当局充分利用国际信贷或者筹款协议，迅速获得短期外汇资产来支持其对外支付的需要，具有重要意义。

### （三）国际储备的作用

各个国家保持国际储备，一般具有以下作用。

1. 弥补国际收支赤字

一般观点认为，国际储备的首要用途就是在一国发生国际储备困难时，用来弥补国际收支赤字所引起的外汇供求缺口。具体来说，就是通过动用外汇储备，减少在国际货币基金组织的储备头寸和特别提款权，以及通过在市场上出售黄金等来弥补国际收支赤字，以对外汇供求缺口起到一定的缓冲作用，使国内经济避免受到由于采取调整措施而产生的不利影响，从而更加有利于国内经济的目标实现。但是，国际储备对应付国际收支赤字的作用也是有限的。短期性赤字，应当用国际储备弥补；对于长期性赤字而言，则有必要进行一定规模的经济政策上的调整，同时以动用国际储备作为辅助措施，以维持合理的经济增长速度，避免带来国内的经济震荡。

2. 作为干预资产，维持汇率稳定

一国的货币当局可以将国际储备用来干预外汇市场从而影响外汇供求状况，把本国汇率稳定在政府希望保持的水平上。例如，某一段时间日元贬值速度过快，日本政府就可以出售国际储备中的部分外汇，以收购日元来维持日元汇率水平。当然，外汇干预对汇率的影响实际上也是相当有限的，仅在短期内起作用，不可能从根本上改变汇率的长期走向。而且国际储备要想真正发挥其干预作用，必须要有两个前提条件，即充分发达的外汇市场和本币的完全可自由兑换。一国拥有雄厚的国际储备，不仅在客观上发挥了干预资产的作用，还在心理上增强了人们对本币的信心。

3. 作为偿还外债的保证

一国的国际储备可以作为一国对外借款的保证。如果储备充足，则可以加强一国的资信，吸引外资进入，从而促进本国经济发展。国际上有专门机构和重要的金融杂志每年就各国借款的资信进行评定，确定贷款的安全系数，一般包括经常账户收支的趋势、外债还本付息占该国出口收入的比重及国际储备状况等。国际金融机构和银行在对外贷款时，往往要事先调查借债国偿还债务的能力。一国持有的国际储备情况是国际银行贷款时评估信用风险的一个重要指标。当一国对外贸易恶化而储备又不足时，筹措外部资金的难度就会加大。

 阅读材料9-4　东南亚货币危机的启示

## 二、国际储备的构成

### （一）国际储备的构成

国际储备的构成是指用于充当国际储备资产的资产种类。国际储备的形式随着历史的不断前进而发生了一些变动。在第二次世界大战发生之前，黄金以及可兑换成黄金的外汇构成了各国的储备资产。而在第二次世界大战之后，国际货币基金组织先后给各个成员国提供了两类资产，用以补充成员国的国际储备。根据国际货币基金组织的统计标准，当代国际储备包括四种形式：黄金储备、外汇储备、在国际货币基金组织的储备头寸和特别提款权。其中，前两种储备资产是各国不同程度普遍拥有的，而后两种的拥有是有条件的，只有国际货币基金组织的成员国才有第三项储备资产，得到特别提款权的分配而并未使用时，才能有第四项储备资产。

1. 黄金储备

作为国际储备的黄金是指一国货币当局持有的黄金，即货币性黄金。显然，非货币用途的黄金（包括货币当局持有的）不属于这个范围。在金本位制度实行的前期，黄金在国际储备中占据着垄断地位。在金本位制度的后期，黄金和某一种特定的外汇共同构成国际储备资产。但总的来说，在金本位制下，黄金仍是全世界最主要的国际储备资产。即便在第二次世界大战之后的布雷顿森林体系下，黄金仍是货币汇率制定的基础，并具有一般支付手段的职能，仍然是最重要的国际储备形式。1976年的《牙买加协议》规定，黄金非货币化，黄金同国际货币制度、各国货币脱钩，不再成为货币制度的基础，也不能直接用于该国政府的国际收支差额清算。即便如此，也没有一个国家货币当局愿意废除黄金储备。

2. 外汇储备

外汇储备是一国货币当局持有的国际储备货币，是各国国际储备的最主要组成部分。据国际货币基金组织统计，世界各国的外汇储备总额2018年中约为11.48万亿，占国际储备总额的90%以上。从其占国际储备总额的比例来看，外汇储备在国际储备中均占主体地位，国际储备已呈外汇储备化的趋势。

外汇储备的主要形式有国外银行存款及外国政府债券，是一国政府持有的外汇资产而不是一切外币资产。一般来讲，充当国际储备资产的货币应具备以下条件。

①能够自由兑换成其他储备资产，具有较强的可兑换性。
②在国际货币体系中占据重要地位，是国际贸易中进出口商所选择的关键货币。
③其购买力必须具有稳定性。

最早充当外汇储备的货币是英镑。20世纪30年代以后，美国经济实力的崛起使美元与英镑共同成为国际储备货币。第二次世界大战后，英国的力量大大削弱，而美国的力量空前膨胀，美元取代英镑成为最主要的国际储备货币。从20世纪70年代初期起，美元币值不稳定，固定汇率制度崩溃，日本、德国等国家崛起并在世界经济中起越来越大的作用，使得储备货币逐渐走向多元化。

3. 在国际货币基金组织的储备头寸

储备头寸又称普通提款权，是指在国际货币基金组织普通资金账户中成员单位可以自由提取并使用的资产。具体地说，是指成员单位向国际货币基金组织缴纳份额中的黄金或可兑换黄金的货币部分，这部分占了成员单位认缴份额的25%。根据国际货币基金组织的规定，成员单位使用这部分资产时不需要经过国际货币基金组织的批准，而随时可用本国货币购买。因此，它是一国的国际储备资产，是国际货币基金组织为满足其他成员单位的资金需要而使用的本国货币。国际货币基金组织规定，成员单位认缴份额的75%可用本币缴纳。

总的来说，储备头寸在国际储备总额中所占的比重较小。据统计，截至1994年年底，成员单位的普通提款权仅占了成员单位国际储备资产总额的3.8%。而到2018年，在国际货币基金组织的储备头寸占国际货币基金组织成员单位国际储备总额的比重为3%左右。

4. 特别提款权

特别提款权是国际货币基金组织为了解决国际储备不足问题，经过长期的谈判后于1969年创设的新的国际储备资产，实质上是用以补充原有储备资产的一种国际流通手段。它是指国际货币基金组织根据成员单位的认缴份额对成员单位进行分配的，可用于成员单位之间及成员单位与国际货币基金组织之间的支付的一种储备资产，是国际货币基金组织分配给其成员单位在原有的一般提款权以外的一种资金使用权利。当某个成员单位需要使用特别提款权时，可以将特别提款权转让给国际货币基金组织指定的国家，从而获得货币资金。

特别提款权和普通提款权一样，是国际储备的一个构成部分，但是和前面三种储备资产相比，又有着明显的不同，主要表现在以下几个方面。

①它是一种账面资产，并不具有内在价值。它是一种没有任何物质基础的记账单位，不能直接用于国际贸易支付和结算，不能直接兑换黄金。

②它只能由成员单位货币当局持有，并且只能在成员单位货币当局和国际货币基金组织、国际清算银行之间使用。非官方金融机构不得持有和使用。

③成员单位可以无条件享有它的分配额，无须偿还。它与普通提款权不同的是，普通提款权必须在规定期限内还给基金组织，而特别提款权的70%是无须偿还的，可以一直用下去。

### （二）国际储备货币多元化的发展及其对世界经济的影响

1. 国际储备货币多元化的定义

国际储备货币多元化是指国际储备货币由单一的美元向多种货币转变的趋势。这一趋势随着布雷顿森林体系的崩溃而出现，并随着储备货币发行国的经济发展而不断深化。

2. 国际储备货币多元化对世界经济的影响

（1）有利影响。

①有利于缓解储备货币稀缺等困难。在储备货币多元化的条件下，储备货币发行国的国际收支顺差、逆差互现，在某种储备货币稀缺时，可用储备货币补充，从而弥补国际清偿力不足，维持国际储备体系正常运行。

②提供了多样化的外汇储备资产形式，从而增加调整国际储备资产的空间和灵活性，提高国际支付的便利，更有效地分散和防范汇率风险，并增加获益的机会。

③降低了对美元的过度依赖，减少了个别大国对国际金融事务的操纵。主要储备货币发行国之间也有必要协调政策。在国际金融大动荡时，还会促使主要储备货币发行国联手干预外汇，从而促进国际经济和金融领域的合作与协调。

（2）不利影响。

①增加了国际货币体系的不稳定性。在以外汇储备为主的多元化货币储备体系下，国际清偿力主要靠储备货币发行国输出货币来提供。国际货币体系的稳定取决于各储备货币发行国国内经济及其国际收支状况和宏观经济政策。任何一个储备货币发行国的经济及其政策变动，以及其货币汇率的大波动都将引起各国官方调整储备结构，从而造成整个国际货币体系不稳定。

②加剧国际金融市场动荡。在多种储备货币条件下，国际上的巨额游资为追求更高收益，不断地转换其资金的货币种类。这种频繁转换不仅加剧了汇率的波动，而且造成和加剧了全球金融市场的动荡。

③使国际储备的供应量难以控制。在多元化货币储备体系下，储备货币的供应完全依赖储备货币发行国的货币政策和对外负债情况变化。由于缺乏有权威性的国际储备供应调控机制，而储备货币发行国的政策都是依据其本国经济发展需要而制定的，因此很难保证储备货币供应的适度性。

④使各国更难贯彻其货币政策。由于在多元化货币储备体系下，国际资金流动更加频繁，资金大规模跨国流动，势必影响有关国家宏观政策的实施效力及其政策目标的顺利实现。

⑤仍无法解决特里芬难题。在布雷顿森林体系下，以美元为单一储备货币无法回避特里芬难题，储备货币多元化依然解决不了这一难题。若储备货币发行国的国际收支顺差，其货币汇率稳定甚至坚挺，则其他国家愿意多持有。然而由于顺差，该储备货币没有足够数量流出，无法满足国际社会需求。这种情况会加剧该货币汇率上升，更加剧其短缺。若储备货币发行国国际收支逆差，该货币对国际社会的供应过多，货币汇率的稳定性差，下跌的趋势使得其他国家不愿多持有。特里芬难题并不只是针对美元的，任何以某个国家或经济体的货币作为储备货币都存在这样的问题。

⑥增加发展中国家维护本国储备资产价值稳定性的难度。发展中国家的外汇储备只能是少数发达国家的货币。这些货币的汇率变动不定，增加了发展中国家管理其外汇储备的难度及成本。

阅读材料9-5　黄金储备的变化

## 三、我国的国际储备管理

### （一）我国国际储备的构成及发展变化

我国国际储备的构成与其他国家一样，由黄金、外汇、储备头寸和特别提款权构成。从

1983年起,我国开始对外公布国家黄金和外汇储备的数额,并逐步形成了我国的国际储备体系。

自1994年人民币汇率制度改革以来,中国保持了长达22年的经常账户盈余。长期的贸易顺差使我国外汇储备迅速增长,到2014年接近4万亿美元的外汇储备峰值。尽管2014年后由于央行的外汇市场操作及美元升值等,我国外汇储备有所下降,但在2017年年底,我国的外汇储备依然有3.1万亿美元,占全球外汇储备总额的四分之一。

### (二) 我国国际储备的管理目标与原则

**1. 我国国际储备管理的目标**

我国国际储备管理的目标主要有以下几个方面。

①保持一定的流动性。这是指所持有的储备资产应具有充分的流动性,其持有量必须适应外汇流量的季节性和周期性变化,国家通过外汇流动资产的管理,满足各种基本需要。

②获取一定的收益。外汇代表了对外国商品和劳务的购买力,因此要求我国的储备资产能获得一定的收益,且至少能抵偿机会成本。

③保持适度的黄金储备。保持国际储备的目的之一,就是在不测事件危害到我国的金融安全、动摇我国的对外金融地位时,能有效进行保护和调整黄金的保护作用最大,因此,我国的国际储备中必须保持一定数量的黄金。

④维持外汇资产的价值。我国国际储备有时可能超出正常的需要,这个时候应研究如何维持国际储备资产的价值,以免受国际通货膨胀、汇率及利率波动的损害。

⑤促进经济内外均衡。随着我国对外经济往来规模的不断扩大,国际储备尤其是外汇储备管理对宏观金融调控及整体经济的影响越来越大,因此,我国国际储备管理的目标还应包括在一定时期内促进经济的内外均衡。其中,内部均衡的目标,是币值稳定与经济持续、稳定增长;外部均衡的目标,是国际收支尤其是经常账户的收支基本平衡。当一国经济实现了低通货膨胀下的持续稳定的增长,同时国际收支也基本平衡,且汇率稳定,就可以说该国经济处于内外均衡状态,这时的国际储备管理是恰当有效的。

上述目标的选择,在很大程度上取决于我国的国际储备数量。它们之间的关系可概括为:如果国际储备较少且储备地位是脆弱的,流动性则应当是最主要的目标;如果国际储备充裕且稳定,则可以储备一定数量的黄金,还可以考虑对外投资;如果国际储备过多,则首先要考虑的是国际储备资产价值的维持。

**2. 我国国际储备管理的原则**

①国际收支保持适当的顺差。从动态角度上看,在一个连续时期,我国的国际收支应保持适当的顺差。

②外汇储备水平保持适度或适当高些。可根据我国一定时期进口支付水平、外债余额状况、市场干预需求等因素,确定一个有上下变化区间的适度储备量。

③外汇储备的货币构成保持分散化。为使外汇储备的价值保持稳定,世界各国持有的外汇储备一般不集中在单一的储备货币上,而是使储备货币多元化。至于储备货币的分散原则,各国一般采用贸易权重法,即根据一定时期内一国与其贸易伙伴国的贸易往来额,计算出各种货币的权数,确定各种货币在一国外汇储备中所占的比重。我国在计算权重时,不仅考虑贸易往来额、利用外资而发生的资金往来额,还考虑我国对外贸易往来主要用美元来计

价这个事实。

④黄金储备可根据国际金融形势,尤其是黄金市场的变化及我国的实际需求进行适当的调整。

**(三) 我国国际储备的规模管理**

根据国际储备管理的普遍原理,我国国际储备的规模管理,实际上就是确定我国国际储备的适度规模并把国际储备控制在这一规模上。

关于如何确定一个国家国际储备适度规模的问题,在上节已有讨论。而如何确定我国国际储备的适度规模,下面就通过一个模型来分析。

我国的国际储备主要是外汇储备,适度国际储备量的确定主要是适度外汇储备量的确定。外汇储备并不是越多越好,尤其是对发展中国家更是如此,外汇储备量应有一个较适度的范围。

适度的外汇储备是指外汇储备保持在足以弥补短期内国际收支逆差,维护本币汇率稳定,并使外汇储备的潜在损失最小的一个储备水准上。在这里,适度的外汇储备是一个确定的量。而一个国家实际持有的外汇储备同时也是一个不断变动的量,它受国民生产总值、经济开放程度、外商直接投资规模、外债总额、居民用汇等多种因素影响。因此,在分析外汇储备规模时,只能建立一个以适度外汇储备量为中心,具有上下限的适度储备变化区域。

1. 适度的外汇储备量的经济分析

根据前面的分析,一国持有外汇是因为外汇能带来收益,因此,衡量外汇储备的最佳额度可以从利润最大化出发。外汇储备的总收益与外汇储备的持有总量呈正相关,同时,持有外汇储备也必须付出相应的成本,而且其总成本也同样随外汇储备持有量的增加而增加。利用微观经济学利润最大化原理,只要储备的边际收益高于边际成本,那么增加储备规模便是适度的,直到其边际收益 $MR$ 等于其边际成本 $MC$ 时为止,即 $MC=MR$ 原则。外汇储备的适度规模表现为总收益曲线与总成本曲线的差为最大时的外汇储备量。

2. 适度的外汇储备量的经验分析

外汇储备的基本作用是应付未来意想不到的支出,因而外汇储备同支出应保持一定的比例关系,通常称其为比例法。这是一种比较直观的经验做法,最早在1947年由特里芬提出,其认为一个国家的外汇储备与其进口的比率应维持在25%左右,换言之,应能维持其3个月的进口外汇需求,并以20%与40%分别作为储备的比例下限与比例上限。比例法固然为储备水准的控制提供了一个粗略指标,但也存在明显的缺陷,即缺乏严格、科学的分析基础,特别是忽略了对影响一国适度外汇储备其他各因素的分析。因此,单纯用比例法来确定我国的最适度外汇储备必然有所偏差。

**(四) 我国国际储备的结构管理**

1. 我国国际储备管理的内容

从国际储备管理的内容上看,它应包括以下三个方面的管理。

(1) 国际储备的安全性管理。安全性管理主要是指为了防止国际储备所面临的各种风险和实现国际储备的保值而对以货币形式和投资形式持有的国际储备资产的币种结构进行管理。

（2）国际储备的流动性管理。流动性管理主要是指为了保证国际收支的正常进行，同时防止国际储备所面临的短期风险，而对各种形式的国际储备资产的期限结构进行组合管理，包括债券的期限结构和外汇存款的期限结构管理，以及在总体国际储备资产币种结构一定的条件下，根据我国国际收支的变动情况和国际金融市场的变化，对储备资产的币种结构和债券、外汇存款结构进行适当的调整。

（3）国际储备的收益性管理。收益性管理主要是指在确定国际储备总的币种结构和期限结构时，通过对国际储备资产各种形式的收益率或利率进行分析比较，在保证国际储备必要的安全性和流动性的基础上，适当考虑储备资产的收益结构或利率结构，使国际储备资产能够在保值的基础上实现一定的盈利。

2. 我国的外汇储备结构管理

我国国际储备主要由外汇储备构成，所以我国国际储备结构管理的核心也就是外汇储备的管理。合理配置我国的外汇储备，达到优化组合，保证外汇储备管理原则的实现和外汇储备作用的最大限度发挥，是我国外汇储备结构管理的重要问题。在坚持储备货币的安排和管理，遵循安全保值、兑现灵活、获取收益三条原则和处理好三者关系的前提下，合理安排我国的外汇储备结构还需要做到以下几点。

（1）储备货币分散化。我国国际储备主要由外汇储备构成，外汇储备必然面临外汇汇率变动带来的风险。同时，当今国际金融市场经常动荡不安，各种投资工具的利率水平受一些国家货币政策的影响也经常波动，从而使我国持有的国际储备资产的预期收益发生变动。因此，我国应坚持储备货币分散化策略，保持储备资产价值的稳定。

在实行储备货币分散化时，一个重要问题就是选用哪些货币作为储备货币，各种储备货币的比例又是如何确定的，当然各国确定外汇储备货币比例的方法我国都可以参考。此外，还有一个非常重要的因素不容忽视，那就是欧元的启用与广泛使用对我国储备货币构成的影响。

（2）坚持储备货币构成与进口付汇和偿付外债的要求相一致。要根据我国进出口贸易对象及我国外债的货币结构，安排好各种货币的比重。要尽量做到与外汇资金的借入、使用、偿还货币币种相一致，保持储备构成合理，防范汇率风险。

（3）外汇储备的投向结构要合理。外汇储备要既能在国家日常及急需时对外支付，又能获取最大收益。要计算好一定时期内对外支付需要量，根据对外支付的时间安排好资金投向；根据对外支付的时间和币种，留足周转金，存放在实力强、信誉好的国外银行或购买短期国库券；把超出以上准备的资金进行长期投资，购买外国政府公债或可靠、稳定、收益高的有价证券，保持外汇储备的合理投向。

## 第六节　国际资本流动

### 一、国际资本流动概述

#### （一）国际资本流动的概念

国际资本流动是指资本从一个国家或地区转移到另一个国家或地区。它通常伴随着各国经济主体在国际资本市场中，出于特定经济目的而进行的经济交易而产生。其主要在一个国家国际收支平衡表的资本项目中体现。

根据资本的流动方向，通常会把国际资本流动分为国际资本流入（Capital Inflows）和国际资本流出（Capital Outflows）。顾名思义，国际资本流入就是指外国资本流入本国，即本国输入资本。国际资本流入主要的表现形式如下。

①本国对外国负债的增加。

②本国在外国资产的减少。

③外国在本国资产的增加。

④外国对本国负债的减少。

在国际收支平衡表中，国际资本流入属于收入项目，应该记入贷方科目（即加号项目）。

同样，资本流出是指本国资本流向国外，即本国输出资本。其主要形式为以下几点。

①本国对外国负债的减少。

②本国在外国资产的增加。

③外国在本国资产的减少。

④外国对本国负债的增加。

在国际收支平衡表中，国际资本流出属于支出项目，应该记入借方科目。

在国际收支平衡表中，资本项目差额反映为一国资本流入与流出相抵后的净额。当一国出现经常项目不平衡，通常会使用资本项目差额予以抵补。如果经常项目为逆差，而资本项目顺差，则可以用资本项目顺差抵补经常项目逆差，从而降低该国的国际收支差额，削弱国际收支不平衡对该国经济的冲击，该国恢复国际收支平衡所需要的汇率变动的幅度也将因此而降低。如果经常项目为逆差，而资本项目也为逆差，则会导致该国国际收支逆差增大，国际冲击对该国经济的影响也因此而增大，该国恢复国际收支平衡所需要的汇率变动的幅度将增大。

同样，当一国出现经常项目顺差，而资本项目逆差，则可以用资本项目逆差抵补经常项目顺差，从而降低该国的国际收支差额，削弱国际收支不平衡对该国经济的冲击，该国恢复国际收支平衡所需要的汇率变动的幅度也将因此而降低。如果经常项目为顺差，而资本项目也为顺差，则会导致该国国际收支顺差增大，国际冲击对该国经济的影响也因此而增大，该国恢复国际收支平衡所需要的汇率变动的幅度将增大。

### （二）长期国际资本流动

通常情况下，国际货币基金组织和各国政府根据资本流动的期限而将其分为长期资本流动和短期资本流动。此外，还有些经济组织会根据资本流动的主体，将其分为官方资本流动和私人资本流动。长期资本流动通常是指期限在一年以上的资本流动，它主要包括国际直接投资、国际间接投资和国际信贷等主要形式。

#### 1. 国际直接投资

国际直接投资（Foreign Direct Investment，FDI）是一个国家的投资者（自然人或法人）通过创办企业，或者与当地资本合营的方式，输出生产资本，直接到另一个国家的工矿、商业和金融服务等领域进行投资，并直接参与该企业的经营和管理，以获取利润为目的的一种投资形式。国际直接投资通常会伴随生产设备、技术、专利以及管理人员等生产资料的跨国流动。

如果根据投资人主体来划分,国际直接投资可以分为官方直接投资和私人直接投资。目前最为常见、对全球经济影响最大的就是私人直接投资。而跨国公司则成为现代国际直接投资的主要推动者。

如果从历史回溯,跨国公司可以追溯到东印度公司等特许公司。伴随着资本主义的发展,特别是第二次世界大战后,经济全球化的飞速发展,跨国公司已经成为当代全球经济发展的重要推动力,它们出于获取生产要素、占领国际市场或实施全球性经营战略的考虑,纷纷选择在世界各国投资布局,扩张自己的经济势力。对于很多发展中国家来说,发达国家的跨国公司固然会抢占本国经济资源,对发展中国家进行经济剥削与统治,但是它们也的确可以起到输入先进的技术设备与管理经验、提升发展中国家的经济增长速度的重要作用。因此,包括中国在内的众多发展中国家一方面会通过各种优惠的投资条件,吸引众多跨国公司的直接投资;另一方面,为了防止跨国公司掌控本国经济资源,又会在政策方面对跨国公司的直接投资行为进行一定的限制。

2. 国际间接投资

国际间接投资(International Indirect Investment)也称国际证券投资或对外间接投资(Foreign Indirect Investment),是指一国政府或企业以在国际债券市场购买中长期债券,或在外国股票市场上购买企业股票的方式进行跨国投资的一种投资活动。

国际间接投资不以获取相应企业的经营管理权为目的,而是以资本增值为目的,通过在国际债券市场或国际证券市场投资,取得被投资国的有价证券,以取得利息、股息或红利收益。当然,国际间接投资所持有的股权通常不会达到国际直接投资所规定的比例,一旦达到,即使其投资仍然是以股票投资或证券投资为基本形式,但也属于国际直接投资。

与国际直接投资相比,二者的差异主要表现在以下方面。

①是否拥有企业的经营管理权。

②收益类型。国际直接投资的收益往往源于投资所带来的利润,而国际间接投资收益则源于股息、利息等资本收益。

③投资的稳定性。国际直接投资一般要参与企业的经营管理,其生产运营的周期通常比较长,资本一旦投入,通常就转化为固定资产、原材料、存货等企业运营成本,而只能从运营利润中收回投资,因此其投资相对稳定,流动性较差,投资风险也更大。而国际间接投资则通过金融证券市场进行,并不涉及企业的具体生产经营,只要该金融市场发达到一定程度,其中流动的有价证券就将有更强的流动性,投资者随时可以通过证券买卖增加投资或撤回投资,其投资的流动性更强,资产运营的风险也相对较弱。

④投资的基础。国际直接投资往往关注资源、生产成本或者国际市场的开发,通过把投资资本与生产要素结合,通过跨国经营获得投资利润,其投资往往对东道国的产业发展与技术进步、人才培养都会有明显的外部性,因此会得到东道国或投资地政府的很多政策优惠。而国际间接投资往往源于利率、汇率、金融资产收益率等国际资本市场的不平衡,因此具有很强的投机性和流动性,过于频繁的国际资本流动对于一国资本市场的冲击也更强烈。

⑤投资的渠道。国际直接投资通常是由投资者与东道国当地政府或者合作企业,通过协

商的方式，达成投资意向，并进行相应的投资活动。而国际间接投资则需要通过证券市场、债券市场等国际金融市场，实现跨国资本的转移。

3. 国际信贷

国际信贷（International Credit）通常是指一个或几个国家的政府、国际金融机构及企业向其他国家的政府、金融机构、企业及国际机构提供的贷款。国际信贷反映了国家之间借贷资本的活动，是国际经济活动的一个重要方面。

通常根据信贷的来源与性质，国际信贷可以分为政府信贷、国际金融组织贷款、国际银行贷款和混合贷款。

在国际信贷中，资金供给方按约定的利率将资金暂时借出，而借款方则需要在约定期限按约定的条件还本付息。决定国际信贷资金流动方向的往往是不同国家货币市场的供求，以及由此所决定的市场利率水平。在市场经济高度发达的今天，由于不同国家资本市场中资金供求的不平衡，必然导致不同国家市场上借贷资金的利率差异，并由此引起资本跨越国境的流动。国际借贷的发展推动了生产国际化与金融全球化的发展，缓解了不同国家的资本市场的供求平衡。

在发展过程中，国际信贷往往也会受到各国政府金融管制的限制。一些国家出于维持国际收支平衡、保持汇率稳定和国内经济平衡运行的考虑，可能会采取一些汇率管制、资本管制等金融管制措施。而国际信贷恰恰也会涉及以上领域，因此当一个国家经常性地选择金融管制时，往往会影响该国经济主体在国际信贷市场中的信誉，进而影响其获得国际信贷的额度与难度。

### （三）短期国际资本流动

短期国际资本流动是指期限为1年或1年以内或即期收付的资金，及现金的流入与流出。这种国际资本流动，一般借助于短期政府债券、商业票据、银行承兑汇票、银行活期存款凭单、大额可转让定期存单等信用工具进行。由于通过信汇、票汇等方式进行国际资本转移，周转较慢，面临的汇率风险也较大，因此，短期国际资本流动多利用电话、电报、传真等方式来实现。

短期国际资本流动通常包括以下四类。

1. 贸易资本流动

贸易资本流动是指国际贸易往来的资金融通与资金结算而引起的货币资本在国家间的转移。世界各国在贸易往来中，必然会形成国家间的债权债务关系，而为结清这些关系，货币资本必然从一个国家或地区流往另一个国家或地区。从资金的流动方向来看，贸易资本流动主要是资本从商品进口国向商品出口国转移。

2. 银行资本流动

各国经营外汇业务的银行金融机构，由于自身业务的需要，相互之间进行资金往来，从而实现资本在国家间的转移。银行资本流动从形式上包括套汇、套利、掉期、头寸调拨及同业拆放等。

3. 保值性资本流动

当资本所在地出现国内政局动荡、经济状况恶化、国际收支失衡以及严格的外汇管制等现象时，短期资本持有者为了避免或防止手持资本的损失而把资本在国家间进行转移。这种资本的流动往往是出于资本的安全性和盈利性考虑，因此亦称资本逃避（Capital Flight）。

4. 投机性资本流动

投机者为了赚取投机利润，利用国际市场上汇率、利率及黄金、证券等价格波动，通过低进高出或买空卖空等方式而引起的资本在国家间的转移，称为投机性资本流动。

## 二、国际资本流动的原因与影响

### （一）国际资本流动的原因

1. 不同资本市场之间的资金供需失衡

资本主义经济制度建立之后，生产力飞速发展，创造了远高于封建经济的社会财富，实现了社会资本的迅速积累。伴随着西方经济的飞速发展，欧美等发达国家出现了严重的资本过剩，资本收益率明显下降。发展中国家也出现了历史罕见的经济连续高速增长，因为不同国家资金供需不平衡，其资本收益出现巨大差异。

在现代全球资本市场中，特别是在资本管制与外汇管制较少的市场中，由于资本收益率的差异，必然引起巨额资本从资本相对过剩的欧美发达国家向资本稀缺的发展中国家的跨境转移。国际资本流动可以在很大程度上消除不同国家、不同资本市场的不平衡，推动全球资本市场的一体化发展。

2. 获取生产要素与市场

现代制造业的发展往往需要大量的生产原材料及人力资源等要素。由于全球资源配置的不平衡，很多发达国家并无满足自身生产需要的原材料，即使有，由于工资收入的巨大差异，发达国家的生产成本也远高于发展中国家。与此同时，为了提升本国的经济发展速度，一些发展中国家会通过制定各种优惠政策吸引知名跨国公司的直接投资。因此，第二次世界大战结束以后，出于抢占经济资源和开发利用发展中国家丰富的廉价劳动力资源的考虑，很多发达国家把制造业向发展中国家转移，与之相伴的是国际直接投资飞速发展，以及母公司与子公司之间日益紧密的经济联系。

除了获取经济资源，发展中国家的巨大市场也是众多欧美发达国家企业无法忽视的。它们通过跨国直接投资或者其他方式与东道国政府、企业加强协作，以求最大限度地开发新兴的市场空间，减少产品国际运输成本，追求更高的利润。正是这种对经济资源与市场的极度渴望，促进了全球资本流动。

3. 规避各种贸易壁垒

即使在经济全球化得到飞速发展的今天，贸易保护主义也从来没有在全球经济中彻底消失。特别是次贷危机发生后，每个国家都通过反倾销、反补贴等 WTO 所赋予的合法武器，加强贸易保护，以求最大限度地消除危机的冲击。

各种贸易壁垒成为阻碍全球商品流通和发展国际贸易的重要阻力。也正是出于规避种种贸易壁垒的考虑，很多国家通过国际直接投资或者股权投资的方式间接进入别国市场。

4. 各国金融市场的变动

作为一种市场化行为，资本的跨国流动受到投资者对于不同国家金融市场的判断的影响。当投资者对不同国家的汇率、利率或者通货膨胀率产生某种一致的预期时，很容易引起单向的资本流动。

在现代经济中，通货膨胀往往与一个国家的财政收支或货币政策相关。当一个国家出现巨大的财政赤字，并希望通过发行纸币来弥补时，往往会引发严重的通货膨胀，从而导致持有该种货币资产的投资者的资金损失。为了规避这种风险，投资者往往希望把资本从高通胀国家撤出，引发严重的资金外逃。20世纪80年代，拉美债务危机期间，巴西、阿根廷、墨西哥等国都出现了严重的通货膨胀，也同样出现了大量的资金外逃。利率的变动往往反映一个国家的经济政策选择，从而引起资本收益率的变动，进而引起汇率波动，以此来改变投资者对于该国金融市场的预期，产生资金跨国流动的需求。20世纪90年代，为了刺激衰退的日本经济，日本政府推行了一轮又一轮的降息政策，反而导致更多的日元资本流向国外。

必须强调的是，在现代金融市场中，众多金融炒家的存在，加剧了市场的投机心理，放大了各种金融指标对资本跨国流动的冲击。事实上，众多金融炒家往往时刻关注着各国金融市场的变动，通过各种专业的分析方法，实现追求盈利的目标。金融炒家通过炒作，改变市场的平衡，往往能够获得更多的投机收益，因此，他们也会刻意通过大规模市场交易的方式，制造恐慌心理，引导市场投机，破坏金融市场的平衡，从而引发更为猛烈的资本跨国流动。

5. 各种政治因素及战争风险

除了上述经济或者金融因素之外，政治因素也会对资本的跨国流动产生重要的影响。对于很多投资者而言，政治的稳定与否是决定其是否对外投资必须考虑的因素。只有稳定的政局才能够保护投资者的资金安全，而动荡的政局、混乱的市场秩序、严重的刑事犯罪现象，都会严重地破坏投资环境，从而影响投资者的投资决策。

政府的管制力度也是很多投资者对外投资前必须考虑的因素。特别是一些政局不稳、军事化程度较高或者计划经济国家，往往会出现诸如没收投资者财产、干预投资者的投资行为和企业经营管理决策、违背投资合同约定等现象，从而给投资带来极大的风险。

当然，战争风险也是决定投资者跨国投资行为的重要因素。如果投资国遭遇战争，受到经济制裁，政府被推翻，会极大地影响投资收益，甚至导致投资者的跨国投资血本无归。20世纪中期，中东混乱的局势导致很多投资者不敢把资金投入中东地区；而海湾战争后，中东格局日趋稳定，迪拜、巴林等中东地区成为国际投资的新热点。

（二）国际资本流动的影响

国际资本流动给全球经济造成了巨大的影响，既有一些积极的方面，也存在着很多不利的方面。总体来说，国际资本流动的影响主要包括以下内容。

1. 促进经济全球化发展

国际资本流动往往伴随着先进技术、机器设备、科学管理经验、高级人才从发达国家向发展中国家的流动，因此往往具有明显的经济外部性，可以推动发展中国家产业基础的建立，提高发展中国家的经济增长速度，进而推动经济全球化，消除贫困，缩小发达国家与发展中国家之间的差异。

事实上，国际资本流动也有助于各经济主体规避一些贸易壁垒和经济管制，使得它们能够更为自由地通过直接投资或者股权合作的方式，实现国与国之间的协作，在全球范围内深化分工协作关系，提升国际贸易规模，加强国家之间的经济联系，维持和平稳定的国际经济新秩序。

2. 优化资源配置

资本收益率的国别差异是引起国际资本流动的根本原因。通常而言，在资本稀缺的国家，资本的生产效率更高，从而带来更高的投资收益率；而在资本充裕的国家，由于资本的边际效率递减，必然导致更低的生产效率与更低的投资回报。在没有资本跨国自由流动机制的世界中，会由于各国资本资源的供需失衡，导致各国之间投资收益的巨大差异。

正是国家之间资本供需的不平衡，导致了资本收益率在不同国家资本市场中的巨大差异，诱发资源自发地从资本充裕的发达国家向资本稀缺的发展中国家，或者说从投资回报率更低的国家向投资回报率更高的国家流动。通过资源的自发流动，可以实现资本供求在全球资本市场中的平衡，从而提升资本的总体投资收益率。

国际资本流动恰恰是运用市场机制对资本收益差异进行调节的有效方法。通过减少资本流动的管制，投资者可以自发地根据对投资收益率的预测与分析，决定资本的配置结构，在全球范围内调配资本资源，从而调节不同资本市场的资金供需，实现资本在全球范围内的有效配置。

3. 提升政府干预经济能力

当一国出现国际收支失衡时，既可以通过汇率的调整，改变资本的跨国流动，实现对国际收支的调节，也可以通过短期的跨国资本转移，人为实现对国际收支的调节。如当一国出现国际收支顺差时，可以通过对外投资、输出资本以缓解本币升值和国内通货膨胀的压力；相反，如果一国出现国际收支逆差，则可以在国际资本市场上借入短期资本，暂时弥补国际收支逆差，也可以借入长期资本弥补国内资金的不足，通过扩大投资和加大生产能力，带动出口增长，以改善国际收支。通过国际资本流动对一些季节性或者由于市场投机所造成的国际收支失衡进行调节效果更为明显。

在现代经济体系中，一国货币当局的经济实力，特别是国际储备规模是决定其经济干预能力的重要因素。如果由于经济能力的制约，一国无力维持较大规模的国际储备，且本国政府在全球资本市场中有良好的政府形象与声誉，就可以通过借贷的方式，获取干预经济所需要的资金，这也可以节约政府持有国际储备的成本。

4. 改变全球经济体系中的国家地位

在现代全球资本市场中，一个重要的资金流动特征就是从发达国家流向发展中国家，这必然会对各个国家在现代全球经济中的地位产生巨大的影响。

对于资本输出国，特别是发达国家来说，大量的资本输出固然可以为资本所有者带来更高的收益，但是长期的资本净流出，必然会减少投资和就业，从而减缓经济增长速度，甚至给本国产业培养出潜在的竞争对手，进一步制约经济发展。但是实际上，众多发达国家往往选择本国已经不具有优势或者潜在不具有优势的边际产业对外投资。由于高昂的资源成本，特别是人力资源成本，发达国家的相关产业在与发展中国家的竞争中面临更大的压力。选择这些产业对外投资，其实就是产业结构在全球范围内的梯度转移，通过国际资本流动，发达国家得以把一些低层次、经济利润率偏低、对资源依赖程度更高、对环境破坏更大的产业向发展中国家转移，而把转移出来的资源投向对于科技能力与创新能力依赖更高的高端产业，实现产业结构的优化升级。

而对于发展中国家来说，尽管通过引进外资，促进了本国的经济增长，增强了本国产业在国际市场中的竞争力,但是大量外国资本的进入,必然会对发展中国家的民族资本产生巨大的冲击。当本国的经济命脉被众多外资企业掌控后,会产生对于境外资本的极度依赖,发展中国家将逐渐丧失经济上的自主性与独立性,从而危及国家的经济安全。当外债规模急剧扩张时,发展中国家就可能背上巨大的债务压力,甚至陷入严重的债务危机。事实上,20世纪80年代,拉美国家就因为对美国等发达国家的资本过度依赖而陷入债务危机,导致本国经济陷入长期的衰退之中。

5. 影响全球经济的稳定

在现代全球经济中,大量资本的跨国转移已经成为影响各国汇率、利率乃至国际收支平衡的重要因素。无论是次贷危机、欧债危机,还是此前的一系列经济危机,都可以看到众多投机资本的身影。伴随着西方资本市场的不断发展与完善,越来越多的金融资本开始把它们的触角伸向全球各国的资本市场。它们通过权衡不同国家资本市场的利率、汇率、通货膨胀率及更多的经济指标,政治稳定性,自然灾害等因素的影响,实现资本跨国转移决策。

在金融尚未高度发展的资本主义早期,经济危机更多地具有区域性或者国家性,然而随着经济全球化的持续深入,现代经济危机或者金融危机早已超出了国家的范围,成为影响全球经济的重要因素。巨额金融资本通过各种途径融入全球经济的同时,也把各国经济有机地联系在一起。当一个国家经济出现问题时,很容易通过资本的传导作用,迅速传播到世界其他地区。正如次贷危机,原来仅是发生于美国房地产市场的单纯的信用危机,然而由于资产证券化及资产的国际化,危机很快从房地产市场向其他金融市场扩张,而越来越多地与美国资本市场有联系的金融资本与国家也受到冲击,从而演变为一场全球性的金融危机。这恰恰证明了资本跨国流动的潜在风险。

特别是那些关注短期投机的热钱,往往会根据现实经济的一些细微变化,运用巨额资本进行跨国转移。而事实上,现代国际资本流动的规模早已远超国际贸易规模,特别是伴随着金融创新的不断深化,在金融领域,由于经济杠杆作用,投机资金对于市场的冲击被放大,这也成为危及各国资本市场稳定的重要因素。

## 本章小结

通过本章的学习,从外汇学习入手,了解外汇是货币行政当局以银行存款、财政部库券、长短期政府证券等形式所保有的在国际收支逆差时可以使用的债权。汇率是外汇的价格表示,是以一种货币单位所表示的另一种货币的兑换关系。

通过本章的学习,了解外汇市场的运作逻辑。在外汇市场中,汇率通常会用直接标价法、间接标价法和美元标价法表示。同时,汇率的变动通常会受国际收支、通货膨胀、利率水平、中央银行对汇率的干预和心理预期的影响。外汇市场中,汇率的变动通常会对一个国家的国际贸易、国际资本流动与国内经济产生重要影响。

通过本章的学习,探究汇率制度的形成机理。在金本位制下,外汇汇率通过黄金的自由流动进行自发调整。其中,一价定律是购买力平价原理的理论基础,它反映了在不考虑交易成本的情况下,相同产品在不同国家市场应该具有相同的价格。而利率平价原理反映了抵补套利情况下,利率与汇率之间的关系。

通过本章的学习,进一步了解外汇市场的交易。即期外汇交易是最基础的外汇交易,通常表示于当天或者两个交易日内,办理交割手续的一种外汇交易行为。远期外汇交易可以广泛应用于远期外汇风险的控制与外汇投机。在不确定具体收付外汇时间时,可以应用外汇掉期交易进行远期汇率风险的控制。作为一种有效的风险控制与头寸管理手段,外汇掉期交易的价值已经被市场所广泛接受。而当汇率市场或者利率市场不平衡时,投资者可以通过套利交易或套汇交易,获得相应的收益。

通过本章的学习,掌握外汇期货作为一种标准化的金融衍生产品,可以帮助投资者对冲汇率风险,在现代金融市场中占据重要的地位。

外汇期权能够为交易者提供交易的选择权,对于控制市场风险具有重要的意义。而货币互换不仅可以为企业提供更优惠的融资机会,在世界各国的金融协作中也扮演着更加重要的角色。

通过本章的学习,对国际收支进行全面的了解。各国的国际收支面临不平衡时,就必须依赖自动调整机制,或者策略性的宏观政策加以调节。进一步掌握国际储备的概念、作用及规模与结构管理。

通过本章的学习,研究国际资本的运作机理。不同资本市场之间的供需失衡,获取生产要素与市场,规避各种贸易壁垒,各国金融市场的变化,以及各种政治因素和战争风险,推动了国际资本流动。次贷危机后出现了国际资本流动缓慢回升,新兴市场在国际资本流动中的地位飞速上升,跨国并购日趋活跃等新变化。国际资本流动可以促进经济全球化的发展,优化资源配置,提升政府干预经济的能力,改变全球经济体系中的国家地位,同时也会影响全球经济的稳定。

## 本章思考题

1. 什么是外汇?外汇的基本特征是什么?在现代全球经济中,外汇的作用有哪些?
2. 如何理解买入价与卖出价,现钞价与现汇价之间的关系?
3. 影响汇率变动的因素有哪些?货币贬值是否一定可以促进商品出口的发展?
4. 在金本位制下,汇率的自动调节机制是如何发挥作用的?
5. 在购买力平价原理框架下,如何理解不同国家的物价差异?
6. 在利率平价机制下,投资者如何通过抵补套利,实现全球金融市场中利率与汇率的平衡?
7. 即期外汇交易与远期外汇交易的用途存在哪些差异?如何利用远期外汇交易规避汇率风险?
8. 不同货币制度下,自动调节机制存在哪些差异?如何理解中国的双顺差对人民币升值的压力?
9. 国际储备有哪些主要构成部分?每个国家金融当局持有国际储备可以实现哪些目的?
10. 影响一个国家国际储备规模的因素有哪些?如何评价当前中国的国际储备状况?
11. 国际资本流动包括哪些主要形式?国际直接投资与国际间接投资有何区别?
12. 导致国际资本流动的原因主要有哪些?次贷危机后,国际资本流动出现了哪些新特征?国际资本流动的影响有哪些?

# 金融学

 案例分析 9-3　中国外汇储备现状

 案例分析 9-4　中国与阿根廷的货币互换

# 第十章

# 行为金融学与大数据金融

## 学习路径

有效市场理论—思考与问题分解—行为金融学—应用原理解决问题—反思与总结

## 学习目标

- 了解有效市场理论及其局限性
- 了解行为金融学的主要理论
- 了解羊群效应的成因
- 理解行为金融学理论与实际投资决策的关系
- 理解大数据背景下的金融与数据

## 核心概念

有效市场理论、套利限制、羊群效应、前景理论

## 学习要求

- 分析行为金融学理论在投资实践中起到的作用
- 理解投资者行为永远是"理性的"
- 理解大数据并不能使投资者变得更"理性"

## 第一节 有效市场理论的局限

有效市场理论(Efficient Markets Hypothesis, EMH),即众所周知的随机漫步理论,是指当前的股票价格充分反映了与公司价值有关的所有公开信息,没有办法通过这些公开的信息来获取超额利润(超过市场价值)。有效市场理论解决了金融领域最基本的问题之一——

为什么证券市场的价格会发生变化,以及这些变化是如何发生的。第一次提出有效市场的是尤金·法玛,他于 1965 年在《商业学刊》上发表的一篇题为《证券市场价格行为》的论文中提出该理论,并于 1970 年对其进行了深化。

EMH 最关键的含义可以以口号的形式表达:相信市场价格!EMH 表明,从预测的价格波动中获利是非常困难和不可能的。价格变化的主要因素是新信息的到来。如果价格迅速对新的信息作出调整,没有任何偏差,则这个市场被认为是"有效的"。那么证券的当前价格完全反映了任何给定的时间点的所有公开信息。因此,人们没有理由去相信证券价格过高或过低。在投资者有时间去交易并从新的信息中获利之前,证券价格已经进行了调整。

现代金融理论认为,有效市场的前提是所有市场参与者都是完全理性的人,市场参与者都能够对获取的所有市场信息做出迅速的、理性的反应,市场价格不受投资者个体行为的影响,即使出现投资行为偏差也会被套利者所淘汰。然而,1980 年代以后,大量的观察和实证发现[1][2][3][4],有效市场假说无法合理解释很多金融市场的异象。例如,Debondt 和 Thaler 发现[5],长期历史回报较低的股票往往具有较高的未来回报,反之亦然。长期历史回报较高的股票往往具有较低的未来回报(长期回报)。随着市场的发展,人们发现有效市场理论具有一定的局限性。

(1)投资者方面。

EMH 假定所有投资者都是完全理性的,对获取到的新信息能够迅速做出反应。但是实际上,现实中的人其实是不完全理性的,他们具有不同的性格、思维方式、偏好,因此对于市场的信息有着不同的理解,会根据自己的理解,做出不同的判断和决策。投资者在对市场信息及对自己的资产做出某些决定时,其自身的性格或当时的心理状态也会影响到他的投资决策。此外,投资者的能力不同,对于收集、分析信息和对信息的反应都存在极大的差异。因此,假设市场参与者是完全理性的并不符合实际。

(2)信息方面。

有效市场理论认为,股票价格完全反映了所有的公开信息,但实际上投资者通过特殊方式所获取的部分信息(如私人信息或内部信息),是支付了一定的获取成本的,而这种特殊信息的内涵非常复杂,其获取成本无法精确度量,抵消了由特殊信息所带来的超额收益。且各类虚假信息或各类专业投资者发布的关于市场运行的预测信息都可能成为市场中的噪音,影响市场的有效性。

(3)市场方面。

有效市场理论没有涉及市场流动性问题。流动性与成交量并不完全相同,当低流动性但

---

[1] Bernard V, Thomas J, Evidence that stock prices do not fully reflect the implications of current earnings for future earnings [J]. Journal of Accounting and Economics, 1990: 305.

[2] Jegadeesh N, Titman S, Returns to buying winners and selling losers: implications for stock market efficiency [J]. Journal of Finance, 1993 (48): 65-91.

[3] Mclean RD, Pontiff J. Does academic research destroy stock return predictability [J]. The Journal of Finance, 2016, 71 (1): 5-32.

[4] Paul Calluzzo, Fabio Moneta, Selin Topaloglu. When anomalies are publicized broadly? Do institutions trade accordingly? [D]. Queen's University, 2017.

[5] Bondt, Thaler. Does the stock market overreact [J]. Journal of Finance1985, 40 (3): 793-805.

高成交量发生时，有可能发生大的股灾。投资者需要从市场获得流动性，市场为投资者获得流动性提供了可能。EMH 认为，不管流动性是否存在，价格始终是公平的，或者始终有足够的流动性，并不能解释股灾和股市火爆。一个稳定的市场是一个富有流动性的市场。如果市场富有流动性，可以认为价格接近公平。然而，市场并不一定一直富有流动性，当流动性突然缺乏时，正在交易的投资者将愿意接受较低的价格而不管价格公平与否，此时，交易者为获得流动性而承担了相当高的变现成本。[①]

## 一、非理性的人

经济学里，"合乎理性的人"的假设通常简称为"理性人"或者"经济人"。理性人是对在经济社会中从事经济活动的所有人的基本特征的一般性的抽象。这个被抽象出来的基本特征就是：每一个从事经济活动的人都力图以最小的经济代价去获得最大的经济利益。

传统经济学的最大假设是"人是理性的"，这是所有模型的基础。最早提出"经济人理性"概念的古典经济学创始人亚当·斯密，他在《富国论》中将经济活动主体抽象为既利他又利己的人，是利己和利他的统一体，利己是目的，利他是手段。在理想情形下，经济行为者具有完全有序的偏好、完备的信息和计算能力。Montier[②] 认为，理性结构假定的个人、投资者和管理者都能够理解极其复杂的难题并进行无休止的即时优化。

而行为经济学则认为，人不是完全理性的，会犯许多错误，并且这些错误有偏向性，即有几个基本的错误，始终难以避免。提起"非理性"，人们往往不经意地把它与"否定理性"和"丧失理性"等同起来，进而把经济活动中的非理性因素当作失去理智的狂妄意念，把非理性行为理解为不道德的交易活动或经济犯罪，其实这些不是非理性概念的完整内容。[③] 经济非理性与经济理性是相对应的一个范畴。经济非理性是对市场完全理性化能力的质疑和修正。因为这种完全理性市场在现实中是不存在的。行为金融学认为，投资者在市场中的决策取决于决策时的心理活动和情绪，心理状态和偏见会影响投资者的决策。

具体到证券投资行为中，非理性指以下两点。

① 投资者获取的市场信息不全面或者自身缺乏正确处理信息的能力及经验，从而做出错误的决策。投资者获取信息的途径很多，很多信息的获取是需要付出一定成本的，而某些特定信息的获取成本太高，使得获取完整的信息成为一种理想，投资者只能在信息不足的条件下做出决策。投资者获取信息的能力也不同，对获取的信息的分析能力也不同，由于能力有限，投资者的私人信息（情绪、沉淀成本、风险偏好等各种心理因素）会更大程度地影响投资决策，且可能对投资决策起到关键作用，导致投资行为达不到投资目的。

② 受外界因素干扰而偏离经济利益最大化目标。投资者在做投资决策时，往往会受到周围环境的影响，例如参考其他投资者的投资决策。当与其他投资者的决策不相同时，会对自己所做的决策产生怀疑，进而放弃自己的选择。

---

① 关丽娟，赵鸣. 浅谈有效市场假说的局限性 [J]. 山东经济战略研究，2005（4）：38.
② James Montier. Behavioural Finance: Insight into Irrational Minds and Markets [J]. Wiley Finance, 2002.
③ 张雄. 市场经济中的非理性世界 [M]. 上海：立信会计出版社，1998.

## 二、套利限制

行为金融学是研究心理学在个体和群体层面上影响市场从业者行为的方式，以及对市场的后续影响的学科。Thaler 和 Barberis[①] 认为，行为金融有两个基本概念：套利和心理的限制。

有效市场理论认为，市场中理性的交易者能够正确评估资产的价格，如果还存在很多非理性交易者，如果非理性交易者的非理性行为方向相反，则相互抵消，对市场的有效性没有影响；反之，如果非理性交易者的非理性方向相同，由于套利的存在，价格偏离短时间内很快就会得到纠正，从而使市场恢复效率。Friedman[②] 认为，在交易过程中，非理性投资者对投资判断失误，并且影响到市场价格，理性的套利者可以从中获利，使偏离的价格得到纠正，价格反映了其内在的基本价值。

理论上讲，套利是不需要资本，也不需要风险的。当套利者购买更便宜的证券，卖出价格更高的证券时，他未来的净现金流肯定为零，他可以提前获得利润。套利在证券市场分析中起着至关重要的作用，因为它能够使价格达到基本价值，保持市场有效性。这种套利称为无限套利。而 Shleifer 和 Vishny[③] 认为，套利不可能不受条件约束，在各种客观条件约束下，套利无法剔除非理性行为对理性行为的长期且实质性的影响，所以市场并不是有效的。Shleifer 和 Vishny 把此称为"套利限制"。

在现实的金融市场中，套利行为受到很多因素的制约，需要对资产价格做出正确的估价，并且考虑市场制度和交易者本身等各方面的影响。这些限制主要表现在以下几点。

### (一) 模型与基本风险的套利限制

一般来说，一只股票的基本价值可以通过求和其未来现金流的贴现值得到。它建立在两个基础之上：其一，能够准确预测到未来的现金流；其二，合适的贴现率。按照 EMH 的观点，证券的价格完全反映了所有的可得信息，套利者对错误定价的证券套利存在两种风险，一是必须充分了解并准确预测所套利证券的消息及变化；二是必须有一个正确的模型对证券价格进行定价。Shleifer 和 Summers[④] 认为，在股票价格高于其未来股息的预期价值时，套利者会卖空该股票。如果该股票的未来价值比预期的要好，套利者就必须承担遭受损失的风险，从而限制了套利者的头寸，影响股价回归到其基本价值。

当然套利者注意到这个风险，可以在卖空该股的同时购买与该股相似的证券。然而替代证券并不完美，无法消除该股的基本风险，并且该证券本身可能也是错误定价的。在一个非有效的市场上，一个证券很难由其他证券复制，它的需求曲线弹性并不是零。即使在一个有效的市场上，存在完美的替代证券，该证券也可能是由于使用坏模型被错误定价的，这无疑给套利者增加了风险。

---

[①] Thaler R, Barberis N. A Survey of behavioral finance [J]. National Bureau of Economic Research, 2002：1053.

[②] Friedman M. The case for flexible exchange rates, in essays in positive economics [M]. Chicago：The University of Chicago Press, 1969.

[③] Shleifer, Andrei, Vishny. The limits of arbitrage [J]. Journal of Finance, 1997, 52 (1)：35-55.

[④] Andrei Shleifer, Lawrence H Summers. The noise trader approach to finance [J]. Journal of Economic Perspectives, 1990, 14：19-33.

## （二）噪音交易者风险

噪音交易者主要指那些依据自认为是真实的信息而实际上是噪音的交易投资者，他们对资产价格有错误的预期。噪音交易者风险最早由 De Long 等人[①]提出，他们建立了 DSSW 模型，认为噪音会扭曲资产价格，但投资者也可因承担自己创造的风险而赚取比理性投资更高的回报。理性套利者通过套利企图把证券价格推回到与证券基本价值相符的水平上，但由于噪音交易者的存在，其套利受到限制。Shleifer 和 Vishny[②]对有限套利进行了更深入的研究，认为在短期内由于受到噪音交易者的影响而对错误定价的证券进行套利，有可能使套利者的情况变得更糟。

## （三）特异性风险

在证券市场上主要有系统性风险和特异性风险。系统性风险是不可控制的，特异性风险是可控的，只要两种资产收益率的相关系数不为1，分散投资于两种资产就具有降低风险的作用。在一个有效的市场上，投资者可以通过持有一系列的证券组合消除特异性风险，比如资产组合包括 20~29 只股票。然而，在现实的市场上没有证据显示套利者可以消除特异性风险，不论他们持有个股的数量是多少。套利者在资金有限的前提下，持有的投资组合不能消除特异性风险，虽可降低其头寸，但错误定价的情况将继续存在。

## （四）其他情况的套利限制

除了以上介绍的各种套利限制以外，还有学者从其他方面进行了研究。如 Abreu 和 Brunnermeier[③]指出，套利者面临着他们的同行何时会利用共同套利机会的不确定性，在这样的市场中，套利者面临同样风险，他们拖延了套利机会的使用。Hens、Herings 和 Predtetchinskii[④]认为，套利者对信息的处理能力有限，他们很难把握现存的套利机会。Gabaix 和 Krishnamurthy[⑤]对抵押担保债券市场的套利限制进行了分析研究，表明提前还款风险是被定价的，并且这种风险的定价取决于整个抵押贷款市场的风险性。

【思考4】

套利在资产被低估时如何操作？套利在资产被高估时如何操作？套利行为使资产价格趋于什么样的水平？

---

[①] DeLong B, Shleifer A, Summers L. Noise trader risk in financial markets [J]. The Journal of Polit. Economy, 1990, 98 (4): 703-738.

[②] Shleifer, Andrei, Vishny. The limits of arbitrage [J]. Journal of Finance. 1997, 52 (1): 35-55.

[③] Dilip Abreu, Markus K, Brunnermeier. Synchronization risk and delayed arbitrage [J]. Journal of Financial Economics, 2002, 66 (2): 341-360.

[④] Thorsten Hens, P. Jean, Jacques Herings. Limits to Arbitrage when MarketParticipation Is Restricted [J]. Journal of Mathematical Economics, 2006, 42 (4): 556-564.

[⑤] Gabaix X, Krishnamurthy A, Vigneron O. Limits of arbitrage: theory and evidence from the mortgage-backed securities market [J]. Finance, 2007, 62: 557-595.

**动动笔**

_____

_____

_____

## 第二节 行为金融学的主要理论与应用

### 一、行为金融学起源

自 20 世纪 50 年代中期以来，金融领域由传统金融模式所主导。传统金融模式的中心假设是人是理性的。标准金融理论建立在投资者行为合理、股票和债券市场高效的前提下，以物理学和数学为基础建立传统金融模型。但在 20 世纪 60 年代和 70 年代，心理学家掀起了金融领域的新浪潮，通过对经济决策的研究，发现了许多对认知资源的偏见和局限，并提出经济决策是以非理性的方式做出的理论。

20 世纪 70 年代，心理学家 Kahneman 和 Tversky[1] 以及 Slovic[2] 发表的两篇开创性文章对现代金融理论基础的合理性假设提出了重大挑战，成为行为金融学发展史上的一个里程碑。1985 年，Debondt 和 Thaler 对纽约股票市场上 1925—1982 年间上市的股票过去三年的累计超额收益率进行了分析研究，发表了一篇以投资者对新闻过度反应为基础的行为报告，引发了行为金融理论研究的复兴，被学术界视为行为金融研究的正式开端。

2002 年诺贝尔经济学奖授予了美国普林斯顿大学的丹尼尔·坎内曼（Daniel Kahneman）。瑞典皇家科学院在宣布他的主要贡献时指出，丹尼尔·坎内曼"将心理学研究结合到经济学中，特别是关于不确定条件下的人类判断和决策行为"。

### 二、信仰理论

投资信念是一种与资产的收益生成过程有关的理论，支持该理论的逻辑论证和经验证据的程度使人们能够衡量应该在投资过程中放置多少信心。在过去的 50 年中，投资理论和实践取得了显著的发展；但是，关于如何看待资本市场，以及如何将这些见解应用于投资目的，目前还没有客观框架。[3] 考虑到投资者基本上通过对证券未来现金流折现来对证券进行估值，并将其与当前价格进行比较，交易策略很简单：如果价值高于价格，就买入；如果价值低于价格，就卖出。在现实生活中、在主动管理中未能成功做到这一点是有充分记录的。

---

[1] Daniel Kahneman, Amos Tversky. Prospect theory: an analysis of decision under risk [J]. Econometrica, 1979, 47 (2): 263-291.

[2] PaulSlovic. Psychological study of human judgment: implications for investment decision making [J]. Journal of Psychology and Financial Market, 2001, 21 (3): 61-74.

[3] Lo A. Reconciling efficient markets with behavioural finance: the adaptive markets Hypothesis [J]. Journal of Investment Consulting, 2005, 4: 21-44.

人类的判断和行为阻碍了客观的估价和交易策略。人们不知道证券的未来现金流，也不同意采用贴现率。更糟糕的是，如果证券是非流动性资产，那么确定当前价格本身就是任意估价的结果。除了未能建立客观的评估，当投资者持有不同的观点时，新闻传播对证券的影响也会产生进一步的噪音，这一点已被行为金融学广泛记录。

这里的问题不是为什么市场不能就未来现金流或贴现率达成共识。相反，真正的问题是，投资人是否清楚地了解证券和资产错误的定价是什么，以及投资人如何能正确识别和利用这些错误定价，这是可行投资信念的基础。因此，投资信念由四个主要要素组成，如表10-1所示。

1. 投资信念

投资信念一般被表述为对金融市场中人的行为机制的观察，如"市场反应过度"。投资信念不是对过去投资回报的模式化事实的复述，也不是对过去事实的幼稚推断（例如，股票市场在过去已经产生积极的实际回报，而推断在未来也将如此）。随着新理论的发展和经验证据的不断积累，投资信念需要更新，并且要进行持续进行关键性讨论辩证。

2. 投资理论

投资理论论证了投资信念背后是否有理论基础。导致错误定价的机制是什么？这是一种在不久的将来可以重复出现的现象吗？如果在金融市场中观察到一种机制，但理论依据不合理，那么投资组织就要冒着风险去设计投资策略，而无法以任何方式来预测未来。

3. 投资策略

投资策略描述了如何利用投资信念。在市场反应过度的情况下，一个可以利用的策略就是在积极消息公布后卖出股票，在相反的情况下买入。

4. 投资组织

投资组织要解决的问题是必须仔细且成功地利用投资战略。

表10-1 投资信念示例

| 投资信念 | 投资者对信息的过度反应 |
| --- | --- |
| 投资理论 | 得到坏消息的股票价格低于得到好消息的股票价格 |
| 投资策略 | 在公布不良（良好）收益后买进（卖出）股票，或者在股价大幅下跌（上涨）后买入（卖出）股票 |
| 投资组织 | 短期交易策略，必须确定好消息与坏消息的公告 |

如果这四个因素都可以应用，那么就有了可行的投资信念；如果其中一个因素不能确定或实现，投资信念就可能会有缺陷。

## 三、前景理论

心理学实验发现，人们在不确定性条件下进行判断与决策时，并不是遵守预期效用理论，而是系统地违背了该理论的几大公理，如优势性公理、传递性公理、恒定性公理等。与此同时，心理学实验表明，人们面对风险和收益时，会产生不同的风险态度：相对于高概率收益的风险厌恶和相对于高概率损失的风险寻求；相对于低概率收益的风险寻求和相对于低概率损失的风险厌恶。这些实验结果表明，如果加入人类的心理活动和行为过程，在对人类实际的投资决策过程进行研究时，预期效用理论存在局限性，所以，学者们纷纷从人类心理和行为角度，提出了改良的效用模型和替代模型，前景理论模型就是其中一个比较成功的模型。

前景理论将心理学引入经济学分析，是由心理学教授 Kahneman 和 Tversky[①] 提出的。前景理论是一个平均行为理论。根据前景理论，在不同的风险预期条件下，人们的行为倾向是可以预测的。

金融业是经济学中应用前景理论最为活跃的领域，该领域将前景理论应用于三个方面。①平均收益的横截面，目的是理解为什么一些金融资产具有较高的平均收益。②股票市场总量。③金融资产的交易。

为什么有些证券的平均收益率高于其他证券？关于这个问题最著名的框架是资本资产定价模型（CAPM）。这一模型是通过假设投资者根据预期效用评估风险得出的，也就是说，具有更高"betas"值的证券——收益与整体市场收益协方差更大的证券——应该具有更高的平均收益。不幸的是，这个框架没有得到太多的实证支持。前景理论对平均收益横截面的影响得到了显著的实证支持，证实了更积极的偏度股票将具有更低的平均回报[②③④⑤]。

总的股票市场是前景理论在金融业最广为人知的应用背景，前景理论[⑥]可以解释著名的股票溢价难题，特别是厌恶损失。根据 Benartzi 和 Thaler 的观点，一个正在考虑投资股票的人考虑了年度股票收益的历史分布，因为资产类别报告通常是以年度为单位进行报告的。因为投资者对损失持厌恶态度，高分散度的收益分布对投资人并没有吸引力。为了补偿这一点，确保投资者愿意持有股票，股票市场需要有较高的平均收益率。

金融前景理论研究的第三个主要方向是了解人们如何随着时间推移交易金融资产。利益的一个目标是"处置效应"。根据经验，个人投资者和共同基金管理人都更倾向于出售自购买以来价值上涨的股票，而不是价值下跌的股票。这种行为令人费解，因为从这些投资者交易的角度来看，股票收益出现"势头"：最近表现良好的股票平均继续跑赢大市，而表现不佳的股票则继续落后。因此，投资者应该把注意力集中在过去表现不佳的股票上，但事实恰恰相反。这种明显不愿意以相对于购买价格的损失出售股票的做法在房地产市场上有对应。一个长期存在的观点是，这种不愿在亏损时出售资产的行为源于前景理论。

---

① Daniel Kahneman D, Amos Tversky. Prospect theory: an analysis of decision under risk [J]. Econometrica, 1979, 47 (2): 263-291.

② Brian Boyer, Todd Mitton, Keith Vorkink. Expected idiosyncratic skewness [J]. Review of Financial Studies, 2010, 23 (1): 169-202.

③ Turan G. Bali, Nusret Cakici, Robert F. Whitelaw. Maxing out: stocks as lotteries and the cross-section of expected returns [J]. Journal of Financial Economics, 2011, 99 (2): 427-446.

④ Jennifer Conrad, Robert F. Dittmar, Eric Ghysels. Ex ante skewness and expected stock returns [J]. Journal of Finance, 2013.

⑤ Green T. Clifton, Byoung-Hyoun Hwang. Initial public offerings as lotteries: skewness preference and first-day returns [J]. Management Science, 2012, 58 (2): 432-444.

⑥ Shlomo Benartzi, Richard H. Thaler. Myopic loss aversion and the equity premium puzzle [J]. Quarterly Journal of Economics, 1995, 110 (1): 73-92.

【思考2】
前景理论可以解释金融市场的哪些现象。
**动动笔**

## 四、经验决策

经验决策是指决策者根据自己在长期的工作或生活经验中所积累的经验,结合自身的知识及能力,对目标对象进行认识、分析与决策。经验是有效决策的基本要素。经验决策是建立在经验思维基础之上的。在决策活动中,当某种客观情况出现在决策者面前时,他们会很自然地去寻找过去解决类似问题的做法。这种通过经验积累、分类与组织对某一特定问题及环境所形成的思维定式,称为经验思维。

经验思维的突出特点是可以转化为人的下意识,也就是说,随着同类经验或体验的不断增加,在同种经验基础上形成的经验思维可以转化为人的条件反射和下意识。经验思维向下意识转变的过程一旦完成,便能有效地加快情况判断和行为方式选择的速度,从而极大地提高决策者在决策活动中的应变能力,而大量的经验和下意识反应会逐步积累成直觉。1981年,美国著名管理学家 Agor 在进行了一系列的调查活动,收集了来自各种性质机构中的2 000多名管理者对经验决策的看法后,得出了两个重要结论。①无论职位高低,几乎所有的管理者认识到经验和直觉在管理活动中的作用,经验和直觉往往会发挥创造性的作用。②高级管理人员对经验的重视程度明显高于中、低级管理人员。

经验决策有其特定的功能,在许多情况下有其不可替代的作用。

管理者在决策实践中通常在以下五个方面运用自己的经验:一是靠经验来判断问题是否存在;二是凭直觉去执行一种一贯有效的工作方式;三是依靠经验去总结和归纳问题;四是对理性分析的结果进行经验性的判断和查验;五是运用经验迅速选择一种简便的解决问题的方法。

经验决策不是万能的,要正视其固有的缺陷,从以下几个方面提高经验决策的质量。

①积累、增长知识。通过掌握广博的知识,触类旁通,诱发直觉和灵感的产生。

②磨炼思维敏捷性。通过培养管理者的兴趣、注意力和意志,提高决策的思维反应能力。

③控制情绪或情绪状态。许多研究证实,人的情绪会影响人的经验发挥。在因脑力、体力的疲倦而精神不振的情绪下,或在畏惧、焦虑等情绪下,人们的直觉和经验得不到充分发挥。一般说来,决策者要在情绪相当兴奋时才能充分调动大脑思维的潜力,产生急中生智的效果。

④把各种逻辑思维与非逻辑思维结合起来应用。研究证实,直觉思维与其他思维会产生相互促进作用,直觉思维和运用经验可以提高理性思维的效率,使其跳过许多"常规性"

的推理过程;理性思维会为直觉思维和运用经验提供材料,以避免经验的发挥过程变成纯粹主观臆断。有些学者认为,有效的决策思维是理性思维与感性思维的有机结合。理性思维的特点是分析的、理智的、定量的、目标明确的,感性思维的特点是整体的、直觉的、定性的、目标模糊的。决策者要自觉认清两种思维的特点,将两者的优点有机结合起来,以作出高质量的决策。

### 五、羊群效应

羊群效应(Herd Effect)又称羊群行为或从众行为,是一种特殊的非理性行为。Christie 和 Huang[1] 指出,个人经常考虑市场的集体行为,即使他们已经有了不利的预测。Devenow 和 Welch[2] 将羊群行为定义为与个人直觉相关的行为模型。Claessens 和 Kose[3] 将从众行为定义为投资者模仿其他市场参与者行为的倾向,而不是考虑他们自己的私人信息。羊群行为是一种个人的自发行为,不是由权威或领导者有目的地去协调而形成的行为。

对于投资者来说,要模仿他人,就必须意识到他人的行为,并受到他人行为的影响。直观地讲,如果一个人在不知道其他投资者是否投资的情况下做出投资的决定,当他发现其他人没有进行投资时,也会放弃投资决策。或者,当知道其他人决定投资时,他就会从不投资变成投资。这样受他人影响的行为可以说是从众。

1. 基于信息准确性的羊群效应

投资者是否可以获得高额利润或免受损失与其获取的市场信息有关。如果投资者获得的信息准确、及时、有效,那么投资者可以获得高额利润或者避免经济损失。现实中,投资者的能力、资源不同,其获得信息的途径和来源就不同。从投资者组织形式看,投资机构是专业性机构,不管是专业能力还是资源都比个体投资者强,其获取的信息也更多、更准确、更及时。个体投资者为了获得更多的准确信息,会四处打探和传播消息,其中也包括虚假消息,在更大程度上助长了市场的"跟风"倾向。

实际上,机构投资者获取的信息也不完全是充分的。在信息不完全和不确定的市场环境下,如果每一个投资者都拥有某只股票的私有信息,这些信息可能是投资者自己研究的结果,也可能是通过特殊渠道获得的。此外,即使该股票的所有信息已经完全公开,投资者还是不能确定这些信息是否是真实的,可能会怀疑公开的财务信息的真实性。在这种环境下,投资者会观察研究其他投资者的买卖行为来进行推测,根据推测的结果做出投资决策,这样就会产生羊群行为。

---

[1] William G. Christie, Roger D. Huang. Do individual returns herd around the market [J]. Financial Analysts Journal, 1995, 51 (4): 31-37.

[2] Andrea Devenow, Ivo Welch. Rational herding in financial economics [J]. European Economic Review, 1996, 40: 603-615.

[3] Stijn Claessens, Ayhan Kose. Financial Crises: Explanations, Types, and Implications [J]. IMF Working Paper, 2013, 28: 2-65.

## 2. 基于声誉保护的羊群效应

Scharf 和 Stein[①], Trueman[②], Zweibel[③], Prendergast 和 Graham[④] 提出基于基金经理或投资分析师的声誉保护的羊群效应理论,在一个基金经理或投资分析师忽略自己私有信息而去模仿另一个基金经理之前的行为时,就会产生声誉羊群效应。声誉,更广泛的说是某个投资经理的能力和技能产生的关注度。

假设存在一名"雇佣"投资分析师的私人投资者。投资者对两名分析师有雇佣意向,他通过订阅雇佣两名投资分析师对同一项投资的评估报告来判断哪一个分析师更适合。分析师的收入(例如订阅收入)随声誉度线性增加,因此,分析师们会选择一种策略,就是将投资者认为他们聪明的可能性最大化。投资分析师甲在得到私有的信息后经过分析写出分析报告。而分析师乙更关心他的声誉度,为了保证自己的声誉,他会忽略自己得到的信息,做出和甲一样的分析报告。因为如果分析正确,他的声誉就会提升;如果分析错误,则表明两人都是愚蠢的。或者说,两个人都是聪明的,但得到了同样的错误信息,因此做出了错误的分析报告,这并不影响声誉。

## 第三节 大数据视角下的金融行为

### 一、金融大数据

近年来,随着摄像头、可穿戴设备、GPS(全球定位系统)等传感器设备,以及音频、视频、图像等结构化和非结构化数据的应用,电子商务、社交、综合信息网站等互联网应用的发展,数据基于网络大量产生并存储,信息量爆发式增长。据 IDC(互联网数据中心)的研究显示,全球数据总量年复合增长率 50%。这种增长速度意味着未来两年,全球新增的数据量将超过人类有史以来积累的数据总和。IDC 预测,到 2020 年,全球数据总量将达到 39ZB(390 亿 TB),代表地球上每个人平均会产生 5TB 的数据。

麦肯锡公司在 2011 年的报告中明确提出到大数据时代的到来:"各个行业和领域都已经被数据渗透了,目前数据已成为非常重要的生产因素。对于大数据的处理和挖掘意味着新一波的生产率不断增长和消费者盈余浪潮的到来。"人们已经意识到,通过数据给社会创造价值的能力和用数据盈利的能力将成为所有组织的核心竞争力[⑤]。

对于天然具有数据属性的金融业而言,数据就是业务本身,只有掌控数据,才有可能赢得市场。大数据的出现既为金融行业带来了机遇,也带来了挑战。

从潜在的机遇来看,海量的数据为企业提供了精确把握用户群体和个体网络行为模式的

---

① Scharfstein David, Jeremy Stein. Herd Behavior and Investment [J]. American Economic Review, 1990, 80: 465-479.
② Trueman, Brett. Analyst Forecasts and Herding Behavior [J]. Review of Financial Studies, 1994, 7: 97-124.
③ Zweibel, Jeffrey. Corporate Conservatism and Relative Compensation [J]. Journal of Political Economy, 1995, 103 (1): 1-25.
④ Graham J R. Herding among Investment Newsletters: Theory and Evidence [J]. Journal of Finance, 1999, 54: 237-68.
⑤ 中国支付清算协会金融大数据研究组. 金融大数据创新应用 [M]. 北京:中国金融出版社,2018.

基础，通过对这些数据的整合和利用，可以实现个性化、精确化和智能化的广告推送和服务推广，创立比现有形式性价比高数倍甚至数十倍的全新商业模式。同时，企业也可以通过对大数据的把握，挖掘数据更深层的价值，开发出更贴近用户的新产品和新服务，探索出降低运营成本的方法和途径。

在国内，金融机构对大数据的认知已经从探索阶段进入认同阶段。普华永道研究显示，83%的中国金融机构表示希望在大数据上进行投资。金融行业对大数据的需求属于业务驱动型，迫切希望应用大数据技术使营销更加精准、风险识别更加准确、经营决策更具针对性、产品更具吸引力，从而降低企业经营成本，提高企业利润。随着更多金融机构基于大数据获得丰厚的回报，将进一步加速大数据的普及。

说到大数据，很大程度上指的是对线上数据的收集、提取和利用。如何将线上收集到的数据应用到线下的服务中，与发达国家相比，中国市场还需要继续改进。对于金融行业来说，除了线上线下数据的整合之外，还有数据的安全关联。数据关联性越强，数据的价值越高；数据开放程度越高，数据价值越高。随着各国政府和企业对数据共享带来的社会效益和商业价值的深刻认识，全球已经掀起一股数据开放共享的热潮。大数据的发展需要所有组织和个人的共同协作，将个人、企业、政府的数据进行整合，把私有大数据变为公共大数据。目前，美欧等发达国家的政府都在数据共享上做出了表率，开放大量的公共事业数据。中国政府也着力推动数据开放。

在金融服务领域，数据的共享和融合能提升服务的质量和效率。以征信行业为例，传统的征信业务主要以采集商业银行的信贷数据为主，在征信模型的设计上相对单一。在大数据时代，通过与电商平台、网贷平台、社交平台、工商、税务、电信等部门进行数据共享，将更加多样的用户行为数据融合在一起，在此基础上引入丰富的大数据征信模型，使信用评价结果更具精准性和时效性，应用场景更为丰富，覆盖人群也更加广泛。

【思考3】
列举各类日常生活产生的金融大数据。
**动动笔**

## 二、大数据与普惠金融

大数据分析的基础首先是海量数据的汇集，没有数据的支撑，大数据将不复存在，因此互联网的发展为大数据技术的发展提供了可能。对于普惠金融来说，大数据是实现的一个福音，普惠的目的是所有人都可以受惠，是消除贫困、最终实现共同富裕，但是任何活动的开展都不仅仅是为了"授人以鱼"，更是为了"授人以渔"，让弱势群体具有实现富裕的可能。以当前中国的"大众创业、万众创新"为例，其根本目的是让广大群众在创业过程中发家致富，这就需要原始资金的支撑，但是无房无车的贫困家庭又无法拿到贷款，因此普惠金融极有可能碰到发展的瓶颈，这个问题普通的金融体制是无法解决的，这要求新的金融体系。在这种背景下，面对想要纳入金融体系的全部社会公众，需要非常强大的数据分析，大数据的应用从此诞生。大数据技术既可以将全部社会成员的庞大信息纳入其中，又可以通过对这些数据的预测为银行提供发展可能。这种模式的建立坚持了普惠金融与市场相结合的原则，以保持其持续发展的活力，更为重要的是标志着大数据又进入一个新的领域。

通过大数据所提供的丰富资源，普惠金融能够更加便捷地掌握相关的信息和客户的信用情况，从而降低风险。与此同时，还能更加准确地判断市场的未来发展趋势，做出更好的战略决策。此外，大数据背景下的互联网技术能够帮助普惠金融创新服务产品，提供更加个性化的服务，提升金融体系效率。在大数据背景下，普惠金融发展的事后风险也能得到有效降低，因为可以充分借鉴一些先进经验防范风险、解除风险。

大数据技术在普惠金融中也面临一些挑战。

第一个挑战是数据质量挑战。目前采用大数据技术可能需要包括金融机构、政府部门、运营企业、互联网企业的数据，而这些数据的质量参差不齐，严重制约普惠金融的开展。

第二个挑战是数据如何共享。很多数据散布在各个机构里，至少目前数据共享还不算成功。数据共享现在技术上不存在什么问题，是主要机制和权益的问题。当然也有一些新技术比如说安全计算、基于区块链的共享，但是这些技术并没有转变数据共享的核心问题，不会从本质上解决问题。

第三个挑战是数据安全和隐私保护。金融机构的数据因为涉及资金，一直是网络攻击的重灾区，既面临外部攻击的威胁，也面临内部管理不严导致的泄漏。数据泄露只是隐私被侵害的一个方面，也是大家比较关注的方面。但数据的过度收集和滥用更为普遍。现在大多数App处于过度数据收集的状态；有些机构收集数据不光用于自己的主营业务，可能还会应用于其他业务，甚至倒卖给其他机构。

## 本章小结

通过本章的学习，了解有效市场理论及其局限性。有效市场理论的前提假设是理性人，但实际上人是不完全理性。人们会由于性格、偏好、知识、能力等各方面因素做出不同于理性人的投资决策。理性人假设无法解释投资者的许多投资行为。随着社会发展，金融学也在不断进步，20世纪50年代，学者将行为理论与金融分析相结合形成了行为金融学。行为金融学弥补了传统金融学无法解释的一些非理性行为导致的"金融异象"，具有重要的理论指导作用。

通过本章的学习，理解前景理论和羊群效应在金融市场的应用。前景理论将心理学引入经济分析中，用心理学知识对投资者面对收益和风险时的决策进行分析。通过学习前景理论，理解为什么投资者不愿在亏损时出售资产。而羊群效应是一种普遍存在于金融市场的现象。

通过本章学习，理解大数据时代条件下金融业。在互联网、大数据技术高速发展的条件下，金融机构紧随科技发展脚步进行业务推广，利用大数据共享技术进行信用评价等。

### 本章思考题

1. 如果每位金融市场参与者都是理性的,每位参与者都可以获得全部信息,且每位参与者对信息的分析处理能力也相同,设想一下这样的金融市场的交易情景。
2. 举例说明人类心理和行为对投资决策的影响。
3. 试说明金融大数据的普遍应用会增强还是减弱羊群效应。
4. 简述社交媒体在羊群效应中的作用。

# 参 考 文 献

[1] 黄达,张杰. 金融学[M]. 4版. 北京:中国人民大学出版社,2017.
[2] 刘澄,曹辉,李锋. 金融学教程[M]. 2版. 北京:中国人民大学出版社,2011.
[3] 游丽. 金融学[M]. 北京:北京理工大学出版社,2017.
[4] 刘建国,钱丽霞. 金融学[M]. 上海:华东理工大学出版社,2013.
[5] 弗雷德里克·S. 米什金. 货币金融学[M]. 11版. 北京:中国人民大学出版社,2016.
[6] 沈悦. 金融市场学[M]. 北京:北京师范大学出版社,2012.
[7] 中国证券业协会. 金融市场基础知识[M]. 北京:中国财政经济出版社,2018.
[8] 霍文文. 金融市场学教程[M]. 2版. 上海:复旦大学出版社,2010.
[9] 谢百三. 金融市场学[M]. 2版. 北京:北京大学出版社,2009.
[10] 黄解宇,李超. 金融市场学[M]. 北京:北京大学出版社,中国农业大学出版社,2009.
[11] 马丽娟. 金融市场、工具与金融机构[M]. 北京:中国人民大学出版社,2009.
[12] 姚长辉. 货币银行学[M]. 北京:北京大学出版社. 2005.
[13] 戴国强. 货币银行学[M]. 北京:高等教育出版社. 2009.
[14] 劳伦斯·鲍尔. 货币金融学[M]. 刘静,何源,译. 北京:中国人民大学出版社. 2012.
[15] 张亦春,郑振龙,林海. 金融市场学[M]. 北京:高等教育出版社. 2013.
[16] 彼得 S. 罗斯,米尔顿 H. 马奎斯. 金融市场学[M]. 陆军,译. 北京:机械工业学出版社. 2009.
[17] 蒋先玲. 货币金融学[M]. 北京:机械工业出版社. 2013.
[18] 吴晓求. 证券投资学[M]. 北京:中国人民大学出版社. 2014.
[19] N. 格里高利·曼昆. 宏观经济学[M]. 卢远瞩,译. 北京:人民邮电出版社. 2012.
[20] 焦晋鹏. 金融学[M]. 北京:中国铁道出版社,2015.
[21] 殷孟波. 货币金融学[M]. 3版. 成都:西南财经大学出版社,2017.
[22] 刘少波. 证券投资学[M]. 2版. 广州:暨南大学出版社,2013.
[23] 曹龙骐. 金融学[M]. 北京:高等教育出版社. 2016.
[24] 易刚,吴有昌. 货币银行学[M]. 北京:上海人民出版社. 2006.
[25] 萨缪尔森. 经济学[M]. 18版. 北京:人民邮电出版社. 2008.
[26] 王广谦. 中央银行学[M]. 北京:高等教育出版社. 2011.

[27] 曾康霖. 金融理论与实际问题探索 [M]. 北京：中国金融出版社. 2001.
[28] 姜达洋，王中华. 国际金融 [M]. 厦门：厦门大学出版社，2014.
[29] 张效梅. 国际金融 [M]. 北京：中国财政经济出版社，2015.
[30] 黄燕君. 新编国际金融 [M]. 杭州：浙江大学出版社，2013.